ANDOCIDE

DISCOURS

COLLECTION DES UNIVERSITÉS DE FRANCE
publiée sous le patronage de l'ASSOCIATION GUILLAUME BUDÉ

ANDOCIDE

DISCOURS

TEXTE ÉTABLI ET TRADUIT
PAR
GEORGES DALMEYDA

Cinquième tirage

PARIS
LES BELLES LETTRES
2024

Conformément aux statuts de l'Association Guillaume Budé, ce volume a été soumis à l'approbation de la commission technique, qui a chargé M. Ch. Picard d'en faire la révision et d'en surveiller la correction en collaboration avec M. G. Dalmeyda.

95 boulevard Raspail, 75006 Paris
www.lesbelleslettres.com

Premier tirage 1930

ISBN : 978-2-251-00004-6
ISSN : 0184-7155

INTRODUCTION

La vie d'Andocide. Sa famille.

Andocide, fils de Léogoras, du dème de Kydathénaion et de l'antique famille des Kéryces[1], est né un peu avant 440[2]. Il parle avec fierté de l'illustration de sa race, de sa maison riche et généreuse, des grandes charges exercées par ses ancêtres, des services que, de tout temps, ils rendirent au peuple athénien[3]. Il rappelle que, sous le règne des Pisistratides, son bisaïeul Léogoras prit le parti de la démocratie contre les tyrans[4], et, dans un passage où ses souvenirs historiques sont un peu troubles[5], il fait honneur au même personnage de la victoire qui rétablit la liberté. Son grand-père Andocide fit partie de l'ambassade qui, en 446, conclut avec Lacédémone une

1. Voir page 2.
2. La date donnée par le pseudo-Plutarque (Ol. 78, 1 = 468/7) est impossible. Dans le discours *Sur son retour* (§ 7) Andocide met ses égarements de l'année 415 sur le compte de sa jeunesse et de son inexpérience : il aurait eu 53 ans ! Dans le discours *Sur les Mystères* (§ 148), qui est de 399, il dit qu'il n'a *pas encore* d'enfants, façon de parler singulière s'il avait 68 ans. Le pseudo-Lysias (VI, 46), dans un discours qui se rapporte au procès de 399, dit qu'Andocide a passé 40 ans. Cette donnée est tout à fait vraisemblable.
3. I, 146-8.
4. II, 26.
5. I, 106

trêve de trente ans [1], et, dans la guerre samienne, il fut stratège avec Sophocle et Périclès [2]. Son père Léogoras est ce riche et fastueux personnage qu'Aristophane raille dans les *Nuées* (v. 109) et dans les *Guêpes* (v. 1269) ; sa mère était une fille de Tisandros [3] : de son mariage avec Léogoras, elle eut aussi une fille qui épousa Callias, fils de Téloclès [4].

Avec les oligarques.

Riche et de grande famille, Andocide devait être séduit par cette « jeunesse dorée » pour qui l'intrigue politique était le plus passionnant des plaisirs : dès sa prime jeunesse il est engagé dans le parti oligarchique et c'est dans un banquet de son hétairie qu'il entendra Euphilétos proposer la mutilation des Hermès [5]. Selon le témoignage de Plutarque [6], il tient aux membres de son club politique un discours où, pour les exciter contre les démocrates, il prétend que ceux-ci, découvrant les restes de Thémistocle, les ont jetés au vent. Le fragment sans référence [7] où sont rappelées de tristes scènes des premières années de la guerre du Péloponnèse pourrait bien être un morceau de cette même harangue. Je ne sais si Andocide « a gardé un vif souvenir [8] » de ces misères qu'il aurait pu voir à l'âge de dix ans : il est plus vraisemblable que ce « puissions-nous ne plus jamais revoir... » n'était qu'un mouvement oratoire de même inspiration et de même dessein que le fragment 3. Enfin

1. III, 6.
2. Androtion, chez le Schol. d'Aristide, 485 d.
3. I, 117 ; II, 29.
4. I, 40-42, 47.
5. Cf. I, 61-64.
6. *Thémistocle*, 32.
7. Frg. 4.
8. A. Croiset, H. L. G., p. 422.

une scholie d'Aristophane[1] nous a conservé quelques lignes pleines d'un orgueilleux mépris pour Hyperbolos. On sait cependant que si Andocide a commencé par se donner au parti oligarchique, c'est dans ce parti qu'il aura plus tard d'implacables ennemis.

Les Hermocopides et la parodie des Mystères.

C'est que deux faits, dont le peuple athénien s'émut profondément, vont avoir sur toute la vie d'Andocide une répercussion si forte et si lointaine que toutes les actions, toutes les paroles de l'orateur seront, de bout en bout, déterminées par eux. Ces faits sont la mutilation des Hermès et la parodie des Mystères. On était dans le feu des préparatifs pour l'expédition de Sicile lorsque, dans une même nuit[2], presque tous les Hermès de pierre « dressés en grand nombre sui-

1. *Guêpes*, 1007.

2. La date du sacrilège est controversée : pour Droysen (*Rh. Mus.* 1835, 162 et suiv.), c'est la nuit du 10 au 11 mai 415 ; pour Gœtz (*Jahrb. f. class. Phil.*, *Suppl.* VIII, p. 577 et suiv.) celle du 8 au 9 juin (1er skirophorion). L'une et l'autre hypothèses sont fondées sur les témoignages de Plutarque (*Alc.* 20 : ἕνης καὶ νέας οὔσης) et de Diodore (XIII, 2 : τῇ νουμηνίᾳ). Or, B. Keil (*Hermes*, XXIX, p. 352, note) a fait justement observer que le mensonge de Dioclidès, prétendant avoir vu les conjurés à la clarté de la pleine lune (*Mystères*, 38 : εἶναι δὲ πανσέληνον) ne pouvait trouver créance que si, dans la nuit dont il parlait, il y avait eu, en effet, clair de lune. Et, au vrai, Gœtz, dans son étude, d'ailleurs excellente, se débat assez péniblement contre cette difficulté. Ce qui fait démasquer Dioclidès c'est qu'à l'heure où il dit avoir vu et reconnu les conjurés, la lune était déjà couchée. Il faut donc admettre que la date n'est pas le 1er de Thargélion, mais le milieu de ce mois, c'est-à-dire un des derniers jours de mai (c'est aussi l'opinion de Lipsius). B. Keil en étudiant de près les passages du discours sur les *Mystères* où Andocide parle du paiement des dénonciateurs, de sa propre révélation (§ 26-8), et du marché que Dioclidès dit avoir conclu avec les coupables (§ 42), établit que le sacrilège ne peut avoir été commis en Skirophorion, et il explique assez simplement l'erreur de Plutarque et de Diodore.

vant l'usage du pays, devant les maisons particulières et dans les lieux sacrés[1] » eurent la face[2] mutilée. On fit des recherches d'autant plus actives que ce sacrilège semblait de fâcheux présage pour l'expédition et qu'on y voyait l'indice d'un complot en vue d'une révolution et du renversement du régime populaire[3]. L'enquête amena la dénonciation d'autres sacrilèges : des esclaves et des métèques révélèrent qu'antérieurement[4] déjà des jeunes

1. Thucydide VI, 27, 1 ; Plutarque, *Alcibiade* 18 ; *Nicias* 13. On lit dans ce dernier texte : πάντων ἀκρωτηριασθέντων πλὴν ἑνός : cet Hermès épargné est celui de la tribu Egéide dont il est question dans le discours *Sur les Mystères*, § 62.

2. Les Hermocopides n'ont-ils mutilé que la face des Hermès ? on penserait qu'ils n'ont pas épargné le phallus que portait en son milieu la colonne quadrangulaire. Mais πρόσωπον, dans ce passage de Thucydide, ne semble guère exprimer tout l'*avant* de l'Hermès. Plutarque (*Alc.* 18) dit, de même, ἀκρωτηριασθέντων τὰ πρόσωπα ; Andocide se sert, de façon plus générale, des mots περικόπτειν et περικοπή.

3. Thuc. VI, 27, 3 : καὶ ἐπὶ ξυνωμοσίᾳ ἅμα νεωτέρων πραγμάτων καὶ δήμου καταλύσεως, et 60, 1 : καὶ πάντα αὐτοῖς ἐδόκει ἐπὶ ξυνωμοσίᾳ ὀλιγαρχικῇ καὶ τυραννικῇ πεπρᾶχθαι. Thirlwall trouvait obscure « la connexion entre des actes d'une impiété audacieuse et des desseins contre l'Etat ». H. Weil a montré que la portée de ces textes s'éclaire par un autre passage de Thucydide : « En faisant connaître les procédés des sociétés secrètes l'historien dit que les frères et amis (ἑταῖροι) se liaient entre eux et se donnaient des gages mutuels en commettant un délit en commun (III, 82, 6)... Etant données les tendances et les pratiques des sociétés secrètes il n'était pas déraisonnable de supposer qu'elles méditaient un grand coup, et que les meneurs avaient voulu se garantir contre les trahisons en obligeant tous les affiliés à tremper dans le même délit. » (*Les Hermocopides et le peuple d'Athènes*, Etudes sur l'Antiquité grecque, p. 287. Cf. G. M. Calhoun, *Athenian Clubs in politics and litigation*, p. 35, et ci-dessous, I, 67, note.) L'étude de von Domaszewski sur les Hermès de l'Agora (voir plus loin, I, 62, n. 2), fait bien comprendre ce que le sacrilège avait d'effrayant : ces Hermès, dit justement l'auteur, se dressaient comme des témoignages de la vie politique et de la puissance victorieuse du Démos athénien.

4. Cf. Plutarque *Alc.* 19. Ce passage est évidemment la source de l'interpolation du § 4 de la *Vie d'Andocide*. Voir p. 3 et la note critique.

gens ivres avaient mutilé d'autres images sacrées, et que, dans certaines maisons, on parodiait les mystères de Déméter. On accusait tout particulièrement Alcibiade. On sait que celui-ci voulut se disculper avant son départ, que ses ennemis s'y opposèrent, que, plus tard seulement, la « Salaminienne » fut envoyée en Sicile pour le ramener, avec ses coaccusés, devant les juges, qu'il sut lui fausser compagnie, et qu'il fut, avec ses compagnons, condamné à mort par contumace. Le départ de l'expédition de Sicile n'avait pas, en effet, interrompu l'enquête sur l'affaire des Hermès et celle des Mystères ; une vraie terreur régnait à Athènes où l'on accueillait toutes les dénonciations sans en peser la valeur : le peuple, affolé par la crainte d'un complot oligarchique, jetait en prison les citoyens les plus honorables, et les arrestations se multipliaient.

Le récit de Thucydide.

« C'est alors, dit Thucydide [1], qu'un des prisonniers, celui-là même qui passait pour un des plus coupables, se laissa persuader par un compagnon de captivité de faire des révélations : en fit-il de vraies ou de fausses, les avis là-dessus sont partagés, et la vérité sur les coupables personne, ni alors ni plus tard, n'a jamais pu la dire. Il lui représenta donc, pour le persuader, que n'eût-il pris personnellement aucune part au sacrilège, il devait se faire octroyer l'impunité pour obtenir son propre salut et délivrer la cité d'un régime de soupçons ; qu'il se mettrait plus sûrement hors de danger par un aveu assuré d'impunité qu'en niant et en se livrant à l'arrêt des juges. Il s'accusa donc lui-même avec d'autres au sujet de la mutilation des Hermès. Le peuple athénien reçut avec joie ce qu'il crut être la vérité, et, comme il avait redouté de

1. VI, 60, 2.

ne pas connaître ceux qui conspiraient contre lui, il relâcha aussitôt le dénonciateur ainsi que ceux qu'il n'avait pas accusés ; quant aux autres on fit leur procès et l'on fit périr tous ceux qu'on put arrêter ; contre les fugitifs on prononça la peine de mort et l'on mit leur tête à prix. En cette affaire on ignore si les victimes furent frappées injustement : en tout état de cause, la cité tout entière en retira, dans le présent, un avantage manifeste. »

Le récit de Thucydide, exact dans ses grandes lignes, a moins de précision qu'on n'attendrait. De toute évidence, la documentation est, ici, restée incomplète. Il est vrai que le discours *Sur son retour* fut prononcé en 407, trois ans au moins avant que Thucydide rentrât à Athènes[1], et que le discours *Sur les Mystères* précéda d'assez peu la mort de l'historien. Et, d'autre part, la dénonciation dut être assez secrète[2]. Tout d'abord, le nom du dénonciateur n'est pas prononcé : Thucydide l'ignorait-il ? C'est peu probable ; s'il le savait, les raisons ne manqueraient pas pour expliquer qu'il l'ait tu. Il est fort douteux qu'Andocide ait passé pour « un des plus coupables » : il l'était, peut-être, le plus apparemment, car le fait que l'Hermès de la tribu Égéide, dressé tout près de sa maison, fut une des rares images épargnées le fit soupçonner avant d'autres[3]. Mais il était beaucoup trop jeune pour avoir, dans l'hétairie d'Euphilétos[4], un rôle prépondérant. En pareille

1. D'après Pausanias (I, 23, 11) il fut rappelé en vertu d'un décret spécial proposé par Oinobios postérieurement à l'amnistie générale de 404 ; Wilamowitz (*Die Thukydides Legende, Hermes*, 12 (1877), p. 326 et suiv.) pense que cette amnistie lui donnait toute liberté de retour.

2. Voir Leconte, Notice de sa traduction, p. 6.

3. Plutarque, *Alc.*, 21 : ὕποπτον δ' οὐχ ἥκιστα τῆς τῶν Ἑρμῶν περικοπῆς ἐποίησεν ὁ μέγας Ἑρμῆς, ὁ πλησίον αὐτοῦ τῆς οἰκίας..... · ἐν γὰρ ὀλίγοις πάνυ, τῶν ἐπιφανῶν μόνος σχεδὸν ἀκέραιος ἔμεινε.

4. Sur ce club, voir notamment W. Vischer, *Kleine Schriften*, 1840, p. 181 et suiv. ; Buettner, *Gesch. der politischen Hetairien in*

affaire, il ne pouvait être plus coupable que d'autres que si son influence avait été décisive, ou si l'initiative était venue de lui : or, rien ne le prouve, et ce n'est aucunement vraisemblable. Thucydide ignore le nom et la qualité du co-détenu qui sut persuader Andocide de faire des révélations ; le personnage est nommé par l'orateur : ce fut son cousin Charmidès ; il n'est pas étonnant que ce détail, donné dans le discours *Sur les Mystères*[1] ne soit pas connu de Thucydide : on est plus surpris de lire dans Plutarque que ce fut « un homme remarquablement intelligent et résolu, du nom de Timée ».

Pour les aveux d'Andocide, l'expression καθ' ἑαυτοῦ καὶ κατ' ἄλλων μηνύει τὸ τῶν Ἑρμῶν nous laisse en suspens sur une question d'assez grande importance. Dans quelle mesure Andocide s'avouait-il coupable ? Avait-il effectivement accompli le sacrilège ? N'était-il coupable que d'intention, un accident de cheval l'ayant retenu chez lui de façon providentielle ?[2] Sa faute n'avait-elle consisté qu'à garder le secret aux conjurés ? Avait-il, comme il l'affirme, combattu la proposition d'Euphilétos, et celui-ci avait-il vraiment profité de son absence pour affirmer à leurs amis qu'il avait promis d'agir avec eux[3] ? Le texte de Thucydide ne nous donne pas ces précisions souhaitées. A vrai dire, l'historien en écrivant καθ' ἑαυτοῦ καὶ κατ' ἄλλων ne semble pas faire de distinction entre la culpabilité de l'un et celle des autres ; cette distinction, Andocide l'avait probablement faite devant ses juges : il a pu, dans le discours de 399, se prétendre tout à fait innocent ; mais en 407 il avouait une part de responsabi-

Athen, 1840, p. 67, passim ; Poland, *Gesch. des griech. Vereinswesens*, 1909, p. 514 ; G. M. Calhoun, *o. l.*, p. 24, 61, passim.

1. I, 48.
2. I, 61.
3. I, 62.

lité minime [1] et ne niait pas qu'il eût offensé les dieux [2]. Nous aurons à revenir sur cette contradiction en recherchant dans quelle mesure il fut sincère : on regrette que le texte trop bref de Thucydide ne nous aide pas à en juger plus sûrement. Quant à l'exactitude des dénonciations, Thucydide ne va pas, comme on l'a dit, jusqu'à soupçonner Andocide d'avoir accusé des innocents. Le soupçon serait assez grave, car ces dénonciations envoyaient sûrement les accusés à la mort, et il aurait fallu, pour satisfaire ainsi des rancunes ou des inimitiés, une singulière scélératesse. Mais, à le bien lire, Thucydide ne fait que rapporter les doutes qui furent élevés à ce sujet. Et l'on imagine, en effet, combien de gens durent, par intérêt de famille ou de parti, taxer de fausseté les dénonciations d'Andocide. Thucydide parle de façon tout à fait objective : il constate que, sur la vérité ou la fausseté des révélations, « les avis sont partagés » (ἐπ' ἀμφότερα γὰρ εἰκάζεται), et il est très vrai qu'en pareille affaire il devait rester de l'obscurité (ἄδηλον ἦν εἰ ἀδίκως ἐτετιμώρηντο) [3].

Les faits, d'après Andocide. Nous ne rappellerons pas ici les faits qui sont exposés en détail dans le discours de 399 ; c'est sur la parodie des Mystères qu'est fondée l'*endeixis* qui amène Andocide devant un tribunal d'initiés : l'orateur doit donc en parler, au moins brièvement. Il rappelle les quatre dénonciations que firent tour à tour l'esclave Andromachos, Teucros, Agaristé, l'esclave Lydos, et il repousse l'atroce imputation suivant laquelle il aurait été le dénonciateur de son père. Mais l'affaire des Hermès sera beaucoup plus

1. II, 8 : πολλοστόν δή τι ἐγὼ μέρος τῆς αἰτίας ηὑρέθην ἔχων.
2. II, 15 : εἰς γὰρ τοὺς θεοὺς ἔχοντα ὀνείδη οὗτοί με μᾶλλον τῶν ἀνθρώπων ἐοίκασι κατελεῆσαι.
3. VI, 60, 5.

longuement exposée, car c'est sur ce terrain que l'accusation se sent le plus forte. Andocide s'était avoué coupable : il le restait en dépit de l'impunité dont il avait eu le bénéfice ; on avait pu lui épargner la mort : il était toujours un sacrilège. Il fait donc le récit de l'affaire des Hermès [1]. Ce sont d'abord les dénonciations de Teucros, puis celle de Dioclidès qui donne 42 noms parmi lesquels figurent ceux d'Andocide et de son père. Nous rappellerons plus loin le récit dramatique de la séance de la Boulé où les Conseillers Mantithéos et Apséphion, dénoncés, supplient qu'on ne les mette point à la torture, la prise d'armes, le triomple de Dioclidès conduit au Prytanée, et la nuit d'angoisse où, dans la prison, Charmidès détermine Andocide à faire connaître les vrais coupables. Andocide dénonce donc, outre ceux dont les noms ont été donnés par Teucros [2], quatre personnes ne figurant pas sur la liste de ce dernier ; il révèle aux enquêteurs tout ce qu'il sait de l'affaire, et, notamment, le rôle d'Euphilétos qui a mis en avant le projet sacrilège Dioclidès, convaincu de mensonge, est mis à mort, et les Athéniens respirent, « délivrés de cruelles angoisses et de mutuels soupçons. »

Le décret d'Isotimidès. Andocide s'éloigne d'Athènes. Deux essais de retour.

Pour Andocide cette tranquillité ne devait pas être de longue durée. Ses anciens amis, qui le tenaient pour un traître, guettaient un moyen de se venger de lui : à leur instigation, Isotimidès fit voter un décret qui frappait d'atimie et excluait des temples et de l'agora ceux qui s'étaient rendus coupables d'impiété. Ce décret, si nous en croyons Andocide, le visait personnellement. Ruiné — il l'assure

1. I, 34-69.
2. Voir I, 59 et la note.

du moins[1] —, et voyant que le séjour d'Athènes lui serait intolérable, il s'éloigne, fait du commerce, court les mers, va de pays en pays[2], et « noue des liens d'hospitalité ou d'amitié avec des rois, des cités, des particuliers ». C'est à Chypre qu'il semble avoir d'abord et surtout séjourné ; il parle lui-même[3] du don qu'il y reçut d'un large et fertile domaine. Mais ces séjours à l'étranger n'étaient pour lui qu'un moyen de rétablir sa fortune : le désir le travaillait de rentrer à Athènes et d'y prendre une part active à la politique. Il en crut l'occasion venue en 411 quand, grâce à l'amitié d'Archélaos de Macédoine, il eut fourni à la flotte athénienne de Samos du blé, des rames et du bronze[4]. Mais, à ce moment même, les Quatre-Cents venaient d'établir leur gouvernement et c'est eux qu'Andocide trouva devant lui en débarquant. Il est peu croyable qu'il ait à dessein — comme on l'a prétendu — choisi ce moment pour faire son essai de retour. Pouvait-il se faire illusion sur les sentiments qu'avait à son égard le parti qui était alors au pouvoir ? Le décret d'Isotimidès lui avait bien fait voir ce qu'il en pouvait attendre. Et ce n'est pas devant Pisandre et ses amis qu'il devait se prévaloir des services rendus aux marins démocrates. A peine arrivé il est recherché, appréhendé, jeté en prison et accusé par Pisandre d'avoir ravitaillé des ennemis.

1. I, 144.

2. Le pseudo-Lysias (VI, 6-7) dit qu'après avoir quitté la ville il a porté le trouble en maint pays, en Sicile, en Italie, dans le Péloponnèse, en Thessalie, dans l'Hellespont, en Ionie, à Chypre. Parmi les rois dont il fut le courtisan Denys de Syracuse, ayant plus de chance ou plus d'esprit que les autres, aurait été le seul à n'être pas dupé par lui. Selon ce même texte Andocide se serait rendu d'abord auprès du roi de Kition : c'est après sa première tentative de retour, sous les Quatre-Cents, qu'il serait allé chez Évagoras, roi de Salamine-en-Chypre.

3. I, 4.

4. II, 11-12.

Traduit devant le Conseil il doit se réfugier en suppliant au pied de l'autel et saisir les objets sacrés. Ce geste le sauva, nous dit-il, et s'il fut retenu en prison et maltraité, il échappa du moins à la mort[1]. Peu de temps après la chute des Quatre-Cents[2] il jugea qu'un nouvel essai de retour pouvait être tenté. Il se flattait, en effet, de pouvoir rendre à la Cité d'importants services, et il fut même autorisé à les faire connaître au Conseil en séance secrète[3]. Ce que son deuxième discours dit expressément c'est qu'il a trouvé le moyen de faire venir de Chypre au Pirée des bâtiments chargés de blé qu'on n'espérait plus voir arriver. Pour prix de ces services il demandait qu'on lui restituât l'ἄδεια dont il avait eu le bénéfice, et qu'on ne le traitât plus en citoyen déchu. Mais si pressante que fût sa harangue il ne put obtenir gain de cause, et, une fois encore, il prit volontairement le chemin de l'exil[4].

Andocide revient à Athènes. Le procès de 399.

Cinq ans se passèrent ; le retour, cette fois, paraissait tout à fait sûr : Patroclidès avait, en 405, fait voter le décret qui réhabilitait les anciens ἄτιμοι, et le retour de Thrasybule avait été suivi d'une amnistie générale (403). Andocide revient en 402 et exerce librement ses droits de citoyen. Le pseudo-Lysias le représente avec indignation parlant devant le peuple, se portant

1. II, 15.

2. La date est discutée : voir la notice du deuxième discours.

3. II, 19. Le pseudo-Lysias prétend qu'Andocide a, pour être entendu, corrompu les prytanes. Gernet (*Lysias*, Collection des Universités de France, tome I, p. 100, n. 1) rappelle à ce sujet que c'eût été pour eux une forfaiture de présenter un ἄτιμος (cf. *Dém.*, XXIV, 50).

4. On lit dans le même pamphlet (§ 29) : « vous l'avez chassé de la cité » (αὐτὸν ἐξηλάσατε ἐκ τῆς πόλεως), comme s'il s'agissait d'un bannissement. L'expression n'est qu'une « figure » ; c'est volontairement qu'après avoir été relâché (ἐλύθη, *ibid.*, § 28) Andocide a quitté Athènes : il s'est banni lui-même.

accusateur dans des dokimasies, prenant part dans le Conseil aux délibérations sur les sacrifices, les processions, les prières, les oracles[1]. Sa fortune semble tout à fait rétablie, car on le propose pour des liturgies, il exerce une gymnasiarchie aux fêtes d'Héphaistos, il est chef des théores aux jeux de l'Isthme et d'Olympie, intendant du trésor sacré à l'Acropole[2], et il organise aux Dionysies un chœur cyclique d'enfants qui donne la victoire à la tribu Pandionide[3].

Mais la haine de ses ennemis ne désarme pas : elle semble s'acharner sur lui dès son arrivée. Le commencement du discours *Sur les Mystères* paraît faire allusion à des procès antérieurs, et le pseudo-Lysias dit que, depuis son retour, Andocide a été dénoncé deux fois[4]. Mais dans le procès de 399 ses ennemis croient le tenir sûrement à leur merci[5]. Il est inutile de rappeler ici les faits. Nous renvoyons, pour le détail, à la notice que nous avons mise en tête du discours. Képhisios, soutenu par Mélétos et Epicharès, dénonce Andocide pour avoir pris part aux Mystères et être entré dans l'agora quand le décret d'Isotimidès le lui défendait. On l'accusait, par surcroît, d'avoir, au mépris d'une loi des aïeux, déposé, pendant les Mystères, un rameau de suppliant dans l'Eleusinion d'Athènes. L'instigateur du procès, si l'on en croit l'orateur, était Callias[6], fils d'Hipponicos, dont

1. *O. l.*, § 33.
2. I, 133.
3. Voir plus loin *Vie d'Andocide*, page 3, note 1.
4. [Lysias] VI, 30.
5. *Ibid.* 32.
6. Ce personnage, stratège pendant la guerre de Corinthe (Xénophon, *Hell.* IV, 5, 13), fut trois fois envoyé comme ambassadeur à Lacédémone (VI, 3, 2 et suiv.). Fier des titres d'honneur de sa famille, « il ne se plaisait pas moins », dit Xénophon (*ibid.*), « à se louer lui-même qu'à s'entendre louer par les autres. ». Il tenait maison ouverte, et, dans ses Κόλακες (Dionysies de 421) Eupolis mon-

Andocide dénonce à son tour les manœuvres : ce personnage a voulu s'assurer la possession de la fille orpheline d'Epilycos, oncle d'Andocide ; mais comme celui-ci la revendique selon la loi, Callias a, pour mille drachmes, — Andocide ne sera pas taxé d'imprécision — soudoyé Képhisios, et il a, de sa propre main, déposé dans l'Eleusinion le rameau de suppliant. L'accusé était assisté par des membres choisis de sa tribu [1] et par deux chefs du parti populaire, Anytos et Képhalos. On voit comment les partis s'affrontaient en cette affaire, et quels défenseurs avait maintenant l'ancien membre de l'hétairie d'Euphilétos. Andocide eut gain de cause : on croit pouvoir admettre que Képhisios n'obtint pas le cinquième des suffrages [2].

Le discours Sur la paix.

A cette dangereuse affaire dont il sortait vainqueur Andocide dut gagner un surcroît d'assurance ; il dut, avec plus d'ardeur que jamais, se donner à cette vie politique qui semble avoir été la passion de sa vie. Mais les documents nous manquent pour l'y suivre. C'est seulement sept ans après (392/1) que nous le retrouvons parmi les négociateurs qui reviennent de Sparte où ils sont allés, avec pleins pouvoirs, faire un nouvel essai pour mettre fin à la guerre de Corinthe. Andocide prononce devant le peuple un discours où il montre les avantages de la

trait les parasites qui l'entouraient. Aristophane (*Grenouilles*, 428 et suiv.) le représente comme un débauché et le revêt, ironiquement, d'une peau de lion. Sur ce personnage et sur sa famille, voir W. Petersen, *Quaestiones de historia gentium atticarum*, Slesvici, 1880, p. 37 et suiv. ; Welzel, *Kallias, ein Beitrag zur athen. Gesch.*, Breslau, 1887-8 ; Bruns, *Literar. Porträt der Griechen*, p. 386 et suiv. — Voir aussi plus loin, p. 12, note 3, et I, 124 et suiv.

1. I, 150 : Δεῦρο... οἱ φυλέται οἱ ᾑρημένοι μοι συνδικεῖν.

2. Andocide en exprime l'espoir (§ 33), et Blass, approuvé par Lipsius, pense que si cet espoir ne s'était pas réalisé ces lignes ne figureraient pas dans le discours écrit.

paix qu'il rapporte[1]. Discours habile — vraisemblablement sincère — où l'orateur passe sur les conditions qui répugnent le plus aux Athéniens, notamment sur l'abandon au Roi des cités d'Asie. Cette clause fait repousser le traité, et le peuple s'en prend aux négociateurs, qu'il frappe durement. Sur la proposition de Callistratos ils sont condamnés à l'exil[2] pour avoir mené les négociations « contrairement aux instructions écrites[3] ». On imagine sans peine la douleur que dut éprouver Andocide à renoncer encore une fois à la vie politique, à perdre le fruit de plus de vingt ans d'efforts et d'une patience que rien n'avait rebuté. Il avait environ cinquante ans ; après ce bannissement nous ne savons plus rien de lui.

Le personnage. Son caractère.

Dès le moment où Andocide eut dénoncé d'anciens amis politiques il fut l'objet de haines farouches qui, nous l'avons vu, ne désarmèrent jamais. Sa vie ne fut qu'une lutte sans répit. On serait d'abord tenté de donner de cette vie, si pleine d'agitation, d'épreuves cruelles, d'étranges revirements, l'explication la plus simple : un jeune homme de famille illustre se laisse, par de mauvais compagnons, entraîner à une faute grave et se fait d'implacables ennemis qui le forcent à s'exiler ; c'est, au surplus, un véritable Athénien, passionné de politique : il a

1. Voir page 81 et suiv.

2. Philochoros et le pseudo-Plutarque ne parlent, en effet, que de bannissement. Démosthène (XIX, 278) dit d'abord que ces ambassadeurs furent condamnés à mort, et, plus loin, ne parle plus que d'exil : F. Staehelin (*Klio, Beiträge zur alten Geschichte*, V, 1905, p. 60), suivi par Foucart, pense que les accusés s'attendant à un arrêt de mort (le vote de l'assemblée faisant pressentir celui des Héliastes) partirent en exil avant le jugement. Voir, à ce sujet, K. Fuhr, *Berliner Phil. Woch.* 1904, p. 1123-4.

3. Voir p. 83, note 4, et P. Cloché, *La politique de l'Athénien Callistratos* (391-361), *Revue des Et. anc.*, XXV, 1923, p. 5-32.

la nostalgie de l'agora, le regret des assemblées, des charges publiques, des liturgies pleines d'honneur ; il ne peut se résoudre à y renoncer pour toujours. D'autre part, sa fortune, qui fut grande, est réduite à peu près à rien, et son premier soin doit être de la refaire : le commerce lui en offre le moyen. L'argent lui peut donc être un premier levier ; mais s'il peut s'assurer aussi des amitiés puissantes, et, dans des circonstances critiques, être d'un utile secours à ses concitoyens, ceux-ci ne s'opposeront plus à son retour, et sans doute même le souhaiteront-ils. Actif, assez habile et servi par les circonstances, il rentrera donc dans son pays ; mais il a compté sans les haines qui l'attendent ; il n'y trouvera qu'embûches, sous forme de dénonciations et de décrets hostiles, il connaîtra de nouveau l'exil, et le sort ne le laissera jamais en repos comme s'il s'obstinait à ne lui remettre jamais sa faute première.

Telle est, disions-nous, l'explication assez simple et humaine que l'on pourrait donner de la vie de notre auteur : elle est en partie vraie, mais non pas entièrement, parce qu'il n'y est pas tenu compte du caractère et du tempérament d'Andocide. La vérité est qu'il laisse voir une certaine fierté de race, beaucoup d'ambition, et qu'il y eut certainement en lui de l'intrigant et de l'aventurier.

La fierté qu'il a de sa race se montre dans des passages que nous avons déjà rappelés [1] ; mais ce sentiment même, qui raidit presque toujours un personnage, ne se montre à nous qu'adouci par la souplesse qui est un des traits les plus apparents du caractère d'Andocide [2]. C'est bien,

1. Page 1.

2. Je ne puis trouver (avec Blass, *Att. Bereds.*, I, p. 325), de vanité ni de présomption au commencement du discours *Sur son retour* (ἢ εἴ τις ἕτερος βούλοιτο ἐμοῦ κακίων. Voir notre traduction de ce passage).

sans doute, un aristocrate qui parle avec dédain d'Hyperbolos le fabricant de lampes [1] et de Cléophon le luthier [2] ; mais quand il rappelle ses ancêtres l'orgueil se tempère, dans un mélange assez savoureux, de simplicité et de bonhomie : « Personne de vous, passant devant notre porte, n'a jamais éprouvé le ressentiment d'aucun dommage public ou privé imputable à ces hommes qui, maintes fois chargés du commandement des armées, vous ont rapporté de nombreux trophées conquis par terre et par mer... notre maison est, de toutes, la plus ancienne et la plus ouverte aux malheureux [3]. » De même, le désir tenace qu'il a d'occuper dans Athènes une place digne de son nom n'est, à l'entendre, que l'amour d'une patrie à laquelle il ne renoncerait pas pour mener ailleurs la vie la plus opulente [4], et son ambition s'exprime d'une manière on ne peut plus discrète lorsqu'il dit aux Athéniens : « le regret me prit, comme il était naturel, de cette vie de citoyen que je menais parmi vous [5] ». C'est cette souplesse, au service d'un zèle officieux, qui permit à Andocide de se faire beaucoup d'hôtes et d'amis au cours de cette vie errante qui l'a mené par tant de mers et de pays. De quelle manière a-t-il servi les rois de Kition et de Salamine-en-Chypre, nous aimerions le savoir autrement que par les vagues allusions du pseudo-Lysias ou les cancans rapportés par le pseudo-Plutarque. Le premier, dans sa recherche de l'effet, ne précise que les châtiments encourus par Andocide : à Kition il s'attendait, paraît-il, « à se voir, vivant, couper les pieds et les mains [6] » ; le

1. *Fragments*, III, 5.
2. I, 146.
3. *Ibid.*
4. I, 5.
5. II, 10.
6. [Lysias] VI, 26.

second nous conte une bien étrange histoire[1] : Andocide enlève une Athénienne, fille d'Aristide, qui est sa propre cousine, et l'envoie au roi de Chypre, à qui il en fait présent. Comme cet excès de zèle va le faire traduire devant les tribunaux, il enlève de nouveau la jeune fille, mais, cette fois, pour la ramener de Chypre. Le roi le fait appréhender et jeter en prison (l'auteur ne nous dit pas si c'est par amour de l'Athénienne ou de la morale) ; mais Andocide réussit à s'échapper, et ceci se serait passé, paraît-il, quand il fit un essai de retour au moment de la domination des Quatre-Cents[2]. On voit par là ce que les ennemis d'Andocide pouvaient colporter sur ses services à la cour des rois de Chypre. Mais si nous devons faire de ce conte du pseudo-Plutarque le cas qu'il paraît mériter, nous pouvons, sans croire à la lettre les affirmations du pseudo-Lysias, admettre qu'Andocide dut, auprès de ces rois, jouer un rôle d'officieux et intriguer de telle sorte qu'il put, en effet, se trouver par moments en danger. Les faveurs qu'il obtenait et qui lui servaient à préparer son retour n'étaient évidemment pas gratuites.

La sincérité d'Andocide.

Dans cette vie aventurière où Andocide, en vue de son retour, redresse sa fortune et gagne les faveurs « des rois et des particuliers », la tentation était forte — trop forte, semble-t-il — de justifier les moyens par la fin obstinément poursuivie. Les documents nous manquent, on l'a vu, pour apprécier exactement la moralité du personnage ; le malheur veut qu'il y ait plus d'un témoignage contre elle, et, qu'en sa faveur, nous n'ayons jamais que celui d'Andocide lui-même. Nous pouvons du

1. *Vie d'Andocide*, §§ 9-10.
2. Voir plus haut, p. x.

moins, en restreignant le problème, nous demander quelle est la mesure de sa sincérité. La question est délicate. Voici d'abord le plaidoyer pour la paix qu'est son IIIe discours : il contient non pas seulement des erreurs involontaires, mais des omissions délibérées. Andocide altère l'histoire non pas seulement par ce qu'il dit mais par ce qu'il tait. Il passe sous silence les graves difficultés où se trouve Sparte, l'armée d'Agésilas évacuant la Béotie, les villes d'Asie expulsant les garnisons lacédémoniennes, les croisières victorieuses de Conon ; il omet surtout de dire qu'on abandonne au Roi les cités d'Asie[1]. Il n'y a pas seulement dans ce discours une erreur de psychologie, mais un exposé de faits où l'on relève des omissions déformantes. Et non moins étrange est la méconnaissance des besoins immédiats qui pressent un grand nombre de citoyens : nous trouvons surprenant de voir notre auteur les traiter comme gens à courte vue quand ils font cette réflexion fort raisonnable que « ce ne sont pas les murailles qui leur donneront à manger[2] ». Car les conditions de Sparte ne disent rien de la Chersonèse, et beaucoup d'Athéniens, ruinés depuis 404, estiment que pour la recouvrer, ainsi que les colonies, les possessions à l'étranger et les créances[3], il vaudrait encore la peine de faire la guerre. Excusera-t-on Andocide en songeant que les orateurs grecs ont souvent agi pareillement, et que Démosthène lui-même nous laisse voir plus d'une fois « la différence entre la vérité historique et la vérité oratoire[4] ? » Ce serait pousser assez loin l'indulgence, car sa partialité s'inquiète souvent si peu de l'évidence des faits qu'elle

1. Voir plus haut p. XIV, et la notice du discours, p. 83.
2. III, 36.
3. III, 15.
4. H. Weil, *Olynth.* III, 24, 3e édition, p. 185, note. Voir *ibid.*, § 28 et la note.

donne l'impression de la mauvaise foi[1]. Son apologie de Sparte passe toute mesure. Au risque de blesser ses auditeurs par les souvenirs qu'il rappelle[2] et par la façon dont il s'exprime, il exalte la générosité de Sparte dans le passé et son désintéressement dans le présent : « Après des succès aussi éclatants ils sont prêts à faire la paix en ne gardant que leur territoire, eux les vainqueurs, en laissant aux cités l'autonomie, et la liberté des mers aux vaincus. Et pourtant, je vous le demande, quelles conditions de paix leur aurions-nous faites s'ils avaient perdu seulement une bataille[3] ? » En admettant que cette brutalité même puisse plaider en sa faveur et passer pour le signe d'une conviction sincère, un tel langage donnait la partie belle au soupçon de vénalité et de collusion avec Lacédémone. Il n'est pas surprenant que ce grief ait figuré dans les considérants du décret de Callistratos qui renvoya devant un tribunal ces négociateurs tenus pour infidèles[4].

Les faits, ici, tournent décidément à la confusion d'Andocide, et les historiens ne l'ont pas ménagé ; mais en plus d'un cas où notre jugement ne peut se fonder

1. M. Paul Cloché, dans sa très intéressante étude sur *Les Conflits politiques et sociaux à Athènes, pendant la guerre corinthienne* (*Revue des Et. anc.*, t. XXI, 1919, p. 180), relève un détail très caractéristique : lorsque Andocide veut tracer de la puissance laconienne un tableau sans tache et sans ombre, il omet de mentionner l'éclatante victoire de Conon ; mais il rappelle tout incidemment ce fait capital quand il oppose à l'indulgence des « vainqueurs » l'esprit d'agression des Athéniens.

2. Notamment celui d'Aigos-Potamoi. Il dit lui-même : « si l'un de vous s'en doit sentir blessé » (§ 21).

3. *Ibid.*, § 19.

4. Δῶρα λαμβάνοντας, dit Démosthène, XIX, 279 (nous admettons l'identification de l'Épicratès nommé par Philochoros avec celui dont parle Démosthène). Le δόξας ἀδικεῖν du pseudo-Plutarque ferait-il allusion à ce grief, ou seulement à celui dont nous parle Philochoros ?

sur pareille évidence, les affirmations d'Andocide éveillent un doute méthodique. Ses ennemis l'attaquent sans trêve ni merci : ses ripostes s'en tiennent-elles toujours à la vérité ? Callias l'accuse d'avoir, pendant les Mystères, déposé dans l'Eleusinion d'Athènes un rameau de suppliant ; l'intervention de Képhalos semble avoir fait justice de cette accusation ; mais est-il certain que Callias, pour perdre Andocide, ait déposé lui-même le rameau ? Le Conseil, assure notre auteur, le tint pour évident. Faut-il l'en croire, et ces deux ennemis jurés n'échangent-ils pas des accusations dont ils sont aussi peu sûrs l'un que l'autre ?

Des débats de ce genre nous laissent naturellement défiants : leur violence même éveille le doute ; plus insinuants sont certains passages où Andocide joue volontiers le brave homme [1] que le seul dévouement fait agir. Cette rondeur de bonhomie est quelquefois savoureuse, notamment dans le passage où il parle de ses deux cousines, les filles d'Epilycos. Celui-ci meurt en Sicile, sans enfants mâles, et laisse des affaires en mauvais état. Andocide fait venir son cousin Léagros : « De braves gens, lui déclare-t-il, doivent, en pareilles circonstances, montrer leur dévouement à leur famille. Il n'est pas juste de chercher un parti plus riche, une alliance plus brillante, et de dédaigner les filles d'Epilycos. S'il vivait, ou s'il était mort en laissant une grande fortune, nous prétendrions, comme étant ses proches parents, épouser ses filles. Eh bien, ce que nous ferions alors pour Epilycos ou pour sa fortune, nous allons le faire en gens de cœur. Fais-toi donc adjuger l'une, et je demanderai l'autre [2]. » Ainsi font-ils ; mais celle qu'on adjuge à Andocide tombe ma-

1. On ne reprochera pas à W. Gœtz (*Der Hermokopidenprocesz*, p. 553) de s'y laisser prendre : « ein Mephisto wie er war », dit-il de lui. Ce nom lui va mal.

2. I, 117 et suiv.

lade et meurt. Callias veut soudoyer Léagros pour se faire céder l'autre. Andocide, alors, la revendique. L'inimitié de notre auteur et de Callias vient-elle de cette affaire, ou l'a-t-elle déjà précédée ? Andocide est-il ainsi la victime de son bon cœur et de son dévouement à sa famille ? On voudrait s'en persuader, sur sa parole, et l'on pressent toutefois que, de façon ou d'autre, il n'est pas aussi désintéressé qu'il le dit.

Deux questions importantes, ses dénonciations et ses aveux, nous ramènent sur un sol plus ferme[1]. Andocide affirme que dans l'affaire de la parodie des Mystères « il n'a dénoncé personne, et que personne ne l'a dénoncé ». Il va jusqu'à demander qu'on le mette à mort s'il a menti. Ses ennemis l'ont, en effet, chargé d'un crime impie : ils l'ont accusé d'avoir dénoncé son propre père. Et si ses accusateurs disaient vrai son rôle aurait été d'autant plus odieux qu'il a décidé son père à rester à Athènes, alors que Léogoras, cité devant le tribunal, se disposait à s'enfuir. Mais la protestation d'Andocide s'appuie sur un fait évident : l'affaire les a tous deux laissés saufs, son père et lui. Or, l'accusateur et l'accusé ne pouvaient être mis à la fois hors de cause : l'un des deux, comme il le dit, devait nécessairement « tuer l'autre ». Andocide paraît donc, ici, tout à fait sincère. Et nous concevons comment ses ennemis ont pu donner un air de vraisemblance à une pareille accusation : son père avait été dénoncé dans cette affaire et lui-même avait été dénonciateur dans une autre. Il y avait là deux faits que la haine de ses anciens amis pouvait utilement rapprocher et confondre[2].

1. Voir notre article, *Les dénonciations et les aveux d'Andocide*, *Revue des Etudes grecques*, XL, 1927, p. 183 et suiv.

2. Le pseudo-Plutarque fait justement de même, mais sans malice (3-7 ; 4-5 est une addition marginale) : il dit qu'Andocide aurait fait des dénonciations dans l'affaire des Mystères, que nombre

Ici donc, Andocide peut être cru sur parole : notons-le, puisqu'il n'en est pas toujours ainsi, et que, sur un dernier point, la question de ses aveux, nous le trouvons en contradiction avec lui-même. Dans son discours de 407 il ne songe pas à nier sa faute : il se borne à l'atténuer, et l'impute à sa jeunesse, à de mauvaises influences qui l'ont égaré[1]. Sa part de responsabilité est laissée dans le vague ; mais elle est avouée ; plus loin quand il fait le tableau de la terreur qui règne dans Athènes, où personne n'ose se montrer sur l'agora de peur d'être arrêté, il dit que si les choses en étaient là, *sa part de responsabilité était minime*[2], — ce qui est encore un aveu. Et quand il demande qu'on rétablisse le décret de Ménippos, la raison qu'il invoque est son évolution morale, et il rend grâces aux dieux qui l'ont secouru *bien qu'il les eût offensés*[3]. C'est de tout autre façon qu'il parlera dans le discours *Sur les Mystères* : il y plaide l'innocence sans aucune réserve. La vérité qui se fait jour malgré lui c'est qu'il était d'accord avec Euphilétos et ses complices et qu'un heureux accident de cheval l'a seul empêché de prendre part au sacrilège. En 407 il était encore dangereux de plaider la complète innocence ; en 399 — quinze ans après les évènements — on pouvait se risquer à le faire, les souvenirs étant moins précis, et beaucoup de juges ne connaissant l'affaire que par ouï-dire. Andocide eut-il alors conscience de fausser la vérité ? Cela n'est pas certain, et sans doute un avocat plaiderait-il la bonne foi, car on peut croire

de gens livrés par lui auraient été mis à mort, et qu'après avoir dénoncé et fait emprisonner son propre père il l'aurait sauvé du supplice en représentant tous les services que Léogoras rendrait à la Cité. Ainsi que nous le montrons dans l'article cité plus haut (*o. l.*, p. 185, note 1) ce passage n'est que confusion.

1. II, 7.
2. II, 8. Voir plus haut, p. VIII, note 1.
3. II, 15 : texte cité *ibid.*, note 2.

qu'il fut, ici, moins menteur que casuiste. Puisqu'il avait été empêché de prendre part au sacrilège, il n'était coupable que d'intention : il pouvait donc se tenir pour innocent ; mais tel ne serait pas le sentiment des juges, aux yeux desquels une pareille complicité, même non suivie d'acte, resterait un crime. Andocide dut estimer que son plaidoyer ne pouvait être une dissertation de morale sur l' « intention », et que, pour traduire devant les juges son sentiment personnel, il fallait en simplifier l'expression. Méthode assurément dangereuse et qui tendrait à faire du mensonge la forme oratoire de la vérité.

Andocide put ainsi se faire illusion sur cette faute de jeunesse qui pesa sur toute sa vie. Et d'abord, il la jugeait abolie par tant de souffrances qu'elle avait entraînées. Il y a, dans son deuxième discours, une page mélancolique dont on ne peut mettre en doute la sincérité : « Le sort commun de tous les hommes, — dit il, — c'est l'égarement et le malheur[1]. » Et un autre sentiment que firent pénétrer en lui les suites sans fin de cette faute première, ce fut de ne plus se reconnaître dans le jeune fou qu'entraînaient Euphilétos et ses amis, et, comme il le dit, de n'être plus l'homme d'autrefois[2]. Ce sentiment si naturel il dut, dans sa longue punition, l'éprouver plus que personne : la plus grande partie de sa vie peut illustrer le mot si vrai : « les années nous restent pour pleurer les instants. »

L'œuvre d'Andocide[3]. Le jugement des Anciens.

Andocide a été plus heureux que beaucoup d'orateurs de son temps dont le talent était supérieur au sien. Sans parler d'Alcibiade et de Théramène, qui ne laissèrent rien d'écrit, Critias semble avoir

1. II, 6.
2. II, 24.
3. Pour le contenu même de cette œuvre nous renvoyons aux

été bien au-dessus de lui par sa culture, son esprit, et la distinction de sa parole. Il en était certainement de même de ce Callistratos d'Aphidna, dont le décret causa le dernier exil d'Andocide, et que Démosthène et Eschine tenaient pour l'orateur le plus éloquent de la génération qui les avait précédés. Quintilien parle d'Andocide fort dédaigneusement : quand il combat les hyperattiques, partisans de la sobriété la plus stricte et la plus nue, il s'écrie : « *non igitur usque ad Coccum et Andocidem remittemur*[1] *!* » Hermogène le met au dernier rang des orateurs attiques consacrés par le *Canon des Dix* ; Hérode Atticus, ce grand seigneur du siècle des Antonins, aussi connu par ses talents que par sa magnificence, tenait Andocide en fort médiocre estime. Un jour qu'on l'applaudissait et qu'on le proclamait l'égal des Dix, il ne se défendit pas trop du compliment, mais répondit : « A tout le moins suis-je au-dessus d'Andocide[2]. » Par contre, Hérode Atticus avait une admiration particulière pour Critias[3], qui fut sur le point de supplanter Andocide parmi les Dix ; la tradition l'emporta cependant, et, grâce au *Canon* de Cécilius, Andocide continua d'être copié[4], tandis que les œuvres de Critias ont péri.

Andocide a du moins un avantage sur des orateurs

notes sur la *Vie d'Andocide* et aux notices que nous avons mises en tête de ses discours.

1. I. O.. XII, 10, 21.

2. Philostrate, *Vita Soph.* II, 1, 14 (p. 244, l. 8, Kayser) : Ἀνδοκίδου μὲν βελτίων εἰμί.

3. *Ibid.*, p. 244, l. 5, Kayser : προσέκειτο μὲν γὰρ πᾶσι τοῖς παλαιοῖς, τῷ δὲ Κριτίᾳ καὶ προσετετήκει, καὶ παρήγαγεν αὐτὸν εἰς ἤθη Ἑλλήνων τέως ἀμελούμενον καὶ περιορώμενον. Cette appréciation ne fut pas sans influence : témoin l'estime de Philostrate pour Critias ; Elien en cite des fragments ; Phrynichos l'Atticiste le plaçait parmi les modèles de l'atticisme (*ap.* Phot. p. 101 b). Voir la monographie de Lallier : *De Critiae tyr. uita et scriptis*, 1874.

4. Suidas (*s. u.* Θέων) mentionne un sophiste du nom de Théon, auteur d'un commentaire sur Andocide.

dont le talent passe de beaucoup le sien : il n'est pas un logographe ; les discours qu'il nous a laissés ont été véritablement prononcés par lui, et toujours en des circonstances où son intérêt personnel était engagé. Aussi a-t-il une qualité que les critiques qui lui sont le plus sévères ne lui ont jamais niée : le naturel. Mais ce naturel n'est pas discipliné comme celui de Lysias : Andocide a bien quelque teinture des préceptes de l'école ; mais il n'a pas réfléchi sur les principes de son art : Hermogène, dans son langage technique, le lui reproche très justement[1].

Nous pourrions, d'ailleurs, à cet égard, noter une évolution dans la suite de ses discours. Le premier en date de ceux qui nous sont conservés, le discours *Sur son retour* est d'une manière assez étudiée : la composition en est aisée et stricte, les idées s'enchaînent avec netteté[2] ; on relève des métaphores[3] — fait assez rare chez notre

1. Περὶ ἰδεῶν B p. 399 W : καὶ μέντοι καὶ τῆς κατὰ μέθοδον δεινότητος ὀλίγον, ἀλλὰ καὶ σφόδρα ὀλίγον ἔχει, τῆς δ' ἄλλης σχεδὸν οὐδ' ὅλως.

2. Hermogène (*l. l.*) cite l'opinion de certains critiques qui trouvent qu'Andocide bavarde et manque de netteté (...φλύαρος καὶ ἄλλως ἀσαφὴς εἶναι). Le reproche ne peut, en aucune manière, s'adresser à ce discours.

3. § 9 : ἀδύνατον ἦν ταῦτα ἰαθῆναι ἄλλως ἢ τῷ ἐμῷ αἰσχρῷ ; de même au § 1 : τί ποτε δεινῶς οὕτως περικάονται ; mais ce dernier exemple rentre également dans une autre catégorie, celle des expressions — relativement fréquentes chez Andocide — qu'on ne trouve pas en prose (II, 2 : ἐπαυρέσθαι, *ibid.* 7 συμφορὰν τῶν φρενῶν), et qui se rencontrent également dans le discours *Sur les mystères*, p. ex. : ἀρασάμενοι (I, 31), ἐπισκήπτω (32), κληδών (130), πρόρριζον (146 : l'auteur pense sans doute à Soph. *El.* 765) etc... Cf. Blass, *o. l.* I, p. 325, et la très bonne étude de S. Shipman Kingsbury : *A Rhetorical Study of the Style of Andocides*, Baltimore, 1899, p. 16-19. Pour ce qui regarde la syntaxe de notre orateur on consultera avec profit l'étude « purement statistique » de Morris H. Morgan : *Some constructions in Andocides. Harvard Studies in class. Philol.*, vol. II (1891), p. 57 et suiv.

auteur —, des périodes régulières[1], des antithèses[2], des procédés tels que l'homœotéleute et la parisose[3]. Tout cela n'est pas, à la vérité, manié avec une aisance parfaite[4] ; mais c'est dans ce discours qu'Andocide est le plus orateur, au sens technique du terme. Dans les discours de 399 et de 391 la composition sera plus lâche, la phrase plus abandonnée et molle de contours : on verra s'accuser les défauts qui sont propres à Andocide, la prolixité, la diffusion, la monotonie des redites[5] qui, par moments, rappelle — moins le suc et l'âpreté — la manière d'un Péguy. Le mouvement ne manque certes pas ; mais l'orateur ignore l'art d'élaguer et ne sait pas s'arrêter à temps[6] : un réviseur le servirait parfois utilement rien qu'avec des ciseaux.

Andocide n'a pas ignoré qu'il existait un art oratoire : un Athénien de son rang et qui prétendait jouer un rôle politique ne pouvait négliger de s'en faire instruire ; nous avons eu la preuve qu'il en avait quelque teinture. Mais, à la différence de tous les autres orateurs attiques, il ne s'est pas persuadé que c'était un métier de faire un discours, et les rhéteurs et professeurs d'éloquence n'ont pas eu tort de le malmener à ce sujet. Ce fut, il faut bien le dire, une chance pour ses discours d'être des documents d'une des époques les plus dramatiques et les plus passionnantes de l'histoire grecque. Car ses défauts de forme sont des plus apparents qui soient, et de ceux

1. P. ex. § 2 : εἰ μὲν νομίζουσι κτέ.

2. Cf. §§ 8 et 9. Ce dernier paragraphe est, à cet égard, très bien venu. Voir aussi § 24 : ἐμοῦ μὲν τὸ σῶμα ... ἡ δὲ γνώμη...

3. § 2.

4. Il y a quelque gaucherie dans le § 5 : τὸ δ' ἰσχυρὸν ... φέρειν, et, au § 12, la reprise αἴτια ... αἰτίας est vraiment malhabile.

5. Si languissantes, ou plutôt pesantes, que les critiques — Lipsius le fait justement observer — veulent quelquefois retrancher comme glose de scribe ce qui est bien de l'auteur lui-même.

6. P. ex. I, 142-3.

que le lecteur pardonne le moins. Il serait pourtant injuste de ne le juger que sur eux, comme on a fait le plus souvent. Il a des qualités qui se font jour par moments et qui lui auraient donné, si elles avaient su se soutenir, un tout autre rang parmi les Dix. Ce ne sont pas, à la vérité, des qualités brillantes mais de celles qui peuvent, avec quelque suite, faire un fort honnête écrivain : la justesse de ton, le naturel, la simplicité. Lorsqu'Andocide fait parler certains personnages il sait nous donner l'impression d'entendre exactement le langage qu'ils ont dû tenir. Au lendemain de la mutilation des Hermès, Mélétos et Euphilétos viennent le trouver : « Andocide », lui disent-ils, « c'est fait, nous avons exécuté la chose. Si tu trouves bon de te tenir tranquille et de te taire, nous serons amis comme devant : sinon, notre haine te fera plus de mal que tu ne trouveras de profit à gagner des amis en nous dénonçant[1]. » Il sait aussi trouver, pour plaider sa cause et parler de lui-même, un accent très juste et persuasif dans sa simplicité : « Ce corps est bien le même que jadis, mais mon esprit n'est plus celui d'autrefois. Il ne vous reste donc plus aucun motif de me garder du ressentiment. Et si, pour la faute ancienne, vous déclariez qu'il fallait tenir pour irrécusables les preuves tirées des faits eux-mêmes, et me considérer comme un criminel, ne cherchez pas, pour éprouver les bons sentiments qui m'animent aujourd'hui, d'autres preuves que celles qui ressortent de mes actes présents... Qu'après m'avoir accordé l'amnistie personnelle vous me l'ayez ensuite retirée, sachez bien que je ne vous en ai jamais voulu. Car si ces hommes ont su vous persuader de vous faire à vous-mêmes les pires des torts, d'échanger la souveraineté pour la servitude en substituant à la démocratie un

1. I, 63.

pouvoir oligarchique, comment trouver étonnant que vous vous soyez laissé persuader de me faire tort à moi aussi[1] ? » On peut, assurément, faire des réserves sur la sincérité des sentiments démocratiques exprimés dans ce passage[2] ; mais les rhéteurs dont Hermogène est l'écho[3] auraient dû reconnaître, en bonne justice, que l'ἦθος, qui leur était cher, était remarquablement observé dans cette péroraison.

C'est ce naturel, relevé parfois d'un bon sens avisé[4], qui donne leur valeur à certaines pages des deux premiers discours : nous renvoyons, par exemple, au passage où Andocide montre que le décret invoqué par ses accusateurs ne le menace pas seul, mais beaucoup d'autres avec lui. Il trace un tableau très sobre, mais d'autant plus frappant, du trouble qui suivrait sa condamnation : nombre de citoyens qui se croyaient tranquilles perdant toute sécurité, et les sycophantes se mettant hardiment à l'œuvre[5]. La fin du morceau laisse voir évidemment l'application de deux procédés[6] dont les orateurs font largement

1. II, 25-27.

2. La haine dont les oligarques le poursuivirent pourrait expliquer une volte-face, au moins momentanée ; mais le discours *Sur la paix* n'est évidemment pas d'un démocrate. Il dut y avoir quelque trouble dans les sentiments d'Andocide qui ne reniait pas le parti, mais détestait les partisans.

3. Ὅθεν ἔδοξέ τισι φλύαρος κτέ (passage cité plus haut).

4. C'est ainsi qu'il répond avec assez d'à-propos à ceux qui l'accusent d'avoir, contrairement à la loi religieuse, déposé, pendant les Mystères, un rameau de suppliant dans l'Eleusinion d'Athènes (I, 113 et suiv.). Les Déesses, disent ses accusateurs, ont égaré son esprit pour lui faire déposer le rameau. Mais, répond-il, elles m'ont laissé nier : il leur était bien plus sûr, pour me perdre, de me faire avouer le sacrilège sans l'avoir commis. C'est riposter avec esprit à cette sorte d'arguments par interprétation des voies divines.

5. I, 103 et suiv.

6. L'interprétation des sentiments des auditeurs (cf. Lysias XII, 35 : πολλοὶ καὶ τῶν ἀστῶν καὶ τῶν ξένων ἥκουσιν εἰσόμενοι...), et l'élar-

usage ; mais on y sent autre chose que l'artifice, et la force n'y manque pas.

La page le plus souvent citée est le récit de la nuit tragique où Andocide emprisonné se décide à livrer les noms d'un certain nombre de coupables[1]. Cette nuit dont l'angoisse lui est toujours présente, et que ses ennemis, d'ailleurs, ne le laisseront jamais oublier, revit pour nous avec une réalité saisissante : nous n'en parlons ici que pour mémoire. Et c'est, enfin, une des bonnes inspirations d'Andocide que sa violente invective contre un de ses accusateurs, Epicharès, qui avait été du Conseil des Trente : « ...Et cet homme a le front d'accuser les autres, quand vos lois ne lui permettent même pas de se défendre lui-même ! Mais en vérité, Citoyens, lorsque assis à cette place je le voyais devant moi développant son accusation, j'avais tout à fait l'impression d'avoir été arrêté par les Trente et d'être jugé par eux. Car si l'on m'eût alors poursuivi qui m'eût accusé ? N'est-ce pas lui, à moins que je ne l'eusse acheté ? C'est, en effet, ce qui se passe aujourd'hui. Et quel autre que Chariclès m'aurait fait subir cet interrogatoire : « Dis-moi, Andocide, tu es allé à Décélie et tu l'as fortifiée contre ta propre patrie ? » — « Non pas. » — « Mais quoi ? tu as ravagé l'Attique et pillé sur terre et sur mer tes concitoyens ? » — « Nullement. » — « Tu n'as pas non plus combattu sur mer contre Athènes, tu n'as pas aidé à raser nos murs, ni à renverser la démocratie, et tu n'es pas rentré dans Athènes les armes à la main ? » — « Je n'ai rien fait de tout cela. » — « Et tu crois t'en tirer comme cela et n'être pas mis à mort, comme tant d'autres[2] ? » Ce dialogue de mordante

gissement de la cause (Lysias XXVIII, 10 : οὐκ Ἐργοκλῆς μόνον κρίνεται, ἀλλ' ἡ πόλις ὅλη).

1. I, 48 et suiv.

2. I, 100-101.

ironie est une trouvaille que de meilleurs orateurs qu'Andocide n'auraient pas jugée indigne d'eux. Hérode Atticus qui, nous l'avons vu, marque à notre auteur tant de dédain, en a-t-il eu souvent de pareilles? Il est juste de reconnaître qu'Andocide ne sait pas soutenir cette vigueur, et qu'il retourne trop vite à sa molle articulation, à sa diffusion et à ses redites[1].

Le texte d'Andocide. Si l'on admet, tantôt avec certitude, tantôt avec vraisemblance, que les discours de certains orateurs attiques ont été publiés de leur vivant, rien ne nous assure qu'il en fut ainsi de ceux d'Andocide. Mais ils constituaient des documents d'un si grand intérêt sur des faits importants de l'histoire et de la politique athéniennes qu'on n'a pu tarder longtemps à les recueillir. Ajoutons que si Andocide n'a pas laissé d'enfants, cette famille d'eupatrides devait souhaiter ardemment que la mémoire de l'orateur, sur qui pesaient de si lourdes accusations, fût définitivement réhabilitée[2]. Eschine, quand il compose sa harangue *Sur l'ambassade infidèle*, a sous les yeux le texte du discours *Sur la paix avec les Lacédémoniens*[3]. Les

1. Il est pourtant un fait qu'il convient de signaler, en bonne justice. A la différence des discours I et II, le discours III laisse voir un certain souci d'éviter l'hiatus. S. S. Kingsbury (*o. l.* p. 39) pense qu'on peut reconnaître là l'influence d'Isocrate qui, de 399 à 390, « écrit au moins six discours et ouvre son école à Athènes » ; selon Blass, c'est un progrès de l'orateur dans les 7 années écoulées depuis le discours *Sur les Mystères*. Il se peut, mais le « souci » est bien formel, et il en est d'autres plus importants qu'Andocide n'a pas eus dans ce discours III.

2. Le discours III, selon Blass (p. XXII de son édition), dut être publié comme justification par Andocide exilé. Wilamowitz (*Friedensverhandl. von 392 u. 391*, *Sitzungsberichte der preuss. Ak. der Wiss.*, 1921, p. 737), estime que le discours ne pouvait atteindre son but que s'il était répandu (sous une forme sans doute différente) avant d'être prononcé.

3. MM. V. Martin et G. de Budé (*Eschine*, Collection des Uni-

deux discours sont prononcés à près de cinquante ans d'intervalle; mais la publication des discours d'Andocide a pu être sensiblement antérieure à la date du procès de l'Ambassade.

De l'étendue de ce recueil nous ne pouvons avoir aucune idée précise. Il contenait sans doute nos discours I, II, III, la harangue Πρὸς τοὺς ἑταίρους, citée par Plutarque, le *Discours délibératif,* et des discours que la tradition ancienne a pu passer sous silence, en tout cas peu nombreux, car Andocide n'est pas un orateur de profession. Ce recueil fut, naturellement, utilisé par Callimaque pour ses *Tableaux*. Et si cette bibliographie raisonnée semble avoir été plus originale qu'exacte, notamment pour les ῥητορικά, il ne serait pourtant pas équitable de faire remonter jusqu'à elle les singulières confusions du pseudo-Plutarque.

Denys d'Halicarnasse exerça sa critique sur le recueil traditionnel. Dans son étude *Sur les anciens orateurs* il n'est pas question d'Andocide, qu'il ne compte pas « parmi les meilleurs » : nous savons cependant par l'argument du discours III (*Sur la paix avec les Lacédémoniens*) qu'il tenait ce discours pour apocryphe. Est-ce en se fondant sur sa critique que son ami Cécilius de Calé Acté, à qui l'on croit pouvoir attribuer le « canon » des dix orateurs, avait, dans le traité qui leur était consacré, étudié les « caractères distinctifs » de son style[1] ? On peut se

versités de France, t. I, p. 166, note) pensent « que la connaissance de cet ouvrage ne devait pas être très répandue pour qu'un emprunt aussi manifeste fût possible ». Cette opinion peut parfaitement s'accorder avec la nôtre. Un emprunt de ce genre pouvait, d'ailleurs, se faire avec d'autant plus de facilité que les auditeurs d'Eschine n'avaient évidemment pas un souvenir très précis du texte d'Andocide, et que ses élèves, si le discours fut publié surtout pour eux, devaient peu se soucier de confronter les deux textes pour noter des emprunts qui ne portaient, en somme, que sur des faits.

1. Περὶ τοῦ χαρακτῆρος τῶν δέκα ῥητόρων. On peut se demander

poser la question, mais l'influence inverse reste possible[1].

Les découvertes papyrologiques ne nous ont, à proprement parler, rien rendu d'Andocide. Deux très courts passages du discours *Sur les Mystères* (§§ 110 et 116) sont cités dans un papyrus du 3e siècle ap. J. C. qui contenait un commentaire d'une comédie perdue d'Aristophane[2]. Il s'agit de la peine édictée contre celui qui dépose un rameau de suppliant dans l'Eleusinion. Le commentateur rappelle qu'en vertu d'un νόμος πάτριος, si l'on en croit les accusateurs, le châtiment serait la mort, tandis que peu après (μετ' οὐ πολλά) nous voyons que, d'après la stèle, le coupable encourrait une simple amende de mille drachmes[3]. Le papyrus donne, pour le § 110, l. 2, la bonne leçon δ' εἴη (conjecturée par Bekker), au lieu de la leçon fautive δ' ἦν que portent tous nos manuscrits.

si la simplicité nue du style d'Andocide était aussi relevée dans le traité où il opposait l'atticisme à l'asiatisme. Mais on est, ici, dans le domaine de la pure hypothèse.

1. « Le traité de Cécilius », dit M. Pierre Roussel (*Isée*, p. 2), « a pu être déjà utilisé par Denys : il n'y aurait pris que ce qui lui semblait assuré ».

2. *Papiri Greco Egizii, vol. II, per cura di D. Comparetti* (n° 112, p. 16). Voici le texte :

[κατηγορησ
[αν δε μου περι της ικετηριας ως]
καταθειην εγω εν τω Ελευ]σεινιωι νο-
εαν θη
μος δ' ει]η πα[τριος ο]ς αν επι ϊκε
τη]ριαν μυστηριοις τεθναναι και
με]τ ου πολλα επειτα δε νομον
πατ]ριον λεγεις η δε στηλη παρ η
εστ]ηκας χιλιας δραχμας κελευει
οφε]ιλειν εαν τις ικετηριαν θη
εν τ]ωι Ελευσεινιωι φερε

La graphie erronée ЄΠΙ, pour ΘΗΙ a été corrigée par la deuxième main, qui écrit au-dessus de la ligne εαν θη : εαν a été pris à la ligne 7 (εαν τις ικετηριαν θη).

3. Cf. Foucart, *Les grands mystères d'Eleusis*, p. 9 et suiv.

L'établissement du texte d'Andocide, comme celui du texte d'Isée, repose essentiellement pour nous sur deux manuscrits :

Crippsianus ou *Burneianus* 95 (A)[1], du XIIIe siècle, qui nous a conservé le texte de cinq orateurs : Andocide, Isée, Dinarque, Antiphon et Lycurgue.

Ambrosianus D 42 sup. (Q), du XIVe siècle, qui contient les discours III et IV (il contient, de même, deux discours d'Isée : I et II).

Les autres manuscrits, qui sont également ceux d'Antiphon, sont les suivants :

Laurentianus (B) du XVe siècle.

Marcianus (L) du XVe siècle.

Burneianus 96 (M) du XVe siècle.

Vratislaviensis (Z) du XVIe siècle.

Les trois derniers de ces manuscrits, *apographa* qui font quelquefois des corrections faciles, dérivent du *Laurentianus* : la démonstration en a été faite par Th. Thalheim et par V. Iernstedt ; B dérive lui-même de A : Blass (Préface de son édition d'Antiphon, p. VII) et Buermann (Rhein. Mus., XL, p. 387 et suiv.) l'ont établi. Le texte de l'Aldine vient du *Marcianus*.

Les fautes et les lacunes communes à tous ces manuscrits montrent nettement qu'ils dérivent d'un même exemplaire, et c'est dans le *Crippsianus* que le texte en est le plus fidèlement conservé. L'onciale de cet archétype transparaît dans certaines fautes de A, telles que I, § 37, l. 2 διὸ καὶ δὶς pour Διοκλείδης : le copiste, l'iotacisme aidant[2], a lu KAI pour KΛEI.

1. Au Musée Britannique.

2. Les confusions amenées par la prononciation byzantine sont, dans le *Crippsianus*, particulièrement nombreuses. On notera : I, § 18, l. 9 μαρτυρεῖται pour -τε : le copiste a, ici, rectifié lui-même ; II, § 16, l. 4 ἀπολοίμην, pour ἀπωλλύμην ; II, § 24, l. 6 τοῦτ' ἀναίτιον, que Bekker a corrigé en ταὐτὸν ἔτι ὄν ; II, § 24, l. 9 διαβε-

Le manuscrit Q[1] est nettement inférieur au *Crippsianus*[2] : s'il offre l'intérêt d'avoir un texte indépendant de A, et de donner, de-ci de-là, des leçons préférables[3], il présente d'assez nombreuses omissions[4] et change l'ordre des mots d'une façon qui n'est pas toujours heureuse : son scribe ne semble pas se rendre compte de la valeur expressive qui peut être donnée à un mot ou à un groupe de mots par une légère infraction à la construction régulière ; il croit bien faire en ramenant la phrase à une régularité quelquefois un peu plate[5]. Il semble aussi, par moments, que, par souci de l'euphonie, il évite des hiatus au moyen d'élisions ou transpose des mots de façon contraire à son système accoutumé[6].

Le *Crippsianus* est écrit si nettement que sa lecture et son étude semblent, à première vue, ne devoir offrir

6λῆσθαι, p. -σθε, et § 25, l. 3 ἡγεῖσθε, p. -σθαι ; III, § 15, l. 3 ἀπολαύωμεν, p. -λάβωμεν ; enfin un exemple typique de ce genre de fautes, digne de figurer dans les manuels de philologie, est I, § 71, l. 3 εἰς ὅ τι μηδ' ἴσου, pour Ἰσοτιμίδης οὗ.

1. Cf. Cinquini, *De codice Q Andoc.* Giorn. d. filol. class. 1886, p. 284-290, et *Andoc. de codicibus qui in biblioth. ambrosiana exstant*, Mediolani, 1886.

2. Certaines fautes de l'*Ambrosianus* sont de simples bévues du scribe, qui est étourdi et négligent : p. ex. III, § 13, l. 4 ἀδικοῦντας (pour ἀδικουμένους) amené par βοηθοῦντας ; plus grave est une addition plus qu'oiseuse, et qu'on s'étonne de voir conservée par Lipsius, telle que III, § 19, l. 1 τοῖς Ἕλλησι : elle vient d'un correcteur qui a mal compris ἐπιδειξάμενοι.

3. Pour prendre quelques exemples dans le discours III, signalons § 6, l. 3 ᾑρέθησαν, § 7, l. 9 ἑτέρους τοσούτους, § 15, l. 7 δοκοῦμεν (bien conjecturé par Reiske), § 41, l. 6 ποιήσασθαι (déjà restitué par H. Estienne) pour ποιήσεσθαι.

4. Des observations identiques ont été faites sur la partie du manuscrit relative à Isée. Voir, dans la *Collection des Universités de France*, l'édition de cet orateur par Pierre Roussel, *Introd.*, p. 11.

5. Cf. IV, § 17, l. 5 (anecdote du peintre Agatharchos : il écrira διὰ τὸ συγγραφὰς παρ' ἑτέρων ἔχειν, au lieu de ἔχειν παρ' ἑτέρων).

6. P. ex. III, § 8, l. 5 ἑπτακισχίλια μὲν τάλαντα εἰς τὴν ἀκρόπολιν νομίσματος ἀνηνέγκαμεν.

aucune sorte de difficulté. La question des diverses mains prête cependant à controverse : les corrections sont d'une écriture presque indiscernable de celle du copiste ; I. H. Ieayes et H. Mueller-Struebing ont constaté cette similitude et observé seulement que certaines corrections sont d'une encre un peu plus noire : c'est la *m. sec.* des notes critiques de Lipsius : nous les marquons A^2, et nous marquons A^1 les corrections qui, de toute apparence, ont été faites immédiatement par le copiste. Il faut en effet distinguer le correcteur proprement dit du copiste qui, faisant une faute, s'en avise et la corrige aussitôt. De même, une *manus posterior* notée ici Q^2 a laissé sa trace dans l'*Ambrosianus* : elle est nettement visible dans des passages tels que III, 30, 6. Les corrections de A^2 sont, le plus souvent, justes et saines : il en est, parfois, de discutables. Un passage tel que I, 23, 6 est, à cet égard intéressant : le ς de εἰπόντας paraît être de la seconde main : le correcteur a pensé qu'il fallait rapporter οὐδένα à λόγον, et le pluriel du participe lui a paru préférable — à tort, croyons-nous, car l'articulation de la phrase est alors moins bonne, et la construction elliptique de οἵ est beaucoup plus aisée si ce relatif n'est pas immédiatement précédé d'un pluriel se rapportant à d'autres personnages. Dans le même discours (I, 26, 2) la première main a écrit ἐλέγξαι que le correcteur a changé, mal à propos, en ἐξελέγξαι. On voit par ces deux exemples qu'il peut n'être pas toujours bien inspiré. Il n'est pas, d'ailleurs, toujours possible de déterminer avec certitude ce qui lui appartient, non plus que de discerner clairement ce que la première main a d'abord omis, puis ajouté. Les éditeurs sont souvent en désaccord à ce sujet[1], et il leur arrive quelquefois d'affirmer ce qui doit être laissé dans le

1. Voir III, 31, 7 : πείσαντες ὑμᾶς, et les divergences sur la leçon de la première main.

doute. Notre appareil critique s'abstiendra de marquer les corrections de ce genre quand l'examen du manuscrit[1] ne nous les aura pas fait tenir pour certaines.

En l'absence d'indication spéciale, il s'agit, pour les discours I et II, de la première main de A et, pour les discours III et IV, de l'accord de A et de Q. Pour mieux distinguer les deux sortes de corrections signalées plus haut, nous avons employé, comme plus précise, la notation *add.* A[1] au lieu de *om. pr.* Nous avons cru pouvoir nous abstenir de mentionner certaines variantes obtenues par une rectification pure et simple de l'accentuation du copiste. Cette accentuation nous a toujours semblé de médiocre intérêt. Nous ne marquons pas non plus les passages où nous n'avons pas lu comme les précédents éditeurs : si souvent et soigneusement qu'un texte ait été collationné il est impossible qu'une lecture attentive ne trouve quelques rectifications de détail.

En ce qui regarde le dialecte nous avons largement profité des corrections que Blass a faites à juste titre. Si nous pensions, en d'autres circonstances, devoir nous garder d'un purisme dialectal qui supposait chez l'auteur un souci qu'il n'eut peut-être jamais, la méthode est moins arbitraire quand il s'agit d'un écrivain de la génération d'Andocide. Encore faut-il, en toute sincérité, reconnaître qu'en pareille matière il reste encore une part d'hypothèse et d'incertitude.

1. J'exprime ici mes remercîments à l'éminent directeur du British Museum, Sir Fr. G. Kenyon, qui a bien voulu faire exécuter la reproduction photographique du *Crippsianus* sur laquelle j'ai travaillé. Je remercie également ceux qui m'ont donné des avis éclairés, M. Gustave Glotz, M. Jérôme Carcopino, M. Robert Cohen, et, tout particulièrement, M. Charles Picard qui a été le réviseur diligent de ce volume, et à qui je dois de très profitables suggestions.

SIGLES

A = Crippsianus ou Burneianus 95, XIIIe siècle.
A[1] = corrections de la première main.
A[2] = corrections de la seconde main.
Q = Ambrosianus D 42 sup., XIVe siècle.
Q[1] = corrections de la première main.
Q[2] = corrections de la seconde main.
B = Laurentianus IV, 11, XVe siècle.
L = Marcianus, append. class. 8, 6, XVe siècle.
M = Burneianus 96, XVe siècle.
Z = Vratislaviensis, XVIe siècle.
apogr. (apographa) = LMZ, copies dérivées de B.

[PLUTARQUE]

VIES DES DIX ORATEURS

II. Andocide

1 Andocide était fils de Léogoras, fils lui-même de cet Andocide qui négocia pour les Athéniens la paix avec Lacédémone. Il était du dème de Kydathénaion[1] ou de Thorai*, eupatride, et même, si l'on en croit Hellanicos, descendant d'Hermès*. Il est, en effet, de la race des Kéryces. **2** Aussi fut-il désigné avec Glaucon* pour aller, avec vingt vaisseaux, secourir les Corcyréens dans leur différend avec les Corinthiens. **3** Par la suite, il fut accusé d'impiété comme ayant pris part à la mutilation des Hermès et à la profanation des mystères de Déméter ; **4** [comme il menait antérieurement une vie déréglée et avait, une nuit, au cours d'une partie joyeuse après un festin, brisé une statue du dieu, il s'était vu, de ce chef, intenter une eisangélie ; ayant refusé de livrer son esclave que réclamaient ses accusateurs, il en eut mauvais renom et fut soupçonné de complicité lors de la deuxième action publique **5** qui suivit de près le départ de l'expédition de Sicile : les Corinthiens voyant que les Athéniens allaient secourir les Léontins et les Egestains avaient envoyé des gens qui, de nuit, mutilèrent les Hermès dressés autour de l'agora, selon le témoignage de Cratippos*] **6** mis en jugement de ce chef, il fut absous à la condition qu'il dénoncerait les coupables. Il mit tout en

1. Cf. IG II², 1138 : 'Ανδοκίδης Λειωγόρο. Κυδαθηναιεύς. C'est un décret en l'honneur de chorèges vainqueurs. Andocide figure parmi ceux qui ont remporté la victoire avec un chœur d'enfants, aux Dionysies. De même, Philochoros cité par Didymos dans son commentaire de Démosthène, col. 7, l. 26 : 'Ανδοκ[ί]δην Κυδαθηναιέα.

[ΠΛΟΥΤΑΡΧΟΥ]

ΒΙΟΙ ΤΩΝ ΔΕΚΑ ΡΗΤΟΡΩΝ

Β΄. Ἀνδοκίδης

1 Ἀνδοκίδης Λεωγόρου μὲν ἦν πατρὸς ⟨τοῦ Ἀνδοκίδου⟩ τοῦ θεμένου ποτὲ πρὸς Λακεδαιμονίους εἰρήνην Ἀθηναίοις, τῶν δήμων δὲ Κυδαθήναιος ἢ Θορεύς, γένους εὐπατριδῶν, ὡς δ᾽ Ἑλλάνικος καὶ ἀπὸ Ἑρμοῦ· καθήκει γὰρ εἰς αὐτὸν τὸ Κηρύκων γένος. — 2 Διὸ καὶ προεχειρίσθη ποτὲ μετὰ Γλαύκωνος σὺν ναυσὶν εἴκοσι Κερκυραίοις βοηθήσων διαφερομένοις πρὸς Κορινθίους. 3 Μετὰ δὲ ταῦτα αἰτιαθεὶς ἀσεβεῖν, ὡς καὶ αὐτὸς τοὺς Ἑρμᾶς περικόψας καὶ εἰς τὰ τῆς Δήμητρος ἁμαρτὼν μυστήρια, 4 [διὰ τὸ πρότερον ἀκόλαστον ὄντα νύκτωρ κωμάσαντα θραῦσαί τι τῶν ἀγαλμάτων τοῦ θεοῦ, καὶ εἰσαγγελθέντα, ἐπειδὴ οὐκ ἠβουλήθη ὃν ἐξῄτουν οἱ κατήγοροι δοῦλον ἐκδοῦναι, διαβληθῆναι καὶ πρὸς τὴν αἰτίαν τῆς δευτέρας γραφῆς ὕποπτον γενέσθαι, 5 ἣν μετ᾽ οὐ πολὺν χρόνον τοῦ ἐπὶ Σικελίαν στόλου συνέβη γενέσθαι, Κορινθίων εἰσπεμψάντων ἄνδρας διὰ Λεοντίνους τε καὶ Ἐγεσταίους, μελλόντων βοηθεῖν αὐτοῖς τῶν Ἀθηναίων, ⟨οἳ⟩ νύκτωρ τοὺς περὶ τὴν ἀγορὰν Ἑρμᾶς περιέκοψαν, ὡς Κράτιππός φησι] 6 κριθεὶς ἐπὶ τούτοις ἀπέφυγεν ἐπὶ τῷ μηνύσειν τοὺς ἀδικοῦντας. Σπουδὴν δὲ πᾶσαν

1 1 τοῦ Ἀνδοκίδου add. Ruhnken, coll. III, **6,** 6 || 3 Κυδαθήναιος: -ναιεὺς Taylor || Θορεύς Taylor : Θουρεύς || **4-5** e margine in textum illata esse uidit Westermann quod ignorat ea Photius et post Κράτιππός φησι in codicibus adduntur πρὸς ἁμαρτὼν μυστήρια quae antecedentia (**3,** 3) Δήμητρος ἁμαρτὼν μυστήρια iterant || **4** 3 ἐξῄτουν Duebner : ἐζήτουν || **5** 3 ἄνδρας διὰ Λεοντίνους τε καὶ Ἐγεσταίους : Λεοντίνους τε καὶ Αἰγεσταίους ἄνδρας ἰδίᾳ Blass ; Ἐγεστ. pro Αἰγεστ. Lipsius || 5 οἳ add. Duebner.

œuvre et découvrit les sacrilèges. Son père était de ceux qu'il dénonça[1] 7 ; il les convainquit et les fit périr tous, excepté son père, emprisonné déjà cependant, et qu'il sauva en promettant qu'il rendrait de nombreux services à la cité[2]. Et sa parole fut tenue, car Léogoras démontra la culpabilité de beaucoup d'hommes qui s'étaient approprié les deniers publics et s'étaient chargés d'autres méfaits. Il fut ainsi mis hors de cause ; **8** mais Andocide, à qui ses actes politiques donnaient un mauvais renom, se mit à faire métier d'armateur et devint l'hôte et l'ami des rois de Chypre et de beaucoup d'autres. **9** C'est ainsi qu'une Athénienne, fille d'Aristide[3], et sa propre cousine, fut, à l'insu des siens, enlevée par lui et envoyée en présent au roi de Chypre. Comme il allait être, pour cela, traduit devant les tribunaux, il s'empara de nouveau d'elle, et l'enleva de Chypre. Mais le roi le fit appréhender et jeter en prison. **10** Il réussit à s'échapper et revint à Athènes au moment de la domination des Quatre-Cents*. Emprisonné par ceux-ci il recouvra de nouveau la liberté à la chute de l'Oligarchie ; **11** mais chassé d'Athènes à l'avènement des Trente il passa son temps d'exil en Elide*. Au retour de Thrasybule et des démocrates il rentra lui aussi à Athènes. **12** Envoyé pour négocier la paix à Lacédémone il fut jugé coupable et exilé*. **13** Tout cela se trouve rapporté dans les discours qu'il a composés : dans l'un, il se justifie au sujet des Mystères ; dans un autre, il demande le retour à Athènes ; **14** on a encore de lui le *Discours sur l'endeixis**, la *Défense contre Phéax**, et le *Discours sur la paix*. **15** Il était dans la pleine force de l'âge en même temps que Socrate le philosophe. Il naquit dans la première année de la 78ᵉ Olympiade*, Théogénidès étant archonte à Athènes, en sorte qu'il

1. On a fait observer, à propos de ce passage, que le pseudo-Lysias (VI, 23) ne parlait pas de cette dénonciation de son père ; mais cet écrit traite à peu près uniquement de l'affaire des Hermès : on ne peut reprocher à son auteur de n'avoir pas confondu les deux affaires. L'imputation est réfutée par Andocide I, 19.

2. Nouvelle bévue du pseudo-Plutarque qui rapporte à Léogoras ce qu'Andocide dit de lui-même (I, 136).

3. Le pseudo-Lysias ne parle pas de cette étrange histoire. On s'est demandé si elle était mentionnée dans la partie perdue du pamphlet.

εἰσενεγκάμενος ἐξεῦρε τοὺς περὶ τὰ ἱερὰ ἁμαρτόντας, ἐν οἷς καὶ τὸν αὑτοῦ πατέρα ἐμήνυσεν. 7 Καὶ τοὺς μὲν ἄλλους πάντας ἐλέγξας ἐποίησεν ἀπολέσθαι, τὸν δὲ πατέρα ἐρρύσατο, καίτοι δεδεμένον ἤδη, ὑποσχόμενος πολλὰ λυσιτελήσειν αὐτὸν τῇ πόλει. Καὶ οὐκ ἐψεύσατο. Ἤλεγξε γὰρ ὁ Λεωγόρας πολλοὺς δημόσια χρήματα σφετερισαμένους καὶ ἄλλα τινὰ ἀδικοῦντας. Καὶ διὰ μὲν ταῦτα ἀφείθη τῆς αἰτίας· 8 ⟨οὐκ⟩ εὐδοκιμῶν δ' ὁ Ἀνδοκίδης ἐπὶ τοῖς πολιτευομένοις ἐπέθετο ναυκληρίᾳ, καὶ τοῖς τε Κυπρίων βασιλεῦσι καὶ πολλοῖς ἄλλοις ἐπεξενώθη· 9 ὅτε καὶ μίαν τῶν πολιτίδων, Ἀριστείδου θυγατέρα, ἀνεψιὰν οὖσαν αὐτῷ, λάθρᾳ τῶν οἰκείων ἐξαγαγὼν ἔπεμψε δῶρον τῷ Κυπρίων βασιλεῖ. Μέλλων δ' ἐπὶ τούτοις εἰς δικαστήριον εἰσάγεσθαι πάλιν αὐτὴν ἐξέκλεψεν ἀπὸ τῆς Κύπρου, καὶ ληφθεὶς ὑπὸ τοῦ βασιλέως ἐδέθη. 10 Διαδρὰς δ' ἧκεν εἰς τὴν πόλιν, καθ' ὃν χρόνον οἱ τετρακόσιοι διεῖπον τὰ πράγματα. Δεθεὶς δ' ὑπὸ τούτων καὶ διαφυγὼν αὖθις, ὁπότε κατελύθη ἡ ὀλιγαρχία, 11 ἐξέπεσε τῆς πόλεως τῶν τριάκοντα τὴν ἀρχὴν παραλαβόντων. Οἰκήσας δὲ τὸν τῆς φυγῆς χρόνον ἐν Ἤλιδι, κατελθόντων τῶν περὶ Θρασύβουλον καὶ αὐτὸς ἧκεν εἰς τὴν πόλιν. — 12 Πεμφθεὶς δὲ περὶ τῆς εἰρήνης εἰς Λακεδαίμονα καὶ δόξας ἀδικεῖν ἔφυγε. — 13 Δηλοῖ δὲ περὶ πάντων ἐν τοῖς λόγοις οἷς συγγέγραφεν· οἱ μὲν γὰρ ἀπολογουμένου περὶ τῶν μυστηρίων εἰσίν, οἱ δὲ καθόδου δεομένου. 14 Σῴζεται δ' αὐτοῦ καὶ ὁ περὶ τῆς ἐνδείξεως λόγος καὶ ἀπολογία πρὸς Φαίακα καὶ ⟨ὁ⟩ περὶ τῆς εἰρήνης. — 15 Καὶ ἤκμακε μὲν κατὰ τοῦτον τὸν χρόνον ἅμα Σωκράτει τῷ φιλοσόφῳ· ἄρχει δ' αὐτῷ τῆς γενέσεως ὀλυμπιὰς μὲν οη', ἄρχων δ' Ἀθήνησι Θεογενίδης, ὥστ' εἶναι πρεσβύτερον αὐτὸν Λυσίου ἔτεσί που δέκα. — 16

6 3 εἰσενεγκάμενος e Photio Reiske : ἐνεγκάμενος || **7** 5 σφετερισαμένους (uel ἐσφετερισμένους) Reiske : σφετεριζομένους uulg, νοσφισαμένους Photius || **8** 1 οὐκ add. Duebner (omittit et Photius) || 2 πολιτευομένοις : aut πολιτεύμασιν cum Photio aut πεπολιτευμένοις scribendum censet Blass || **10** 3 δ' ὑπό : δὲ καὶ ὑπὸ Photius || **11** 2 ἕως post πόλεως add. Westermann ; τῶν τριάκοντα τὴν ἀρχὴν παραλαβόντων non leguntur apud Photium || **13** 3 καθόδου Xylander : καθόλου || **14** 3 ὁ add. Lipsius || **15** 1 τοῦτον τόν : τὸν αὐτὸν Westermann || 2 ἄρχει : ἀρχὴ Photius || 4 δέκα Westermann : ἑκατὸν (ἐννέα Meziriac, ὀκτώ Taylor).

fut de quelque dix ans l'aîné de Lysias. **16** Il a donné son nom à l' « Hermès d'Andocide[1] », offrande de la tribu Égéide, mais ainsi nommé parce qu'Andocide habitait tout auprès. **17** Il fit, comme chorège, pour sa tribu qui prenait part au concours dithyrambique[2], les frais d'un chœur cyclique, et, vainqueur, il consacra un trépied dressé sur un socle élevé en face du Silène de tuf. **18** Il est, dans ses discours, simple et sans recherche, uni et sans figures.

1. Sur cet Hermès, voir Andocide I, 62 ; Eschine I, 125 ; Plutarque *Alc.* 21, *Nicias* 13 ; Harpocration *s. u.* 'Ανδ. Ἑρμῆς.

2. Voir plus haut § 1, note 1. Cf. Br. Keil, Hermes 30 (1895), p. 205.

Τούτου δ' ἐπώνυμός ἐστι καὶ Ἑρμῆς ὁ Ἀνδοκίδου καλού-
μενος, ἀνάθημα μὲν ὢν φυλῆς Αἰγηΐδος, ἐπικληθεὶς
δ' Ἀνδοκίδου διὰ τὸ πλησίον παροικῆσαι τὸν Ἀνδοκίδην. —
17 Καὶ αὐτὸς δ' ἐχορήγησε κυκλίῳ χορῷ τῇ αὑτοῦ φυλῇ
ἀγωνιζομένῃ διθυράμβῳ, καὶ νικήσας ἀνέθηκε τρίποδα
ἐφ' ὑψηλοῦ ἄντικρυς τοῦ πωρίνου Σιληνοῦ. — 18 Ἔστι
δ' ἁπλοῦς καὶ ἀκατάσκευος ἐν τοῖς λόγοις, ἀφελής τε καὶ
ἀσχημάτιστος.

17 3 βάθρου uel ἰκρίου post ὑψηλοῦ add. Reiske || Σιληνοῦ Blass (Σειληνοῦ iam Saumaise) : σελίνου.

I

SUR LES MYSTÈRES

I

NOTICE

Andocide, dénoncé par Dioclidès dans l'affaire des Hermocopides, avait, en dénonçant à son tour, obtenu l'impunité. Mais le décret d'Isotimidès frappa d'atimie ceux qui s'étaient reconnus coupables d'impiété : les temples et l'agora leur étaient interdits. Andocide quitte alors Athènes, et se rend à Chypre. Nous avons déjà parlé de ses essais successifs de retour : une première fois en 411, sous les Quatre-Cents ; puis vers 407, enfin en 402, après le rétablissement de la démocratie. Andocide, cette fois, pouvait juger le moment tout à fait favorable : le décret de Patroclidès, voté en 405 pendant le siège, avait réhabilité les anciens ἄτιμοι, et une amnistie générale (403) avait suivi le retour de Thrasybule. Andocide put, de nouveau, mener cette vie de citoyen dont la privation, nous dit-il, lui avait été si douloureuse ; trois ans se passèrent : il exerçait librement ses droits politiques[1] lorsqu'en 399, pendant la troisième décade du mois Boédromion, alors que se célébraient les Grands Mystères et qu'avec tous les autres initiés, il était encore à Eleusis, il fut, auprès de l'archonte roi, l'objet d'une *endeixis*[2]. Le principal accu-

1. Au moment où on l'accuse il fait partie du Conseil ([Lysias] VI, 9).

2. L'*endeixis*, comme l'*apagôgè* sont « des poursuites exercées sans citation formelle au moyen d'une prise de corps exécutée par l'accusateur ou un recors », notamment contre un citoyen en rupture d'atimie. Glotz, *La Cité grecque*, p. 235 et 273.

Les termes ἀπάγειν et ἐνδεικνύναι sont toujours si étroitement associés que dans un passage de Démosthène (XXII, 27) nous voyons le premier sous-entendre le second. Andocide ne fut pour-

sateur était Képhisios, soutenu par Mélétos et Epicharès. La poursuite se fondait sur ces faits qu'Andocide, au mépris du décret d'Isotimidès, avait pris part à la cérémonie des Mystères, qu'il était entré dans l'agora, avait abusivement exercé des droits de citoyen, et avait enfin, au mépris d'une loi des aïeux, déposé pendant les Mystères un rameau de suppliant dans l'Eleusinion d'Athènes.

Ce dernier grief mis à part, les accusateurs, pour justifier les autres, invoquaient le décret d'Isotimidès. Andocide soutenait que ce décret ne s'appliquait point à lui (puisqu'il n'avait ni commis ni avoué de sacrilège), et qu'en outre il se trouvait « aboli et annulé ». Entrons brièvement dans le détail des faits qu'il allègue. Après le désastre d'Aigos-Potamoi, quand le siège d'Athènes eut commencé, Patroclidès fit une motion destinée à ramener la concorde : elle consistait à réhabiliter les anciens ἄτιμοι. C'étaient d'abord les débiteurs de l'Etat ; puis ceux dont l'atimie frappait la personne sans toucher à leurs biens. Andocide en énumère certaines catégories ; mais on peut constater que, dans ce commentaire du décret de Patroclidès, il s'abstient — visiblement par répugnance pour une imputation qu'il décline — de donner comme exemple de citoyens partiellement déchus ceux que visait Isotimidès : il dit simplement : « d'autres se voyaient fermer l'entrée de l'agora [1] ». L'esprit du décret ne laisse d'ailleurs aucun doute : le très petit nombre d'exceptions mentionnées dans le texte [2] marque bien l'intention de réhabiliter tous les autres citoyens déchus de leurs droits. Après la convention imposée par Pausanias et la rentrée de Thrasybule et des bannis, une amnistie générale fut votée ainsi qu'une révision de toutes les lois. Il fut décidé qu'en aucun cas une loi non écrite ne pourrait être appliquée, qu'aucun décret ni du Conseil ni du Peuple ne prévaudrait contre une loi, qu'on ne ferait point de loi d'exception et que seules seraient en vigueur les lois édictées depuis l'archontat d'Euclide. Toutes ces mesures furent appuyées de serments solen-

tant pas emprisonné (cf. § 2), « par faveur peut-être » dit L. Gernet, *Lysias* I, p. 90.

1. 76, 3.
2. 78, 9-13.

nels dont Andocide rappelle les formules[1] ; et c'est avec assurance qu'il demande si, « des décrets antérieurs à l'archontat d'Euclide, un seul, important ou non, peut encore rester valable[2] ». On voit cependant ce que pouvaient objecter les accusateurs. Nous ne pouvons savoir si le décret de Patroclidès était, sur la catégorie de « dégradés » où se trouvait Andocide, aussi peu explicite que le texte que nous en possédons[3]. Mais, en ce qui regarde les conventions de 403, les accusateurs soutenaient qu'elles n'avaient — non plus que le traité conclu avec Lacédémone — rien à faire avec le cas d'Andocide. Ces conventions, dit le pseudo-Lysias, ne concernaient que « les gens de la ville » et « les gens du Pirée », ceux qui, sous les Trente, étaient restés à Athènes, et les exilés qui ne rentrèrent qu'avec Thrasybule : comment admettre que, dans la détresse où l'on était, on eût souci d'effacer les crimes d'Andocide, alors absent[4] ? Que des actions analogues à celles que se voit intenter Andocide aient été plus d'une fois introduites devant les tribunaux d'Athènes, c'est ce que nous montre tout particulièrement le 18e discours d'Isocrate[5]. Archinos, un des seconds de Thrasybule, avait fait voter une loi destinée à assurer aux « conventions » une sauvegarde efficace : elle permettait à l'accusé d'opposer à son accusatenr une παραγραφή, c'est-à-dire une sorte de reconvention à laquelle les magistrats devaient donner un tour de faveur ; l'accusé parlait le premier, et l'accusateur débouté payait l'amende du sixième. Certains cas d'espèce durent être assez embarrassants. Mais la situation juridique d'Andocide — le résultat peut en faire foi — était assez forte, et peut-être en pouvons-nous voir une reconnaissance implicite dans l'argumentation de ses adversaires : « ne dit-on pas que Périclès, jadis, vous conseilla d'appliquer aux impies non seulement les lois écrites qui les concernent, mais les lois non écrites auxquelles les Eumol-

1. 90-91.
2. 89, 8.
3. Droysen et Wachsmuth admettent au § 78, l. 5 une lacune après le mot qui désigne certaines exclusions (προστάξεις) : nous avons rappelé plus haut le commentaire d'Andocide.
4. [Lysias] VI, 38 et suiv.
5. Πρὸς Καλλίμαχον, 1-4.

pides se conforment dans leur exégèse, *celles que personne n'eut encore le pouvoir d'abroger* ni l'audace de contredire, et dont on ignore l'auteur même[1] » ?

Aux termes du traité conclu avec Lacédémone les bannis devaient être rappelés. Cette clause pouvait-elle s'appliquer à Andocide ? Le pseudo-Lysias le nie et croit devoir réfuter d'avance cette prétention de son adversaire : la vérité est qu'Andocide ne demande pas très expressément le bénéfice de cette clause qu'un citoyen d'Athènes avait — on le comprend — mauvaise grâce à invoquer[2].

Et voici la dernière accusation élevée contre Andocide : le Conseil, au lendemain des Mystères, tient séance dans l'Eleusinion d'Athènes : Callias, fils d'Hipponicos[3], se lève et montre un rameau de suppliant qui a été déposé sur l'autel. Il ajoute qu'on impute à Andocide cette action qu'une loi des ancêtres tient pour sacrilège et punit de mort sans jugement. A la question de fait Andocide oppose une négation

1. [Lysias] VI, 10 (trad. Gernet). Voir plus loin, p. 13, note 3.

2. On peut, en effet, noter qu'au § 80 le rappel des bannis se trouve mentionné entre la destruction des Longs-Murs et l'établissement des Trente (καὶ τὰ τείχη καθείλετε, καὶ τοὺς φεύγοντας κατεδέξασθε, καὶ κατέστησαν οἱ τριάκοντα). Plus loin (§ 103) ce rappel est fait sous la forme suivante : « Si donc vous me condamnez ce n'est pas moi particulièrement qui devrait rendre compte du passé, mais bien plutôt d'autres que moi, et en grand nombre : d'abord ceux qui ont porté les armes contre vous et avec qui vous vous êtes réconciliés sous la foi du serment, puis les exilés que vous avez rappelés ; enfin les citoyens frappés d'atimie à qui vous avez rendu leurs droits. » Une autre mention du rappel des bannis se trouve au § 109 où il est parlé de cette mesure comme d'un acte de générosité, mais encore sans revendication expresse et personnelle. Au reste Andocide était-il proprement un banni ? Ses exils, tout imposés qu'ils lui furent par une situation intolérable, ont été volontaires, et le mot φεύγων, comme notre mot « exilé » peut quelquefois laisser une équivoque. Cf. § 146 où ἐμοῦ φεύγοντος n'implique pas de façon nécessaire une mesure de bannissement.

3. Ce Callias, qui nous est donné, par ailleurs, pour peu recommandable (cf. page XII, note 6), est un pieux personnage : des inscriptions nous le montrent faisant au temple d'Apollon, à Délos, de précieuses offrandes, et organisant le culte d'Athéna Niké à l'Acropole. Il est piquant de le voir, ici, remplacer les preuves par des interprétations religieuses.

pure et simple : l'interpellation du héraut demandant qui a déposé le rameau de suppliant reste sans réponse. Callias qui, semble-t-il, éprouve quelque embarras à fournir des preuves positives[1], se rejette sur des interprétations religieuses : les deux déesses, pour châtier Andocide de ses actions impies, lui ont égaré l'esprit, et c'est dans l'ignorance de la loi des Eumolpides qu'il a commis le sacrilège. Andocide riposte avec à-propos que si les déesses avaient voulu le perdre il leur était encore plus simple et plus sûr de lui faire avouer le sacrilège sans qu'il l'eût commis. D'autre part, sur deux questions de droit, Callias est violemment pris à partie par Képhalos[2] : il vient d'interpréter une loi des ancêtres, ce qui lui est interdit puisqu'il est de la famille des Kéryces[3] ; au surplus, une stèle toute proche de lui condamne à une amende de mille drachmes celui qui aura déposé un rameau de suppliant dans l'Eleusinion. Après cette double riposte Andocide explique les attaques de son adversaire par une histoire scandaleuse où nous voyons Callias voulant s'assurer la possession d'une fille épiclère et la revendiquant pour son fils : Andocide lui barrant la route Callias l'a fait accuser par Képhisios, son compère[4]. Et voilà comment, si nous en croyons Andocide, tout ce procès des *Mystères* qui se déroule solennellement devant un tribunal d'initiés n'aurait pour véritable cause que le caprice d'un débauché.

1. Comme il n'a pu, dit Andocide, nommer l'homme qui m'incriminait, les Conseillers ont vu clairement qu'il avait lui-même déposé le rameau (§ 116).

2. § 116.

3. Sur les lois non écrites dont l'exégèse était réservée aux Eumolpides, voir Foucart, *Les Mystères d'Eleusis*, 1914, p. 152. Les Eumolpides revendiquaient une sorte de droit d'aînesse à l'égard des Kéryces : « il semble, dit Foucart (*ibid.*, p. 158) que ce fût une famille éleusinienne en possession des Mystères à l'époque où ceux-ci prirent une forme définitive ; au contraire, les Kéryces appartenaient à l'Attique proprement dite où ils possédaient dès l'origine des privilèges dans le culte attique d'Apollon, et qu'ils furent associés aux Eumolpides seulement lorsque les Mystères entrèrent dans la religion de l'Etat. » Sur ce passage d'Andocide voir W. Dittenberger, *Hermes*, XX (1885), *Die Eleusinischen Keryken*, p. 11 et 12, et A.-W. Persson, *Die Exegeten u. Delphi* (1918).

4. § 121.

ANALYSE

Exorde. Andocide n'a pas voulu se dérober au jugement, malgré la gravité du danger : c'est une présomption d'innocence et les juges lui doivent être bienveillants (1-8). Exposé des faits : récit de l'affaire des Mystères ; les quatre dénonciations (11-18). Andocide n'a dénoncé ni son père ni aucun autre Athénien ; il n'a fait aucun aveu, il n'a été l'objet d'aucune dénonciation (19-33). La mutilation des Hermès ; les dénonciations de Teucros (34-35) ; Dioclidès accuse Andocide et son père et donne quarante-deux noms ; l'alarme à Athènes (37-45). Les accusés emprisonnés. Andocide, à la prière de Charmidès, dénonce ceux qu'il sait coupables et fait le récit de l'affaire ; on le relâche ainsi que ses parents ; Dioclidès est mis à mort (48-69). Andocide passe à l'examen des décrets et des lois : le décret d'Isotimidès (70-72) ; la motion de Patroclidès sur les ἄτιμοι (73-79) ; l'amnistie générale et la revision des lois (80-89) ; les serments (90-91). — L'indignité des accusateurs d'Andocide : Képhisios, Mélétos, Epicharès (92-102) ; l'application du décret qu'ils invoquent menacerait un grand nombre de citoyens et livrerait Athènes aux sycophantes (103-105) ; à l'exemple des ancêtres les Athéniens doivent oublier tout ressentiment (106-109). — Examen d'un autre grief : Andocide aurait, pendant les Mystères, déposé dans l'Eleusinion d'Athènes un rameau de suppliant : ce n'est qu'une machination de Callias qui l'a déposé lui-même pour perdre Andocide (110-116). Les raisons de la poursuite de Callias : sa vie scandaleuse (117-131). Ceux qui attaquent maintenant Andocide le proposaient jadis pour des liturgies (132). Un des accusateurs est Agyrrhios : il ne pardonne pas à Andocide de lui avoir disputé la ferme de l'impôt du cinquantième dont il comptait retirer, une seconde fois, des bénéfices malhonnêtes (133-136). —

D'une présomption religieuse : les dieux l'auraient sauvé des dangers de la mer pour le faire succomber sous l'accusation de Képhisios : réfutation (137-139). — La réconciliation des citoyens atteste la sagesse et la générosité des Athéniens : ils ne se déjugeront pas (140). — Péroraison. Andocide rappelle les services rendus par ses ancêtres (141-143) ; il en peut rendre lui aussi ; appel à ceux qui l'assistent dans le procès (144-150).

I

SUR LES MYSTÈRES

Les machinations de mes ennemis[1], Citoyens, et l'ardeur qu'ils ont mise à me nuire par tous les moyens, justes ou non, dès le premier moment de mon retour en cette ville, il n'est guère aucun de vous qui les ignore, et point n'est besoin d'en parler longuement; pour moi, Citoyens, je ne vous demanderai que des choses justes, qu'il est, à vous, aisé d'accorder, et, à moi, précieux d'obtenir. **2** Et d'abord n'oubliez pas que je suis aujourd'hui devant vous sans que rien m'ait contraint à demeurer ici; je n'ai pas fourni caution et je n'étais point sous les verrous: toute ma confiance, je l'ai mise d'abord en la justice, et puis en vous, qui rendrez un arrêt d'équité; vous ne voudrez pas me laisser perdre injustement par mes ennemis; mais bien plutôt vous me sauverez comme il est juste, selon vos lois et selon les serments que vous avez prêtés avant de venir rendre votre arrêt. **3** Au surplus, Citoyens, il serait naturel que sur ceux qui, de

1. On retrouve dans Lysias (XIX, 2-5) le développement que nous lisons ici §§ 1 et 6-7. Lysias a écrit son discours onze ou douze ans après celui d'Andocide; mais il est peu probable qu'il ait copié celui-ci. L'un et l'autre ont emprunté ce lieu commun à un de ces recueils d'exordes et de péroraisons qui, nous le savons, existaient dès le ve siècle (cf. Gernet, *Lysias*, t. I, p. 40, n. 1). La preuve évidente que l'exorde de notre discours n'est qu'un lieu commun, c'est son peu d'accord avec ce qui va suivre: Andocide

I

ΠΕΡΙ ΤΩΝ ΜΥΣΤΗΡΙΩΝ

1 Τὴν μὲν παρασκευήν, ὦ ἄνδρες, καὶ τὴν προθυμίαν τῶν ἐχθρῶν τῶν ἐμῶν, ὥστ' ἐμὲ κακῶς ποιεῖν ἐκ παντὸς τρόπου καὶ δικαίως καὶ ἀδίκως, ἐξ ἀρχῆς ἐπειδὴ τάχιστα ἀφικόμην εἰς τὴν πόλιν ταυτηνί, σχεδόν τι πάντες ἐπίστασθε, καὶ οὐδὲν δεῖ περὶ τούτων πολλοὺς λόγους ποιεῖσθαι· ἐγὼ δέ, ὦ ἄνδρες, δεήσομαι ὑμῶν δίκαια καὶ ὑμῖν τε ῥᾴδια χαρίζεσθαι καὶ ἐμοὶ ἄξια πολλοῦ τυχεῖν παρ' ὑμῶν. 2 [Καὶ] πρῶτον μὲν ἐνθυμηθῆναι ὅτι νῦν ἐγὼ ἥκω οὐδεμιᾶς μοι ἀνάγκης οὔσης παραμεῖναι, οὔτ' ἐγγυητὰς καταστήσας οὔθ' ὑπὸ δεσμῶν ἀναγκασθείς, πιστεύσας δὲ μάλιστα μὲν τῷ δικαίῳ, ἔπειτα δὲ καὶ ὑμῖν, γνώσεσθαι τὰ δίκαια καὶ μὴ περιόψεσθαί με ἀδίκως ὑπὸ τῶν ἐχθρῶν τῶν ἐμῶν διαφθαρέντα, ἀλλὰ πολὺ μᾶλλον σώσειν δικαίως κατά τε τοὺς νόμους τοὺς ὑμετέρους καὶ τοὺς ὅρκους οὓς ὑμεῖς ὀμόσαντες μέλλετε τὴν ψῆφον οἴσειν. 3 Εἰκότως δ' ἄν,

Tit. Ἀνδοκίδου περὶ τῶν μυστηρίων : apud Harpocrat. s. u. ζητητής legitur περὶ τῆς ἐνδείξεως || **1** 1 Collectaneorum procemiorum locos aliquot, quos hic et infra sui iuris fecit Andocides, latius dispositis litteris, Friderici Blass exemplum secutus, distinxi. Cf. Lysias 19, 2 sqq., Isocr. 15, 17 sqq., Clem. Alex. *Strom.* VI, p. 748, ubi legitur ὦ ἄνδρες δικασταί || 5 ἐπίστασθε : εἴσεσθε Clem. ᾔσθησθε coniecit Mayor || **2** 1 καὶ del. Baiter || 2 ἐνθυμηθῆναι : -μήθητε Hirschig.

leur propre volonté, affrontent le risque d'un jugement, vous eussiez même opinion qu'ils ont d'eux-mêmes. Quand des hommes n'ont pas eu le courage de comparaître devant vous et se sont ainsi reconnus coupables, c'est bien raison que vous portiez sur eux le jugement qu'ils ont porté sur eux-mêmes ; mais ceux qui, forts de leur innocence, ont affronté votre arrêt, vous les devez, en bonne justice, juger comme ils se sont jugés eux-mêmes, loin d'avoir à leur égard une prévention de culpabilité [1]. **4** Voyez mon cas. Bien des gens me rapportaient qu'au dire de mes ennemis je n'oserais soutenir ce débat et prendrais la fuite : « que pourrait bien prétendre Andocide à affronter un si grave procès, quand il peut, en s'éloignant d'ici, trouver tout ce qui lui est nécessaire, et s'il fait voile vers Chypre, d'où il est venu, y trouver un large et fertile domaine dont on lui a fait don [2] ? Et c'est lui qui voudra risquer sa tête ? Dans quelle vue ? Ne voit-il pas en quel état est notre cité [3] ? » Mon sentiment à moi, Citoyens, est tout opposé à celui de ces gens-là : **5** loin de ma patrie, je ne voudrais pas de la vie la plus opulente, et Athènes fût-elle en aussi triste état que le disent mes ennemis, j'aimerais mieux être citoyen de cette ville que de telle autre qui, à l'heure présente, peut sembler tout à fait prospère. C'est dans ce sentiment que je m'en remets à vous pour décider de mon sort. **6** Et puisqu'il en est ainsi, je vous demande, Citoyens, de m'accorder, à moi qui me défends,

parlera aussi longuement qu'il le faudra des « machinations de ses ennemis ».

1. Andocide prétend même que le fait de ne s'être pas dérobé par la fuite au jugement qui l'attendait doit être, en sa faveur, une présomption d'innocence. De même, Euxithéos, accusé du meurtre d'Hérodès, fait observer « qu'il lui eût été loisible... de quitter le pays » (Antiphon, V, 13).

2. On sait qu'Andocide (cf. *Introduction*, p. x) fut l'hôte — ou le courtisan — des rois de Kition et de Salamine en Chypre. Voir les assertions, d'ailleurs peu sûres, du pseudo-Lysias (VI, 26-28).

3. Le sens de διάκειται est, ici, déterminé par ce qui est dit plus bas αἳ... δοκοῦσιν .. εὐτυχεῖν.

ὦ ἄνδρες, τὴν αὐτὴν γνώμην ἔχοιτε περὶ τῶν ἐθελοντῶν εἰς τοὺς κινδύνους καθισταμένων, ἥνπερ αὐτοὶ περὶ αὑτῶν ἔχουσιν. Ὁπόσοι μὲν γὰρ μὴ ἠθέλησαν ὑπομεῖναι καταγνόντες αὑτῶν ἀδικίαν, εἰκότως τοι καὶ ὑμεῖς τοιαῦτα περὶ αὐτῶν γιγνώσκετε οἷά περ καὶ αὐτοὶ περὶ σφῶν αὐτῶν ἔγνωσαν· ὁπόσοι δὲ πιστεύσαντες μηδὲν ἀδικεῖν ὑπέμειναν, δίκαιοί ἐστε καὶ ὑμεῖς περὶ τούτων τοιαύτην ἔχειν τὴν γνώμην οἵαν περ καὶ αὐτοὶ περὶ αὑτῶν ἔσχον, καὶ μὴ προκαταγιγνώσκειν ἀδικεῖν. **4** Αὐτίκα ἐγὼ πολλῶν μοι ἀπαγγελλόντων ὅτι λέγοιεν οἱ ἐχθροὶ ὡς ἄρα ἐγὼ οὔτ' ἂν ὑπομείναιμι οἰχήσομαί τε φεύγων, — « τί γὰρ ἂν καὶ βουλόμενος Ἀνδοκίδης ἀγῶνα τοσοῦτον ὑπομείνειεν, ᾧ ἔξεστι μὲν ἀπελθόντι ἐντεῦθεν ἔχειν πάντα τὰ ἐπιτήδεια, ἔστι δὲ ⟨ἀπο⟩πλεύσαντι εἰς Κύπρον, ὅθεν περ ἥκει, γῆ πολλὴ καὶ ἀγαθὴ δεδομένη δωρεὰ ὑπάρχουσα ; οὗτος ἄρα βουλήσεται περὶ τοῦ σώματος τοῦ ἑαυτοῦ κινδυνεῦσαι ; εἰς τί ἀποβλέψας ; οὐχ ὁρᾷ τὴν πόλιν ἡμῶν ὡς διάκειται ; » ἐγὼ δὲ, ὦ ἄνδρες, πολὺ [τὴν] ἐναντίαν τούτοις γνώμην ἔχω.
5 Ἄλλοθί τε γὰρ ὢν πάντα τὰ ἀγαθὰ ἔχειν στερόμενος τῆς πατρίδος οὐκ ἂν δεξαίμην, τῆς ⟨τε⟩ πόλεως οὕτω διακειμένης ὥσπερ αὐτοὶ οἱ ἐχθροὶ λέγουσι, πολύ γ' ἂν [αὐτῆς] μᾶλλον ἐγὼ πολίτης δεξαίμην εἶναι ἢ ἑτέρων πόλεων, αἳ ἴσως πάνυ [μοι] δοκοῦσιν ἐν τῷ παρόντι εὐτυχεῖν. Ἅπερ γιγνώσκων ἐπέτρεψα διαγνῶναι ὑμῖν περὶ τοῦ σώματος τοῦ ἐμαυτοῦ. **6** Αἰτοῦμαι οὖν ὑμᾶς, ὦ ἄνδρες, εὔνοιαν πλείω παρασχέσθαι ἐμοὶ τῷ απο-

3 3 ἥνπερ Ald. : ᾗπερ || 6 γιγνώσκετε : γινώσκετε (prius ε, ut uidetur, pro η corr. A[2] || οἷα Markland : ὅσα || 10 προκαταγιγνώσκειν : -γινώσκειν || **4** 4 ὑπομείνειεν ᾧ Valckenaer : ὑπομείνει, ἐν ᾧ || 6 post δὲ tres litterae detersae unde ⟨ἀπο⟩πλεύσαντι Blass || γῆ Valckenaer : ἢ || 7 δεδομένη δωρεὰ scripsi : διδομένη καὶ δωρεᾶ || διδομένη καὶ delet Sauppe || 10 τὴν seclusi || **5** 2 τε addit Sluiter || 3 γ' ἂν Valckenaer : δ' ἂν || 4 αὐτῆς seclusi || 5 μοι secludit Blass[2] || || 6 εὐτυχεῖν : ευ in rasura || γιγνώσκων apogr. : γινώσκω, alterum ω corr. A[2] || **6** 2 εὔνοιαν ... κατηγόροις quae infra (l. 10-11) recurrunt del. Naber.

plus de bienveillance qu'à mes accusateurs, car, sachez-le, même si vous écoutez sans prévention les deux parties, celui qui se défend est, forcément, en plus mauvaise posture. Mes ennemis qui ont depuis longtemps dressé leurs pièges et leurs complots, accusent sans aucun danger pour eux ; mais moi c'est dans la crainte, dans le danger, sous le poids d'imputations déshonorantes que je présente ma défense. Il convient donc que vous me soyez plus bienveillants qu'à mes accusateurs. 7 Songez encore à ceci : plus d'une fois des hommes qui avaient porté maintes graves accusations ont été, dès le premier moment, si manifestement convaincus de mensonge que vous auriez, bien plus volontiers, puni l'accusateur que l'accusé ; d'autres, par contre, qui, par des impostures, avaient perdu des innocents, ont été par vous convaincus de faux témoignages quand leurs victimes n'y pouvaient plus rien gagner. Donc, puisqu'on a vu tant de cas de ce genre il ne faut pas, trop vite, en croire les accusateurs. Les imputations sont-elles graves ou non, on en peut juger d'après les discours de l'accusateur ; mais sont-elles vraies ou fausses, voilà ce que vous ne pouvez savoir avant d'avoir entendu aussi ma défense [1].

8 Je me demande, Citoyens, par où je la dois commencer. Est-ce par les faits les plus récents et dois-je montrer que l'*endeixis* [2] est illégale ? Est-ce par le décret d'Isotimidès, et dois-je montrer qu'il est caduc ? Est-ce par les lois

1. Dans cet exorde, qui est fait à peu près entièrement de lieux communs empruntés, nous l'avons dit, à quelque recueil, Andocide a pourtant fait entrer deux faits personnels : 1° ses bonnes relations avec les rois de Chypre et le refuge assuré qu'il a dans cette île (§ 4) ; 2° sa volonté obstinée de vivre à Athènes et d'y reprendre son activité de citoyen. Ceci est tout autre chose qu'un lieu commun, car le sentiment qu'il exprime est tout à fait d'accord avec sa conduite : on l'a vu (*Introduction*, p. IX et suiv.) faire un premier essai de retour en 411, un second après la chute des Quatre-Cents, et profiter en 402 du décret de Patroclidès et de l'amnistie générale de 403. Il est bien vrai que le retour à Athènes a été sa pensée constante.

2. Voir plus haut, p. 9, n. 2.

λογουμένῳ ἢ τοῖς κατηγόροις, εἰδότας ὅτι κἂν ἐξ ἴσου ἀκροᾶσθε, ἀνάγκη τὸν ἀπολογούμενον ἔλαττον ἔχειν. Οἱ μὲν γὰρ ἐκ πολλοῦ χρόνου ἐπιβουλεύσαντες καὶ συνθέντες, αὐτοὶ ἄνευ κινδύνων ὄντες, τὴν κατηγορίαν ἐποιήσαντο· ἐγὼ δὲ μετὰ δέους καὶ κινδύνου καὶ διαβολῆς τῆς μεγίστης τὴν ἀπολογίαν ποιοῦμαι. Εἰκὸς οὖν ὑμᾶς ἐστιν εὔνοιαν πλείω παρασχέσθαι ἐμοὶ ἢ τοῖς κατηγόροις. 7 Ἔτι δὲ καὶ τόδε ἐνθυμητέον, ὅτι πολλοὶ ἤδη πολλὰ καὶ δεινὰ κατηγορήσαντες παραχρῆμα ἐξηλέγχθησαν ψευδόμενοι οὕτω φανερῶς ὥστε ὑμᾶς πολὺ ἂν ἥδιον δίκην λαβεῖν παρὰ τῶν κατηγόρων ἢ παρὰ τῶν κατηγορουμένων· οἱ δὲ αὖ, μαρτυρήσαντες τὰ ψευδῆ ἀδίκως ἀνθρώπους ἀπολέσαντες, ἑάλωσαν παρ' ὑμῖν ψευδομαρτυρίων, ἡνίκ' οὐδὲν ἦν ἔτι πλέον τοῖς πεπονθόσιν. Ὁπότ' οὖν ἤδη πολλὰ τοιαῦτα γεγένηται, εἰκὸς ὑμᾶς ἐστι μήπω τοὺς τῶν κατηγόρων λόγους πιστοὺς ἡγεῖσθαι. Εἰ μὲν γὰρ δεινὰ κατηγόρηται ἢ μή, οἷόν τε γνῶναι ἐκ τῶν τοῦ κατηγόρου λόγων· εἰ δὲ ἀληθῆ ταῦτά ἐστιν ἢ ψεύδη, οὐχ οἷόν τε ὑμᾶς πρότερον εἰδέναι πρὶν ἂν καὶ ἐμοῦ ἀκούσητε ἀπολογουμένου.

8 Σκοπῶ μὲν οὖν ἔγωγε, ὦ ἄνδρες, πόθεν χρὴ ἄρξασθαι τῆς ἀπολογίας, πότερον ἐκ τῶν τελευταίων [λόγων], ὡς παρανόμως με ἐνέδειξαν, ἢ περὶ τοῦ ψηφίσματος τοῦ Ἰσοτιμίδου, ὡς ἄκυρόν ἐστιν, ἢ περὶ τῶν νόμων καὶ τῶν

7 3 ἐξηλέγχθησαν apogr. : ἐξειλέγχθησαν || 6 ψεύδη, ut rectius, scribendum censet Blass || 7 καὶ ante ἀδίκως coll. Lysia 19, 4 add. Blass, apud Lysiam del. Rauchenstein || 8 ψευδομαρτυρίων (non -ριῶν) Blass coll. Plat. *Theaet.* 148 B, Arist. Ἀθ. πολ. 59, 6 || ἔτι om. LMZ Lysias || 10 γεγένηται ex Lysia Dobree : -νηνται || 11 ἡγεῖσθαι : πρὶν ἂν καὶ ἡμεῖς εἴπωμεν add. Lysias ; μήτε πιστεύειν πω ... πρὶν ἂν διὰ τέλους ἀκούσητε καὶ τὰ παρ' ἡμῶν Isocrates, 15, 17 || 14 ψεύδη hic rectius uidetur : cf. 7, 6 || **8** 1 οὖν add. A[1] || 2 λόγων om. LZ.

intervenues [1] et par les serments prêtés? Ou bien dois-je vous rappeler les faits dès le principe? Voilà ce qui m'embarrasse déjà, mais ceci beaucoup plus encore : sans doute n'êtes-vous pas tous également sensibles à toutes les accusations qui sont portées contre moi : il est pour chacun de vous un grief dont il voudrait m'entendre me disculper avant toute chose. Et cependant parler de tout à la fois est impossible. Je crois donc que le meilleur parti est de vous instruire de tout ce qui s'est passé dès le principe, sans rien omettre. Connaissant exactement les faits vous percerez aisément les mensonges de mes accusateurs. **9** A prononcer selon le droit j'estime que vous êtes, de vous-mêmes, déjà prêts, et c'est ma foi dans votre justice qui m'a fait affronter ce débat, car dans les causes privées ou publiques je vous voyais attachés avant tout à décider selon vos serments. C'est là, d'ailleurs, ce qui maintient ferme et solide notre Cité, en dépit de ceux qui voudraient qu'il en fût autrement. Quant à moi je vous demande de prêter à ma défense une oreille bienveillante, de ne pas être pour moi des adversaires, de m'écouter sans arrière-pensée, de ne pas être à l'affût [2] des expressions que j'emploierai, enfin d'entendre jusqu'au bout ma défense pour rendre alors l'arrêt qui semblera le plus digne de vous et le plus conforme à vos serments. **10** Comme je vous l'ai annoncé, Citoyens, ma défense portera sur tous les points dès le principe. D'abord sur l'imputation d'où vint la poursuite qui m'a jeté dans ce débat, je veux dire sur les Mystères : je montrerai que je n'ai point commis d'impiété, que je n'ai point dénoncé, ni fait d'aveu, et que j'ignore si les dénonciateurs vous ont, en cette affaire, dit vrai ou faux. Voilà ce dont je veux vous instruire.

11 C'était le jour où devant l'assemblée se présentaient les généraux envoyés en Sicile, Nicias, Lamachos et Alci-

1. Voir § 81 et suivants.

2. Mêmes expressions chez Antiphon VI, 18 (date probable 412) : καὶ θηρεύειν καὶ ἐπὶ σμικρὸν ὑπονοεῖν τὰ λεγόμενα..

ὅρκων τῶν γεγενημένων, εἴτε καὶ ἐξ ἀρχῆς ὑμᾶς διδάξω τὰ γεγενημένα. Ὃ δέ με ποιεῖ μάλιστ' ἀπορεῖν ἐγὼ ὑμῖν ἐρῶ, ὅτι οὐ πάντες ἴσως ἐπὶ πᾶσι τοῖς κατηγορουμένοις ὁμοίως ὀργίζεσθε, ἀλλ' ἕκαστός τι ὑμῶν ἔχει πρὸς ὃ βούλοιτο ἂν με πρῶτον ἀπολογεῖσθαι· ἅμα δὲ περὶ πάντων εἰπεῖν ἀδύνατον. Κράτιστον οὖν μοι εἶναι δοκεῖ ἐξ ἀρχῆς ὑμᾶς διδάσκειν πάντα τὰ γενόμενα καὶ παραλείπειν μηδέν. Ἂν γὰρ ὀρθῶς μάθητε τὰ πραχθέντα, ῥᾳδίως γνώσεσθ' ἅ μου κατεψεύσαντο οἱ κατήγοροι. **9** Τὰ μὲν οὖν δίκαια γιγνώσκειν ὑμᾶς ἡγοῦμαι καὶ αὐτοὺς παρεσκευάσθαι, οἷσπερ ἐγὼ πιστεύσας ὑπέμεινα, ὁρῶν ὑμᾶς καὶ ἐν τοῖς ἰδίοις καὶ ἐν τοῖς δημοσίοις περὶ πλείστου τοῦτο ποιουμένους, ψηφίζεσθαι κατὰ τοὺς ὅρκους· ὅπερ καὶ συνέχει μόνον τὴν πόλιν, ἀκόντων τῶν οὐ βουλομένων ταῦτα οὕτως ἔχειν· τάδε δὲ ὑμῶν δέομαι, μετ' εὐνοίας μου τὴν ἀκρόασιν τῆς ἀπολογίας ποιήσασθαι, καὶ μήτε μοι ἀντιδίκους καταστῆναι μήτε ὑπονοεῖν τὰ λεγόμενα, μήτε ῥήματα θηρεύειν, ἀκροασαμένους δὲ διὰ τέλους τῆς ἀπολογίας τότε ἤδη ψηφίζεσθαι τοῦτο ὅ τι ἂν ὑμῖν αὐτοῖς ἄριστον καὶ εὐορκότατον νομίζητε εἶναι. **10** Ὥσπερ δὲ καὶ προεῖπον ὑμῖν, ὦ ἄνδρες, ἐξ ἀρχῆς περὶ πάντων ποιήσομαι τὴν ἀπολογίαν, πρῶτον μὲν περὶ αὐτῆς τῆς αἰτίας ὅθεν περ ἡ ἔνδειξις ἐγένετο, διόπερ εἰς τὸν ἀγῶνα τόνδε κατέστην, περὶ τῶν μυστηρίων ὡς οὔτ' ἐμοὶ ἠσέβηται οὐδὲν οὔτε μεμήνυται οὔθ' ὡμολόγηται, οὐδ' οἶδα τοὺς μηνύσαντας ὑμῖν περὶ αὐτῶν οὔτ' εἰ ψευδῆ οὔτ' εἰ ἀληθῆ ἐμήνυσαν· ταῦθ' ὑμᾶς διδάξω.

11 Ἦν μὲν γὰρ ἐκκλησία τοῖς στρατηγοῖς τοῖς εἰς Σικελίαν, Νικίᾳ καὶ Λαμάχῳ καὶ Ἀλκιβιάδῃ, καὶ τριήρης

8 6 ἐγὼ ὑμῖν ἐρῶ del. R. Schoell fort. recte || 11 παραλείπειν : παραλιπεῖν A corr. || **9** 2 καὶ αὐτοὺς Emperius : καὶ λόγους || 12 τι ἂν ὑμῖν A² || **10** 5 τόνδε apogr. : δὲ || 6 οὐδ' οἶδα Blass : οὔτ' οἶδα. || **11** 2 λα. μάχῳ et sequenti linea λα. μάχου A.

biade. Le vaisseau amiral de Lamachos déjà mouillait au large lorsque Pythonicos se leva devant le peuple et dit : « Athéniens, vous faites partir toute cette armée, toutes ces forces et vous allez vous engager dans de graves périls : eh bien, je vais vous prouver que votre stratège Alcibiade contrefait les mystères dans une maison, avec d'autres ; et si vous décrétez l'impunité pour l'homme que je vais dire, vous allez entendre un esclave appartenant à quelqu'un qui est ici vous révéler, quoique non initié, les mystères. S'il n'en va pas ainsi, faites de moi ce qui vous plaira, ayant reconnu que je n'ai pas dit vrai. » **12** Alcibiade ayant longuement riposté et nié, les prytanes décidèrent d'éloigner les non initiés et d'aller eux-mêmes trouver l'esclave dont parlait Pythonicos ; ils partirent donc et ramenèrent un esclave de Polémarchos, nommé Andromachos. Ils lui assurèrent par décret l'impunité, et celui-ci leur dit alors que dans la maison de Poulytion[1] se célébraient des mystères ; Alcibiade, Nikiadès et Mélétos en étaient les officiants ; d'autres assistaient et voyaient, et il y avait là des esclaves, dont lui-même, son frère, Ikésios l'aulète et l'esclave de Mélétos. **13** Telle fut la première dénonciation, celle d'Andromachos. Parmi ceux dont il donna la liste, Polystratos fut arrêté et exécuté ; les autres s'enfuirent et furent condamnés à mort par contumace. Greffier, prends la liste et lis-nous ces noms.

Noms. Voici ceux qu'Andromachos a dénoncés : Alcibiade, Nikiadès, Mélétos, Arkhébiadès, Arkhippos, Diogènès, Polystratos, Aristoménès, Œonias, Panaitios[2].

1. Même détail (les mystères parodiés au cours d'un banquet chez Poulytion) dans le plaidoyer composé par Isocrate pour le jeune Alcibiade : *Sur l'attelage* (XVI), § 6. D'après Plutarque (*Alc.* 22), c'est dans la maison d'Alcibiade qu'a lieu cette parodie des Mystères. Le texte de l'*eisangélie* de Thessalos citée par Plutarque donne même la distribution des rôles : Alcibiade est l'hiérophante, Poulytion le dadouque, Théodoros de Phégaea le héraut ; les autres membres du club sont salués du nom de mystes et d'époptes.

2. Naber a observé que le nom de Poulytion était omis.

ἡ στρατηγὶς ἤδη ἐξώρμει ἡ Λαμάχου· ἀναστὰς δὲ Πυθόνικος ἐν τῷ δήμῳ εἶπεν· « Ὦ Ἀθηναῖοι, ὑμεῖς μὲν στρατιὰν ἐκπέμπετε καὶ παρασκευὴν τοσαύτην, καὶ κίνδυνον ἀρεῖσθαι μέλλετε· Ἀλκιβιάδην δὲ τὸν στρατηγὸν ἀποδείξω ὑμῖν τὰ μυστήρια ποιοῦντα ἐν οἰκίᾳ μεθ' ἑτέρων, καὶ ἐὰν ψηφίσησθε ἄδειαν ⟨ᾧ⟩ ἐγὼ κελεύω, θεράπων ὑμῖν ἑνὸς τῶν ἐνθάδε ἀνδρῶν ἀμύητος ὢν ἐρεῖ τὰ μυστήρια· εἰ δὲ μή, χρῆσθέ μοι ὅ τι ἂν ὑμῖν δοκῇ, ἐὰν μὴ τἀληθῆ λέγω. »
12 Ἀντιλέγοντος δὲ Ἀλκιβιάδου πολλὰ καὶ ἐξάρνου ὄντος ἔδοξε τοῖς πρυτάνεσι τοὺς μὲν ἀμυήτους μεταστήσασθαι, αὐτοὺς δ' ἰέναι ἐπὶ τὸ μειράκιον ὃ ὁ Πυθόνικος ἐκέλευε. Καὶ ᾤχοντο, καὶ ἤγαγον θεράποντα Πολεμάρχου· Ἀνδρόμαχος αὐτῷ ὄνομα ἦν. Ἐπεὶ δὲ ἐψηφίσαντο αὐτῷ τὴν ἄδειαν, ἔλεγεν ὅτι ἐν τῇ οἰκίᾳ τῇ Πουλυτίωνος γίγνοιτο μυστήρια· Ἀλκιβιάδην μὲν οὖν καὶ Νικιάδην καὶ Μέλητον, τούτους μὲν αὐτοὺς εἶναι τοὺς ποιοῦντας, συμπαρεῖναι δὲ καὶ δρᾶν τὰ γιγνόμενα καὶ ἄλλους, παρεῖναι δὲ καὶ δούλους, ἑαυτόν τε καὶ τὸν ἀδελφὸν καὶ Ἱκέσιον τὸν αὐλητὴν καὶ τὸν Μελήτου δοῦλον. **13** Πρῶτος μὲν οὗτος ταῦτα ἐμήνυσε, καὶ ἀπέγραψε τούτους· ὧν Πολύστρατος μὲν συνελήφθη καὶ ἀπέθανεν, οἱ δὲ ἄλλοι φεύγοντες ᾤχοντο, καὶ αὐτῶν ὑμεῖς θάνατον κατέγνωτε. Καί μοι λαβὲ καὶ ἀνάγνωθι αὐτῶν τὰ ὀνόματα.

Ὀνόματα. Τούσδε Ἀνδρόμαχος ἐμήνυσεν· Ἀλκιβιάδην, Νικιάδην, Μέλητον, Ἀρχεβιάδην, Ἄρχιππον, Διογένη, Πολύστρατον, Ἀριστομένη, Οἰωνίαν, Παναίτιον.

11 5 post κίνδυνον fort. δεινὸν supplendum || 6 ἀρεῖσθαι Bekker : αἱρεῖσθαι || 8 ᾧ add. Bekker || 10 χρῆσθέ μοι Hickie : χρῆσθε ἐμοὶ || **12** 3 ὃ : ὃν Marchant coll. Plat. *Lach.* 180 E || 4 Πολεμάρχου Reiske : ἀλκιβιάδου πολέμαρχον. Locus uarie temptatus. Ἀρχεβιάδου πρὸς τὸν πολέμαρχον W. Helbig, Ἀρχ. τοῦ πολεμάρχου Lipsius ; Ἀρχ. τοῦ Πολεμάρχου Marchant || 6 πουλυτίωνος A[2] : πολ- || 7 οὖν add. A[1] || **13** 1 πρῶτος A[1] : πρῶτον || 6 ΟΝΟΜΑΤΑ partim in margine || 8 Οἰωνίαν Kirchhoff (cf. IG, I[2] 327, 13. 332, 8) : ἰωνίαν.

14 Voilà donc, Citoyens, la première dénonciation, voilà ce dont Andromachos accusa ces hommes. Et maintenant, appelle-moi Diognétos.

Dis-moi, Diognétos, tu étais bien enquêteur lorsque Pythonicos porta devant le peuple une *eisangélie* contre Alcibiade ? — Oui. — Tu sais donc qu'Andromachos a dénoncé ce qui se passait dans la maison de Poulytion ? — Oui. — Et ce sont bien là les noms de ceux qu'il a dénoncés ? — Oui.

15 Il y eut ensuite une seconde dénonciation. Un métèque d'Athènes, nommé Teucros[1] part secrètement pour Mégare, et de là il fait savoir au Conseil que si l'impunité lui est accordée il s'engage à faire des révélations sur les mystères, à dénoncer ceux qui en ont été les participants avec lui-même, à dire sur la mutilation des Hermès ce qu'il sait. Le Conseil, qui avait pleins pouvoirs, le décrète et dépêche vers lui une commission à Mégare. On le ramène, il obtient l'impunité et donne la liste de ses complices. Sitôt dénoncés par Teucros, ceux-ci prennent la fuite. Prends la liste et lis-nous leurs noms.

Noms. Ont été dénoncés par Teucros : Phaidros, Gniphonidès, Isonomos, Héphaistodoros, Képhisodoros, Teucros lui-même, Diognétos, Smindyridès, Philocratès, Antiphon, Tisarchos, Pantaclès.

Souvenez-vous, Citoyens, que ceci encore est reconnu pour vrai devant vous[2].

16 Troisième dénonciation. La femme d'Alcméonidès, qui avait été aussi celle de Damon (son nom est Agaristé : elle est devant vous), dénonça comme contrefaisant les mystères

1. Au sujet de ce personnage, Plutarque (*Alc.*, 20 ; Kock C. A. F., I, 58) cite des vers du poète comique Phrynichos : Hermès le traite de « métèque aux mains souillées de sang », et, bien qu'il ait dénoncé les Hermocopides, le dieu ne veut pas lui donner le salaire promis aux dénonciateurs :

Τεύκρῳ γὰρ οὐχὶ βούλομαι
μήνυτρα δοῦναι τῷ παλαμναίῳ ξένῳ.

2. Le silence de Diognétos en est une confirmation. Blass.

14 Πρώτη μέν, ὦ ἄνδρες, μήνυσις ἐγένετο αὕτη ὑπὸ Ἀνδρομάχου κατὰ τούτων τῶν ἀνδρῶν. Καί μοι κάλει Διόγνητον.

Ἦσθα ζητητής, ὦ Διόγνητε, ὅτε Πυθόνικος εἰσήγγειλεν ἐν τῷ δήμῳ περὶ Ἀλκιβιάδου; Ἦ. Οἶσθα οὖν μηνύσαντα Ἀνδρόμαχον τὰ ἐν τῇ οἰκίᾳ τῇ Πουλυτίωνος γιγνόμενα; Οἶδα. Τὰ ὀνόματα οὖν τῶν ἀνδρῶν ἐστι ταῦτα, καθ' ὧν ἐκεῖνος ἐμήνυσεν; Ἔστι ταῦτα.

15 Δευτέρα τοίνυν μήνυσις ἐγένετο. Τεῦκρος ἦν ἐνθάδε μέτοικος, ὃς ᾤχετο Μέγαράδε ὑπεξελθών, ἐκεῖθεν δὲ ἐπαγγέλλεται τῇ βουλῇ, εἴ οἱ ἄδειαν δοῖεν, μηνύσειν καὶ περὶ τῶν μυστηρίων, συνεργὸς ὤν, τοὺς ἄλλους τοὺς ποιοῦντας μεθ' ἑαυτοῦ, καὶ περὶ τῶν Ἑρμῶν τῆς περικοπῆς ἃ ᾔδει. Ψηφισαμένης δὲ τῆς βουλῆς (ἦν γὰρ αὐτοκράτωρ) ᾤχοντο ἐπ' αὐτὸν Μέγαράδε· καὶ κομισθείς, ἄδειαν εὑρόμενος, ἀπογράφει τοὺς μεθ' ἑαυτοῦ. Καὶ οὗτοι κατὰ τὴν Τεύκρου μήνυσιν ᾤχοντο φεύγοντες. Καί μοι λαβὲ καὶ ἀνάγνωθι τὰ ὀνόματα αὐτῶν.

Ὀνόματα. Τούσδε Τεῦκρος ἐμήνυσε· Φαῖδρον, Γνιφωνίδην, Ἰσόνομον, Ἡφαιστόδωρον, Κηφισόδωρον, ἑαυτόν, Διόγνητον, Σμινδυρίδην, Φιλοκράτη, Ἀντιφῶντα, Τείσαρχον, Παντακλέα.

Μέμνησθε δέ, ὦ ἄνδρες, ὅτι καὶ ταῦθ' ὑμῖν προσομολογεῖται ἅπαντα.

16 Τρίτη μήνυσις ἐγένετο. Ἡ γυνὴ Ἀλκμεωνίδου, γενομένη δὲ καὶ Δάμωνος (Ἀγαρίστη ὄνομα αὐτῇ) αὕτη ἐμήνυσεν ἐν τῇ οἰκίᾳ τῇ Χαρμίδου τῇ παρὰ τὸ Ὀλυμπιεῖον

14 1 αὕτη post ἄνδρες ponere malit Gebauer, at uide 16 3 || 5 ἦ Blass : ἦν || **15** 3-4 μηνύσειν καὶ περὶ ... τοὺς ἄλλους Lipsius : μηνύσειν περὶ ... καὶ τοὺς ἄλλους || 8 ἄδειαν εὑρόμενος del. Lipsius, iure defendit Blass *praef.* p. XIII || 11 ΟΝΟΜΑΤΑ in margine || 13 Φιλοκράτη Schiller : φιλοκράτην || 14 Τείσαρχον Blass : τίσαρχον || 15 ὅτι add., ut uidetur, A[2] || προσομολογεῖται : -ωμολόγηται Muret || **16** 1 Ἀλκμεωνίδου Blass : ἀλκμαιονίδου || 3 Ὀλυμπιεῖον Reiske : ὀλύμπιον.

dans la maison de Charmidès [1], proche de l'Olympieion, Alcibiade, Axiochos et Adimantos : et tous prirent la fuite sur cette dénonciation.

17 Il y en eut encore une. Lydos, esclave de Phéréclès de Thémacos [2], dénonce les mystères que l'on contrefait dans la maison de son maître, à Thémacos. Sur la liste qu'il donne figure mon père qui — dit-il — y fut présent mais dormait sous des couvertures. Speusippos, membre du Conseil, les livre au tribunal ; mais alors mon père, constituant des garants, intente à Speusippos une action d'illégalité [3], le procès se plaide devant six mille Athéniens et, dans cet imposant tribunal, Speusippos n'a pas seulement pour lui deux cents voix. Qui persuada et pria mon père de rester ? Ce fut moi, d'abord, puis nos parents. **18** Appelle-moi Callias et Stéphanos.

⟨ Témoins ⟩

Appelle aussi Philippos et Alexippos : ils sont parents d'Acouménos et d'Autocrator qui, sur la dénonciation de Lydos, ont pris la fuite : Autocrator est neveu de l'un, et Acouménos oncle de l'autre ; ils doivent haïr celui qui les a chassés de chez eux et savoir mieux que personne qui les a forcés à fuir. Regardez les juges et témoignez si je dis vrai.

Témoins

19 Citoyens, vous avez entendu les faits, sur lesquels les témoins ont déposé devant vous. Rappelez-vous maintenant ce que les accusateurs ont eu le front de prétendre. Car c'est

1. Troisième version sur le lieu où sont parodiés les mystères (voir § 12 et la note).

2. Cf. Harpocration *s. u.* Θημακεύς· Ἀνδ. ἐν τῷ π. μ. δῆμός ἐστι φυλῆς τῆς Ἐρεχθηΐδος Θήμακος, ὥς φησι Διόδωρος ὁ περιηγητὴς ἐν τῷ περὶ τῶν δήμων.

3. Léogoras (cf. § 22) a déclaré que jamais de sa vie il n'était allé chez Phéréclès, et d'après la déposition de Lydos il n'a pas pris part au sacrilège. Il se croit donc fondé à intenter à Speusippos une « action publique pour motion illégale ». Sa déclaration, faite sous la foi du serment (ὑπωμοσία) suspend l'effet de la motion de Speu-

μυστήρια ποιεῖν Ἀλκιβιάδην καὶ Ἀξίοχον καὶ Ἀδείμαντον· καὶ ἔφυγον οὗτοι πάντες ἐπὶ ταύτῃ τῇ μηνύσει.

17 Ἔτι μήνυσις ἐγένετο μία. Λυδὸς ὁ Φερεκλέους τοῦ Θημακέως ἐμήνυσε μυστήρια γίγνεσθαι ἐν τῇ οἰκίᾳ Φερεκλέους τοῦ δεσπότου τοῦ ἑαυτοῦ, ἐν Θημακῷ· καὶ ἀπογράφει τούς τε ἄλλους, καὶ τὸν πατέρα ἔφη τὸν ἐμὸν παρεῖναι μέν, καθεύδειν δὲ ἐγκεκαλυμμένον. Σπεύσιππος δὲ βουλεύων παραδίδωσιν αὐτοὺς τῷ δικαστηρίῳ. Κἄπειτα ὁ πατὴρ καταστήσας ἐγγυητὰς ἐγράψατο τὸν Σπεύσιππον παρανόμων καὶ ἠγωνίσατο ἐν ἑξακισχιλίοις Ἀθηναίων, καὶ μετέλαβε δικαστῶν τοσούτων οὐδὲ διακοσίας ψήφους ὁ Σπεύσιππος. Ὁ δὲ πείσας καὶ δεόμενος μεῖναι τὸν πατέρα ἐγὼ ἦν μάλιστα, εἶτα δὲ καὶ οἱ ἄλλοι συγγενεῖς. 18 Καί μοι κάλει Καλλίαν καὶ Στέφανον.

⟨Μάρτυρες⟩

Κάλει δὲ καὶ Φίλιππον καὶ Ἀλέξιππον· οὗτοι γάρ εἰσιν Ἀκουμενοῦ καὶ Αὐτοκράτορος συγγενεῖς, οἳ ἔφυγον ἐπὶ τῇ Λυδοῦ μηνύσει· τοῦ μὲν ἀδελφιδοῦς ἐστιν Αὐτοκράτωρ, τοῦ δὲ θεῖος Ἀκουμενός· οἷς προσήκει μισεῖν μὲν τὸν ἐξελάσαντα ἐκείνους, εἰδέναι δὲ μάλιστα δι᾽ ὅντινα ἔφυγον. Βλέπετε εἰς τούτους, καὶ μαρτυρεῖτε εἰ ἀληθῆ λέγω.

Μάρτυρες

19 Τὰ μὲν γενόμενα ἠκούσατε, ὦ ἄνδρες, καὶ ὑμῖν οἱ μάρτυρες μεμαρτυρήκασιν· ἃ δὲ οἱ κατήγοροι ἐτόλμησαν εἰπεῖν, ἀναμνήσθητε. Οὕτω γὰρ καὶ δίκαιον ἀπολογεῖσθαι,

16 4 Ἀδείμαντον Ald. : ἀδίμαντον || 5 ἔφυγον Blass coll. 26, 35 cett. : ἔφευγον || **17** 6 βουλεύων : βασιλεύων Sluiter, sed nil mutandum esse docuit Bergk, *Ad Schillerum epist.*, p. 112-6 || 10 καὶ δεόμενος μεῖναι : ὑπομεῖναι Hirschig. An καὶ delendum ? || **18** 3 ΜΑΡΤΥΡΕΣ add. Radermacher || 5 et 9 ἔφυγον Blass : ἔφευγον || 9 μαρτυρεῖτε A[1] : -ρεῖται, ut uidetur. Cf. praefat., p. xxxiii, n. 2 || **19** 1 γενόμενα Sluiter : γινόμενα || ὦ in margine || ὑμῖν apogr. : ἡμῖν || 3 οὕτω Reiske : οὐ. Vulgatam retinet Schiller, Foertschium secutus, interrogationis signo post ἐξελέγχειν posito.

bien là la juste façon de se défendre : rappeler les assertions des accusateurs pour les réfuter. Donc ils ont dit que j'avais fait une dénonciation dans cette affaire des mystères, et que parmi les participants j'avais nommé mon père ; oui j'avais dénoncé mon propre père ; ce crime de tous le plus odieux, je crois, et le plus impie, ils m'en chargeaient. Mais celui qui a donné le nom de mon père, c'est Lydos, l'esclave de Phéréclès ; et celui qui l'a persuadé d'affronter le débat au lieu de prendre la fuite, c'est moi, moi qui l'ai supplié longuement et qui ai pris ses genoux dans mes mains. **20** Qu'avais-je donc en tête ? j'avais dénoncé mon propre père — à ce qu'ils prétendent — et je le suppliais de rester pour qu'il lui arrivât malheur grâce à moi ; et mon père s'était laissé persuader de courir le risque d'un procès où il ne pouvait échapper à la plus affreuse alternative : s'il était reconnu que je l'avais justement dénoncé il périssait de mon fait ; s'il était sauvé, il me tuait. Car telle était la loi : le dénonciateur, s'il disait vrai, avait l'impunité : s'il avait menti, c'était la mort. Or vous savez que nous sommes, mon père et moi, sortis saufs du procès : et c'était impossible si j'avais été le dénonciateur de mon père, car c'était la mort pour lui ou pour moi. **21** Eh bien donc, alors même que, dans ces conditions, mon père eût voulu soutenir le procès, croyez-vous que ses amis lui auraient permis de rester ou se seraient portés caution ? ne l'auraient-ils pas détourné de ce parti, ne l'auraient-ils pas conjuré de chercher une retraite où il serait lui-même en sûreté sans causer ma perte ? **22** Aussi bien lorsque mon père poursuivait Speusippos pour illégalité, il tenait précisément le même langage, disant que jamais de sa vie il n'était allé à Thémacos chez Phéréclès. Il demandait qu'on soumît ses esclaves à la torture, et qu'on ne refusât pas cette épreuve à ceux qui la demandent, alors qu'on y

sippos jusqu'à ce qu'il ait été statué sur l'action d'illégalité. Le procès se plaide ici devant six mille jurés, c'est-à-dire devant l'Héliée toutes sections réunies. Sur la γραφὴ παρανόμων et son importance dans le droit criminel d'Athènes, voir Glotz, *La Cité grecque*, p. 209 et suiv.

ἀναμιμνῄσκοντα τοὺς τῶν κατηγόρων λόγους ἐξελέγχειν. Ἔλεξαν γὰρ ὡς ἐγὼ μηνύσαιμι περὶ τῶν μυστηρίων, ἀπογράψαιμί τε τὸν πατέρα τὸν ἐμαυτοῦ παρόντα, καὶ γενοίμην μηνυτὴς κατὰ τοῦ πατρὸς τοῦ ἐμαυτοῦ, λόγον οἶμαι πάντων δεινότατόν [τε] καὶ ἀνοσιώτατον λέγοντες. Ὁ μὲν γὰρ ἀπογράψας αὐτὸν Λυδὸς ἦν ὁ Φερεκλέους, ὁ δὲ πείσας ὑπομεῖναι καὶ μὴ οἴχεσθαι φεύγοντα ἐγώ, πολλὰ ἱκετεύσας καὶ λαμβανόμενος τῶν γονάτων. 20 Καίτοι τί ἐβουλόμην, εἰ ἐμήνυσα μὲν κατὰ τοῦ πατρός, ὥς οὗτοί φασιν, ἱκέτευον δὲ τὸν πατέρα μείναντά τι παθεῖν ὑπ' ἐμοῦ; καὶ ὁ πατὴρ ἐπείσθη ἀγῶνα τοιοῦτον ἀγωνίσασθαι, ἐν ᾧ δυοῖν τοῖν μεγίστοιν κακοῖν οὐκ ἦν αὐτῷ ἁμαρτεῖν, ἢ [γὰρ] ἐμοῦ δόξαντος τὰ ὄντα μηνῦσαι κατ' ἐκείνου ὑπ' ἐμοῦ ἀποθανεῖν, ἢ αὐτῷ σωθέντι ἐμὲ ἀποκτεῖναι; Ὁ γὰρ νόμος οὕτως εἶχεν· εἰ μὲν τἀληθῆ μηνύσειέ τις, εἶναι τὴν ἄδειαν, εἰ δὲ τὰ ψευδῆ, τεθνάναι. Καὶ μὲν δὴ τοῦτό γε ἐπίστασθε πάντες, ὅτι ἐσώθην καὶ ἐγὼ καὶ ὁ ἐμὸς πατήρ· οἷόν τε δ' οὐκ ἦν, εἴπερ ἐγὼ μηνυτὴς ἐγενόμην περὶ τοῦ πατρός, ἀλλ' ἢ ἐμὲ ἢ ἐκεῖνον ἔδει ἀποθανεῖν. 21 Φέρε δὴ τοίνυν, εἰ καὶ ὁ πατὴρ ἐβούλετο ὑπομένειν, τοὺς φίλους ἂν οἴεσθε ἢ ἐπιτρέπειν αὐτῷ μένειν ἢ ἐγγυήσασθαι, ἀλλ' οὐκ ἂν παραιτεῖσθαι καὶ δεῖσθαι ἀπιέναι ὅπου [ἂν] ἔμελλεν αὐτὸς σωθήσεσθαι ἐμέ τε οὐκ ἀπολεῖν; 22 Ἀλλὰ γὰρ καὶ ὅτε Σπεύσιππον ἐδίωκεν ὁ πατὴρ τῶν παρανόμων, αὐτὰ ταῦτα ἔλεγεν, ὡς οὐδεπώποτε ἔλθοι εἰς Θημακὸν ὡς Φερεκλέα· ἐκέλευε δὲ βασανίσαι τὰ ἀνδράποδα, καὶ μὴ τοὺς μὲν παραδιδόντας μὴ ἐθέλειν ἐλέγχειν, τοὺς δὲ μὴ θέλοντας ἀναγκάζειν. Ταῦτα δὲ

19 4 ἀναμιμνῄσκοντα Reiske : -κοντας || 8 τε additum supra lineam, del. Fuhr || **20** 2 ὡς A^1 : ὧ || 5 δυεῖν superscripto οι m. pr. || 6 γὰρ del. Dobree, ἤγουν pro ἢ γὰρ Taylor. Interrogationis signum non post ἁμαρτεῖν sed in clausula posui. || 9 τὰ supra lineam add. A^2 || **21** 4 ἂν post ὅπου del. Dobree || αὐτὸς in margine add. A^1 || **22** 2 τῶν del. Valckenaer || *οὐδεπώποτε* A^1 : *οὐδέποτε* || 3 ἔλθοι L supra lineam : ἔλθῃ || 4 μὴ τοὺς μὲν in rasura sex litterarum.

contraint ceux qui n'en veulent pas. Lorsque mon père parlait ainsi, comme vous savez tous, que restait-il à dire à Speusippos — si mes accusateurs disent vrai — sinon ceci : « Mais, Léogoras, que viens-tu parler de tes esclaves ? Ton fils que voici ne-t'a-t-il pas dénoncé ? n'affirme-t-il pas que tu étais à Thémacos ? A toi de réfuter ton père, sinon tu perds l'impunité. » N'est-ce pas là, Citoyens, ce qu'aurait dit Speusippos ? Pour moi, je le crois. **23** Si donc j'ai comparu devant un tribunal, si j'ai été accusé par quelqu'un, s'il existe une dénonciation non pas seulement de moi contre un autre, mais d'un autre contre moi, une liste de noms que j'aie faite ou sur laquelle je figure, que le premier venu monte ici pour me réfuter. Mais vraiment on n'a jamais entendu, que je sache, langage plus impie, plus incroyable que celui de mes accusateurs [1] : une seule chose leur a paru suffisante : avoir l'audace d'accuser ; doivent-ils être convaincus d'imposture, ils ne s'en sont nullement souciés. **24** Si leurs accusations étaient fondées vous jugeriez, dans votre indignation, qu'il faut m'appliquer la peine la plus sévère : eh bien je vous prie de même, maintenant que vous savez qu'ils mentent, de les tenir pour des scélérats, et de conclure que si, sur les plus graves de leurs accusations, ils sont manifestement convaincus d'imposture, j'aurai, sur celles qui sont de bien moins grande conséquence, fort peu de peine à démasquer leurs mensonges.

25 Voilà donc les quatre dénonciations relatives aux mystères : de ceux qui prirent la fuite après chacune d'elles, je vous ai dit les noms, et les témoins ont déposé. Mais ce n'est pas tout : pour bien asseoir votre créance, voiçi ce que je veux faire encore. Parmi ceux à qui cette affaire des mystères a fait prendre la fuite certains sont morts en exil, d'autres sont revenus, ils sont à Athènes et vous les voyez

1. Sur cette affaire, la sincérité d'Andocide ne peut guère être mise en doute : le raisonnement qu'il faisait plus haut (§ 20) est assez probant : s'il avait été l'accusateur de son père, ils ne pouvaient sortir tous deux saufs du procès. Nous avons vu (*Introd.*, p. XXI) comment cette imputation avait pu trouver créance.

λέγοντος τοῦ πατρὸς τοῦ ἐμοῦ, ὡς ἅπαντες ἴστε, τί ὑπελείπετο τῷ Σπευσίππῳ λέγειν, εἰ ἀληθῆ οἶδε λέγουσιν, ἀλλ' ἢ « Ὦ Λεωγόρα, τί βούλῃ περὶ θεραπόντων λέγειν ; οὐχ ὁ υἱὸς οὑτοσὶ μεμήνυκε κατὰ σοῦ, καὶ φησί σε παρεῖναι ἐν Θημακῷ ; ἔλεγχε σὺ τὸν πατέρα, ἢ οὐκ ἔστι σοι ἄδεια. » Ταυτὶ ἔλεγεν ἂν ὁ Σπεύσιππος, ὦ ἄνδρες, ἢ οὔ ; ἐγὼ μὲν οἶμαι. 23 Εἰ τοίνυν ἀνέβην ἐπὶ δικαστήριον, ἢ λόγος τις περὶ ἐμοῦ ἐγένετο, ἢ μήνυσίς τις ἐμή ἐστιν ἢ ἀπογραφή, μὴ ὅτι ἐμὴ καθ' ἑτέρου, ἀλλ' εἰ καὶ ἄλλου τινὸς κατ' ἐμοῦ, ἐλεγχέτω με ὁ βουλόμενος ἐνταῦθα ἀναβάς. Ἀλλὰ γὰρ λόγον ἀνοσιώτερον καὶ ἀπιστότερον οὐδένα πώποτ' ἐγὼ εἰπόντα οἶδα, οἳ τοῦτο μόνον ἡγήσαντο δεῖν, τολμῆσαι κατηγορῆσαι· εἰ δ' ἐλεγχθήσονται ψευδόμενοι, οὐδὲν αὐτοῖς ἐμέλησεν. 24 Ὥσπερ οὖν, εἰ ἀληθῆ ἦν ταῦτα ἅ μου κατηγόρησαν, ἐμοὶ ἂν ὠργίζεσθε καὶ ἠξιοῦτε δίκην τὴν μεγίστην ἐπιτιθέναι, οὕτως ἀξιῶ ὑμᾶς, γιγνώσκοντας ὅτι ψεύδονται, πονηρούς τε αὐτοὺς νομίζειν, χρῆσθαί τε τεκμηρίῳ ὅτι εἰ τὰ δεινότατα τῶν κατηγορηθέντων περιφανῶς ἐλέγχονται ψευδόμενοι, ἦ που τά γε πολλῷ φαυλότερα ῥᾳδίως ὑμῖν ἀποδείξω ψευδομένους αὐτούς.

25 Αἱ μὲν μηνύσεις ὧδε περὶ τῶν μυστηρίων αὗται ἐγένοντο τέτταρες· οἳ δὲ ἔφυγον καθ' ἑκάστην μήνυσιν, ἀνέγνων ὑμῖν τὰ ὀνόματα αὐτῶν, καὶ οἱ μάρτυρες μεμαρτυρήκασιν. Ἔτι δὲ πρὸς τούτοις ἐγὼ πιστότητος ὑμῶν ἕνεκα, ὦ ἄνδρες, τάδε ποιήσω. Τῶν γὰρ φυγόντων ἐπὶ τοῖς μυστηρίοις οἱ μέν τινες ἀπέθανον φεύγοντες, οἱ δ' ἥκουσιν καὶ εἰσὶν ἐνθάδε καὶ πάρεισιν ὑπ' ἐμοῦ κεκλη-

22 8 Λεωγόρα Bekker : λεωγρ' || λεω cum lacuna B || βούλῃ Fuhr : βούλει || 9 μεμήνυκε edd. : μεμύνηκε (υ in rasura) || **23** 5 ἀνοσιώτερον καὶ ἀπιστότερον Reiske : ἀνοσιώτατον καὶ ἀπιστότατον || 6 εἰπόντα : superscr. ας (α pr. ; ς A[2]) ; οὐδένας Reiske || **24** 2 μου Dobree : με || 6 τά γε Bekker : τά γα || **25** 2 ἔφυγον et infra φυγόντων Blass : ἔφευγον et φευγόντων. Cf. 16, 5 || 5 ἐπὶ τοῖς Reiske coll. 35, 1 : ἐν τοῖς.

ici présents, cités par moi. **26** Eh bien, sur mon temps de parole je consens que le premier venu parle pour me confondre, et prouve que l'un d'eux a été exilé à cause de moi, ou que j'ai dénoncé tel ou tel, ou que ceux de chaque liste n'ont pas pris la fuite sur les dénonciations que je vous ai rapportées. Et si quelqu'un peut me convaincre de mensonge, faites de moi ce que vous voudrez. Je me tais et je cède la tribune à qui veut y monter.

27 Voyons donc, citoyens : que se passa-t-il par la suite ? Les dénonciateurs avaient parlé : il s'agissait de les payer (mille drachmes d'après le décret de Cléonymos, et d'après celui de Pisandre[1], dix mille) : là-dessus il y avait contestation entre les dénonciateurs, Pythonicos qui déclarait avoir le premier introduit l'*eisangélie,* et Androclès réclamant pour le Conseil[2]. **28** Le peuple décida que les initiés réunis dans le tribunal des Thesmothètes entendraient les dénonciations faites par chacun, et statueraient*. Leur vote attribua la plus forte récompense à Andromachos, la seconde à Teucros, et, à la fête des Panathénées, l'un reçut dix mille drachmes, l'autre mille. — Appelle les témoins pour qu'ils l'attestent.

TÉMOINS

29 Citoyens, au sujet des mystères qui ont été l'occasion de l'*endeixis* et qui vous ont fait venir siéger ici, vous les initiés, j'ai démontré que je n'ai dénoncé personne, ni fait aucun aveu, et qu'à l'égard des deux déesses je ne suis coupable d'aucune offense, ni grave, ni légère. C'est là ce qu'il m'importe avant tout de vous persuader. Mes accusateurs

1. Pisandre est un des enquêteurs (cf. § 36). La proposition qu'il fait ici est une surenchère sur celle de Cléonymos. Il demandera, nous le verrons plus loin (§ 44), qu'on use de la dernière rigueur envers les conspirateurs oligarques : il veut prouver ainsi son ardent dévouement à la démocratie qu'il renversera en 411.

2. Il est difficile d'admettre qu'Androclès ait demandé l'attribution aux Bouleutes de la somme promise aux dénonciateurs. Marchant se demande si ὑπὲρ τῆς βουλῆς n'est pas une brachylogie pour ὑπὲρ τῆς εἰς τὴν βουλὴν εἰσαγγελίας. Même en donnant à ὑπέρ le sens de

μένοι. **26** Ἐγὼ οὖν ἐν τῷ ἐμῷ λόγῳ δίδωμι τῷ βουλομένῳ με ἐλέγξαι ὅτι ἔφυγέ τις αὐτῶν δι᾽ ἐμὲ ἢ ἐμήνυσα κατά του, ἢ οὐχ ἕκαστοι ἔφυγον κατὰ τὰς μηνύσεις ταύτας ἃς ἐγὼ ὑμῖν ἀπέδειξα. Καὶ ἐάν τις ἐλέγξῃ με ὅτι ψεύδομαι, χρήσασθέ μοι ὅ τι βούλεσθε. Καὶ σιωπῶ, καὶ παραχωρῶ, εἴ τις ἀναβαίνειν βούλεται.

27 Φέρε δή, ὦ ἄνδρες, μετὰ ταῦτα τί ἐγένετο ; ἐπειδὴ αἱ μηνύσεις ἐγένοντο, περὶ τῶν μηνύτρων (ἦσαν γὰρ κατὰ τὸ Κλεωνύμου ψήφισμα χίλιαι δραχμαί, κατὰ δὲ τὸ Πεισάνδρου μύριαι) περὶ δὲ τούτων ἠμφεσβήτουν οὗτοί τε οἱ μηνύσαντες καὶ Πυθόνικος, φάσκων πρῶτος εἰσαγγεῖλαι, καὶ Ἀνδροκλῆς ὑπὲρ τῆς βουλῆς. **28** Ἔδοξεν οὖν τῷ δήμῳ ἐν τῷ τῶν θεσμοθετῶν δικαστηρίῳ τοὺς μεμυημένους, ἀκούσαντας τὰς μηνύσεις ἃς ἕκαστος ἐμήνυσε, διαδικάσαι. Καὶ ἐψηφίσαντο πρώτῳ μὲν Ἀνδρομάχῳ, δευτέρῳ δὲ Τεύκρῳ, καὶ ἔλαβον Παναθηναίων τῷ ἀγῶνι Ἀνδρόμαχος μὲν μυρίας δραχμάς, Τεῦκρος δὲ χιλίας. Καί μοι κάλει τούτων τοὺς μάρτυρας.

Μάρτυρες

29 Περὶ μὲν τῶν μυστηρίων, ὦ ἄνδρες, ὧν ἕνεκα ἡ ἔνδειξις ἐγένετο καὶ περὶ ὧν ὑμεῖς οἱ μεμυημένοι εἰσεληλύθατε, ἀποδέδεικταί μοι ὡς οὔτε ἠσέβηκα οὔτε μεμήνυκα περὶ οὐδενὸς οὔτε ὡμολόγηκα περὶ αὐτῶν, οὐδὲ ἔστι μοι ἁμάρτημα περὶ τὼ θεὼ οὔτε μεῖζον οὔτ᾽ ἔλαττον οὐδέν. Ὅπερ ἐμοὶ περὶ πλείστου ἐστὶν ὑμᾶς πεῖσαι. Καὶ γὰρ οἱ

26 2 με, coll. 35, 8 dubitanter Blass : ἐμὲ || ἐλέγξαι : ἐξελέγξαι A² || 3 κατά του Sluiter : κατ᾽ αὐτοῦ || 6 βούλεται Bekker : βούληται || **27** 4 περὶ δέ : περὶ δὴ Reiske, quem tamen non fallit δέ posse defendi. Nil mutandum || ἠμφεσβήτουν edd. : ἠμφισ- || **28** 3 μηνύσεις : μυήσεις pr. μυνήσεις A² || 8 ΜΑΡΤΥΡΕΣ add. in margine || **29** 1 ἕνεκα Lipsius : εἵνεκα || 3 μεμήνυκα : μεμύηκα pr. μεμύνηκα A¹ || 6 καὶ γὰρ κτἑ locus pro corrupto habitus et uarie emendatus : ⟨οἳ⟩ ταῦτα τὰ δεινὰ Blass ; οἱ λόγοι τῶν κατ. del. Kayser ; καὶ λόγους εἶπον del. Helbig. Nullo uidetur remedio opus esse : oratio abruptior ; λόγους εἶπον, sc. οἱ κατήγοροι.

glapissaient[1] d'effrayantes tirades, à donner le frisson, rappelaient ceux qui, dans le passé, s'étaient rendus coupables de manquements ou d'impiétés à l'égard des deux déesses, et disaient comment chacun d'eux avait été traité et châtié
30 : mais ces discours et ces actes en quoi me touchent-ils ? C'est moi bien plutôt qui les accuse et qui déclare qu'ils doivent périr, eux les impies, et que je dois être sauf, moi qui suis innocent. Il serait vraiment étrange que vous fussiez irrités contre moi pour les fautes d'autrui, et que la calomnie qui, vous le savez, vient de mes ennemis, eût à vos yeux plus de force que la vérité. Car, évidemment, ceux qui sont coupables de pareils crimes ne peuvent se défendre en niant les avoir commis : l'épreuve serait dure à soutenir devant ceux qui savent. Mais pour moi la défense est tout plaisir dans un procès où je n'ai ni à vous prier ni à vous supplier pour sortir sauf de cette accusation : je n'ai qu'à réfuter les imputations de mes accusateurs et à vous rappeler les faits
31 : à vous, juges, qui avant de décider de mon sort avez prononcé les plus grands serments ; qui, par les plus solennelles imprécations sur votre tête et celle de vos enfants, avez juré de rendre une juste sentence ; qui avez été initiés, et témoins des mystères sacrés, — à vous rappeler les faits, dis-je[2] pour vous persuader de châtier les impies et de sauver les innocents. **32** Songez donc qu'il n'y a pas moins d'impiété à frapper comme impies des innocents qu'à ne pas tirer vengeance des impies. Aussi, plus instamment encore que ne font mes accusateurs, je vous adjure au nom des deux déesses, par respect pour les mystères que vous avez vus, pour les Hellènes qui viennent ici pour la fête. Si je suis

περί il faut admettre un raccourci d'expression qui reste surprenant. Le texte est-il sain ?

1. Le mot ἀνωρθίαζον, difficile à rendre, ne se trouve pas en prose classique. Cf. Eschyle, *Choeph.*, 271, κἀξορθιάζων πολλά.

2. Cette période n'est pas très heureusement articulée : nous avons, par cette reprise, voulu la rendre exactement, car « à vous juges..... témoins des mystères sacrés » forme, comme l'a vu Reiske, une sorte de parenthèse, et la fin de la phrase « pour vous persuader, etc... » se rattache à « vous rappeler les faits ».

λόγοι τῶν κατηγόρων ταῦτα τὰ δεινὰ καὶ φρικώδη ἀνωρθίαζον, καὶ λόγους εἶπον ὡς πρότερον ἑτέρων ἁμαρτόντων καὶ ἀσεβησάντων περὶ τὼ θεὼ οἷα ἕκαστος αὐτῶν ἔπαθε καὶ ἐτιμωρήθη — 30 τούτων οὖν ἐμοὶ τῶν λόγων ἢ τῶν ἔργων τί προσήκει; ἐγὼ γὰρ πολὺ μᾶλλον ἐκείνων ⟨ταῦτα⟩ κατηγορῶ, καὶ δι᾽ αὐτὸ τοῦτό φημι δεῖν ἐκείνους μὲν ἀπολέσθαι, ὅτι ἠσέβησαν, ἐμὲ δὲ σῴζεσθαι, ὅτι οὐδὲν ἥμαρτηκα. Ἦ δεινόν γ᾽ ἂν εἴη, εἰ ἐμοὶ ὀργίζοισθε ἐπὶ τοῖς ἑτέρων ἁμαρτήμασι, καὶ τὴν εἰς ἐμὲ διαβολὴν εἰδότες ὅτι ὑπὸ τῶν ἐχθρῶν τῶν ἐμῶν λέγεται, κρείττω τῆς ἀληθείας ἡγήσεσθε. Δῆλον γὰρ ὅτι τοῖς μὲν ἡμαρτηκόσι τὰ τοιαῦτα ἁμαρτήματα οὐκ ἔστιν ἀπολογία ὡς οὐκ ἐποίησαν· ἡ γὰρ βάσανος δεινὴ παρὰ τοῖς εἰδόσιν· ἐμοὶ δὲ ὁ ἔλεγχος ἥδιστος, ἐν οἷς ὑμῶν οὐδέν με δεῖ δεόμενον οὐδὲ παραιτούμενον σωθῆναι ἐπὶ τῇ τοιαύτῃ αἰτίᾳ, ἀλλ᾽ ἐλέγχοντα τοὺς τῶν κατηγόρων λόγους καὶ ὑμᾶς ἀναμιμνῄσκοντα τὰ γεγενημένα, 31 οἵ τινες ὅρκους μεγάλους ὀμόσαντες οἴσετε τὴν ψῆφον περὶ ἐμοῦ, καὶ ἀρασάμενοι τὰς μεγίστας ἀρὰς ὑμῖν τε αὐτοῖς καὶ παισὶ τοῖς ὑμετέροις αὐτῶν, ἦ μὴν ψηφιεῖσθαι [περὶ ἐμοῦ] τὰ δίκαια, πρὸς δὲ τούτοις μεμύησθε καὶ ἑοράκατε τοῖν θεοῖν τὰ ἱερά, ἵνα τιμωρήσητε μὲν τοὺς ἀσεβοῦντας, σῴζητε δὲ τοὺς μηδὲν ἀδικοῦντας. 32 Νομίσατε τοίνυν ἀσέβημα οὐδὲν ἔλαττον εἶναι τῶν μηδὲν ἠδικηκότων ἀσεβεῖν καταγνῶναι ἢ τοὺς ἠσεβηκότας μὴ τιμωρεῖσθαι. Ὥστ᾽ ἐγὼ ὑμῖν πολὺ μᾶλλον τῶν κατηγόρων πρὸς τοῖν θεοῖν ἐπισκήπτω, ὑπέρ τε τῶν ἱερῶν ἃ εἴδετε, καὶ ὑπὲρ τῶν Ἑλλήνων οἳ τῆς ἑορτῆς ἕνεκα

30 2 ταῦτα add. Blass || 8 ἡγήσεσθε : ἡγήσαισθε Reiske, Lipsius. Nil mutandum || δῆλον γὰρ ὅτι Naber : δηλονότι γὰρ || 12 τῇ τοιαύτῃ : τοιαύτῃ (in spatio quod post ἐπὶ est, τῇ fort. scripserat m. pr.) || 13 ἀναμιμνῄσκοντα Reiske : ἀναμιμνήσκω || **31** 2 ἀρασάμενοι A[1] : ἀσάμενοι || 3 post ἦ μὴν spatium est ad quattuor litterarum || 4 περὶ ἐμοῦ del. Naber || 5 ἑοράκατε Lipsius : ἑωρ- || **32** 1 τῶν ... ἠδικηκότων Lipsius : τοὺς ἠδικηκότας, cf. Lysias 20, 6 || 5 ἕνεκα Blass : ἕνεκεν.

coupable d'un acte impie, si j'ai fait des aveux, si j'ai dénoncé quelqu'un ou si quelqu'un m'a dénoncé, tuez-moi, j'y consens. 33 Mais s'il est vrai que je n'ai rien fait et si je vous le prouve clairement, je vous prie de rendre manifeste aux yeux des Hellènes qu'on m'a injustement intenté cette action. Car si, dans son *endeixis*, ce Képhisios que voilà n'obtient pas le cinquième des suffrages et se voit frappé d'atimie, il ne peut plus entrer dans le sanctuaire des deux déesses, sous peine de mort[1]. Si donc il vous paraît que sur ces points ma défense a été suffisante, montrez-le moi pour que j'aie plus d'ardeur à la poursuivre.

L'affaire des Hermocopides.

34 Quant à la mutilation des statues et à la dénonciation qui s'y rapporte, ainsi que j'ai promis de faire, ainsi procéderai-je. Je vous instruirai de tous les faits depuis l'origine. Teucros, aussitôt arrivé de Mégare, obtient l'impunité et dénonce ce qu'il sait sur les mystères ; de ceux qui ont mutilé les offrandes sacrées il donne dix-huit noms. De ceux que comprenait cette liste les uns s'enfuirent, les autres furent appréhendés et mis à mort sur cette dénonciation de Teucros. Lis-moi les noms.

35 *Noms*. Teucros, au sujet des Hermès, a dénoncé : Euctémon, Glaukippos, Eurymachos, Polyeuctos, Platon, Antidoros, Charippos, Théodoros, Alkisthénès, Ménéstratos, Eryximachos, Euphilétos, Eurydamas, Phéréclès, Mélétos, Timanthès, Archidamos, Télénicos.

De ces hommes, les uns sont revenus et sont ici présents ; de ceux qui périrent il y a ici beaucoup de parents : eh bien que celui qui le voudra, interrompant mon discours, monte à cette tribune et prouve, à ma confusion, qu'un de ces hommes a dû fuir ou a péri à cause de moi.

1. C'est une forme spéciale d'atimie que, dans un cas tel que celui-ci, Képhisios encourt, s'il échoue, outre l'amende dont il est passible, et l'interdiction d'intenter à l'avenir une action du même genre.

ἔρχονται δεῦρο· εἰ μέν τι ἠσέβηκα ἢ ὡμολόγηκα ἢ ἐμήνυσα κατά τινος ἀνθρώπων, ἢ ἄλλος τις περὶ ἐμοῦ, ἀποκτείνατέ με· οὐ παραιτοῦμαι· 33 εἰ δὲ οὐδὲν ἡμάρτηταί μοι, καὶ τοῦτο ὑμῖν ἀποδείκνυμι σαφῶς, δέομαι ὑμῶν αὐτὸ φανερὸν τοῖς Ἕλλησι πᾶσι ποιῆσαι, ὡς ἀδίκως εἰς τόνδε τὸν ἀγῶνα κατέστην. Ἐὰν γὰρ μὴ μεταλάβῃ τὸ πέμπτον μέρος τῶν ψήφων καὶ ἀτιμωθῇ ὁ ἐνδείξας ἐμὲ Κηφίσιος ουτοσί, οὐκ ἔξεστιν αὐτῷ εἰς τὸ ἱερὸν τοῖν θεοῖν εἰσιέναι, ἢ ἀποθανεῖται. Εἰ οὖν ὑμῖν δοκῶ ἱκανῶς περὶ τούτων ἀπολελογῆσθαι, δηλώσατέ μοι, ἵνα προθυμότερον περὶ τῶν ἄλλων ἀπολογῶμαι.

34 Περὶ δὲ τῶν ἀναθημάτων τῆς περικοπῆς καὶ τῆς μηνύσεως, ὥσπερ καὶ ὑπεσχόμην ὑμῖν, οὕτω καὶ ποιήσω· ἐξ ἀρχῆς γὰρ ὑμᾶς διδάξω ἅπαντα τὰ γεγενημένα. Ἐπειδὴ Τεῦκρος ἦλθε Μεγαρόθεν, ἄδειαν εὑρόμενος μηνύει περί τε τῶν μυστηρίων ἃ ᾔδει καὶ τῶν περικοψάντων τὰ ἀναθήματα [καὶ] ἀπογράφει δυοῖν δέοντας εἴκοσιν ἄνδρας. Ἐπειδὴ δὲ οὗτοι ἀπεγράφησαν, οἱ μὲν αὐτῶν φεύγοντες ᾤχοντο, οἱ δὲ συλληφθέντες ἀπέθανον κατὰ τὴν Τεύκρου μήνυσιν. Καί μοι ἀνάγνωθι αὐτῶν τὰ ὀνόματα.

35 Ὀνόματα. Τεῦκρος ἐπὶ τοῖς Ἑρμαῖς ἐμήνυσεν Εὐκτήμονα, Γλαύκιππον, Εὐρύμαχον, Πολύευκτον, Πλάτωνα, Ἀντίδωρον, Χάριππον, Θεόδωρον, Ἀλκισθένη, Μενέστρατον, Ἐρυξίμαχον, Εὐφίλητον, Εὐρυδάμαντα, Φερεκλέα, Μέλητον, Τιμάνθη, Ἀρχίδαμον, Τελένικον.

Τούτων τοίνυν τῶν ἀνδρῶν οἱ μὲν ἥκουσι καὶ εἰσὶν ἐνθάδε, τῶν δὲ ἀποθανόντων εἰσὶ πολλοὶ προσήκοντες· ὧν ὅστις βούλεται, ἐν τῷ ἐμῷ λόγῳ ἀναβὰς με ἐλεγξάτω ἢ ὡς ἔφυγέ τις δι' ἐμὲ τούτων τῶν ἀνδρῶν ἢ ὡς ἀπέθανεν.

32 6 ἐμήνυσα : μεμήνυκα Baiter || **33** 2 αὐτὸ : αὖ τοῦτο Emperius || 5 Κηφίσιος H. Estienne : κηφήσιος || 6 ἔξεστιν : ἐξέσται Blass, non recte || **34** 4 post Μεγαρόθεν Blass, post εὑρόμενος Lipsius interpungit || 5 καὶ τῶν Ald. : ἐκ τῶν || καὶ, post ἀναθήματα, deleui; καὶ ἐκ τῶν ... ἀναθ. ἀπογρ. Rosenberg || **35** 3 Ἀλκισθένη Schiller : -νην || 4 Ἐρυξίμαχον H. Estienne : εὐρυξ- || Εὐρυδάμαντα apogr. : εὐρυμάδαντα || 5 Τιμάνθη Schiller : -θην.

36 Après cela, Pisandre et Chariclès qui étaient du nombre des enquêteurs et qui montraient alors un très grand dévouement à la constitution, déclarent que les faits accomplis n'étaient pas l'œuvre de quelques individus, mais tendaient au renversement du régime populaire, et qu'il fallait poursuivre l'enquête sans répit. Et tel était, dans la ville, l'état des esprits que lorsque le héraut invitait le Conseil à entrer dans la salle des séances, et abaissait le signal [1], au même moment le Conseil entrait dans la salle et les citoyens s'enfuyaient de l'agora, chacun craignant d'être arrêté. **37** Exalté par les malheurs publics, Dioclidès vient porter une *eisangélie* [2] devant le Conseil : il déclare que ceux qui ont mutilé les Hermès lui sont connus et qu'il y en a jusqu'à trois cents. Comment il les avait vus et s'était trouvé témoin de l'affaire, voilà ce qu'il expliquait ; et ici, je vous prie, Citoyens, de me prêter toute votre attention pour confirmer par vos souvenirs la vérité de mes paroles et vous instruire les uns les autres. Car c'est devant vous que parlait Dioclidès et c'est vous qui m'êtes témoins de ces faits. **38** Il disait donc qu'il avait un esclave travaillant au Laurion et qu'il devait aller toucher le produit de son travail. Levé au point du jour et plus tôt encore qu'il ne croyait, il se met en route : or, c'était pleine lune. Arrivé au portique du théâtre de Dionysos, il voit une foule de gens qui descendent de l'Odéon* vers l'orchestra du théâtre. Pris de peur à leur vue il va s'asseoir dans l'ombre entre une colonne et la stèle au stratège de bronze*. Il voit alors trois

1. Ce détail est diversement interprété. Un signal d'étoffe était déployé sur l'Agora ou sur la Pnyx quand l'Ecclésia devait se réunir on l'amenait quand la séance avait pris fin. Les jours où l'Ecclésia ne siégeait pas le κῆρυξ se bornait à annoncer la réunion du Conseil : quand elle siégeait et que sa séance était levée le κῆρυξ devait, en outre, amener le drapeau. D'autres pensent qu'il ne s'agit pas ici du « signal » de l'Ecclésia mais d'un drapeau qui flottait sur le βουλευτήριον quand le Conseil ne siégeait pas, et qu'on enlevait quand il siégeait. Sur ce σημεῖον, voir Suidas, *s. u.* et Aristophane *Thesm.*, 277.

2. L'*eisangélie* est intentée aux auteurs d'un crime flagrant contre

36 Ἐπειδὴ δὲ ταῦτα ἐγένετο, Πείσανδρος καὶ Χαρικλῆς, ὄντες μὲν τῶν ζητητῶν, δοκοῦντες δ' ἐν ἐκείνῳ τῷ χρόνῳ εὐνούστατοι εἶναι τῷ δήμῳ, ἔλεγον ὡς εἴη τὰ ἔργα τὰ γεγενημένα οὐκ ὀλίγων ἀνδρῶν ἀλλ' ἐπὶ τῇ τοῦ δήμου καταλύσει, καὶ χρῆναι ἔτι ζητεῖν καὶ μὴ παύσασθαι. Καὶ ἡ πόλις οὕτως διέκειτο, ὥστ' ἐπειδὴ τὴν βουλὴν εἰς τὸ βουλευτήριον ὁ κῆρυξ ἀνείποι ἰέναι καὶ τὸ σημεῖον καθέλοι, τῷ αὐτῷ σημείῳ ἡ μὲν βουλὴ εἰς τὸ βουλευτήριον ᾔει, οἱ δ' ἐκ τῆς ἀγορᾶς ἔφευγον, δεδιότες εἷς ἕκαστος μὴ συλληφθείη. **37** Ἐπαρθεὶς οὖν τοῖς τῆς πόλεως κακοῖς εἰσαγγέλλει Διοκλείδης εἰς τὴν βουλήν, φάσκων εἰδέναι τοὺς περικόψαντας τοὺς Ἑρμᾶς, καὶ εἶναι αὐτοὺς εἰς τριακοσίους· ὡς δ' ἴδοι καὶ περιτύχοι τῷ πράγματι, ἔλεγε. Καὶ τούτοις, ὦ ἄνδρες, δέομαι ὑμῶν προσέχοντας τὸν νοῦν ἀναμιμνῄσκεσθαι, ἐὰν ἀληθῆ λέγω, καὶ διδάσκειν ἀλλήλους· ἐν ὑμῖν γὰρ ἦσαν οἱ λόγοι, καί μοι ὑμεῖς τούτων μάρτυρές ἐστε. **38** Ἔφη γὰρ εἶναι μὲν ἀνδράποδόν οἱ ἐπὶ Λαυρείῳ, δεῖν δὲ κομίσασθαι ἀποφοράν. Ἀναστὰς δὲ πρῴ ψευσθεὶς τῆς ὥρας βαδίζειν· εἶναι δὲ πανσέληνον. Ἐπεὶ δὲ παρὰ τὸ προπύλαιον τοῦ Διονύσου ἦν, ὁρᾶν ἀνθρώπους πολλοὺς ἀπὸ τοῦ ᾠδείου καταβαίνοντας εἰς τὴν ὀρχήστραν· δείσας δὲ αὐτούς, εἰσελθὼν ὑπὸ τὴν σκιὰν καθέζεσθαι μεταξύ του κίονος καὶ τῆς στήλης ἐφ' ᾗ ὁ στρατηγός ἐστιν ὁ χαλκοῦς. Ὁρᾶν δὲ ἀνθρώπους τὸν μὲν ἀριθμὸν μάλιστα τριακοσίους, ἑστάναι

36 4 ἀλλ' ἐπὶ : an scribendum ἀλλὰ ⟨πολλῶν⟩ ἐπὶ ? Et Dioclides trecentos uiros testabitur sceleris participes fuisse || 5 ἔτι ζητεῖν A[1] : ἐπιζητεῖν, ut uidetur || 7 ἀνείποι Schoemann : ἀνείπῃ || 9 ἔφευγον Baiter : ἔφυγον || **37** 2 Διοκλείδης Ald. : διὸ καὶ δὶς || 3 τοὺς Ἑ. A[1] : τὰς Ἑ. || **38** 2 Λαυρείῳ uulg. : λαυρίῳ || 3 πρῴ Bekker : πρωὶ || 4 τοῦ : τὸ MZ || 7 σκιὰν A[2] : οἰκίαν || του Lipsius : τοῦ. || 9 μὲν et μάλιστα quae codices omittunt restituit Sluiter e Galeno qui uim vocis μάλιστα apud Hippocratem interpretans sic locum Andocidis laudat (XVIII A, p. 450, Kuehn) : ἰδὼν δ' ἀνθρώπους τὸν μὲν ἀριθμὸν μάλιστα τριακοσίους. Unde et ἰδεῖν, non ὁρᾶν, uariandi causa scriptum fuisse coniecit Sluiter [nisi forte εἶδον scripserat Galenus, libere laudans].

cents personnes environ formant des groupes, ici de quinze, là de vingt. Comme il voit leurs visages à la clarté de la lune[1] il les reconnaît pour la plupart. **39** Observez d'abord, Citoyens, que — de la façon la plus redoutable — il arrangeait les choses de manière à pouvoir dire à son gré : « tel Athénien en était; tel autre n'en était pas ». Après avoir vu cela il se rend, dit-il, au Laurion, et, le lendemain, il apprend la mutilation des Hermès : il comprend aussitôt que c'est l'œuvre des gens qu'il a vus. **40** Lorsqu'il rentre à Athènes des enquêteurs sont déjà désignés et une prime de cent mines a été, par voix de héraut, promise à qui dénoncerait les coupables. Apercevant Euphémos, frère de Callias fils de Téloclès, assis chez un forgeron, il l'emmène au Temple d'Héphaistos et lui raconte exactement ce que je vous ai dit, qu'il nous avait vus cette nuit-là, et que, tout aussi volontiers que l'argent de l'État, il recevrait le nôtre, en gagnant ainsi notre amitié. Euphémos lui répond qu'il a bien fait de le lui dire et lui donne rendez-vous chez Léogoras : « nous nous y rencontrerons avec Andocide et avec d'autres qu'il te faut voir. » **41** Il arrive le lendemain et frappe à la porte : mon père, qui sortait justement, lui dit : « Ah, c'est toi qu'on attend ? vraiment il ne faut pas repousser de tels amis. » Et, là-dessus, il part. — Voilà comment il perdait mon père, en le désignant comme complice. Nous lui disons — à l'en croire — que nous avons décidé de lui donner deux talents d'argent au lieu des cent mines du trésor public et que, si tout marche à notre gré, il sera des nôtres, mais qu'il

la sûreté de l'Etat. Le jugement en avait été d'abord réservé à l'Aréopage, puis à l'Assemblée du peuple. « Après la réforme d'Ephialtès tous les crimes tombant sous le coup de l'*eisangélie,* crimes contre la sûreté de l'Etat ou crimes extraordinaires non prévus par la loi, peuvent être déférés au Conseil ou à l'Assemblée » (Glotz, *La Cité grecque*, p. 236).

1. On sait que Dioclidès sera, là-dessus, convaincu de mensonge. La difficulté était d'expliquer que son dire eût pu, tout d'abord, trouver créance. Voir *Introd.*, p. III, n. 2.

δὲ κύκλῳ ἀνὰ πέντε καὶ δέκα ἄνδρας, τοὺς δὲ ἀνὰ εἴκοσιν· ὁρῶν δὲ αὐτῶν πρὸς τὴν σελήνην τὰ πρόσωπα τῶν πλείστων γιγνώσκειν. **39** Καὶ πρῶτον μέν, ὦ ἄνδρες, τοῦθ' ὑπέθετο, δεινότατον πρᾶγμα, οἶμαι, ὅπως ἐν ἐκείνῳ εἴη ὅντινα βούλοιτο Ἀθηναίων φάναι τῶν ἀνδρῶν τούτων εἶναι, ὅντινα δὲ μὴ βούλοιτο, λέγειν ὅτι οὐκ ἦν. Ἰδὼν δὲ ταῦτ' ἔφη ἐπὶ Λαύρειον ἰέναι, καὶ τῇ ὑστεραίᾳ ἀκούειν ὅτι οἱ Ἑρμαῖ εἶεν περικεκομμένοι· γνῶναι οὖν εὐθὺς ὅτι τούτων εἴη τῶν ἀνδρῶν τὸ ἔργον. **40** Ἥκων δὲ εἰς ἄστυ ζητητάς τε ἤδη ᾑρημένους καταλαμβάνειν καὶ μήνυτρα κεκηρυγμένα ἑκατὸν μνᾶς. Ἰδὼν δὲ Εὔφημον τὸν Καλλίου τοῦ Τηλοκλέους ἀδελφὸν ἔν τῳ χαλκείῳ καθήμενον, ἀναγαγὼν αὐτὸν εἰς τὸ Ἡφαιστεῖον λέγειν ἅπερ ὑμῖν ἐγὼ εἴρηκα, ὡς ἴδοι ἡμᾶς ἐν ἐκείνῃ τῇ νυκτί· οὔκουν ἕλοιτο παρὰ τῆς πόλεως χρήματα λαβεῖν μᾶλλον ἢ παρ' ἡμῶν, ὥσθ' ἡμᾶς ἔχειν φίλους. Εἰπεῖν οὖν τὸν Εὔφημον ὅτι καλῶς ποιήσειεν εἰπών, καὶ συνήκειν κελεῦσαί οἱ εἰς τὴν Λεωγόρου οἰκίαν, « ἵνα ἐκεῖ συγγένῃ μετ' ἐμοῦ Ἀνδοκίδῃ καὶ ἑτέροις οἷς δεῖ ». **41** Ἥκειν ἔφη τῇ ὑστεραίᾳ, καὶ δὴ κόπτειν τὴν θύραν· τὸν δὲ πατέρα τὸν ἐμὸν τυχεῖν ἐξιόντα, καὶ εἰπεῖν αὐτῷ· « ἆρά γε σὲ οἵδε περιμένουσι ; χρὴ μέντοι μὴ ἀπωθεῖσθαι τοιούτους φίλους. » Εἰπόντα δὲ αὐτὸν ταῦτα οἴχεσθαι. Καὶ τούτῳ μὲν τῷ τρόπῳ τὸν πατέρα μου ἀπώλλυε, συνειδότα ἀποφαίνων. Εἰπεῖν δὲ ἡμᾶς ὅτι δεδογμένον ἡμῖν εἴη δύο μὲν τάλαντα ἀργυρίου διδόναι οἱ ἀντὶ τῶν ἑκατὸν μνῶν τῶν ἐκ τοῦ δημοσίου, ἐὰν δὲ κατάσχωμεν ἡμεῖς ἃ βουλόμεθα, ἕνα αὐτὸν ἡμῶν εἶναι,

38 11 τῶν πλείστων m. poster. : τὰ πλεῖστα, ut uidetur || **39** 2 post ὑπέθετο interpungit Marchant || 5 Λαύρειον Lipsius : λαυρίαν || **40** 4 Τηλοκλέους Kirchner, coll. IG., II, 1232 : τηλε- || ἔν τῳ Valckenaer : ἐν τῷ || 6 ἡμᾶς Ald. : ὑμᾶς || ἕλοιτο scripsi : δέοιτο || 9 συνήκειν Emperius : νῦν ἥκειν || εἰς et *οἰκίαν* del. Hirschig, recte, ut uidetur : cf. 42 3 et 5 || 10 συγγένῃ : supra η erasum nescio quid || **41** 3 αὐτῷ Lipsius : αὐτὸν || 9 βουλόμεθα apogr. : βουλώμεθα || αὐτὸν Reiske : αὐτῶν.

doit donner et recevoir gage de tout cela. **42** Il nous répond qu'il avisera, et nous l'invitons à se rendre chez Callias, fils de Téloclès, pour que celui-ci soit aussi présent à l'accord. — Voilà comment il perdait aussi mon beau-frère. Il vient, dit-il, chez Callias, s'entend avec nous et s'engage par serment à l'Acropole; mais nous, après avoir promis de lui verser la somme le mois suivant, nous manquons à notre parole, et ne lui donnons rien. Voilà pourquoi il est venu faire sa dénonciation.

43 Telle fut, Citoyens, l'*eisangélie* que Dioclidès introduisit devant le Conseil : il fait la liste de ceux qu'il prétend avoir reconnus, et qui sont au nombre de quarante-deux : d'abord Mantithéos et Apséphion, qui étaient membres du Conseil et siégeaient dans la salle, puis les autres. Pisandre, alors, se lève et déclare qu'il faut abroger le décret voté sous l'archontat de Scamandrios [1] et faire monter sur la roue ceux dont Dioclidès a donné les noms : il faut qu'avant la nuit on connaisse tous les coupables. Le Conseil approuve par acclamation. **44** En entendant cela, Mantithéos et Apséphion vont s'asseoir sur l'autel, suppliant qu'on ne les mette point à la torture, qu'on leur laisse fournir des garants, et qu'on les juge ensuite. Ils ont grand peine à l'obtenir, et, dès qu'ils ont constitué des répondants, ils sautent sur leurs chevaux et vont, en transfuges, trouver les ennemis, laissant là leurs répondants qui, d'après la loi, étaient passibles des mêmes peines que ceux dont ils s'étaient portés caution. **45** Le Conseil quitte la salle, nous fait secrètement arrêter, emprisonner et entraver. Puis il convoque les stratèges, et les invite à proclamer que les Athéniens habitant la ville doivent se rendre en armes à l'agora, ceux des Longs-murs au Théséion, ceux du Pirée à l'agora d'Hippodamos; aux

1. Ce décret devait interdire de faire subir la torture à un citoyen d'Athènes. La scène que décrit Andocide est singulièrement dramatique : les acclamations qui accueillent la proposition de Pisandre laissent assez voir l'émotion et la peur qui étreignent alors les Athéniens, car l'épreuve de la torture, que Pisandre demande pour deux

πίστιν δὲ τούτων δοῦναί τε καὶ δέξασθαι. 42 Ἀποκρίνασθαι δὲ αὐτὸς πρὸς ταῦτα ὅτι βουλεύσοιτο· ἡμᾶς δὲ κελεύειν αὐτὸν ἥκειν εἰς Καλλίου τοῦ Τηλοκλέους ἵνα κἀκεῖνος παρείη. Τὸν δ᾿ αὖ κηδεστήν μου οὕτως ἀπώλλυεν. Ἥκειν ἔφη εἰς Καλλίου, καὶ καθομολογήσας ἡμῖν πίστιν δοῦναι ἐν ἀκροπόλει, καὶ ἡμᾶς συνθεμένους οἱ τὸ ἀργύριον εἰς τὸν ἐπιόντα μῆνα δώσειν διαψεύδεσθαι καὶ οὐ διδόναι· ἥκειν οὖν μηνύσων τὰ γενόμενα.

43 Ἡ μὲν εἰσαγγελία αὐτῷ, ὦ ἄνδρες, τοιαύτη· ἀπογράφει δὲ τὰ ὀνόματα τῶν ἀνδρῶν ὧν ἔφη γνῶναι, δύο καὶ τετταράκοντα, πρώτους μὲν Μαντίθεον καὶ Ἀψεφίωνα, βουλευτὰς ὄντας καὶ καθημένους ἔνδον, εἶτα δὲ καὶ τοὺς ἄλλους. Ἀναστὰς δὲ Πείσανδρος ἔφη χρῆναι λύειν τὸ ἐπὶ Σκαμανδρίου ψήφισμα καὶ ἀναβιβάζειν ἐπὶ τὸν τροχὸν τοὺς ἀπογραφέντας, ὅπως μὴ πρότερον νὺξ ἔσται πρὶν πυθέσθαι τοὺς ἄνδρας ἅπαντας. Ἀνέκραγεν ἡ βουλὴ ὡς εὖ λέγει. 44 Ἀκούσαντες δὲ ταῦτα Μαντίθεος καὶ Ἀψεφίων ἐπὶ τὴν ἑστίαν ἐκαθέζοντο, ἱκετεύοντες μὴ στρεβλωθῆναι ἀλλ᾿ ἐξεγγυηθέντες κριθῆναι. Μόλις δὲ τούτων τυχόντες, ἐπειδὴ τοὺς ἐγγυητὰς κατέστησαν, ἐπὶ τοὺς ἵππους ἀναβάντες ᾤχοντο εἰς τοὺς πολεμίους αὐτομολήσαντες, καταλιπόντες τοὺς ἐγγυητάς, οὓς ἔδει ⟨ἐν⟩ τοῖς αὐτοῖς ἐνέχεσθαι ἐν οἷσπερ οὓς ἠγγυήσαντο. 45 Ἡ δὲ βουλὴ ἐξελθοῦσα ἐν ἀπορρήτῳ συνέλαβεν ἡμᾶς καὶ ἔδησεν ἐν τοῖς ξύλοις. Ἀνακαλέσαντες δὲ τοὺς στρατηγοὺς ἀνειπεῖν ἐκέλευσαν Ἀθηναίων τοὺς μὲν ἐν ἄστει οἰκοῦντας ἰέναι εἰς τὴν ἀγορὰν τὰ ὅπλα λαβόντας, τοὺς δ᾿ ἐν μακρῷ τείχει εἰς τὸ Θησεῖον, τοὺς δ᾿ ἐν Πειραιεῖ εἰς τὴν Ἱππο-

42 4 παρείη A^2: παρήει ut uidetur; παροίη B || 7 ἐπιόντα Emperius: εἰσιόντα || **43** 1 αὐτῷ Reiske: αὐτῶν || 3 Ἀψεφίωνα: Ἀψηφίονα Lipsius; quo de nomine apte disseruit Blass in praefat., p. XI || **44** 2 ἱκετεύοντες A^2: ἠκ- || 3 ἐξεγγυηθέντες Sluiter: -θέντας || 3 μόλις: μόγις Fuhr || 6 ἐν add. Weidner, coll. 94, 5 || **45** 6 εἰς τὸ Reiske: εἴς τε || Ἱπποδαμείαν Lobeck: -δαμίαν.

Cavaliers on donnera, au son de la trompette, l'ordre de se rendre avant la nuit à l'Anakeion ; le Conseil ira sur l'Acropole, où il passera la nuit ; les Prytanes ne quitteront pas la Tholos. Les Béotiens, à ces nouvelles, s'étaient portés en armes à nos frontières [1] ; et l'auteur de ces maux, Dioclidès, tenu pour le sauveur de la Cité, était couronné de fleurs et conduit en char au Prytanée, où il soupait.

46 Eh bien, Citoyens, que tous ceux d'entre vous qui étaient là se rappellent ces faits et en instruisent les autres ; ensuite appelle les prytanes qui étaient alors en fonctions, Philocratès et les autres.

Témoins

47 Et maintenant, je vais vous lire les noms qui figurent sur sa liste afin que vous sachiez de combien de mes parents il causait la perte : il perdait d'abord mon père, puis mon beau-frère, dénonçant l'un comme complice, l'autre comme ayant prêté sa maison à la réunion des conjurés. Quant aux autres, vous allez entendre leurs noms Lis-les..

Charmidès, fils d'Aristotélès, mon cousin : sa mère est sœur de mon père.

Tauréas, cousin de mon père.

Nisaios, fils de Tauréas.

Callias, fils d'Alcméon, cousin de mon père.

Conseillers, n'était appliquée qu'aux esclaves. Le Conseil se ressaisit, bien qu'avec peine : le décret de Scamandrios n'était pas de ceux qu'il pût aisément abroger, même en pareille circonstance, et malgré ses pleins pouvoirs.

1. Thucydide parle de même (VI, 61, 2) de cette nuit passée par les citoyens en armes au Théseion, et de cette menace des Béotiens : « il arriva qu'au milieu de cette alarme et de l'émotion qui secouait les Athéniens, une armée lacédémonienne peu nombreuse s'avança jusqu'à l'Isthme pour quelque entreprise concertée avec les Béotiens. » On crut que cette armée venait à l'instigation d'Alcibiade, et non pour les Béotiens après entente secrète avec ceux-ci.

δαμείαν ἀγοράν, τοὺς δὲ ἱππέας ἔτι ⟨πρὸ⟩ νυκτὸς σημῆναι τῇ σάλπιγγι ἥκειν εἰς τὸ Ἀνάκιον, τὴν δὲ βουλὴν εἰς ἀκρόπολιν ἰέναι κἀκεῖ καθεύδειν, τοὺς δὲ πρυτάνεις ἐν τῇ θόλῳ. Βοιωτοὶ δὲ πεπυσμένοι τὰ πράγματα ἐπὶ τοῖς ὁρίοις ἦσαν ἐξεστρατευμένοι. Τὸν δὲ τῶν κακῶν τούτων αἴτιον Διοκλείδην ὡς σωτῆρα ὄντα τῆς πόλεως ἐπὶ ζεύγους ἦγον εἰς τὸ πρυτανεῖον στεφανώσαντες, καὶ ἐδείπνει ἐκεῖ.

46 Πρῶτον μὲν οὖν ταῦτα, ὦ ἄνδρες, ὁπόσοι ὑμῶν παρῆσαν, ἀναμιμνῄσκεσθε καὶ τοὺς ἄλλους διδάσκετε· εἶτα δέ μοι τοὺς πρυτάνεις κάλει τοὺς τότε πρυτανεύσαντας, Φιλοκράτη καὶ τοὺς ἄλλους [διδάσκετε].

Μάρτυρες

47 Φέρε δή, καὶ τὰ ὀνόματα ὑμῖν ἀναγνώσομαι τῶν ἀνδρῶν ὧν ἀπέγραψεν, ἵν' εἰδῆτε ὅσους μοι τῶν συγγενῶν ἀπώλλυεν, πρῶτον μὲν τὸν πατέρα, εἶτα δὲ τὸν κηδεστήν, τὸν μὲν συνειδότα ἀποδεικνύς, τοῦ δ' ἐν τῇ οἰκίᾳ φάσκων τὴν σύνοδον γενέσθαι. Τῶν δ' ἄλλων ἀκούσεσθε τὰ ὀνόματα. Καὶ αὐτοῖς ἀναγίγνωσκε.

Χαρμίδης Ἀριστοτέλους·

οὗτος ἀνεψιὸς ἐμός· ἡ μήτηρ ⟨ἡ⟩ ἐκείνου καὶ ὁ πατὴρ ὁ ἐμὸς ἀδελφοί.

Ταυρέας·

ουτοσὶ ἀνεψιὸς τοῦ πατρός.

Νισαῖος·

υἱὸς Ταυρέου.

Καλλίας ὁ Ἀλκμέωνος·

ἀνεψιὸς τοῦ πατρός.

45 7 ἱππέας Jebb : ἱππεῖς || πρὸ add. Blass coll. 48, 2 || 8 Ἀνάκιον Blass : ἀνάκειον || 11 ἐξεστρατευμένοι A² : ἐστρατευμένοι || τῶν κακῶν : τῶν add. supra lineam A¹ || 12 ζεύγους A¹ : ζεῦγος || 13 στεφανώσαντες (sic A ut putabat) Bekker : -σοντες || 46 4 alterum διδάσκετε post alterum τοὺς ἄλλους iteratum del. Muret || 47 1 ὑμῖν in margine add. A¹ || 8 ἡ add. Bekker || 14 Ἀλκμέωνος Blass : ἀλκμαίονος.

Euphémos, frère de Callias, fils de Téloclès.

Phrynichos[1], l'ancien danseur (?), mon cousin.

Eucratès, frère de Nicias, beau-frère de Callias.

Critias, autre cousin de mon père : leurs mères étaient sœurs. Tous figurent parmi les quarante de sa liste[2].

48 Nous étions donc tous enfermés dans la même prison, il faisait nuit et les portes étaient closes ; l'un avait auprès de lui sa mère, un autre sa sœur, un autre sa femme et ses enfants, et c'étaient des cris et des plaintes : on pleurait, on se lamentait sur l'infortune présente. Alors Charmidès[3] mon cousin, qui a même âge que moi et qui fut, depuis l'enfance, élevé avec moi dans notre maison, me dit : **49** « Andocide, tu vois la gravité du malheur présent ; jusqu'ici je n'ai jamais eu à te tenir un langage importun ; mais aujourd'hui j'y suis forcé par le malheur qui vient fondre sur nous. Tes amis, tes intimes — ne parlons pas de tes parents — sous le coup des accusations qui nous perdent, ont été mis à mort ou se sont enfuis, se déclarant ainsi coupables. **50** Eh bien, si tu sais quelque chose de cette affaire, dis-le, et sauve-toi d'abord toi-même, ensuite ton père, que tu dois aimer

1. Pouvons-nous admettre la leçon des manuscrits et croire qu'en lieu de patronymique Andocide rappelle l'ancien métier de Phrynichos ? Il s'agirait alors de ce danseur qu'Aristophane ridiculisait dans les *Guêpes* (v. 1302, 1490 et suiv.). Le scholiaste des *Nuées* (v. 1091) dit que le caractère efféminé de ses « figures » lui avait donné mauvaise réputation.

2. Le paragraphe 68 parle de *trois* cousins et de *sept* autres parents : si l'on compare les deux passages, le compte ne se trouve pas. Sluiter a proposé d'écrire *cinq* au lieu de *sept* : il reste cependant qu'il est ici question de deux cousins, et non de trois. Aussi Blass pensait-il qu'en un passage de la liste ici donnée τοῦ πατρός était à écarter.

3. La même scène est racontée par Plutarque (*Alc.*, 21) d'une façon quelque peu différente : ce n'est plus Charmidès, cousin d'Andocide, qui persuade celui-ci de parler : c'est un de ses amis, un homme « intelligent et résolu », qui a nom Timée. Les propos qu'il tient ne sont pas d'une très stricte moralité : il lui représente qu'il peut s'accuser lui-même, à la faveur de l'ἄδεια, et qu'il ne doit pas, s'il le faut, reculer devant un mensonge (βέλτιον δὲ σωθῆναι ψευδόμενον ἢ μετὰ τῆς αὐτῆς αἰτίας ἀποθανεῖν ἀδόξως) : car c'est, à l'en-

Εὔφημος·

Καλλίου τοῦ Τηλοκλέους ἀδελφός.

Φρύνιχος ὁ ὀρχησάμενος·

ἀνεψιός.

Εὐκράτης ὁ Νικίου ἀδελφός·

κηδεστὴς οὗτος Καλλίου.

Κριτίας·

ἀνεψιὸς [Εὐκρατίας ὁ Νικίου ἀδελφός] καὶ οὗτος τοῦ πατρός· αἱ μητέρες ἀδελφαί.

Τούτους πάντας ἐν τοῖς τετταράκοντα ἀνδράσιν ἀπέγραψεν.

48 Ἐπειδὴ δὲ ἐδεδέμεθα πάντες ἐν τῷ αὐτῷ καὶ νύξ τε ἦν καὶ τὸ δεσμωτήριον συνεκέκλῃτο, ἧκον δὲ τῷ μὲν μήτηρ τῷ δὲ ἀδελφὴ τῷ δὲ γυνὴ καὶ παῖδες, ἦν δὲ βοὴ καὶ οἶκτος κλαόντων καὶ ὀδυρομένων τὰ παρόντα κακά, λέγει πρός με Χαρμίδης, ὢν μὲν ἀνεψιός, ἡλικιώτης δὲ καὶ συνεκτραφεὶς ἐν τῇ οἰκίᾳ τῇ ἡμετέρᾳ ἐκ παιδός, 49 ὅτι « Ἀνδοκίδη, τῶν μὲν παρόντων κακῶν ὁρᾷς τὸ μέγεθος, ἐγὼ δ' ἐν μὲν τῷ παρελθόντι χρόνῳ οὐδὲν ἐδεόμην λέγειν οὐδέ σε λυπεῖν, νῦν δὲ ἀναγκάζομαι διὰ τὴν παροῦσαν ἡμῖν συμφοράν. Οἷς γὰρ ἐχρῶ καὶ οἷς συνῆσθα ἄνευ ἡμῶν τῶν συγγενῶν, οὗτοι ἐπὶ ταῖς αἰτίαις δι' ἃς ἡμεῖς ἀπολλύμεθα οἱ μὲν αὐτῶν τεθνᾶσιν, οἱ δὲ οἴχονται φεύγοντες, σφῶν αὐτῶν καταγνόντες ἀδικεῖν .... 50 εἰ ἤκουσάς τι τούτου τοῦ πράγματος τοῦ γενομένου, εἰπέ, καὶ πρῶτον μὲν σεαυτὸν σῶσον, εἶτα δὲ τὸν πατέρα, ὃν

47 17 Τηλοκλέους : uide supra 40, 4 || 18 Φρύνιχος Ald. : φρίνικος || ὀρχησάμενος : lectionem retinui, non mihi perplacentem (uide adnot.), quae librario alicui nimis docto fort. tribuenda est : Ὀρχησαμενοῦ Wilhelm coll. Τεισαμενός, Ἀκεσαμενός, Ἀλεξαμενός || 23 Εὐκρατίας κτέ « perperam e proximo iterata » Reiske || 24 μητέρες A[1] : μητρες || 25 ἀπέγραψεν H. Estienne : ἐπέγραψεν || **48** 2 συνεκέκλῃτο Sauppe : -κλειστο || 4 κλαόντων Schiller : κλαιόντων || **49** 8 post ἀδικεῖν lacuna est in A ad duodecim litterarum, uarie temptata : φέρε δὴ τοίνυν suppl. plures coll. 21, 90, 117, 128 ; ἀλλὰ δέομαί σου R. Schœll.

sur tout au monde, et ton beau-frère, mari de ta sœur unique, et tant de parents et d'êtres qui te sont unis par le sang, moi-même enfin qui, de toute ma vie, ne t'ai jamais causé aucun chagrin, et suis toujours dévoué à ta personne et à tes intérêts, quoi qu'il faille faire. » **51** Citoyens, lorsque Charmidès me parlait ainsi, que les autres me faisaient d'instantes prières, que chacun à part me suppliait, je pensai en moi-même : « Oh malheureux, qui suis tombé dans la pire détresse, dois-je souffrir que mes parents périssent injustement, qu'on les mette à mort, que l'on confisque leurs biens, et qu'ils aient avec cela leurs noms inscrits sur des stèles [1], flétris comme des sacrilèges, eux qui ne sont pour rien dans ce qui s'est passé ? Ne ferai-je rien pour trois cents [2] Athéniens qui vont injustement périr, pour la Cité, en proie aux pires des maux, pour nos concitoyens qui se soupçonnent les uns les autres ? Ou bien dirai-je aux Athéniens ce que j'ai entendu de la bouche même d'Euphilétos, l'auteur du crime ? **52** Et là-dessus je songeai, Citoyens, me disant que des criminels, des auteurs du sacrilège les uns avaient été exécutés sur la dénonciation de Teucros, les autres, en fuite, avaient été condamnés à mort, et qu'il ne restait que quatre coupables non dénoncés par Teucros : Panaitios, Chairédémos, Diacritos, Lysistratos ; **53** De ceux-là, naturellement, on devait, plus que de personne, croire qu'ils étaient du nombre de ceux qu'avait dénoncés Dioclidès puisqu'ils étaient les amis de ceux qu'on avait déjà mis à mort. Ainsi leur salut était loin d'être assuré, tandis que mes parents étaient manifestement perdus si quelqu'un ne venait dire aux Athéniens ce qui s'était passé. Il me parut donc qu'il valait mieux pri-

tendre, agir selon l'intérêt général que de sacrifier quelques individus de culpabilité douteuse pour soustraire un grand nombre d'honnêtes gens à la colère du peuple.

1. Pollux (X, 97), au sujet des Δημιόπρατα, parle de stèles dressées à Éleusis, et où se trouvent mentionnés les objets confisqués à ceux qui avaient profané les mystères des deux déesses. Cf. Athénée XI, 476 E.

2. Ce chiffre de trois cents (cf. §§ 37 et 38) est donné pour les

εἰκός ἐστί σε μάλιστα φιλεῖν, εἶτα δὲ τὸν κηδεστήν, ὃς ἔχει σου τὴν ἀδελφὴν ἥπερ σοι μόνη ἐστίν, ἔπειτα δὲ τοὺς ἄλλους συγγενεῖς καὶ ἀναγκαίους τοσούτους ὄντας, ἔτι δὲ ἐμέ, ὃς ἐν ἅπαντι τῷ βίῳ ἠνίασα μέν σε οὐδὲν πώποτε, προθυμότατος δὲ εἰς σὲ καὶ τὰ σὰ πράγματά εἰμι, ὅ τι ἂν δέῃ ποιεῖν ». 51 Λέγοντος δέ, ὦ ἄνδρες, Χαρμίδου ταῦτα, ἀντιβολούντων δὲ τῶν ἄλλων καὶ ἱκετεύοντος ἑνὸς ἑκάστου, ἐνεθυμήθην πρὸς ἐμαυτόν· « Ὢ πάντων ἐγὼ δεινοτάτῃ συμφορᾷ περιπεσών, πότερα περιίδω τοὺς ἐμαυτοῦ συγγενεῖς ἀπολλυμένους ἀδίκως, καὶ αὐτούς τε ἀποθανόντας καὶ τὰ χρήματα αὐτῶν δημευθέντα, πρὸς δὲ τούτοις ἀναγραφέντας ἐν στήλαις ὡς ὄντας ἀλιτηρίους τῶν θεῶν τοὺς οὐδενὸς αἰτίους τῶν γεγενημένων, ἔτι δὲ τριακοσίους Ἀθηναίων μέλλοντας ἀδίκως ἀπολεῖσθαι, τὴν δὲ πόλιν ἐν κακοῖς οὖσαν τοῖς μεγίστοις καὶ ὑποψίαν εἰς ἀλλήλους ἔχοντας, ἢ εἴπω Ἀθηναίοις ἅπερ ἤκουσα Εὐφιλήτου αὐτοῦ τοῦ ποιήσαντος »; 52 ἔτι δὲ ἐπὶ τούτοις καὶ τόδε ἐνεθυμήθην, ὦ ἄνδρες, καὶ ἐλογιζόμην πρὸς ἐμαυτὸν τοὺς ἐξημαρτηκότας καὶ τὸ ἔργον εἰργασμένους, ὅτι οἱ μὲν αὐτῶν ἤδη ἐτέθνασαν ὑπὸ Τεύκρου μηνυθέντες, οἱ δὲ φεύγοντες ᾤχοντο καὶ αὐτῶν θάνατος κατέγνωστο, τέτταρες δὲ ἦσαν ὑπόλοιποι οἳ οὐκ ἐμηνύθησαν ὑπὸ Τεύκρου τῶν πεποιηκότων, Παναίτιος Χαιρέδημος Διάκριτος Λυσίστρατος· 53 οὓς εἰκὸς ἦν ἁπάντων μάλιστα δοκεῖν εἶναι τούτων τῶν ἀνδρῶν οὓς ἐμήνυσε Διοκλείδης, φίλους ὄντας τῶν ἀπολωλότων ἤδη. Καὶ τοῖς μὲν οὐδέπω βέβαιος ἦν ἡ σωτηρία, τοῖς δὲ ἐμοῖς οἰκείοις φανερὸς ⟨ὁ⟩ ὄλεθρος, εἰ μή τις ἐρεῖ Ἀθηναίοις τὰ γενόμενα. Ἐδόκει οὖν μοι κρεῖττον εἶναι τέτταρας ἄνδρας ἀποστερῆσαι τῆς

50 9 δέῃ Bekker : δέοι || **51** 5 ἀπολλυμένους : ἀπολομένους Lipsius coll. 2, 7; 53, 9; 58, 4 || 7 ἀλιτηρίους edd. : ἀλιτρίους || 9 ἀπολεῖσθαι H. Estienne plur. Nostri coll. locis : ἀπολέσθαι || **52** 4 ἐτέθνασαν Fuhr coll. 59, 8 : ἐτεθνήκεσαν || **53** 3 γ' post φίλους add. Hirschig || 4 ὁ add. Reiske.

ver justement de leur patrie quatre citoyens (qui, d'ailleurs, vivent encore, sont rentrés d'exil et sont en pleine possession de leurs biens) que de laisser périr injustement ces innocents. **54** Si donc, Citoyens quelqu'un parmi vous ou parmi les autres Athéniens avait auparavant cette idée que j'avais dénoncé mes amis[1] pour me sauver au prix de leur perte — oui, c'était là la fable que forgeaient contre moi mes ennemis, pour me déchirer — jugez de ce qu'il en est d'après les faits eux-mêmes. **55** Car maintenant je dois, pour ma part, rendre compte de mes actions en toute vérité, ayant devant moi les coupables qui s'exilèrent leur action accomplie, qui savent fort bien si je dis vrai ou non, et peuvent m'interrompre pour me confondre, car je le leur permets ; et vous, il vous faut apprendre ce qui s'est passé.

56 En effet, pour moi, Citoyens, voici le grand intérêt de ce débat : mon acquittement fera connaître que vous ne m'imputez point de vilenie, et, avec vous, tous les autres citoyens verront qu'il n'y a eu dans aucun de mes actes ni malice ni lâcheté, que seule m'a fait agir la triste condition où se trouvaient la Cité d'abord et vous ensuite, enfin que si j'ai dit ce que je tenais d'Euphilétos, ce fut dans l'intérêt de mes parents et de mes amis, dans l'intérêt de la Cité tout entière — acte de courage et non de lâcheté, selon mon sentiment. Si donc il en est ainsi, je prétends être acquitté et ne plus être, à vos yeux, un misérable. **57** Voyons, — car il faut, Citoyens, raisonner sur les choses humainement, comme si le malheur vous atteignait vous-même — qu'aurait fait chacun de vous ? En effet, s'il s'était agi de choisir de deux partis l'un, une mort honorable ou un salut honteux, on pourrait dire que ce qui fut fait fut vilenie, et pourtant bien des gens auraient au besoin fait le choix honteux,

besoins de la cause, car il est bien entendu que Dioclidès, à supposer qu'il ait vu trois cents personnes, n'a pu donner trois cents noms. Mais la décision d'Andocide est ainsi plus impérieusement motivée.

1. Des amis politiques, car il s'agit bien des membres de son club ; mais après le sacrilège il est plus conforme à la pensée d'Andocide de ne pas donner à ἑταίρων un sens plus précis.

πατρίδος δικαίως, οἳ νῦν ζῶσι καὶ κατεληλύθασι καὶ ἔχουσι τὰ σφέτερα αὐτῶν, ἢ ἐκείνους ἀποθανόντας ἀδίκως περιιδεῖν. 54 Εἰ οὖν τινι ὑμῶν, ὦ ἄνδρες, ⟨ἢ⟩ τῶν ἄλλων πολιτῶν γνώμη τοιαύτη παρειστήκει πρότερον περὶ ἐμοῦ, ὡς ἄρα ἐγὼ ἐμήνυσα κατὰ τῶν ἑταίρων τῶν ἐμαυτοῦ, ὅπως ἐκεῖνοι μὲν ἀπόλοιντο, ἐγὼ δὲ σωθείην, ἃ ἐλογοποίουν οἱ ἐχθροὶ περὶ ἐμοῦ, βουλόμενοι διαβάλλειν με, σκοπεῖσθε ἐξ αὐτῶν τῶν γεγενημένων. 55 Νῦν γὰρ ἐμὲ μὲν λόγον ⟨δεῖ⟩ διδόναι τῶν ἐμοὶ πεπραγμένων μετὰ τῆς ἀληθείας, αὐτῶν παρόντων οἵπερ ἥμαρτον καὶ ἔφυγον ταῦτα ποιήσαντες, ἴσασι δὲ ἄριστα εἴτε ψεύδομαι εἴτε ἀληθῆ λέγω, ἔξεστι δὲ αὐτοῖς ἐλέγχειν με ἐν τῷ ἐμῷ λόγῳ· ἐγὼ γὰρ ἐφίημι· ὑμᾶς δὲ δεῖ μαθεῖν τὰ γενόμενα.

56 Ἐμοὶ γάρ, ὦ ἄνδρες, τοῦδε τοῦ ἀγῶνος τοῦτ᾿ ἔστι μέγιστον, σωθέντι μὴ δοκεῖν ⟨ὑμῖν⟩ κακῷ εἶναι, εἶτα δὲ καὶ τοὺς ἄλλους ἅπαντας μαθεῖν ὅτι οὔτε μετὰ κακίας οὔτε μετ᾿ ἀνανδρίας οὐδεμιᾶς τῶν γεγενημένων πέπρακται ὑπ᾿ ἐμοῦ οὐδέν, ἀλλὰ διὰ συμφορὰν γεγενημένην μάλιστα μὲν τῇ πόλει, εἶτα δὲ καὶ ἡμῖν, εἶπον δὲ ἃ ἤκουσα Εὐφιλήτου προνοίᾳ μὲν τῶν συγγενῶν καὶ τῶν φίλων, προνοίᾳ δὲ τῆς πόλεως ἁπάσης, μετ᾿ ἀρετῆς ἀλλ᾿ οὐ μετὰ κακίας, ὡς ἐγὼ νομίζω. Εἰ οὖν οὕτως ἔχει ταῦτα, σῴζεσθαί τε ἀξιῶ καὶ δοκεῖν ὑμῖν εἶναι μὴ κακός. 57 Φέρε δή (χρὴ γάρ, ὦ ἄνδρες, ἀνθρωπίνως περὶ τῶν πραγμάτων ἐκλογίζεσθαι, ὥσπερ ἂν αὐτὸν ὄντα ἐν τῇ συμφορᾷ) τί ἂν ὑμῶν ἕκαστος ἐποίησεν; εἰ μὲν γὰρ ἦν δυοῖν τὸ ἕτερον ἑλέσθαι, ἢ καλῶς ἀπολέσθαι ἢ αἰσχρῶς σωθῆναι, ἔχοι ἄν τις εἰπεῖν κακίαν εἶναι τὰ γενόμενα· καίτοι πολλοὶ ἂν καὶ τοῦτο εἵλοντο, τὸ ζῆν περὶ πλείονος ποιησάμενοι τοῦ καλῶς ἀποθανεῖν·

54 1 ὑμῶν : ῶν in rasura || ἢ add. Sluiter || **55** 2 δεῖ add. Reiske : δεῖ δοῦναι pro διδόναι Dobree || **56** 2 ὑμῖν add. Reiske (cf. l. 10) : ἀλλὰ πρῶτον μὲν ὑμᾶς post εἶναι add. Blass || 6 post εἶτα lacuna ad duarum litt. : δὲ add. Reiske ; πολιτείᾳ τε καὶ uulg. || **57** 4 δυοῖν Bekker : δυσὶ || 5 ἔχοι A[1] : ἔχει || 6 γενόμενα Reiske : λεγόμενα.

préférant la vie à une mort honorable. **58** Mais le cas était exactement contraire[1] : me taire, c'était périr avec ignominie, sans être coupable d'aucune impiété, c'était abandonner à la mort mon père, mon beau-frère, tous mes parents et cousins : nul autre que moi n'était cause de leur perte si je ne disais pas que d'autres étaient les coupables. Le mensonge de Dioclidès les avait fait jeter en prison et il n'y avait de salut pour eux que si les Athéniens apprenaient tout ce qui s'était fait : je devenais donc leur meurtrier en ne disant pas ce que j'avais appris. Et je perdais encore trois cents Athéniens, et la Cité tombait dans les pires des maux. **59** Voilà ce qui arrivait si je ne parlais pas. Mais si je révélais la vérité, c'était le salut pour moi, le salut pour mon père et aussi pour mes parents ; je délivrais la Cité de la terreur et des maux les plus affreux. Par moi, sans doute, quatre citoyens[2] partaient en exil, mais ils étaient coupables, et quant aux autres profanateurs dénoncés par Teucros ce n'était pas, je suppose, à moi plutôt qu'à lui qu'il fallait imputer la mort des suppliciés ni l'exil des exilés. **60** A réfléchir sur tout cela, je trouvais, Citoyens, que le moindre des maux présents était de dire, le plus tôt possible, la vérité, de convaincre Dioclidès de mensonge, de châtier ce traître qui cherchait à nous perdre injustement, trompait la Cité, et, ce faisant, passait pour un très grand bienfaiteur et recevait de l'argent. **61** Voilà pourquoi je dis au Conseil que je connaissais les auteurs du sacrilège, et je révélai ce qui s'était passé : un jour, tandis que nous étions à boire, Euphilétos avait mis en avant ce projet* : je m'y opposai, et à ce moment, grâce à moi, il ne fut pas exécuté ; mais plus tard, au Kynosarge, monté sur un jeune cheval que j'avais, je tom-

1. La phrase grecque ne semble pas se résoudre car σιωπήσαντι μέν n'a pas d'antithèse régulière. Reiske a fort bien vu que cette phrase aux longs détours a pour apodose (**60** 1) les mots ταῦτα δὲ πάντα σκοπῶν où δὲ sert à reprendre les considérations qui précèdent.

2. Le texte semble bien laisser entendre que cette dénonciation a confirmé celle de Teucros en ajoutant 4 noms. Andocide, sans cela, n'emploierait pas deux fois le mot μᾶλλον et dirait catégoriquement que ni ces morts ni ces exils n'ont été de son fait.

58 ὅπου δὲ τούτων τὸ ἐναντιώτατον ἦν, σιωπήσαντι μὲν αὐτῷ τε αἴσχιστα ἀπολέσθαι μηδὲν ἀσεβήσαντι, ἔτι δὲ τὸν πατέρα περιιδεῖν ἀπολόμενον καὶ τὸν κηδεστὴν καὶ [τοὺς] συγγενεῖς καὶ ἀναγκαίους τοσούτους, οὓς οὐδεὶς ἄλλος ἀπώλλυεν ἢ ἐγὼ μὴ εἰπὼν ὡς ἕτεροι ἥμαρτον· Διοκλείδης μὲν γὰρ ψευσάμενος ἔδησεν αὐτούς, σωτηρία δὲ αὐτῶν ἄλλη οὐδεμία ἦν ἢ πυθέσθαι Ἀθηναίους πάντα τὰ πραχθέντα· φονεὺς οὖν αὐτῶν ἐγιγνόμην ἐγὼ μὴ εἰπὼν ὑμῖν ἃ ἤκουσα. Ἔτι δὲ τριακοσίους Ἀθηναίων ἀπώλλυον, καὶ ἡ πόλις ἐν κακοῖς τοῖς μεγίστοις ἐγίγνετο. 59 Ταῦτα μὲν οὖν ἦν ἐμοῦ μὴ εἰπόντος· εἰπὼν δὲ τὰ ὄντα αὐτός τε ἐσῳζόμην καὶ τὸν πατέρα ἔσῳζον καὶ τοὺς ἄλλους συγγενεῖς, καὶ τὴν πόλιν ἐκ φόβου καὶ κακῶν τῶν μεγίστων ἀπήλλαττον. Φυγάδες δὲ δι' ἐμὲ τέτταρες ἄνδρες ἐγίγνοντο, οἵπερ καὶ ἥμαρτον· τῶν δ' ἄλλων, οἳ [λοιποὶ] πρότερον ὑπὸ Τεύκρου ἐμηνύθησαν, οὔτε δήπου οἱ τεθνεῶτες δι' ἐμὲ μᾶλλον ἐτέθνασαν οὔτε οἱ φεύγοντες μᾶλλον ἔφευγον. 60 Ταῦτα δὲ πάντα σκοπῶν ηὕρισκον, ὦ ἄνδρες, τῶν παρόντων κακῶν ταῦτα ἐλάχιστα εἶναι, εἰπεῖν τὰ γενόμενα ὡς τάχιστα καὶ ἐλέγξαι Διοκλείδην ψευσάμενον, καὶ τιμωρήσασθαι ἐκεῖνον, ὃς ἡμᾶς μὲν ἀπώλλυεν ἀδίκως, τὴν δὲ πόλιν ἐξηπάτα, ταῦτα δὲ ποιῶν μέγιστος εὐεργέτης ἐδόκει εἶναι καὶ χρήματα ἐλάμβανε. 61 Διὰ ταῦτα εἶπον τῇ βουλῇ ὅτι εἰδείην τοὺς ποιήσαντας, καὶ ἐξήλεγξα τὰ γενόμενα, ὅτι εἰσηγήσατο μὲν πινόντων ἡμῶν ταύτην τὴν βουλὴν [γενέσθαι] Εὐφίλητος, ἀντεῖπον δὲ ἐγώ, καὶ τότε μὲν οὐ γένοιτο δι' ἐμέ, ὕστερον δ' ἐγὼ μὲν ἐν Κυνοσάργει

58 4-5 aut idem reponendum esse quod 5o, 6 censet Blass, aut delendum τοὺς et ἀναγκαίους pro ἀνεψιούς scribendum, quod potius habui || 6 μὲν subter lineam addidit A[1] || 10 post ἐγίνετο (sic, ut supra) duae litt. erasae || **59** 4 an delendum ἐκ ? (φησὶ γὰρ ... ἀπαλλάξας δέους Lysias VI, 35); uide infra 68, 7 || 6 λοιποὶ del. Dobree; πρότερον in margine add. A[1] || **60** 2 ηὕρισκον Lipsius : εὕρ- || **61** 4 γενέσθαι del. Bekker || 5 οὐ γένοιτο : fort. οὐκ ἐγένετο Schœll.

bai, me brisant la clavicule et me fendant la tête : on me rapporta chez moi sur une litière. **62** Euphilétos, sachant en quel état j'étais, dit aux autres que je m'étais laissé persuader d'agir avec eux, que j'avais pris l'engagement de participer à l'affaire, et de mutiler l'Hermès voisin du sanctuaire de Phorbas [1]. Il disait cela pour les tromper, et voilà pourquoi l'Hermès que vous voyez [2] tous près de notre maison paternelle* et que la tribu Égéide a consacré est le seul des Hermès d'Athènes qui n'ait pas été mutilé* : on croyait, en effet, que je m'en étais chargé : Euphilétos l'avait dit aux autres. **63** Mais ceux-ci, voyant qu'il avait menti, étaient furieux de ce que j'étais au courant de l'affaire sans y avoir participé. Le lendemain donc, je vois venir à moi Mélétos et Euphilétos : « Andocide », me disent-ils, « c'est fait, nous avons exécuté la chose. Si tu trouves bon de te tenir tranquille et de te taire, nous serons amis comme auparavant ; sinon notre inimitié te fera plus de mal que tu ne trouverais de profit à gagner des amis en nous dénonçant. » **64** Je leur répondis qu'après un pareil sacrilège je tenais Euphilétos pour un scélérat. « Mais », ajoutai-je, « le danger pour vous ne vient pas de ce que je sais la chose, mais bien plutôt de ce qu'elle a été accomplie ». Pour prouver que je disais vrai, je livrai mon esclave à la torture, aux fins d'établir que j'étais malade et même incapable de me lever de mon lit ; et les prytanes se saisirent des servantes de la maison d'où les sacrilèges étaient partis. **65** En approfondissant l'affaire, le Conseil et les enquêteurs reconnaissant que je disais vrai et que tous les témoignages concordaient, firent appeler Dioclidès ; il ne fut pas besoin d'un long interrogatoire : il reconnut tout de suite qu'il avait menti, et il demanda grâce

1. Compagnon de Thésée : Les *Suppliantes* d'Euripide (680 et suiv.) le montrent à la tête de la cavalerie athénienne et faisant plier les cavaliers de Créon.

2. Une allusion à ce fait se trouve dans Eschine, *Contre Timarque*, 125 (cf. *Vie*, p. 5, n. 1). D'après ce que nous lisons ici on peut, de la chambre de la στοὰ βασίλειος où se juge le procès voir l'Hermès qui se dresse près de la maison d'Andocide. Cette maison se trouve donc sur la partie opposée de l'Agora, près de la στοὰ ποικίλη.

ἐπὶ πωλίον ὅ μοι ἦν ἀναβὰς ἔπεσον καὶ τὴν κλεῖν συνετρίβην καὶ τὴν κεφαλὴν κατεάγην, φερόμενός τε ἐπὶ κλίνης ἀπεκομίσθην οἴκαδε· **62** αἰσθόμενος δ' Εὐφίλητος ὡς ἔχοιμι, λέγει πρὸς αὐτοὺς ὅτι πέπεισμαι ταῦτα συμποιεῖν καὶ ὡμολόγηκα αὐτῷ μεθέξειν τοῦ ἔργου καὶ περικόψειν τὸν Ἑρμῆν τὸν παρὰ τὸ Φορβαντεῖον. Ταῦτα δ' ἔλεγεν ἐξαπατῶν ἐκείνους· καὶ διὰ ταῦτα ὁ Ἑρμῆς ὃν ὁρᾶτε πάντες, ὁ παρὰ τὴν πατρῴαν οἰκίαν τὴν ἡμετέραν, ὃν ἡ Αἰγῇς ἀνέθηκεν, οὐ περιεκόπη μόνος τῶν Ἑρμῶν τῶν Ἀθήνησιν, ὡς ἐμοῦ τοῦτο ποιήσοντος, ὡς ἔφη πρὸς αὐτοὺς Εὐφίλητος. **63** Οἱ δ' αἰσθόμενοι δεινὰ ἐποίουν, ὅτι εἰδείην μὲν τὸ πρᾶγμα, πεποιηκὼς δὲ οὐκ εἴην. Προσελθόντες δέ μοι τῇ ὑστεραίᾳ Μέλητος καὶ Εὐφίλητος ἔλεγον ὅτι « γεγένηται, ὦ Ἀνδοκίδη, καὶ πέπρακται ἡμῖν ταῦτα. Σὺ μέντοι εἰ μὲν ἀξιοῖς ἡσυχίαν ἔχειν καὶ σιωπᾶν, ἕξεις ἡμᾶς ἐπιτηδείους ὥσπερ καὶ πρότερον· εἰ δὲ μή, χαλεπώτεροί σοι ἡμεῖς ἐχθροὶ ἐσόμεθα ἢ ἄλλοι τινὲς δι' ἡμᾶς φίλοι. » **64** Εἶπον αὐτοῖς ὅτι νομίζοιμι μὲν διὰ τὸ πρᾶγμα Εὐφίλητον πονηρὸν εἶναι, ἐκείνοις δὲ οὐκ ἐμὲ δεινὸν εἶναι, ὅτι οἶδα, ἀλλὰ μᾶλλον αὐτὸ τὸ ἔργον πολλῷ, ὅτι πεποίηται. Ὡς οὖν ἦν ταῦτ' ἀληθῆ, τόν τε παῖδα τὸν ἐμὸν παρέδωκα βασανίσαι, ὅτι ἔκαμνον καὶ οὐδ' ἀνιστάμην ἐκ τῆς κλίνης, καὶ τὰς θεραπαίνας ἔλαβον οἱ πρυτάνεις, ὅθεν ὁρμώμενοι ταῦτ' ἐποίουν ἐκεῖνοι. **65** Ἐξελέγχοντες δὲ τὸ πρᾶγμα ἥ τε βουλὴ καὶ οἱ ζητηταί, ἐπειδὴ ἦν ᾗ ἐγὼ ἔλεγον καὶ ὡμολογεῖτο πανταχόθεν, τότε δὴ καλοῦσι τὸν Διοκλείδην· καὶ οὐ πολλῶν λόγων ἐδέησεν, ἀλλ' εὐθὺς ὡμολόγει ψεύδεσθαι, καὶ ἐδεῖτο σῴζεσθαι φράσας τοὺς

61 6 πωλίον Muret : πωλεῖον || **62** 3 αὐτῷ A[1] : αὐτῶν, ut uidetur || 4 Φορβαντεῖον H. de Valois (cf. Harpocrat. s. u., p. 182, Bekker) : φορβάντιον || 7 Αἰγῇς Lipsius : αἰγηὶς || 8 ποιήσοντος Valckenaer : ποιήσαντος || **63** 1 ἐποίουν : ἐποιοῦντο Valckenaer, perperam : cf. Thuc. V, 42, 2 || 4 ἡμῖν A[1] : ὑμῖν || **64** 4 οὖν in rasura unius litt. : δ' ut uidetur || ταῦτ' : ταῦθ' || 6 καὶ τὰς θεραπαίνας ... ἐκεῖνοι : locus non hiulcus, ut censet Reiske : nil mutandum.

cn nommant ceux qui l'avaient persuadé de parler comme il avait fait : c'était Alkibiadès de Phégonte* et Amiantos d'Egine. **66** Ceux-ci, pris de peur, s'enfuirent ; et vous, instruits de tout cela, vous avez livré Dioclidès aux tribunaux et vous l'avez mis à mort ; les citoyens incarcérés qui allaient périr [mes parents] vous les avez relâchés, grâce à moi ; vous avez fait rentrer les exilés, puis, vous-mêmes, vous avez pris vos armes et vous êtes partis* délivrés de tous ces maux et de tous ces dangers. **67** Dans cette affaire, Citoyens, si mon sort fut tel qu'on doit me trouver à plaindre, les résultats de ma conduite doivent me valoir la réputation d'un parfait honnête homme ; car lorsqu'Euphilétos proposait le gage d'union le plus perfide[1] je me dressai contre lui, je le combattis, je lui donnai les noms qu'il méritait ; et quand ces hommes eurent commis leur crime, je leur gardai le secret, et c'est grâce aux dénonciations de Teucros que les uns furent mis à mort et que les autres s'enfuirent, avant que Dioclidès nous eût fait incarcérer et nous eût mis à deux doigts de notre perte. C'est alors que je donnai quatre noms : Panaitios, Diacritos, Lysistratos, Chairédémos : **68** c'est moi qui fus cause de leur exil, je le reconnais ; mais je sauvai mon père, mon beau-frère, trois de mes cousins, sept* de mes autres parents, qui allaient injustement périr : ils voient la lumière du soleil, grâce à moi, et ils le reconnaissent eux-mêmes ; et celui qui avait mis la Cité sens dessus dessous, qui l'avait jeté dans les plus extrêmes périls, a été confondu, et vous vous avez été délivrés de cruelles angoisses et de mutuels soupçons. **69** Et pour vous assurer que je dis vrai, Citoyens, rappelez vos souvenirs, et que ceux qui savent les faits en instruisent les autres. Appelle-moi maintenant ceux qui ont été délivrés grâce à moi : sachant très bien ce qui s'est passé ils pourront le dire aux juges.

1. Le mot πίστις désigne ce gage de complicité que se donnent les affidés : ἀπιστοτάτην, dit Andocide, car c'est une traîtrise, un perfide attentat contre la religion de la Cité. Calhoun, *o. l.*, p. 35, donne en exemple de cette πίστις (*pledge of fidelity*) l'assassinat d'Hyperbolos par les oligarques de Samos et d'Athènes en 411.

πείσαντας αὐτὸν λέγειν ταῦτα· εἶναι δὲ Ἀλκιβιάδην τὸν Φηγούσιον καὶ Ἀμίαντον τὸν ἐξ Αἰγίνης. 66 Καὶ οὗτοι μὲν δείσαντες ᾤχοντο φεύγοντες· ὑμεῖς δὲ ἀκούσαντες ταῦτα Διοκλείδην μὲν τῷ δικαστηρίῳ παραδόντες ἀπεκτείνατε, τοὺς δὲ δεδεμένους καὶ μέλλοντας ἀπολεῖσθαι ἐλύσατε [τοὺς ἐμοὺς συγγενεῖς] δι' ἐμέ, καὶ τοὺς φεύγοντας κατεδέξασθε, αὐτοὶ δὲ λαβόντες τὰ ὅπλα ἀπῇτε, πολλῶν κακῶν καὶ κινδύνων ἀπαλλαγέντες. 67 Ἐν οἷς ἐγώ, ὦ ἄνδρες, τῆς μὲν τύχης ᾗ ἐχρησάμην δικαίως ἂν ὑπὸ πάντων ἐλεηθείην, τῶν δὲ γενομένων ἕνεκα εἰκότως ⟨ἂν⟩ ἀνὴρ ἄριστος δοκοίην εἶναι, ὅστις εἰσηγησαμένῳ μὲν Εὐφιλήτῳ πίστιν τῶν ἐν ἀνθρώποις ἀπιστοτάτην ἠναντιώθην καὶ ἀντεῖπον καὶ ἐλοιδόρησα ἐκεῖνον ὧν ἦν ἄξιος, ἁμαρτόντων δ' ἐκείνων τὴν ἁμαρτίαν αὐτοῖς συνέκρυψα, καὶ μηνύσαντος κατ' αὐτῶν Τεύκρου οἱ μὲν αὐτῶν ἀπέθανον οἱ δ' ἔφυγον, πρὶν ἡμᾶς ὑπὸ Διοκλείδου δεθῆναι καὶ μέλλειν ἀπολεῖσθαι. Τότε δὲ ἀπέγραψα τέτταρας ἄνδρας, Παναίτιον Διάκριτον Λυσίστρατον Χαιρέδημον· 68 οὗτοι μὲν ἔφυγον δι' ἐμέ, ὁμολογῶ· ἐσώθη δέ γε ὁ πατήρ, ὁ κηδεστής, ἀνεψιοὶ τρεῖς, τῶν ἄλλων συγγενῶν ἑπτά, μέλλοντες ἀποθανεῖσθαι ἀδίκως· οἳ νῦν ὁρῶσι τοῦ ἡλίου τὸ φῶς δι' ἐμέ, καὶ αὐτοὶ ὁμολογοῦσιν· ὁ δὲ τὴν πόλιν ὅλην συνταράξας καὶ εἰς τοὺς ἐσχάτους κινδύνους καταστήσας ἐξηλέγχθη, ὑμεῖς δὲ ἀπηλλάγητε μεγάλων φόβων καὶ τῶν εἰς ἀλλήλους ὑποψιῶν. 69 Καὶ ταῦτ' εἰ ἀληθῆ λέγω, ὦ ἄνδρες, ἀναμιμνῄσκεσθε, καὶ οἱ εἰδότες διδάσκετε τοὺς ἄλλους. Σὺ δέ μοι αὐτοὺς κάλει τοὺς λυθέντας δι' ἐμέ· ἄριστα γὰρ ἂν εἰδότες τὰ γενόμενα λέγοιεν εἰς τούτους.

65 6 post δὲ lacuna trium litt. (καὶ Blass, recte, ut uidetur) || **66** 5 τοὺς ἐμοὺς συγγ. del. Naber || 6 ἀπῇτε Weidner : ἀπίητε || **67** 3 δι' ἐμὲ post τῶν δὲ add. Blass || γενομένων Baiter : γιν- || ἕνεκα Blass : ἕνεκεν || 4 ἂν add. Reiske || 6 ἐκεῖνον Naber : ἐκείνω (ν post ω erasum : ων uerisimiliter ex sequenti ὧν) ; ἐκείνω del. Weidner || **68** 7 ἐξηλέγχθη apogr. : ἐξηλέγχη || **69** 2 οἱ εἰδότες Reiske : οἱ ἰδόντες (οἱ add. A[1]).

Oui, c'est cela, Citoyens : ils resteront à la tribune et vous parleront aussi longtemps que vous voudrez les entendre : ensuite je me défendrai sur les autres points.

⟨Témoins⟩

70 Tout ce qui se rapporte aux faits de ce temps-là vous l'avez entendu, et ma défense est, je crois, suffisante ; mais si l'un de vous veut quelque chose de plus ou pense que, sur quelque point, je ne me suis pas expliqué suffisamment, ou que j'ai fait quelque omission, qu'il se lève et m'en avertisse : je me disculperai aussi sur ce point. Voyons maintenant les lois : 71 si ce Képhisios que voilà a fait contre moi son *endeixis* conformément à la loi, il fonde son accusation sur un ancien décret rédigé par Isotimidès et qui ne me touche en rien. Il exclut en effet des sanctuaires ceux qui ont commis et avoué un sacrilège : or je n'ai fait ni l'un ni l'autre : je n'ai point commis de sacrilège ni rien avoué de tel. 72 Aussi bien ce décret est-il aboli et annulé, comme je vais vous le montrer. Et pourtant quel sera le résultat de ma défense sur ce point ? Si je ne peux vous persuader, j'en porterai la peine ; si je vous persuade, j'aurai parlé pour mes adversaires. Mais n'importe : je dirai la vérité. 73 Quand votre flotte eut été détruite[1] et que le siège eut commencé, vous avez délibéré sur les moyens de rétablir la concorde et décidé de rendre leurs droits aux citoyens frappés d'atimie[2] : c'est Patroclidès qui fit cette motion. Mais ces citoyens privés de leurs droits, quels étaient-ils, et pour quels motifs étaient-ils ainsi frappés ? Les uns étaient les débiteurs du Trésor : c'étaient les anciens magistrats reconnus coupables de malversation, ceux qui avaient été condamnés soit pour délit d'expulsion illégale, soit pour crime public, ou frappés d'une amende infligée sans jugement ; c'étaient ceux qui ayant acheté des fermes au Trésor n'en avaient pas versé le prix ; ou bien encore ceux qui avaient fourni des cautions à l'État : ces derniers avaient, pour s'acquitter, jusqu'à la neuvième prytanie : s'ils ne le

1. Il s'agit de la défaite d'Aigos-potamoi.
2. Cf. Xénophon, *Hell.* II, 2, 11.

Οὑτωσὶ δὲ ἔχει, ὦ ἄνδρες· μέχρι τούτου ἀναβήσονται καὶ λέξουσιν ὑμῖν, ἕως ἂν ἀκροᾶσθαι βούλησθε, ἔπειτα δ' ἐγὼ περὶ τῶν ἄλλων ἀπολογήσομαι.

⟨Μάρτυρες⟩

70 Περὶ μὲν οὖν τῶν τότε γενομένων ἀκηκόατε πάντα καὶ ἀπολελόγηταί μοι ἱκανῶς, ὥς γ' ἐμαυτὸν πείθω· εἰ δέ τίς τι ὑμῶν ποθεῖ ἢ νομίζει τι μὴ ἱκανῶς εἰρῆσθαι ἢ παραλέλοιπά τι, ἀναστὰς ὑπομνησάτω, καὶ ἀπολογήσομαι καὶ πρὸς τοῦτο· περὶ δὲ τῶν νόμων ἤδη ὑμᾶς διδάξω. 71 Κηφίσιος γὰρ ουτοσὶ ἐνέδειξε μέν με κατὰ τὸν νόμον τὸν κείμενον, τὴν δὲ κατηγορίαν ποιεῖται κατὰ ψήφισμα πρότερον γενόμενον, ὃ εἶπεν Ἰσοτιμίδης, οὗ ἐμοὶ προσήκει οὐδέν. Ὁ μὲν γὰρ εἶπεν εἴργεσθαι τῶν ἱερῶν τοὺς ἀσεβήσαντας καὶ ὁμολογήσαντας, ἐμοὶ δὲ τούτων οὐδέτερα πεποίηται· οὔτε ἠσέβηται οὔτε ὡμολόγηται. 72 Ὡς δὲ καὶ τοῦτο τὸ ψήφισμα λέλυται καὶ ἄκυρόν ἐστιν, ἐγὼ ὑμᾶς διδάξω. Καίτοιγε τοιαύτην ἀπολογίαν περὶ αὐτοῦ ποιήσομαι, ὅπου μὴ πείθων μὲν ὑμᾶς αὐτὸς ζημιώσομαι, πείσας δὲ ὑπὲρ τῶν ἐχθρῶν ἀπολελογημένος ἔσομαι. Ἀλλὰ γὰρ τἀληθῆ εἰρήσεται. 73 Ἐπεὶ γὰρ αἱ νῆες διεφθάρησαν καὶ ἡ πολιορκία ἐγένετο, ἐβουλεύσασθε περὶ ὁμονοίας, καὶ ἔδοξεν ὑμῖν τοὺς ἀτίμους ἐπιτίμους ποιῆσαι, καὶ εἶπε τὴν γνώμην Πατροκλείδης. Οἱ δὲ ἄτιμοι τίνες ἦσαν, καὶ τίνα τρόπον ἕκαστοι; ἐγὼ ὑμᾶς διδάξω. Οἱ μὲν ἀργύριον ὀφείλοντες τῷ δημοσίῳ, ὁπόσοι εὐθύνας ὦφλον ἄρξαντες ἀρχάς, ἢ ἐξούλας ἢ γραφὰς ἢ ἐπιβολὰς ὦφλον, ἢ ὠνὰς πριάμενοι ἐκ τοῦ δημοσίου μὴ κατέβαλον τὰ χρήματα, ἢ ἐγγύας ἠγγυήσαντο πρὸς τὸ δημόσιον· τούτοις ἡ μὲν ἔκτεισις ἦν

69 5 ἔχει : ἔχειν Sluiter qui intellegit : testabuntur rem ita se habere || 8 ΜΑΡΤΥΡΕΣ titul. add. Markland || 70 3 prius τι supra lineam add. A[1] || 71 3 Ἰσοτιμίδης οὗ Reiske : εἰς ὅτι μηδ' ἴσου || 73 2 ἐβουλεύσασθε : alterum ε in rasura || 6 ὦφλον Reiske : ὤφειλον || ἄρξαντες Ald. : -τας || 7 ἐπιβολὰς H. Estienne : ἐπιβουλάς || 9 ἠγγυήσαντο H. Estienne : ἐγγ- ; ἐγγυήσαντες Sluiter, ἐγγυησάμενοι R. Schœll || ἔκτεισις Blass : ἔκτισις.

faisaient pas leur dette était doublée, et leurs biens vendus.
74 C'était là la première espèce d'atimie ; l'autre était celle qui frappait la personne sans ôter la possession des biens, celle des gens condamnés pour vol ou vénalité : ils étaient déchus de leurs droits, eux et leurs descendants ; et ceux qui avaient déserté, qui avaient été condamnés pour refus de servir, pour lâcheté, pour avoir, étant triérarques, tenu leur navire hors de l'action, pour avoir jeté leur bouclier, pour avoir porté trois fois de faux témoignages ou pour avoir été trois fois convaincus de faux record [1], pour avoir maltraité leur père ou leur mère ; tous ceux-là étaient dégradés dans leur personne mais conservaient leurs biens ; 75
d'autres étaient frappés de certaines exclusions : leur atimie n'était pas complète, ils n'étaient que partiellement dégradés : tels les soldats qui étaient restés à Athènes sous le Gouvernement des Quatre-Cents ; tout en gardant leurs autres droits civiques ils ne pouvaient ni parler dans l'assemblée du peuple ni faire partie du Conseil : c'est en cela qu'ils étaient dégradés, frappés de cette interdiction particulière ; 76
d'autres ne pouvaient accuser pour crime public, d'autres ne pouvaient poursuivre par *endeixis* ; à d'autres il était interdit de faire voile vers l'Hellespont, à d'autres d'aller en Ionie ; d'autres se voyaient fermer l'entrée de l'agora. Donc, vous avez décidé de supprimer originaux et copies de tous ces décrets, et de monter à l'Acropole pour échanger des serments de concorde. Lis-moi le décret de Patroclidès en vertu duquel se fit tout cela.

77 DÉCRET

Patroclidès a dit : Puisque, par décret, les Athéniens ont donné « licence* », touchant les citoyens déchus de leurs droits et les débiteurs publics, en sorte qu'on peut prendre la parole et proposer un décret à leur sujet, Plaise au peuple décréter les mesures qui furent prises au temps des guerres Médiques et dont l'effet fut salutaire à la Cité.

1. Cf. Démosth. 53,15. Voir Dareste, *Plaid. civ.* II, p. 201, n. 12.

ἐπὶ τῆς ἐνάτης πρυτανείας, εἰ δὲ μή, διπλάσιον ὀφείλειν καὶ τὰ κτήματα αὐτῶν πεπρᾶσθαι. 74 Εἷς μὲν τρόπος οὗτος ἀτιμίας ἦν, ἕτερος δὲ ὧν τὰ μὲν σώματα ἄτιμα ἦν, τὴν δ' οὐσίαν εἶχον καὶ ἐκέκτηντο· οὗτοι δ' αὖ ἦσαν ὁπόσοι κλοπῆς ἢ δώρων ὄφλοιεν· τούτους ἔδει καὶ αὐτοὺς καὶ τοὺς ἐκ τούτων ἀτίμους εἶναι· καὶ ὁπόσοι λίποιεν τὴν τάξιν ἢ ἀστρατείας ἢ δειλίας ἢ ἀναυμαχίου ὄφλοιεν ἢ τὴν ἀσπίδα ἀποβάλοιεν, ἢ τρὶς ψευδομαρτυρίων ἢ τρὶς ψευδοκλητείας ὄφλοιεν, ἢ τοὺς γονέας κακῶς ποιοῖεν· οὗτοι πάντες ἄτιμοι ἦσαν τὰ σώματα, τὰ δὲ χρήματα εἶχον. 75 Ἄλλοι αὖ κατὰ προστάξεις, οἵτινες οὐ παντάπασιν ἄτιμοι ἦσαν, ἀλλὰ μέρος τι αὐτῶν, οἷον οἱ στρατιῶται, οἷς, ὅτι ἐπέμειναν ἐπὶ τῶν τυράννων ἐν τῇ πόλει, τὰ μὲν ἄλλα ἦν ἅπερ τοῖς ἄλλοις πολίταις, εἰπεῖν δ' ἐν τῷ δήμῳ οὐκ ἐξῆν αὐτοῖς οὐδὲ βουλεῦσαι. Τούτων ἦσαν οὗτοι ἄτιμοι· αὕτη γὰρ ἦν τούτοις πρόσταξις. 76 Ἑτέροις οὐκ ἦν γράψασθαι, τοῖς δὲ ἐνδεῖξαι· τοῖς δὲ μὴ ἀναπλεῦσαι εἰς Ἑλλήσποντον, ἄλλοις δ' εἰς Ἰωνίαν, τοῖς δ' εἰς τὴν ἀγορὰν μὴ εἰσιέναι πρόσταξις ἦν. Ταῦτ' οὖν ἐψηφίσασθε ἐξαλεῖψαι πάντα τὰ ψηφίσματα, καὶ αὐτὰ καὶ εἴ πού τι ἀντίγραφον ἦν, καὶ πίστιν ἀλλήλοις περὶ ὁμονοίας δοῦναι ἐν ἀκροπόλει. Καί μοι ἀνάγνωθι τὸ ψήφισμα τὸ Πατροκλείδου, καθ' ὃ ταῦτα ἐγένετο.

77 Ψήφισμα. Πατροκλείδης εἶπεν, Ἐπειδὴ ἐψηφίσαντο Ἀθηναῖοι τὴν ἄδειαν περὶ ⟨τῶν ἀτίμων καὶ⟩ τῶν ὀφειλόντων, ὥστε λέγειν ἐξεῖναι καὶ ἐπιψηφίζειν, ψηφίσασθαι τὸν δῆμον ταὐτὰ ἅπερ ὅτε ἦν τὰ Μηδικά, καὶ συνήνεγκεν Ἀθηναίοις ἐπὶ τὸ ἄμεινον. Περὶ δὲ τῶν ἐγγεγραμμένων εἰς τοὺς πράκτορας ἢ τοὺς ταμίας τῆς

73 10 ἐν.άτης || 74 3 εἶχον Bekker : ἔσχον || 4-5 locum sic laudat Suidas s. u. ἀναυμαχίου : οὕτω δὲ δεῖ καὶ αὐτοὺς καὶ τοὺς ἐξ αὐτῶν ἀτίμους εἶναι || 7 ψευδοκλητείας Sauppe : -τίας || 75 4 δ' ἐν Ald. : δὲ || 77 1 ΨΗΦΙΣΜΑ in margine || 2 τῶν ἀτίμων καὶ add. Sauppe || 6 ἐγγεγραμμένων Emperius : ἐπιγεγρ-.

Quant à ceux qui ont été inscrits chez les percepteurs d'amendes, ou chez les trésoriers de la Déesse et des autres divinités, ou chez l'Archonte-Roi [1]; ceux dont l'inscription n'a pas été rayée jusqu'à l'expiration des pouvoirs du Conseil siégeant sous l'archontat de Callias [2] ; **78** tous ceux qui étaient privés de leurs droits comme débiteurs, et ceux dont la gestion* a été, dans les chambres des logistes, condamnée par les euthynes et leurs assesseurs, mais qui n'ont pas encore été, de ce chef, déférés aux tribunaux ; ou ceux qui sont l'objet d'une action publique pour malversation, ou frappés de certaines interdictions, ou condamnés comme ayant manqué à une caution jusqu'à la date susdite ; ceux qui sont inscrits pour avoir été des Quatre-Cents, ou comme auteurs de quelque acte du gouvernement oligarchique, — excepté ceux qui, pour s'être enfuis d'Athènes, ont leurs noms gravés sur des stèles, ou ceux qui ont été condamnés par l'Aréopage ou par les Ephètes [siégeant soit au Prytanéion soit au Delphinion [3]] sous la présidence de l'Archonte-Roi, soit à l'exil pour meurtre, soit à mort comme assassins* ou tyrans — ; **79** Tous les autres, les percepteurs et le Conseil les effaceront, suivant ce qui a été dit, partout sur les registres publics ; et s'il se trouve des copies de ces actes, les Thesmotètes et les autres magistrats les livreront. Ceci sera fait dans les deux jours qui suivront le vote du peuple. Ces inscriptions qu'il est ordonné de détruire nul n'aura le droit d'en posséder copie ni d'en faire jamais grief à personne ; sinon, le transgresseur sera passible des mêmes peines que ceux qui sont bannis par l'Aréopage, afin qu'une mutuelle confiance règne dans Athènes aujourd'hui et à jamais.

1. Ce passage est à rapprocher de ce que dit Aristote, Ἀθ. πολ., 47, 4 : « les locations de terrains sacrés sont conclues par l'Archonte-Roi qui les transcrit sur des tablettes blanchies ». Cf. Hauvette-Besnault, *de Archonte rege*, p. 58 et suiv.

2. Année 406-5 (de juillet à juillet).

3. Les mots ἢ ἐκ πρυτανείου ἢ Δελφινίου peuvent être supprimés comme glose (ainsi fait Platner); on ne peut entendre, si on les garde, que : « les Ephètes siégeant soit au Prytanéion soit au Delphinion ».

θεοῦ καὶ τῶν ἄλλων θεῶν ἢ τὸν βασιλέα, [ἢ] εἴ τις μὴ ἐξεγράφη, μέχρι τῆς ἐξελθούσης βουλῆς ἐφ' ἧς Καλλίας ἦρχεν, 78 ὅσοι ἄτιμοι ἦσαν [ἢ] ὀφείλοντες, καὶ ὅσων εὔθυναί τινές εἰσι κατεγνωσμέναι ἐν τοῖς λογιστηρίοις ὑπὸ τῶν εὐθύνων καὶ τῶν παρέδρων, [ἢ] μήπω εἰσηγμέναι εἰς τὸ δικαστήριον, ⟨ἢ⟩ γραφαί τινές εἰσι περὶ τῶν εὐθυνῶν, ἢ προστάξεις, ἢ ἐγγύαι τινές εἰσι κατεγνωσμέναι, εἰς τὸν αὐτὸν τοῦτον χρόνον· καὶ ὅσα ὀνόματα τῶν τετρακοσίων [τινὸς] ἐγγέγραπται, ἢ ἄλλο τι περὶ τῶν ἐν τῇ ὀλιγαρχίᾳ πραχθέντων ἐστί που γεγραμμένον· πλὴν ὁπόσα ἐν στήλαις γέγραπται τῶν μὴ ἐνθάδε μεινάντων, ἢ ἐξ Ἀρείου πάγου ἢ τῶν ἐφετῶν ἢ ἐκ πρυτανείου ἢ Δελφινίου καταδικασθεῖσιν [ἢ] ὑπὸ τῶν βασιλέων [ἢ] ἐπὶ φόνῳ τίς ἐστι φυγή, ἢ θάνατος κατεγνώσθη ἢ σφαγεῦσιν ἢ τυράννοις· 79 τὰ δὲ ἄλλα πάντα ἐξαλεῖψαι τοὺς πράκτορας καὶ τὴν βουλὴν κατὰ τὰ εἰρημένα πανταχόθεν, ὅπου τι ἔστιν ἐν τῷ δημοσίῳ, καὶ εἰ ἀντίγραφόν που ἔστι, παρέχειν τοὺς θεσμοθέτας καὶ τὰς ἄλλας ἀρχάς. Ποιεῖν δὲ ταῦτα τριῶν ἡμερῶν, ἐπειδὰν δόξῃ τῷ δήμῳ. Ἃ δ' εἴρηται ἐξαλεῖψαι, μὴ κεκτῆσθαι ἰδίᾳ μηδενὶ ἐξεῖναι μηδὲ μνησικακῆσαι μηδέποτε· εἰ δὲ μή, ἔνοχον εἶναι τὸν παραβαίνοντα ταῦτα ἐν τοῖς αὐτοῖς ἐν οἷσπερ οἱ ἐξ Ἀρείου πάγου φεύγοντες, ὅπως ἂν ὡς πιστότατα ἔχῃ Ἀθηναίοις καὶ νῦν καὶ εἰς τὸν λοιπὸν χρόνον.

80 Κατὰ μὲν τὸ ψήφισμα τουτὶ τοὺς ἀτίμους ἐπι-

77 7 ἢ del. Emperius || 8 ἐξεγράφη : ἐνεγρ- Droysen || **78** 1 ἢ del. Reiske || ὅσων apogr. : ὅσον || 3 καὶ Boeckh coll. IG., II, 809^{b} 7 : ἢ || παρέδρων A^{2} : προέδρων || ἢ post παρέδρων deleui, post δικαστήριον add. Reiske ; alii post προστάξεις lacunam statuunt || 7 τινὸς del. Reiske || 10-13 uerba ἐξ Ἀρείου πάγου ... τυράννοις e Solonis lege sumpta sunt. Cf. Plutarch. *Solon* 19, ubi legitur : πλὴν ὅσοι ἐξ Ἀρ. πάγου, ἢ ὅσοι ἐκ τῶν Ἐφετῶν ἢ ἐκ Πρυτανείου (omittitur ἐκ Δελφινίου) καταδικασθέντες ὑ. τ. β. ἐπὶ φόνῳ, ἢ σφαγαῖσιν, ἢ ἐπὶ τυραννίδι ἔφυγον || 11 καταδικασθεῖσιν Droysen : ἐδικάσθη || ἢ delent ante ἐκ Sauppe, ante ὑπὸ Luzac, ante ἐπὶ Sauppe || 12 φ.όνῳ : φθόνῳ ut uidetur || **79** 2 κατὰ Sluiter : καὶ || 3 εἰρημένα : εὑρ- R. Scheibe || 7 excidisse aliquid post ἐξεῖναι censet Droysen, post μηδέποτε Lipsius || 10 ἔχῃ G. Hermann : ἔχει (ἔχοι uulg.).

80 Par ce décret, vous avez rendu leurs droits aux citoyens frappés d'atimie : quant aux exilés, ni Patroclidès n'a proposé leur retour ni vous-même ne l'avez voté. Mais après la paix conclue avec les Lacédémoniens *, vous avez abattu vos murailles, reçu les exilés ; les Trente ont établi leur gouvernement, puis Phylé fut prise, Munichie occupée, enfin il vous arriva tout ce que je n'ai pas besoin de rappeler [1] pas plus que je ne veux vous remettre en mémoire nos malheurs passés. **81** Revenus du Pirée vous pouviez à votre gré vous venger : vous avez résolu d'oublier le passé, et, mettant à plus haut prix le salut de l'État que la satisfaction de vos griefs personnels, vous avez décidé de ne vous garder mutuellement aucune rancune du passé. Ceci décidé vous avez fait choix de vingt citoyens * qui devaient administrer la Cité jusqu'à l'établissement de nouvelles lois : en attendant resteraient en vigueur les lois de Solon et les statuts de Dracon. **82** Vous veniez de tirer au sort un Conseil et de choisir des Nomothètes quand ceux-ci constatent qu'il était beaucoup de lois de Solon et de Dracon dont nombre de citoyens étaient passibles en raison des événements antérieurs : vous vous réunissez alors en assemblée, vous délibérez sur la question et vous décrétez de reviser toutes les lois et de les afficher au Pœcile à mesure qu'elles seront revisées. Lis-moi le décret.

Décret

83 « Le peuple a décrété sur la proposition de Tisaménos * : les Athéniens se gouverneront d'après les coutumes

1. Dans la phrase telle qu'on l'entend communément, la prise de Phylé par Thrasybule (cf. Xén. *Hell.* II, 4, 2) semble comptée pour un malheur : aussi Lipsius a-t-il retranché les mots Φυλή τε... κατέλαβον. On pourrait aussi supprimer, à la fin de la phrase, τῶν γεγενημένων κακῶν, glose possible : μεμνῆσθαι s'opposerait ainsi nettement à ἀναμιμνήσκειν ὑμᾶς : « tout ce qu'il n'est besoin de rappeler ni à mon souvenir ni au vôtre ». On a défendu le texte en disant que tout fait de guerre civile est tenu pour un malheur.

τίμους ἐποιήσατε· τοὺς δὲ φεύγοντας οὔτε Πατροκλείδης εἶπε κατιέναι οὔθ' ὑμεῖς ἐψηφίσασθε. Ἐπεὶ δ' αἱ σπονδαὶ πρὸς Λακεδαιμονίους ἐγένοντο, καὶ τὰ τείχη καθείλετε, καὶ τοὺς φεύγοντας κατεδέξασθε, καὶ κατέστησαν οἱ τριάκοντα, καὶ μετὰ ταῦτα Φυλή τε κατελήφθη Μουνιχίαν τε κατέλαβον, ἐγένετό ⟨θ'⟩ ὑμῖν ὧν ἐγὼ οὐδὲν δέομαι μεμνῆσθαι οὐδ' ἀναμιμνῄσκειν ὑμᾶς τῶν γεγενημένων κακῶν. 81 Ἐπειδὴ δ' ἐπανήλθετε ἐκ Πειραιῶς, γενόμενον ἐφ' ὑμῖν τιμωρεῖσθαι ἔγνωτε ἐᾶν τὰ γεγενημένα, καὶ περὶ πλείονος ἐποιήσασθε σῴζειν τὴν πόλιν ἢ τὰς ἰδίας τιμωρίας, καὶ ἔδοξε μὴ μνησικακεῖν ἀλλήλοις τῶν γεγενημένων. Δόξαντα δὲ ὑμῖν ταῦτα εἵλεσθε ἄνδρας εἴκοσι· τούτους δὲ ἐπιμελεῖσθαι τῆς πόλεως, ἕως ἄλλοι νόμοι τεθεῖεν· τέως δὲ χρῆσθαι τοῖς Σόλωνος νόμοις καὶ τοῖς Δράκοντος θεσμοῖς. 82 Ἐπειδὴ δὲ βουλήν τε ἀπεκληρώσατε νομοθέτας τε εἵλεσθε, ηὕρισκόν τε τῶν νόμων τῶν τε Σόλωνος καὶ τῶν Δράκοντος πολλοὺς ὄντας οἷς πολλοὶ τῶν πολιτῶν ἔνοχοι ἦσαν τῶν πρότερον ἕνεκα γενομένων, ἐκκλησίαν ποιήσαντες ἐβουλεύσασθε περὶ αὐτῶν, καὶ ἐψηφίσασθε, δοκιμάσαντες πάντας τοὺς νόμους, εἶτ' ἀναγράψαι ἐν τῇ στοᾷ τούτους τῶν νόμων οἳ ἂν ⟨ἀεὶ⟩ δοκιμασθῶσι. Καί μοι ἀνάγνωθι τὸ ψήφισμα.

83 ⟨Ψήφισμα⟩. Ἔδοξε τῷ δήμῳ, Τεισαμενὸς εἶπε, πολιτεύεσθαι Ἀθηναίους κατὰ τὰ πάτρια, νόμοις

80 3 ἐπεὶ δ' αἱ : αἱ in rasura A^2 ; apodosis est post ἐγένοντο, ubi τότε δὴ inseri posse, coll. 65, 122, censet Blass || 6 Φυλή τε ... κατέλαβον, non iniuria suspectum, del. Lipsius || Μουνιχίαν Lipsius : μουνυχίαν || 7 θ' add. Reiske || **81** 1 Πειραιῶς F.-A. Wolf : -ιέως || 2 τιμωρεῖσθαι A^2 : -εῖσθε || 6 ἄλλοι Stahl : ἂν οἱ || **82** 2 εὑρισκόντε Luzac : εὕρισκον || οὗτοι δὲ εὕρισκον Reiske || 3 καὶ τῶν apogr. : καὶ τοῦ || 4 τῶν post πολλοὶ bis scriptum || 5 γενομένων Reiske : γιν- || 6 δοκιμάσαντες hoc loco, δοκιμάσαντας 89, 2 || 7 νόμους edd. : ἀνόμους || τοὺς ἀρχαίους νόμους dubitanter Blass || 8 ἀεὶ suppleui, quod ni facias uerbum δοκιμάζειν l. 8 uix eodem sensu intellexeris quo l. 6 || **83** 1 ΨΗΦΙΣΜΑ add. Ald. || Τεισαμενὸς Blass : τισάμενος.

des ancêtres, feront usage des lois de Solon, des poids et mesures établis par lui, et aussi des règlements de Dracon qui étaient précédemment en vigueur. Toutes les autres lois dont il sera besoin les Nomothètes choisis par le Conseil * les inscriront sur des tablettes, les exposeront devant les statues des Eponymes [1] pour qu'elles soient lues de qui voudra, et les livreront aux magistrats dans le courant de ce mois. **84** Les dites lois seront examinées d'abord par le Conseil et par les 500 [2] nomothètes choisis par les dèmes, après qu'ils auront prêté serment. Tout particulier aura droit d'entrer au Conseil et de donner au sujet de ces lois tout avis profitable. Quand les lois auront été votées, le Conseil de l'Aréopage aura charge de veiller à ce que les magistrats n'usent que des lois établies ; quant aux lois confirmées, elles seront affichées sur le mur même où elles l'étaient auparavant, afin que qui voudra puisse en prendre connaissance. »

85 Les lois furent donc revisées, Citoyens, en vertu de ce décret, et celles que l'on confirma furent affichées au Poecile. Cela fait, nous établîmes une loi dont l'usage est sans réserve *. Lis-moi la loi.

Loi. — Une loi non écrite ne doit être appliquée par les magistrats en aucun cas.

86 Eh bien, ce texte laisse-t-il subsister aucun cas où les

1. Voir Pausanias I, V : 'Ανωτέρω δὲ (τῆς Θόλου) ἀνδριάντες ἑστήκασιν ἡρώων ἀφ' ὧν 'Αθηναίοις ὕστερον τὰ ὀνόματα ἔσχον αἱ φυλαί. On affichait aussi devant ces statues les actes d'accusation (cf. *Midïenne*, 103 et *C. Leptine*, 94).

2. Ces commissions de nomothètes, chargées de faire le départ entre les lois qu'il convient d'abolir et celles qui doivent être conservées, sont nommées chaque fois que la démocratie est restaurée après une révolution oligarchique (voir Glotz, *o. l.*, p. 209). Cf. Lysias, *C. Nicom.*, 27-28. Taylor et Reiske se sont demandé s'il ne fallait pas transposer « les cinq cents » et rapporter ce chiffre au Conseil, selon l'apposition usuelle : ἡ Βουλὴ οἱ π; Reiske s'est cependant avisé que le texte des manuscrits pourrait être bon, « cinquante nomothètes choisis par le Conseil étant, ici, visiblement distingués des cinq cents nomothètes nommés par le peuple ». Cf. U. Köhler, *Urkunden und Untersuchungen*, p. 63 et suiv.

δὲ χρῆσθαι τοῖς Σόλωνος, καὶ μέτροις καὶ σταθμοῖς, χρῆσθαι δὲ καὶ τοῖς Δράκοντος θεσμοῖς, οἷσπερ ἐχρώμεθα ἐν τῷ πρόσθεν χρόνῳ. Ὁπόσων δ' ἂν προσδέῃ, οἵδε ᾑρημένοι νομοθέται ὑπὸ τῆς βουλῆς ἀναγράφοντες ἐν σανίσιν ἐκτιθέντων πρὸς τοὺς ἐπωνύμους σκοπεῖν τῷ βουλομένῳ, καὶ παραδιδόντων ταῖς ἀρχαῖς ἐν τῷδε τῷ μηνί. 84 Τοὺς δὲ παραδιδομένους νόμους δοκιμασάτω πρότερον ἡ βουλὴ καὶ οἱ νομοθέται οἱ πεντακόσιοι, οὓς οἱ δημόται εἵλοντο, ἐπειδὴ ὀμωμόκασιν. Ἐξεῖναι δὲ καὶ ἰδιώτῃ τῷ βουλομένῳ, εἰσιόντι εἰς τὴν βουλὴν συμβουλεύειν ὅ τι ἂν ἀγαθὸν ἔχῃ περὶ τῶν νόμων. Ἐπειδὰν δὲ τεθῶσιν οἱ νόμοι, ἐπιμελείσθω ἡ βουλὴ ἡ ἐξ Ἀρείου πάγου τῶν νόμων, ὅπως ἂν αἱ ἀρχαὶ τοῖς κειμένοις νόμοις χρῶνται. Τοὺς δὲ κυρουμένους τῶν νόμων ἀναγράφειν εἰς τὸν τοῖχον, ἵνα περ πρότερον ἀνεγράφησαν, σκοπεῖν τῷ βουλομένῳ.

85 Ἐδοκιμάσθησαν μὲν οὖν οἱ νόμοι, ὦ ἄνδρες, κατὰ τὸ ψήφισμα τουτί, τοὺς δὲ κυρωθέντας ἀνέγραψαν εἰς τὴν στοάν. Ἐπειδὴ ⟨δ'⟩ ἀνεγράφησαν, ἐθέμεθα νόμον, ᾧ πάντες χρῆσθε. Καί μοι ἀνάγνωθι τὸν νόμον.

Νόμος. Ἀγράφῳ δὲ νόμῳ τὰς ἀρχὰς μὴ χρῆσθαι μηδὲ περὶ ἑνός.

86 Ἆρά γε ἔστιν ἐνταυθοῖ ὅ τι περιελείπετο περὶ ὅτου

83 5 προσδέῃ Bekker : -δέοι || 6 οἵδε uitiosum : δε delendum censet Reiske, nisi intellegas οἱ ΔΕ, id est δεκάκις πέντε : lacunam post χρόνῳ statui posse putat Lipsius, post οἱ δὲ (pro οἵδε) Blass || ἀναγράφοντες Bekker : -τας || 7 πρὸς τοὺς ἐπωνύμους : « aut πρὸ τῶν ἐπωνύμων (sic Dem. 21, 103) aut πρὸς τοῖς ἐπωνύμοις » Reiske ; πρόσθε τῶν ἐπ. Lipsius (coll. Isocr. 18, 61 al.) || **84** 2 οἱ πεντ. καὶ οἱ νομ. Taylor ; uide adn. || 3 δημόται apogr. : δημῶται || ἐπειδὴ ὀμωμόκασιν : ἐπειδὰν ὀμωμόκωσιν Dobree || **85** 3 δ' add. Sauppe || 4 πάντες A² : an πάντως m. pr. (Blass) ? incertum || 5 ΝΟΜΟΣ in margine || **86** 1 ἔστιν ἐνταυθοῖ ὅ τι Dobree (qui ἐνταυθί) : ἐστι τοῦτο ὅτι. An, si non idem fuit h. l. quod 89, 8, κατὰ τοῦτο ? || περιελείπετο Reiske : περιέλειπτο.

magistrats puissent introduire une action, ou l'un de vous l'intenter, autrement que d'après les lois publiées ? Et lorsqu'il n'est pas permis d'appliquer une loi non écrite il est, je pense, absolument défendu d'invoquer un décret non écrit. Voyant donc beaucoup de citoyens mis en péril, les uns au nom de lois anciennes, les autres au nom d'anciens décrets, nous avons établi les lois suivantes pour empêcher justement ce qui se passe aujourd'hui et pour fermer la bouche à tout sycophante. Lis-moi les lois.

> 87 *Lois.* — Une loi non écrite ne doit être appliquée par les magistrats en aucun cas. Aucun décret, ni du Conseil ni du Peuple ne prévaudra contre une loi *. On ne pourra faire une loi en vue d'un seul citoyen [1], sans qu'on l'applique à tous les Athéniens, à moins qu'il n'en soit autrement statué par 6 000 citoyens * au scrutin secret [2].

Que reste-t-il encore à vous rappeler ? La loi suivante, que tu vas nous lire.

> ⟨Loi⟩. — Auront autorité les sentences de juges et d'arbitres prononcées sous le gouvernement démocratique *. On se servira des lois édictées depuis l'archontat d'Euclide.

88 Citoyens, si vous avez voulu que seules fussent valables les sentences de juges et d'arbitres prononcées sous le gouvernement démocratique, c'est afin que les dettes ne fussent point abolies, que des procès ne fussent point rouverts, et que les contrats particuliers fussent exécutoires. Quant aux crimes publics qui motivent l'accusation, la délation, la

1. Cette loi est citée par Démosthène (*Contre Timocrate,* 59 ; *Contre Aristocrate,* 86 ; *Contre Stéphanos* (deuxième discours) 12. La Loi des Douze tables contenait la même disposition : « *Vetant XII Tabulae leges priuis hominibus irrogari* » (Cic. *Pro domo sua,* 17).

2. « En général l'assemblée du peuple pouvait siéger quel que fût le nombre des présents et votait à main levée. Mais quand il

οἷόν τε ἢ ἀρχὴν εἰσάγειν ἢ ὑμῶν πρᾶξαί τινα, ἀλλ' ἢ κατὰ τοὺς ἀναγεγραμμένους νόμους; ὅπου οὖν ἀγράφῳ νόμῳ οὐκ ἔξεστι χρήσασθαι, ἦ που ἀγράφῳ γε ⟨χρήσασθαι⟩ ψηφίσματι παντάπασιν οὐ δεῖ [γε χρήσασθαι]. Ἐπειδὴ τοίνυν ἑωρῶμεν ὅτι πολλοῖς τῶν πολιτῶν εἶεν συμφοραί, τοῖς μὲν κατὰ νόμους, τοῖς δὲ κατὰ ψηφίσματα [τὰ] πρότερον γενόμενα, τουτουσὶ τοὺς νόμους ἐθέμεθα, αὐτῶν ἕνεκα τῶν νυνὶ ποιουμένων, ἵνα τούτων μηδὲν γίγνηται μηδὲ ἐξῇ συκοφαντεῖν μηδενί. Καί μοι ἀνάγνωθι τοὺς νόμους.

87 Νόμοι. Ἀγράφῳ δὲ νόμῳ τὰς ἀρχὰς μὴ χρῆσθαι μηδὲ περὶ ἑνός. Ψήφισμα δὲ μηδὲν μήτε βουλῆς μήτε δήμου νόμου κυριώτερον εἶναι. Μηδὲ ἐπ' ἀνδρὶ νόμον ἐξεῖναι θεῖναι, ἐὰν μὴ τὸν αὐτὸν ἐπὶ πᾶσιν Ἀθηναίοις, ἐὰν μὴ ἑξακισχιλίοις δόξῃ κρύβδην ψηφιζομένοις.

Τί οὖν ἦν ἐπίλοιπον; ουτοσὶ ὁ νόμος. Καί μοι ἀνάγνωθι τοῦτον.

⟨Νόμος.⟩ Τὰς δὲ δίκας καὶ τὰς διαίτας κυρίας εἶναι, ὁπόσαι ἐν δημοκρατουμένῃ τῇ πόλει ἐγένοντο. Τοῖς δὲ νόμοις χρῆσθαι ἀπ' Εὐκλείδου ἄρχοντος.

88 Τὰς μὲν δίκας, ὦ ἄνδρες, καὶ τὰς διαίτας ἐποιήσατε κυρίας εἶναι, ὁπόσαι ἐν δημοκρατουμένῃ ⟨τῇ⟩ πόλει ἐγένοντο, ὅπως μήτε χρεῶν ἀποκοπαὶ εἶεν μήτε δίκαι ἀνάδικοι γίγνοιντο, ἀλλὰ τῶν ἰδίων συμβολαίων αἱ πράξεις εἶεν· τῶν δὲ δημοσίων ⟨ἐφ'⟩ ὁπόσοις ἢ γραφαί εἰσιν ἢ φάσεις ἢ ἐνδείξεις ἢ ἀπαγωγαί, τούτων ἕνεκα τοῖς νόμοις

86 2 τινα Sluiter : τινὶ || 3 ἀγράφῳ hic et post ἦ που edd. : ἂν ἀγράφῳ || 4 alterum χρήσασθαι post ἀγράφῳ γε transfert Marchant; γε χρήσασθαι del. Lipsius || 7 τὰ del. Naber || 8 ἕνεκα apogr. : εἵνεκα || **87** 1 ΝΟΜΟΙ MZ : ΝΟΜΟΣ in margine || 4-5 ἐὰν μὴ ... ψηφιζομένοις del. Lipsius || 8 ΝΟΜΟΣ add. Ald. || τὰς δὲ : τὰς μὲν Sauppe, coll. 88, 1 || **88** 2 τῇ add. apogr. || 4 κύριαι post πράξεις addebat Blass[1] || 5 ἐφ' add. Blass.

dénonciation, l'arrestation, c'est pour ceux-là que vous avez décrété d'appliquer les lois établies depuis l'archontat d'Euclide. **89** Donc, puisque vous avez décidé que les lois seraient révisées puis affichées, qu'une loi non écrite ne serait appliquée par les magistrats en aucun cas, qu'aucun décret du Conseil ni du Peuple ne prévaudrait sur une loi, qu'on ne pourrait faire aucune loi d'exception visant un individu, enfin qu'on se servirait des lois établies depuis l'archontat d'Euclide, voyons, reste-t-il possible que, des décrets antérieurs à l'archontat d'Euclide, un seul, important ou non, soit encore valable ? Je ne le crois pas pour ma part, Citoyens ; mais posez-vous la question vous-mêmes.

90 Passons à vos serments et voyons ce qu'il en est. Voici d'abord celui qui est commun à toute la cité et que vous avez tous prêté après la réconciliation : « Je ne garderai de ressentiment contre aucun citoyen, excepté les Trente ⟨ les Dix [1]⟩ et les Onze : encore n'en garderai-je pas à celui d'entre eux qui voudra rendre compte de la charge qu'il aura exercée. » Si donc, même envers les Trente, malgré tout le mal qu'ils vous avaient fait, vous avez, à la condition qu'ils rendissent leurs comptes, abjuré tout ressentiment, encore moins en vouliez-vous garder à aucun autre citoyen. **91** Et le Conseil, chaque fois qu'il entre en fonction, quel est son serment ? « Et je n'admettrai ni *endeixis* ni *apagogè* à raison des faits antérieurs, excepté contre les exilés. » Et vous, d'autre part, Athéniens, quel serment avez-vous prêté avant de juger ? « Et je n'aurai pas de ressentiment, je ne me laisserai influencer par personne, mais je prononcerai mon arrêt suivant les lois établies. » Voyez ici si j'ai raison de vous dire que je défends votre cause et celle des lois.

92 Considérez donc, Citoyens, la situation de mes accusateurs au regard des lois. Où en sont-ils eux-mêmes, pour

s'agissait de rendre un décret touchant la condition d'un particulier..., il fallait un scrutin secret et six mille suffrages *exprimés* » (Dareste, *Les Plaid. pol, de Dém.*, I, p. 177).

1. Il s'agit de la décarchie établie au Pirée par Lysandre (Plu-

ἐψηφίσασθε χρῆσθαι ἀπ' Εὐκλείδου ἄρχοντος. 89 Ὅπου οὖν ἔδοξεν ὑμῖν δοκιμάσαι μὲν τοὺς νόμους, δοκιμάσαντας δὲ ἀναγράψαι, ἀγράφῳ δὲ νόμῳ τὰς ἀρχὰς μὴ χρῆσθαι μηδὲ περὶ ἑνός, ψήφισμα δὲ ⟨μηδὲν⟩ μήτε βουλῆς μήτε δήμου ⟨νόμου⟩ κυριώτερον εἶναι, μηδ' ἐπ' ἀνδρὶ νόμον ⟨ἐξεῖναι⟩ τιθέναι ἐὰν μὴ τὸν αὐτὸν ἐπὶ πᾶσιν Ἀθηναίοις, τοῖς δὲ νόμοις τοῖς κειμένοις χρῆσθαι ἀπ' Εὐκλείδου ἄρχοντος, ἐνταυθοῖ ἔστιν ὅ τι ὑπολείπεται ἢ μεῖζον ἢ ἔλαττον τῶν γενομένων πρότερον ψηφισμάτων, πρὶν Εὐκλείδην ἄρξαι, ὅπως κύριον ἔσται ; οὐκ οἶμαι ἔγωγε, ἄνδρες. Σκοπεῖτε δὲ καὶ αὐτοί.

90 Φέρε δὴ τοίνυν, οἱ ὅρκοι ὑμῖν πῶς ἔχουσιν ; ὁ μὲν κοινὸς τῇ πόλει ἁπάσῃ, ὃν ὀμωμόκατε πάντες μετὰ τὰς διαλλαγάς, « καὶ οὐ μνησικακήσω τῶν πολιτῶν οὐδενὶ πλὴν τῶν τριάκοντα ⟨καὶ τῶν δέκα⟩ καὶ τῶν ἕνδεκα· οὐδὲ τούτων ὃς ἂν ἐθέλῃ εὐθύνας διδόναι τῆς ἀρχῆς ἧς ἦρξεν ». Ὅπου τοίνυν αὐτοῖς τοῖς τριάκοντα ὄμνυτε μὴ μνησικακήσειν, τοῖς μεγίστων κακῶν αἰτίοις, εἰ διδοῖεν εὐθύνας, ἦ που σχολῇ τῶν γε ἄλλων πολιτῶν τινι ἠξιοῦτε μνησικακεῖν. 91 Ἡ δὲ βουλὴ αὖ ἡ ἀεὶ βουλεύουσα τί ὄμνυσι; « καὶ οὐ δέξομαι ἔνδειξιν οὐδὲ ἀπαγωγὴν ἕνεκα τῶν πρότερον γεγενημένων, πλὴν τῶν φυγόντων ». Ὑμεῖς δ' αὖ, ὦ Ἀθηναῖοι, τί ὀμόσαντες δικάζετε ; « καὶ οὐ μνησικακήσω, οὐδὲ ἄλλῳ πείσομαι, ψηφιοῦμαι δὲ κατὰ τοὺς κειμένους νόμους ». Ἃ χρὴ σκοπεῖν, εἰ δοκῶ ὀρθῶς ὑμῖν λέγειν ὡς ὑπὲρ ὑμῶν λέγω καὶ τῶν νόμων.

92 Σκέψασθε τοίνυν, ὦ ἄνδρες, κατὰ τοὺς νόμους καὶ

89 1 ὅπου Lipsius, coll. 58, aliisque pluribus locis : ὁπότ' || 4 μηδὲν add. Blass, cf. 87, 2 || 5 νόμου add. Reiske. Cf. 87, 3 || 6 ἐξεῖναι add. Sauppe : cf. 87, 4 || 9 γενομένων Baiter-Sauppe : γιν- || **90** 3 πλὴν A² : πρὶν || 4 καὶ τῶν δέκα add. H. de Valois ; καὶ τῶν ἐν Πειραιεῖ δέκα Lipsius || 6 ὅπου apogr. : ὅποι || ὤμνυτε Ald. : -ται || 7 μεγίστων Reiske : -τοις || **91** 1 αὖ ἡ Reiske : αὕτη || 3 πρότερον H. Est. : -τέρων || φυγόντων Sauppe : φευγ- (sicut pluribus locis) || 4 τί Ald. : ὅτι || 7 ὑμῶν Ald. : ἡμῶν || **92** 1 κατὰ Luzac : καὶ.

accuser les autres? Ce Képhisios que voilà prend à ferme un domaine de l'Etat ; les redevances des travailleurs du sol lui rapportent 90 mines : il ne verse rien au Trésor public et prend la fuite. Eh oui, s'il s'était montré on le mettait en prison, les entraves aux pieds. **93** Telle était, en effet, la loi : le Conseil était maître, lorsqu'un fermier de l'Etat ne payait pas, de l'emprisonner, entraves aux pieds. Eh bien cet homme, parce que vous avez décrété de n'user que des lois édictées depuis l'archontat d'Euclide, prétend ne pas vous rendre l'argent qu'il a tiré de vos domaines, et aujourd'hui ce n'est plus un exilé, mais un citoyen ; ce n'est plus un dégradé, mais un sycophante, parce que vous appliquez les lois maintenant établies. **94** Et ce Mélétos que voilà ! C'est lui qui, sous les Trente, arrêta — comme vous le savez tous — Léon, qui fut mis à mort sans jugement. Et voici une loi qui existait déjà antérieurement : elle existe encore parce que vous la tenez pour juste, et vous l'appliquez : « L'instigateur d'un crime est passible du même châtiment que celui qui l'exécute. » Eh bien, Mélétos ne peut être poursuivi comme meurtrier par les enfants de Léon parce qu'on ne doit appliquer que les lois édictées depuis l'archontat d'Euclide. En effet, qu'il ait arrêté Léon, Mélétos lui-même ne le nie pas. **95** Et cet Epicharès, qui est et veut être le plus scélérat des hommes, il ne veut donc pas s'amnistier lui-même ! Car il était Conseiller sous les Trente : or, que dit la loi gravée sur la stèle devant la salle du Conseil? « Celui qui aura exercé une fonction publique après le renversement de la démocratie peut être tué impunément : son meurtrier ne contractera point de souillure et recevra les biens du mort. » Qu'est-ce à dire, Epicharès, sinon que celui qui

tarque, *Lys.* 15 : δέκα δ' ἐν Πειραιεῖ καταστήσας ἄρχοντας. Cf. Xénophon, *Hell.*, II, 4, 19) : des historiens anciens (Justin, C. Népos) les confondent avec le Comité de dix citoyens nommés pour mettre fin à la guerre civile après les Trente (cf. Aristote, *Const. d'Athènes*, 38, 1). Aristote (*ibid.*, 39, 6) nomme comme pouvant être incriminés s'ils n'ont pas rendu leurs comptes : Les Trente, les Dix, les Onze, et les ⟨dix⟩ anciens gouverneurs du Pirée ».

τοὺς κατηγόρους, τί αὐτοῖς ὑπάρχον ἑτέρων κατηγοροῦσι. Κηφίσιος μὲν ¦οὑτοσὶ πριάμενος ὠνὴν ἐκ τοῦ δημοσίου τὰς ἐκ ταύτης ἐπικαρπίας τῶν ἐν τῇ γῇ γεωργούντων ἐνενήκοντα μνᾶς ἐκλέξας, οὐ κατέβαλε τῇ πόλει καὶ ἔφυγεν· εἰ γὰρ ἦλθεν, ἐδέδετ' ἂν ἐν τῷ ξύλῳ. 93 Ὁ γὰρ νόμος οὕτως εἶχε, κυρίαν εἶναι τήν [τε] βουλήν, ὃς ἂν πριάμενος τέλος μὴ καταβάλῃ, δεῖν ἐν τῷ ξύλῳ. Οὗτος τοίνυν, ὅτι τοῖς νόμοις ἐψηφίσασθε ἀπ' Εὐκλείδου ἄρχοντος χρῆσθαι, ἀξιοῖ ἃ ἔχει ὑμῶν ἐκλέξας μὴ ἀποδοῦναι, καὶ νῦν γεγένηται ἀντὶ μὲν φυγάδος πολίτης, ἀντὶ δὲ ἀτίμου συκοφάντης, ὅτι τοῖς νόμοις τοῖς νῦν κειμένοις χρῆσθε. 94 Μέλητος δ' αὖ οὑτοσὶ ἀπήγαγεν ἐπὶ τῶν τριάκοντα Λέοντα, ὡς ὑμεῖς ἅπαντες ἴστε, καὶ ἀπέθανεν ἐκεῖνος ἄκριτος· καὶ οὗτος ὁ νόμος καὶ πρότερον ἦν ⟨καὶ⟩ ὡς καλῶς ἔχων καὶ νῦν ἔστι, καὶ χρῆσθε αὐτῷ, τὸν βουλεύσαντα ἐν τῷ αὐτῷ ἐνέχεσθαι καὶ τὸν τῇ χειρὶ ἐργασάμενον. Μέλητον τοίνυν τοῖς παισὶ τοῖς τοῦ Λέοντος οὐκ ἔστι φόνου διώκειν, ὅτι τοῖς νόμοις δεῖ χρῆσθαι ἀπ' Εὐκλείδου ἄρχοντος, ἐπεὶ ὥς γε οὐκ ἀπήγαγεν, οὐδ' αὐτὸς ἀντιλέγει. 95 Ἐπιχάρης δ' οὑτοσί, ὁ πάντων πονηρότατος καὶ βουλόμενος εἶναι τοιοῦτος, ὁ μνησικακῶν αὐτὸς αὑτῷ, — οὗτος γὰρ ἐβούλευεν ἐπὶ τῶν τριάκοντα· ὁ δὲ νόμος τί κελεύει, ὃς ἐν τῇ στήλῃ ἔμπροσθέν ἐστι τοῦ βουλευτηρίου ; « ὃς ἂν ἄρξῃ ἐν τῇ πόλει τῆς δημοκρατίας καταλυθείσης, νηποινεὶ τεθνάναι, καὶ τὸν ἀποκτείναντα ὅσιον εἶναι καὶ τὰ χρήματα ἔχειν τοῦ ἀποθανόντος. »

92 2 ὑπάρχον Emperius : ὑπαρχόντων (ὑπάρχον τῶν scripsit Bekker) || ἑτέρων : ω in rasura scripsit A², ν euanidum || 4-5 uitiosum nescio quid redolet : an delendum ἐν τῇ γῇ (Reiske), uel etiam τῶν ἐ. τ. γ. γεωργούντων ? Sub ἐν τ. γ. regionis nomen latere coniecit Sluiter || 5 ἐνενήκοντα apogr. : ἐννεν- || **93** 2 τε del. H. Est. || 3 ἐν τῷ ξύλῳ Naber : εἰς τὸ ξύλον || 4 ἐψηφίσασθε Reiske : ἀπεψ- (e sequenti ἀπ' ortum || 8 χρῆσθε : ε in rasura A² || **94** 3 καὶ : καίτοι Sluiter || καὶ post ἦν add. Baiter || **95** 1 οὑτοσὶ Blass : οὗτος. Cf. 94, 1 || 6 νηποινεὶ Blass, hic et 96, 10 : νηποινί.

te tuerait aurait encore les mains pures, comme le dit nettement la loi de Solon ? **96** Lis-moi la loi gravée sur la stèle.

Loi. Décision du Conseil et du Peuple. La tribu Aiantide avait la prytanie, Cleigénès était secrétaire et Boéthos épistate. Voici le texte rédigé par Démophantos [1]. (D'abord la date du décret, la mention du Conseil des Cinq-Cents désignés par le sort et qui siégeait lorsque Cleigénès était secrétaire pour la première fois.) Si quelqu'un renverse la démocratie athénienne, ou, après son renversement, exerce quelque magistrature, qu'il soit tenu pour ennemi des Athéniens, qu'il soit impunément tué, que ses biens soient confisqués et qu'un dixième en soit réservé à la Déesse. Celui qui aura tué ce criminel, aussi bien que le conseiller du meurtre, resteront purs de toute impiété et de toute souillure. **97** Tous les Athéniens, par tribus et par dèmes, immoleront des victimes parfaites, et, les mains sur elles, jureront de tuer le criminel. Et voici la formule du serment : « Je ferai périr, par parole, par action, par vote, et de ma main, si je le puis, quiconque renversera la démocratie athénienne, ou, le régime une fois renversé, exercera par la suite une magistrature ; quiconque se lèvera pour s'emparer de la tyrannie ou aidera le tyran à s'établir. Et si c'est un autre qui le tue, je l'estimerai pur devant les dieux et les puissances divines, comme ayant tué un ennemi public ; je ferai vendre tous les biens du mort, et j'en donnerai la moitié au meurtrier, sans le frustrer de rien. **98** Et si un citoyen périt en tuant un de ces traîtres, ou en essayant de le tuer, je lui témoignerai

1. Droysen (*De Demoph. populiscito*, p. 7) identifie ce décret avec celui qui se lit IG., I², 304 : ἐπὶ Γλαυκίππου ἄρχοντος καὶ ἐπὶ βουλῆς ᾗ Κλειγένης Ἁλαιεὺς πρῶτος ἐγραμμάτευε. La première prytanie de la tribu Aiantide étant d'Ol. 92, 3, le décret est de juillet ou d'août 410. Il suit de peu la bataille de Cyzique (mars 410) et s'inspire d'une loi de Solon. Il s'agit d'une revision : de là συνέγραψεν. Cf. Démosthène, XX, 159. Lycurgue (*Contre Léocratès*, 127) cite ce décret de Démophantos par lequel, après la chute des Quatre-Cents, les Athéniens se sont engagés « à tuer tout traître à la patrie, par la parole, par l'action, par le bras, par le vote » (formule solennelle, et dans le vieux style juridique pour exprimer tous les moyens qui sont en la puissance d'un citoyen : elle est faite

Ἄλλο τι οὖν, ὦ Ἐπίχαρες, ἢ νῦν ὁ ἀποκτείνας σε καθαρὸς τὰς χεῖρας ἔσται, κατά γε τὸν Σόλωνος νόμον ; **96** Καί μοι ἀνάγνωθι τὸν νόμον τὸν ἐκ τῆς στήλης.

Νόμος. Ἔδοξε τῇ βουλῇ καὶ τῷ δήμῳ. Αἰαντὶς ἐπρυτάνευε, Κλειγένης ἐγραμμάτευε, Βοηθὸς ἐπεστάτει. Τάδε Δημόφαντος συνέγραψεν. Ἄρχει χρόνος τοῦδε τοῦ ψηφίσματος ἡ βουλὴ οἱ πεντακόσιοι ⟨οἱ⟩ λαχόντες τῷ κυάμῳ, οἷς Κλειγένης πρῶτος ἐγραμμάτευεν. Ἐάν τις δημοκρατίαν καταλύῃ τὴν Ἀθήνησιν, ἢ ἀρχήν τινα ἄρχῃ καταλελυμένης τῆς δημοκρατίας, πολέμιος ἔστω Ἀθηναίων καὶ νηποινεὶ τεθνάτω, καὶ τὰ χρήματα αὐτοῦ δημόσια ἔστω, καὶ τῆς θεοῦ τὸ ἐπιδέκατον· ὁ δὲ ἀποκτείνας τὸν ταῦτα ποιήσαντα καὶ ὁ συμβουλεύσας ὅσιος ἔστω καὶ εὐαγής. **97** Ὀμόσαι δ' Ἀθηναίους ἅπαντας καθ' ἱερῶν τελείων, κατὰ φυλὰς καὶ κατὰ δήμους, ἀποκτενεῖν τὸν ταῦτα ποιήσαντα. Ὁ δὲ ὅρκος ἔστω ὅδε· « κτενῶ καὶ λόγῳ καὶ ἔργῳ καὶ ψήφῳ καὶ τῇ ἐμαυτοῦ χειρί, ἂν δυνατὸς ὦ, ὃς ἂν καταλύσῃ τὴν δημοκρατίαν τὴν Ἀθήνησι. καὶ ἐάν τις ἄρξῃ τιν' ἀρχὴν καταλελυμένης τῆς δημοκρατίας τὸ λοιπόν, καὶ ἐάν τις τυραννεῖν ἐπαναστῇ ἢ τὸν τύραννον συγκαταστήσῃ. Καὶ ἐάν τις ἄλλος ἀποκτείνῃ, ὅσιον αὐτὸν νομιῶ εἶναι καὶ πρὸς θεῶν καὶ δαιμόνων, ὡς πολέμιον κτείναντα τὸν Ἀθηναίων, καὶ τὰ κτήματα τοῦ ἀποθανόντος πάντα ἀποδόμενος ἀποδώσω τὰ ἡμίσεα τῷ ἀποκτείναντι, καὶ οὐκ ἀποστερήσω οὐδέν. **98** Ἐὰν δέ τις κτείνων τινὰ τούτων ἀποθάνῃ ἢ ἐπιχειρῶν, εὖ ποιήσω αὐτόν τε καὶ τοὺς παῖδας τοὺς ἐκείνου καθάπερ Ἁρμόδιόν τε καὶ Ἀριστο-

95 8 Ἐπίχαρες Valckenaer : ἐπιχάρης || ἢ Ald. : εἰ || ἢ ἡμῖν pro ἢ νῦν Reiske || **96** 4 Κλειγένης Lipsius coll. IG., I², 304 : Κλεογένης || 6 οἱ add. Bekker || 7 οἷς Droysen : ὅτε (τῆς βουλῆς ἧ in eodem populiscito) || 8 καταλύῃ ... ἄρχῃ Ald. : -λύει ... ἄρχει || 9 καταλελυμένης : -λυμμένης pr. || ἔστω H. Est. : ἔσται || **97** 2 ἀποκτενεῖν Droysen : -κτείνειν || 4 καὶ λόγῳ καὶ ἔργῳ καὶ ψήφῳ quae infra (l. 12) post ἀποκτείναντι in ms leguntur loco mota esse atque huc pertinere uiderunt Valckenaer, Luzac. Sauppe, coll. Lycurg. Κατὰ Λεωκρ. 127 ; uid. adn. || 6 τιν' Reiske : τὴν || 7 ἐπὶ τῷ ante τυραννεῖν add. Dobree || 8 συγκαταστήσῃ apogr. : -σει || 9 ἀποκτείνῃ A² : -νει || 10 τὸν Z : τῶν || **98** 2 ἀποθάνῃ Ald. : -νοι.

ma reconnaissance, ainsi qu'à ses enfants, comme on l'a fait à Harmodios et à Aristogiton et à leur postérité. Et tous les serments qui ont été prêtés à Athènes, à l'armée, ou ailleurs, pour la ruine de la démocratie athénienne, je les annule et j'en romps les liens. » Tel est le serment que, conformément à la loi, tous les Athéniens jureront sur des victimes parfaites, avant les Dionysies. Sur celui qui tiendra son serment on appellera toute sorte de biens, et, sur le parjure, l'extermination pour lui et pour sa race.

99 Cette loi, ô sycophante et roué coquin, est-elle exécutoire, ou non ? elle ne l'est plus, ce me semble, pour la raison qu'on ne peut appliquer que les lois édictées depuis l'archontat d'Euclide. Et voilà pourquoi tu vis, et circules librement dans cette ville, toi qui en es indigne, toi qui, sous le gouvernement démocratique, vivais de délations, et qui, sous l'oligarchie, pour n'être pas forcé de restituer ce que t'avait rapporté ton métier de sycophante, te faisais le valet des Trente. **100** Et avec cela tu viens me reprocher mes accointances politiques, et tu dis du mal des gens ! Parle donc de tes accointances à toi[1] : Car, ce n'est pas pour un seul amant que tu as eu des complaisances infâmes (ce serait pour toi fort honnête) : tu te livrais au rabais à qui voulait — chacun, ici, le sait —, et tu vivais de ton honteux métier, malgré ton affreuse laideur. Et pourtant cet homme a le front d'accuser les autres, quand vos lois ne lui permettent même pas de se défendre lui-même. **101** Mais en vérité, Citoyens, lorsque assis à cette place je le voyais devant moi développant son accusation, j'avais tout à fait l'impression d'avoir été arrêté par les Trente et d'être jugé par eux. Car si l'on m'eût alors poursuivi, qui aurait été mon accusateur ? N'est-ce pas lui, à moins que je ne l'eusse acheté ? C'est, en effet, ce qui se passe aujourd'hui. Et quel autre que Chariclès m'eût fait subir cet interrogatoire : « Dis-moi, Andocide, tu es allé à Décélie et tu l'as fortifiée contre ta propre patrie ?

de deux termes généraux, et de deux termes particuliers, en forme chiastique). Cf. Eschine, *Contre Ctés*, 109 et 120.

1. D'après Harpocration le mot ἑταιρεία serait ici, contrairement à

γείτονα καὶ τοὺς ἀπογόνους αὐτῶν. Ὁπόσοι δὲ ὅρκοι ὀμώμονται Ἀθήνησιν ἢ ἐν τῷ στρατοπέδῳ ἢ ἄλλοθί που ἐναντίοι τῷ δήμῳ τῷ Ἀθηναίων, λύω καὶ ἀφίημι.» Ταῦτα δὲ ὀμοσάντων Ἀθηναῖοι πάντες καθ' ἱερῶν τελείων, τὸν νόμιμον ὅρκον, πρὸ Διονυσίων· καὶ ἐπεύχεσθαι εὐορκοῦντι μὲν εἶναι πολλὰ καὶ ἀγαθά, ἐπιορκοῦντι δ' ἐξώλη αὐτὸν εἶναι καὶ γένος.

99 Πότερον, ὦ συκοφάντα καὶ ἐπίτριπτον κίναδος, κύριος ὁ νόμος ὅδε ἐστὶν ἢ οὐ κύριος ; διὰ τοῦτο δ' οἶμαι γεγένηται ἄκυρος, ὅτι τοῖς νόμοις δεῖ χρῆσθαι ἀπ' Εὐκλείδου ἄρχοντος. Καὶ σὺ ζῇς καὶ περιέρχῃ τὴν πόλιν ταύτην, οὐκ ἄξιος ὤν· ὃς ἐν δημοκρατίᾳ μὲν συκοφαντῶν ἔζης, ἐν ὀλιγαρχίᾳ δέ, ὡς μὴ ἀναγκασθείης τὰ χρήματα ἀποδοῦναι ὅσα συκοφαντῶν ἔλαβες, ἐδούλευες τοῖς τριάκοντα. 100
Εἶτα σὺ περὶ ἑταιρείας ἐμοὶ μνείαν ποιῇ καὶ κακῶς τινας λέγεις ; ὃς ἑνὶ μὲν οὐχ ἡταίρησας (καλῶς γὰρ ἄν σοι εἶχε), πραττόμενος δ' οὐ πολὺ ἀργύριον τὸν βουλόμενον ἀνθρώπων, ὡς οὗτοι ἴσασιν, ἐπὶ τοῖς αἰσχίστοις ἔργοις ἔζης, καὶ ταῦτα οὕτως μοχθηρὸς ὢν τὴν ἰδέαν. Ἀλλ' ὅμως οὗτος ἑτέρων τολμᾷ κατηγορεῖν, ᾧ κατὰ τοὺς νόμους τοὺς ὑμετέρους οὐδ' αὐτῷ ὑπὲρ αὑτοῦ ἔστιν ἀπολογεῖσθαι. 101
Ἀλλὰ γάρ, ὦ ἄνδρες, καθήμενος ἡνίκα μου κατηγόρει, βλέπων εἰς αὐτὸν οὐδὲν ἄλλο ἢ ὑπὸ τῶν τριάκοντα συνειλημμένος ἔδοξα κρίνεσθαι. Εἰ γὰρ τότε ἠγωνιζόμην, τίς ἄν μου κατηγόρει ; οὐχ οὗτος ὑπῆρχεν, εἰ μὴ ἐδίδουν ἀργύριον ; καὶ γὰρ νῦν. Ἀνέκρινε δ' ἄν με τίς ἄλλος ἢ Χαρικλῆς, ἐρωτῶν, Εἰπέ μοι, ὦ Ἀνδοκίδη, ἦλθες εἰς Δεκέλειαν, καὶ ἐπετείχισας τῇ πατρίδι τῇ σεαυτοῦ ; Οὐκ ἔγωγε. Τί δέ ; ἔτεμες τὴν χώραν, καὶ ἐλῄσω ἢ κατὰ γῆν ἢ

98 6 τῷ Osann : τῶν || 8 Διονυσίων A^2 : -νύσων || **99** 2 οὐ κύριος ; ⟨οὐ κύριος·⟩ Reiske : possis τοῦτό γ' pro τοῦτο δὲ reponere || **100** 2 ἑταιρείας, cf. Harpocration : ἰδίως ἐπὶ τῆς ἑταιρήσεως τοὔνομα τέταχεν Ἀνδ. ἐν τῇ π. τ. μ. ἀπολογίᾳ || 7 ἑτέρων Reiske : ἑταιρῶν || τολμᾷ Blass : ἐτόλμα || **101** 8 ἐπετείχισας H. Est. : -χισε; || 9 ἐλῄσω Naber : ἐληίσω.

— Non pas. — Mais quoi ? tu as ravagé l'Attique et pillé sur terre et sur mer tes concitoyens ? — Nullement. — Tu n'as pas non plus combattu sur mer contre Athènes, tu n'as pas aidé à raser nos murs, ni à renverser la démocratie, et tu n'es pas rentré dans Athènes les armes à la main ? — Je n'ai rien fait non plus de tout cela. — Et tu crois t'en tirer comme cela et n'être pas mis à mort comme tant d'autres ? »

102 Pensez-vous, Citoyens, que j'aurais été autrement traité, pour vous être resté fidèle, si j'avais été pris par ces hommes ? Or voici, n'est-il pas vrai, qui serait assez triste : ces gens là m'auraient fait périr, comme tant d'autres, pour n'avoir point été coupable envers la Cité ; et, jugé par vous, à qui je n'ai fait aucun mal, je n'aurais pas la vie sauve ? Je l'aurai, j'en suis bien certain, ou alors je ne vois guère quel autre vous pourrez acquitter. **103** Mais en vérité, Citoyens, si, l'*endeixis* a été faite en vertu d'une loi établie, l'accusation l'a été d'après un ancien décret qui s'appliquait à d'autres. Si donc vous me condamnez, ce n'est pas moi particulièrement qui devrai rendre compte du passé, mais bien plutôt d'autres que moi, et en grand nombre : d'abord ceux qui ont porté les armes contre vous et avec qui vous vous êtes réconcilié sous la foi du serment ; puis les exilés que vous avez rappelés ; enfin les citoyens frappés d'atimie, à qui vous avez rendu leurs droits ; pour tous vous avez abattu des stèles, abrogé des lois, annulé des décrets : et maintenant ces hommes demeurent dans Athènes, confiants en vous, Citoyens. **104** Si donc ils vous voient accueillir les accusations relatives aux événements du passé, quel sera, pensez-vous, leur sentiment sur la situation qu'ils auront ici ? Qui d'entre eux consentira à se voir engagé dans un procès por-

l'usage, pris dans le sens de ἑταίρησις. Il n'en est rien. Epicharès n'a voulu parler que de coterie politique (ἑταιρεία) ; Andocide, jouant sur les mots, parle de l'ἑταίρησις, des complaisances infâmes d'Epicharès. Nous avons dû, pour rendre ce jeu, traduire ici un peu plus librement. Pour ce qui suit, cf. Eschine (*Contre Timarque*. § 29) : il s'agit de débauchés (ἢ πεπορνευμένος... ἢ ἡταιρηκώς) à qui le législateur interdit d'adresser la parole au peuple.

κατὰ θάλατταν τοὺς πολίτας τοὺς σεαυτοῦ; Οὐ δῆτα. Οὐδ᾽ ἐναυμάχησας ἐναντία τῇ πόλει, οὐδὲ συγκατέσκαψας τὰ τείχη, οὐδὲ συγκατέλυσας τὸν δῆμον, οὐδὲ βίᾳ κατῆλθες εἰς τὴν πόλιν; Οὐδὲ τούτων πεποίηκα οὐδέν. Δοκεῖς οὖν χαιρήσειν καὶ οὐκ ἀποθανεῖσθαι, ὥς ἕτεροι πολλοί;

102 Ἆρ᾽ ⟨ἂν⟩ οἴεσθε, ὦ ἄνδρες, ἄλλων τινῶν τυχεῖν με δι᾽ ὑμᾶς, εἰ ἐλήφθην ὑπ᾽ αὐτῶν; οὐκ οὖν δεινόν, εἰ ὑπὸ μὲν τούτων διὰ τοῦτ᾽ ἂν ἀπωλόμην, ὅτι εἰς τὴν πόλιν οὐδὲν ἥμαρτον, ὥσπερ καὶ ἑτέρους ἀπέκτειναν, ἐν ὑμῖν δὲ κρινόμενος, οὓς οὐδὲν κακὸν πεποίηκα, οὐ σωθήσομαι; πάντως δήπου· ἢ σχολῇ γέ τις ἄλλος ἀνθρώπων. **103** Ἀλλὰ γάρ, ὦ ἄνδρες, τὴν μὲν ἔνδειξιν ἐποιήσαντό μου κατὰ νόμον κείμενον, τὴν δὲ κατηγορίαν κατὰ τὸ ψήφισμα τὸ πρότερον γεγενημένον περὶ ἑτέρων. Εἰ οὖν ἐμοῦ καταψηφιεῖσθε, ὁρᾶτε μὴ οὐκ ἐμοὶ μάλιστα τῶν πολιτῶν προσήκει λόγον δοῦναι τῶν γεγενημένων, ἀλλὰ πολλοῖς ἑτέροις μᾶλλον, τοῦτο μὲν οἷς ὑμεῖς ἐναντία μαχεσάμενοι διηλλάγητε καὶ ὅρκους ὠμόσατε, τοῦτο δὲ οὓς φεύγοντας κατηγάγετε, τοῦτο δὲ οὓς ἀτίμους ὄντας ἐπιτίμους ἐποιήσατε· ὧν ἕνεκα καὶ στήλας ἀνείλετε καὶ νόμους ἀκύρους ἐποιήσατε καὶ ψηφίσματα ἐξηλείψατε· οἳ νυνὶ μένουσιν ἐν τῇ πόλει πιστεύοντες ὑμῖν, ὦ ἄνδρες. **104** Εἰ οὖν γνώσονται ὑμᾶς ἀποδεχομένους τὰς κατηγορίας τῶν πρότερον γεγενημένων, τίνα αὐτοὺς οἴεσθε γνώμην ἕξειν περὶ σφῶν αὐτῶν; ἢ τίνα αὐτῶν ἐθελήσειν εἰς

101 10 σεαυτοῦ apogr. : ἑαυτοῦ quod seruarunt nonnulli coll. 114, 2 (αὑτὸν pro ἐμαυτόν) || 13 οὐδὲ Muret : οὐδέν. In uulg. sic interpungebatur : πεποίηκα. Οὐδὲν; || 14 καὶ Dobree : ἢ || **102** 1 ἂν add. Dobree || 2 ὑμᾶς Reiske : ἡμᾶς || 4 ὑμῖν apogr. : ἡμῖν || **103** 3 νόμον κείμενον : τὸν νόμον τὸν κείμενον legitur 71, 1, sed nil h. l. mutandum || quod sequitur sic corrigebat Sluiter : κατὰ ψήφισμα καὶ πρότερον γεγ. καὶ περὶ ἑτ. || 7 μαχεσάμενοι : -μένοις Reiske || 8 ὠμόσατε (hic et 105, 4) apogr. : ὀμόσατε || 9 ἀτίμους apogr. : ἀτίμως || 10 ἕνεκα apogr. : εἵνεκα || 11 τὰ ante ψηφίσματα man. pr. supra lineam add., del edd. || **104** 3 πρότερον (hic et l. 5) H. Est. : προτέρων.

tant sur les événements anciens? Car ils verront surgir nombre d'ennemis personnels et de sycophantes pour traîner chacun d'eux devant des juges. **105** Ils sont venus ici les uns et les autres, mais dans des vues fort différentes : les uns pour savoir s'il faut se fier aux lois établies, aux serments échangés ; les autres pour sonder vos intentions et savoir s'ils auront licence de faire impunément métier de sycophante, de se porter accusateurs, de dénoncer les uns, d'arrêter les autres. Oui, c'est ainsi qu'il en est, Citoyens ; dans ce procès, ma vie est l'enjeu ; mais votre vote décidera pour tous[1] s'il faut se fier aux lois établies, ou bien, faute d'acheter les sycophantes, s'enfuir d'Athènes et disparaître au plus tôt.

106 Sachez-le, Citoyens, tout ce que vous avez fait pour assurer la concorde, vous ne l'avez pas fait à tort : vous avez tout ensemble accompli votre devoir et servi vos intérêts, et je veux vous le montrer en peu de mots. Vos pères, en des jours malheureux, alors qu'Athènes était aux mains des Pisistratides et les démocrates en exil, marchèrent contre les tyrans[2] qu'ils vainquirent près du sanctuaire de Pallènè (leurs chefs étaient Léogoras, mon bisaïeul, et Charias dont il avait épousé la fille, qui fut la mère de mon aïeul) : rentrés dans leur patrie, ils mirent à mort les uns, bannirent les autres, et d'autres, tout en ayant licence de rester dans Athènes, furent privés de leurs droits de citoyens. **107** Mais plus tard, lorsque le Grand Roi marcha contre la Grèce, connaissant la gravité des dangers qui fondaient sur eux et les armements du Roi, ils décidèrent de faire rentrer les

1. Voir *Introduction*, p. XXVIII, note 6.

2. Hipparque et Hippias. Le dème de Pallénè, où se trouvait un sanctuaire d'Athéna, est situé à l'entrée de la plaine d'Athènes, entre l'Hymette et le Pentélique, et correspond au lieu maintenant appelé Iéraka. Ce passage est surprenant : nous n'avons connaissance, en ce temps, que d'un combat de Pallènè livré par Pisistrate, qui fut vainqueur (Aristote, 'Αθ. πολ. XV, 3 : νικήσας δὲ τὴν ἐπὶ Παλληνίδι μάχην...). Il semble, comme l'a pensé Jebb, qu'Andocide fasse ici une confusion, et qu'en cet endroit où Pisistrate gagna une bataille il place une défaite de ses fils (cf. Hérodote I, 62).

ἀγῶνας καθίστασθαι ἕνεκα τῶν πρότερον γεγενημένων ; φανήσονται γὰρ πολλοὶ μὲν ἐχθροὶ πολλοὶ δὲ συκοφάνται, οἳ καταστήσουσιν αὐτῶν ἕκαστον εἰς ἀγῶνα. **105** Ἥκουσι δὲ νυνὶ ἀκροασόμενοι ἀμφότεροι, οὐ τὴν αὐτὴν γνώμην ἔχοντες ἀλλήλοις, ἀλλ' οἱ μὲν εἰσόμενοι εἰ χρὴ πιστεύειν τοῖς νόμοις τοῖς κειμένοις καὶ τοῖς ὅρκοις οὓς ὠμόσατε ἀλλήλοις, οἱ δὲ ἀποπειρώμενοι τῆς ὑμετέρας γνώμης, εἰ αὐτοῖς ἐξέσται ἀδεῶς συκοφαντεῖν καὶ γράφεσθαι, τοὺς δὲ ἐνδεικνύναι, τοὺς δὲ ἀπάγειν. Οὕτως οὖν ἔχει, ὦ ἄνδρες· ὁ μὲν ἀγὼν ἐν τῷ σώματι τῷ ἐμῷ καθέστηκεν ἡ δὲ ψῆφος ἡ ὑμετέρα δημοσίᾳ κρινεῖ πότερον χρὴ τοῖς νόμοις τοῖς ὑμετέροις πιστεύειν, ἢ τοὺς συκοφάντας παρασκευάζεσθαι, ἢ φεύγειν αὐτοὺς ἐκ τῆς πόλεως καὶ ἀπιέναι ὡς τάχιστα.

106 Ἵνα δὲ εἰδῆτε, ὦ ἄνδρες, ὅτι τὰ πεποιημένα ὑμῖν εἰς ὁμόνοιαν οὐ κακῶς ἔχει, ἀλλὰ τὰ προσήκοντα καὶ τὰ συμφέροντα ὑμῖν αὐτοῖς ἐποιήσατε, βραχέα βούλομαι καὶ περὶ τούτων εἰπεῖν. Οἱ γὰρ πατέρες οἱ ὑμέτεροι γενομένων τῇ πόλει κακῶν μεγάλων, ὅτε οἱ τύραννοι μὲν εἶχον τὴν πόλιν, ὁ δὲ δῆμος ἔφευγε, νικήσαντες μαχόμενοι τοὺς τυράννους ἐπὶ Παλληνίῳ, στρατηγοῦντος Λεωγόρου τοῦ προπάππου τοῦ ἐμοῦ καὶ Χαρίου οὗ ἐκεῖνος τὴν θυγατέρα εἶχεν, ἐξ ἧς ὁ ἡμέτερος ἦν πάππος, κατελθόντες εἰς τὴν πατρίδα τοὺς μὲν ἀπέκτειναν, τῶν δὲ φυγὴν κατέγνωσαν, τοὺς δὲ μένειν ἐν τῇ πόλει ἐάσαντες ἠτίμωσαν. **107** Ὕστερον δὲ ἡνίκα βασιλεὺς ἐπεστράτευσεν ἐπὶ τὴν Ἑλλάδα, γνόντες τῶν συμφορῶν τῶν ἐπιουσῶν τὸ μέγεθος καὶ τὴν παρασκευὴν τὴν βασιλέως, ἔγνωσαν τούς τε φεύ-

105 2 ἀκροασόμενοι A^2, ut uidetur : -σάμενοι || 6 τοὺς μὲν post ἀδεῶς add. H. Est. || 9 ἡ ὑμετέρα omisisse uidetur et facta rasura addidisse m. pr. || κρινεῖ H. Est. : κρίνει || **106** 3 βραχέα apogr. : βραχεῖα || 6 ἔφευγε Sauppe : ἔφυγε || 8 Χαρίου : Καλλίου Sluiter, coll. Herodot. VI, 121 || 10 τῶν δὲ (τῶν supra τοὺς) L : τοὺς δὲ || **107** 4 τὴν βασιλέως Bekker : τοῦ βασ- || φεύγοντας Baiter-Sauppe : φυγ-.

bannis, de rendre leurs droits aux citoyens frappés d'atimie, et de donner à tous part égale au salut et aux périls. Cela fait, après s'être donné foi mutuelle et avoir échangé les serments les plus sacrés, ils n'hésitèrent pas à se placer devant tous les Grecs comme un rempart et à marcher à la rencontre des Barbares, à Marathon, estimant que leur valeur était capable d'affronter seule la multitude des ennemis. Vainqueurs dans la bataille ils délivrèrent la Grèce et sauvèrent la patrie. **108** Après cet exploit ils ne voulurent garder rancune à personne pour les événements passés. Et voilà comment ayant trouvé une ville détruite[1], des temples incendiés, des murs et des maisons en ruines, réduits au dernier dénûment, ce fut par la concorde qu'ils fondèrent leur hégémonie sur les Grecs[2] et qu'ils vous laissèrent la ville si belle et si puissante. **109** Et vous aussi, plus tard, éprouvés par des maux non moindres que ceux de vos pères, mais dignes fils de ces gens de cœur, vous avez fait éclater la noblesse d'âme qui était en vous : vous avez décidé de faire rentrer les bannis et de rendre leurs droits aux citoyens frappés d'atimie. Que vous reste-t-il donc à faire pour égaler leur noblesse ? Oublier tout ressentiment, sachant, Citoyens, qu'Athènes était plus bas encore quand elle recouvra jadis sa grandeur et sa prospérité. Elle le peut de même aujourd'hui si nous prenons sur nous d'agir sans passion et de vivre dans la concorde.

110 Ils m'ont aussi accusé au sujet du rameau de suppliant que j'aurais déposé dans l'Eleusinion, alors que, sui-

1. Ici encore, Andocide n'est pas un historien très sûr. Valckenaer a fait justement observer qu'il confond ici la première et la seconde guerre médique. C'est l'armée de Xerxès qui brûle les temples et jette bas les statues des dieux (cf. Hérodote VIII, 109 ; Eschyle, *Les Perses*, 809-812).

2. Dans le *Discours sur la paix* (§§ 37-38) Andocide parlera de cette hégémonie en des termes qui rappellent d'assez près ce passage (Ταύτην δὲ λαβόντες ἀφορμὴν... τὴν ἀρχὴν τῶν Ἑλλήνων κατηργασάμεθα). Mais le discours de 392/1, plus réaliste, montrera l'hégémonie fondée, non sur la concorde, mais sur des murs et des vaisseaux.

γοντας καταδέξασθαι καὶ τοὺς ἀτίμους ἐπιτίμους ποιῆσαι καὶ κοινὴν τήν τε σωτηρίαν καὶ τοὺς κινδύνους ποιήσασθαι. Πράξαντες δὲ ταῦτα, καὶ δόντες ἀλλήλοις πίστεις καὶ ὅρκους μεγάλους, ἠξίουν σφᾶς αὐτοὺς προτάξαντες [πρὸ] τῶν Ἑλλήνων ἁπάντων ἀπαντῆσαι τοῖς βαρβάροις Μαραθῶνάδε, νομίσαντες τὴν σφετέραν αὐτῶν ἀρετὴν ἱκανὴν εἶναι τῷ πλήθει τῷ ἐκείνων ἀντιτάξασθαι· μαχεσάμενοί τε ἐνίκων, καὶ τήν τε Ἑλλάδα ἠλευθέρωσαν καὶ τὴν πατρίδα ἔσῳσαν. 108 Ἔργον δὲ τοιοῦτον ἐργασάμενοι, οὐκ ἠξίωσάν τινι τῶν πρότερον γενομένων μνησικακῆσαι. Τοιγάρτοι διὰ ταῦτα, τὴν πόλιν ἀνάστατον παραλαβόντες ἱερά τε κατακεκαυμένα τείχη τε καὶ οἰκίας καταπεπτωκυίας, ἀφορμήν τε οὐδεμίαν ἔχοντες, διὰ τὸ ἀλλήλοις ὁμονοεῖν τὴν ἀρχὴν τῶν Ἑλλήνων κατηργάσαντο καὶ τὴν πόλιν ὑμῖν τοιαύτην καὶ τοσαύτην παρέδοσαν. 109 Ὑμεῖς οὖν καὶ αὐτοὶ ὕστερον, κακῶν οὐκ ἐλαττόνων ἢ ἐκείνοις γεγενημένων, ἀγαθοὶ ἐξ ἀγαθῶν ὄντες ἀπέδοτε τὴν ὑπάρχουσαν ἀρετήν· ἠξιώσατε γὰρ τούς τε φεύγοντας καταδέξασθαι καὶ τοὺς ἀτίμους ἐπιτίμους ποιῆσαι. Τί οὖν ὑμῖν ὑπόλοιπόν ἐστι τῆς ἐκείνων ἀρετῆς; μὴ μνησικακῆσαι, εἰδότας, ὦ ἄνδρες, ὅτι ἡ πόλις ἐκ πολὺ ἐλάττονος ἀφορμῆς ἐν τῷ ἔμπροσθεν χρόνῳ μεγάλη καὶ εὐδαίμων ἐγένετο· ἃ ⟨καὶ⟩ νῦν αὐτῇ ὑπάρχει, εἰ ἐθέλοιμεν οἱ πολῖται σωφρονεῖν τε καὶ ὁμονοεῖν ἀλλήλοις.

110 Κατηγόρησαν δέ μου καὶ περὶ τῆς ἱκετηρίας, ὡς καταθείην ἐγὼ ἐν τῷ Ἐλευσινίῳ, νόμος δ' εἴη πάτριος, ὃς

107 7 πράξαντες apogr. : -αντας || δόντες apogr. : διδόντες || 8 προ. τάξαντες : προστ- pr. || πρὸ deleui || **108** 2 τινι : νι add. supra lineam || 3 διὰ ταῦτα quae post τοιγάρτοι prima specie offendunt (μετὰ ταῦτα coni. Bake) idem ualent quod infra διὰ τὸ ἀλλήλοις ὁμονοεῖν || 6 κατηργάσαντο Blass : κατειργ- || **109** 2 οὐκ add. A[1] || 8 καὶ add. Blass || **110** 2 δ' εἴη Bekker (Pap. Flor. ed. a Comparetti[1] δει]η) : δὲ ἦν.

1. Vide praefat., p. XXXII, n. 2.

vant une loi de nos aïeux, celui qui dépose un rameau de suppliant pendant les Mytères doit être mis à mort. Et voyez jusqu'où va leur audace : ils avaient ourdi contre moi toute une machination ; il ne leur suffit pas d'avoir manqué leur coup : maintenant ils m'accusent formellement de sacrilège. **111** Nous revenions d'Eleusis ; l'*endeixis* avait eu lieu. A ce moment l'Archonte-Roi se présente, comme c'est la coutume, devant les Prytanes pour faire son rapport sur ce qui s'est passé à Eleusis pendant les cérémonies. Les Prytanes déclarent alors qu'ils l'introduiront devant le Conseil et l'invitent à nous convoquer, Képhisios et moi, dans l'Eleusinion. Car c'était là que le Conseil devait siéger suivant la loi de Solon qui veut que le lendemain des Mystères on siège dans l'Eleusinion. **112** Nous y comparaissons suivant l'ordre reçu. Quand le Conseil est au complet Callias, fils d'Hipponicos, se lève en costume sacerdotal [1] : il déclare qu'un rameau de suppliant a été placé sur l'autel et le montre à tous. Le héraut demande alors qui a déposé ce rameau : personne ne répond. J'étais là, cependant, et Képhisios me voyait. Personne n'ayant répondu, Euclès que voilà rentre, l'interpellation faite [2]. — Appelle-le moi. Eh bien sur ces faits d'abord, dis-je la vérité ? Donnes-en témoignage, Euclès.

TÉMOIGNAGE

113 J'ai dit la vérité : on vient de l'attester. Et la réalité des choses est toute contraire aux affirmations de mes

1. Le costume du dadouque est le même que celui du hiérophante : robe de laine couleur de pourpre, στρόφιον retenant la chevelure, couronne de myrte (cf. Foucart, *Les Mystères d'Eleusis*, 1914, p. 177). Sur ce personnage de Callias, dont Andocide va dénoncer les manœuvres et conter la vie scandaleuse, voir *Introduction*, p. XII et la note 6.

2. Texte gâté. Euclès « est parti » : où donc, et pourquoi ? Andocide et Képhisios se tenaient-ils aux abords de la salle ? (Reiske voulait écrire ἡμεῖς δ' ἔξω παρέσταμεν) ; Euclès est-il allé poser sa question, puis rentré ? Tout cela est bien douteux. Des inscriptions citées par Kirchhoff (*Hermès* I, 15, notamment IG., II, 73) nomment, à cette époque, un per-

ἂν θῇ ἱκετηρίαν μυστηρίοις τεθνάναι. Καὶ οὕτως εἰσὶ τολμηροὶ ὥσθ' ἃ αὐτοὶ κατεσκεύασαν οὐκ ἀρκεῖ αὐτοῖς ὅτι οὐ κατέσχον ἃ ἐπεβούλευσαν, ἀλλὰ καὶ κατηγορίαν ἐμοῦ ποιοῦνται ὡς ἀδικοῦντος. 111 Ἐπειδὴ γὰρ ἤλθομεν Ἐλευσινόθεν καὶ ἡ ἔνδειξις ἐγεγένητο, προσῄει ὁ βασιλεὺς περὶ τῶν γεγενημένων Ἐλευσῖνι κατὰ τὴν τελετήν, ὥσπερ ἔθος ἐστίν, ⟨τοῖς πρυτάνεσιν⟩, οἱ δὲ [πρυτάνεις] προσάξειν ἔφασαν αὐτὸν πρὸς τὴν βουλήν, ἐπαγγεῖλαί τ' ἐκέλευον ἐμοί τε καὶ Κηφισίῳ παρεῖναι εἰς τὸ Ἐλευσίνιον· ἡ γὰρ βουλὴ ἐκεῖ καθεδεῖσθαι ἔμελλε κατὰ τὸν Σόλωνος νόμον, ὃς κελεύει τῇ ὑστεραίᾳ τῶν μυστηρίων ἕδραν ποιεῖν ἐν τῷ Ἐλευσινίῳ. 112 Καὶ παρῆμεν κατὰ τὰ προειρημένα. Καὶ ἡ βουλὴ ἐπειδὴ ἦν πλήρης, ἀναστὰς Καλλίας ὁ Ἱππονίκου τὴν σκευὴν ἔχων λέγει ὅτι ἱκετηρία κεῖται ἐπὶ τοῦ βωμοῦ, καὶ ἔδειξεν αὐτοῖς. Κᾆθ' ὁ κῆρυξ ἐκήρυττε τίς τὴν ἱκετηρίαν καταθείη, καὶ οὐδεὶς ὑπήκουεν. Ἡμεῖς δὲ παρέσταμεν, καὶ οὗτος ἡμᾶς ἑώρα. Ἐπειδὴ δὲ οὐδεὶς ὑπήκουεν καὶ ᾤχετο εἰσιὼν ⟨ὁ⟩ ἐπεξελθὼν Εὐκλῆς οὑτοσί — καί μοι κάλει αὐτόν. Πρῶτα μὲν οὖν ταῦτα εἰ ἀληθῆ λέγω, μαρτύρησον, Εὔκλεις.

⟨**Μαρτύρια**⟩

113 Ὡς μὲν ἀληθῆ λέγω, μεμαρτύρηται· πολὺ δέ μοι δοκεῖ τὸ ἐναντίον εἶναι ἢ οἱ κατήγοροι εἶπον. Ἔλεξαν

110 3 ἂν θῇ : αν επι Pap. m. pr., εαν θη corr. subter l. altera || 5 ἃ ἐπεβούλευσαν, quod post ἃ κατεσκεύασαν ferri nequit, aut delendum, aut ἃ αὐτοὶ κατεσκεύασαν, ut satis commode censuit Sluiter, post ἀδικοῦντος traiciendum || **111** 4 τοῖς πρυτάνεσιν add. Koepke, πρυτάνεις post οἱ δὲ del. Lipsius || 5 ἐπαγγεῖλαι Bekker : ἀπαγγ- || 6 Κηφισίῳ apogr. : κηφη- || **112** 1 προειρημένα apogr. : προηρ- || 4 κᾆθ' Bekker : καθὰ || 5 ὑπήκουεν edd. : -κουε || 6 παρέσταμεν Bekker : παρέστημεν (rasurae uestigia post στ) || ἡμᾶς : ἐμὲ Blass || 7 καὶ in margine ante ᾤχετο add. A^2 || locus uario modo uexatus : sensum insistere et Εὐκλῆς apodosin demum habere 115, 1 (ἐπειδὴ δ' ἔλεγε κτέ) censebat Reiske qui tamen h. l. uerbum aliquod deesse uerisimilius habebat ; ὁ add. Blass^2 : possis et [καὶ] ἐπεξ. ᾤχ. εἰσιὼν reponere ; uide adn. || 10 ΜΑΡΤΥΡΙΑ add. Ald.

accusateurs. Ils ont dit, si vous vous en souvenez, que les Déesses elles-mêmes, égarant mon esprit, m'avaient poussé à déposer le rameau, par ignorance de la loi *, pour être ici châtié par vous. Mais pour moi, Citoyens, en admettant que mes accusateurs disent aussi vrai qu'il se puisse, je prétends que c'est aux Déesses elles-mêmes que je dois mon salut. **114** Car si j'ai déposé le rameau et n'ai pas répondu, n'est-il pas vrai que m'étant perdu moi-même par mon acte de suppliant, j'étais, en gardant le silence, sauvé par une heureuse fortune *, c'est-à-dire, évidemment, par l'inspiration des deux Déesses ? En effet, si elles avaient voulu me perdre, il aurait fallu, ce me semble, que, sans avoir déposé le rameau, j'en fisse l'aveu. Mais je n'ai rien avoué ni rien déposé. **115** Lors donc qu'Euclès eut dit au Conseil que personne ne répondait, Callias, se levant de nouveau, dit qu'une loi de nos aïeux condamnait à mort sans jugement celui qui ⟨pendant les mystères⟩ aurait déposé un rameau de suppliant dans l'Eleusinion, que cette loi avait été jadis interprétée aux Athéniens par son père Hipponicos, et qu'il avait entendu dire que le rameau déposé l'avait été par moi. Aussitôt Képhalos que voici s'élance et dit : **116** « O Callias, le plus impie de tous les hommes, d'abord tu proposes une interprétation de la loi, et cela t'est défendu, puisque tu es de la famille des Kéryces * ; ensuite tu nous parles d'une loi de nos ancêtres ; mais la stèle près de laquelle tu te tiens condamne à une amende de mille drachmes celui qui aura déposé un rameau de suppliant dans l'Eleusinion *. Et puis de qui tiens-tu que ce rameau a été déposé par Andocide ? Cite ce témoin [devant le Conseil] pour que nous l'entendions nous aussi. » On lut donc l'inscription de la stèle, et Callias n'ayant pu nommer l'homme dont il disait tenir ce propos, il fut bien évident pour le Conseil qu'il avait lui-même déposé le rameau.

117 Et maintenant, Citoyens — car vous désirez sans doute l'apprendre — dans quel dessein Callias a-t-il déposé ce rameau de suppliant ? Je vais vous expliquer les motifs

sonnage du nom d'Euclès « héraut du Conseil et du Peuple ».

γάρ, εἰ μέμνησθε, ὅτι αὐτώ με τὼ θεὼ παραγάγοιεν ὥστε θεῖναι τὴν ἱκετηρίαν μὴ εἰδότα τὸν νόμον, ἵνα δῶ δίκην. Ἐγὼ δέ, ὦ ἄνδρες, εἰ ὡς μάλιστα ἀληθῆ λέγουσιν οἱ κατήγοροι, ὑπ' αὐτοῖν μὲν φημὶ τοῖν θεοῖν σεσῶσθαι. 114 Εἰ γὰρ ἔθηκα μὲν τὴν ἱκετηρίαν, ὑπήκουσα δὲ μή, ἄλλο τι ἢ αὐτὸς μὲν αὑτὸν ἀπώλλυον τιθεὶς τὴν ἱκετηρίαν, ἐσῳζόμην δὲ τῇ τύχῃ διὰ τὸ μὴ ὑπακοῦσαι, δῆλον ὅτι διὰ τὼ θεώ; εἰ γὰρ ἐβουλέσθην με ἀπολλύναι τὼ θεώ, ἐχρῆν δήπου καὶ μὴ θέντα με τὴν ἱκετηρίαν ὁμολογῆσαι. Ἀλλ' οὔτε ὑπήκουσα οὔτ' ἔθηκα. 115 Ἐπειδὴ δ' ἔλεγε τῇ βουλῇ Εὐκλῆς ὅτι οὐδεὶς ὑπακούοι, πάλιν ὁ Καλλίας ⟨ἀνα⟩στὰς ἔλεγεν ὅτι εἴη νόμος πάτριος, εἴ τις ἱκετηρίαν θείη ⟨μυστηρίοις⟩ ἐν τῷ Ἐλευσινίῳ, ἄκριτον ἀποθανεῖν, καὶ ὁ πατήρ ποτ' αὐτοῦ Ἱππόνικος ἐξηγήσαιτο ταῦτα Ἀθηναίοις, ἀκούσειε δὲ ὅτι ἐγὼ θείην τὴν ἱκετηρίαν. Ἐντεῦθεν ἀναπηδᾷ Κέφαλος οὑτοσὶ καὶ λέγει· 116 « Ὦ Καλλία, πάντων ἀνθρώπων ἀνοσιώτατε, πρῶτον μὲν ἐξηγῇ Κηρύκων ὤν, οὐχ ὅσιον ⟨ὂν⟩ σοι ἐξηγεῖσθαι· ἔπειτα δὲ νόμον πάτριον λέγεις, ἡ δὲ στήλη παρ' ᾗ ἕστηκας χιλίας δραχμὰς κελεύει ὀφείλειν, ἐάν τις ἱκετηρίαν θῇ ἐν τῷ Ἐλευσινίῳ. Ἔπειτα δὲ τίνος ἤκουσας ὅτι Ἀνδοκίδης θείη τὴν ἱκετηρίαν; κάλεσον αὐτὸν [τῇ βουλῇ], ἵνα καὶ ἡμεῖς ἀκούσωμεν. » Ἐπειδὴ δὲ ἀνεγνώσθη ἡ στήλη κἀκεῖνος οὐκ εἶχεν εἰπεῖν ὅτου ἤκουσεν, καταφανὴς ἦν τῇ βουλῇ αὐτὸς θεὶς τὴν ἱκετηρίαν.

117 Φέρε δὴ τοίνυν, ὦ ἄνδρες, (τάχα γὰρ ἂν αὐτὸ βούλοισθε πυθέσθαι) ὁ δὲ Καλλίας τί βουλόμενος ἐτίθει τὴν ἱκετηρίαν; ἐγὼ δὲ ὑμῖν διηγήσομαι ὧν ὑπ' αὐτοῦ ἕνεκα

113 3 παραγάγοιεν Dobree : περιαγάγ- || 6 μὲν : με Reiske. An μὲν ⟨οὖν⟩ ? || **114** 4 εἰ γὰρ — τὼ θεὼ add. in margine A[1] || **115** 3 ἀναστὰς Baiter : στὰς || 4 μυστηρίοις addidi : cf. 110, 3 || 5 ἐξηγήσαιτο Dobree : ἐξηγήσατο || **116** 3 ὂν add. Frohberger; κηρύκων ὤν, οἷς οὐχ ὅσιον Reiske || 6 Ἐλευσινίῳ : -σεινιωι Pap. || 7 τῇ βουλῇ del. Halbertsma || **117** 2 βούλοισθε Dobree : βούλεσθε || 3 ἕνεκα Lipsius : εἵνεκα.

qui lui ont fait machiner cela contre moi. Epilycos, fils de Tisandros, était mon oncle, frère de ma mère. Il mourut en Sicile, sans enfants mâles, laissant deux filles qui nous revenaient, à Léagros et à moi[1]. **118** Il laissait des affaires en mauvais état : un actif dont le plus clair était de deux talents, un passif de plus de cinq. Cependant je fis venir Léagros, et, en présence de nos amis, je lui déclarai que de braves gens devaient, en pareilles circonstances, montrer leur dévouement à leur famille. **119** « Il n'est pas juste, lui dis-je, de chercher un parti plus riche, une alliance plus brillante, et de dédaigner les filles d'Epilycos. Car s'il vivait, ou s'il était mort en laissant une grande fortune, nous prétendrions, comme étant ses plus proches parents, épouser ses filles. Eh bien, ce que nous ferions alors pour Epilycos ou pour sa fortune, nous allons le faire en gens de cœur. Fais-toi donc adjuger l'une et je demanderai l'autre. » Il consentit, Citoyens ; **120** nous fîmes tous deux la demande selon notre convention ; mais, par malheur, celle qu'on m'avait adjugée tomba malade et mourut. L'autre vit encore. C'est celle-ci que Callias voulut, par la promesse d'une somme d'argent, se faire céder par Léagros. Dès que je l'apprends, je dépose une consignation et j'intente à Léagros en lui donnant priorité, une action en ces termes : « Si tu veux qu'elle te soit attribuée, prends-la et sois heureux ; sinon, je la réclame. » **121** A cette nouvelle, Callias revendique pour son propre fils l'héritière, le dixième jour du mois, afin d'empêcher qu'on me l'adjuge. Lorsqu'arrivent les dix derniers jours du mois *, pendant les Mystères, il donne mille drachmes à Képhisios, dont il fait son complice pour que, par une *endeixis*, il me jette dans ce procès ; mais voyant que je tiens bon, il dépose le rameau de suppliant : il compte, de cette manière, me faire condamner à mort ou exiler sans jugement, puis, en achetant le consentement de Léagros,

1. On sait qu'une fille *épiclère* (= dépositaire d'un héritage) non mariée doit, si son père n'a pas, par testament, fait choix d'un gendre, être épousée par son plus proche parent qui la revendique (ἐπιδικάζεται) avec la succession. La ligne ascendante est exclue :

ἐπεβουλεύθην. Ἐπίλυκος ἦν ὁ Τεισάνδρου θεῖός μοι, ἀδελφὸς τῆς μητρὸς τῆς ἐμῆς· ἀπέθανε δὲ ἐν Σικελίᾳ ἄπαις ἀρρένων παίδων, θυγατέρας δὲ δύο καταλιπών, αἳ ἐγίγνοντο εἴς τε ἐμὲ καὶ Λέαγρον. 118 Τὰ δὲ πράγματα τὰ οἴκοι πονήρως εἶχε· τὴν μὲν γὰρ φανερὰν οὐσίαν οὐδὲ δυοῖν ταλάντοιν κατέλιπε, τὰ δὲ ὀφειλόμενα πλέον ἦν ἢ πέντε τάλαντα. Ὅμως δ' ἐγὼ καλέσας Λέαγρον ἐναντίον τῶν φίλων ἔλεγον, ὅτι ταῦτ' εἴη ἀνδρῶν ἀγαθῶν, ἐν τοῖς τοιούτοις δεικνύναι τὰς οἰκειότητας ἀλλήλοις. 119 « Ἡμᾶς γὰρ οὐ δίκαιόν ἐστιν οὔτε χρήματα ἕτερα οὔτ' εὐτυχίαν ἀνδρὸς ἑλέσθαι, ὥστε καταφρονῆσαι τῶν Ἐπιλύκου θυγατέρων. Καὶ γὰρ εἰ ἔζη Ἐπίλυκος ἢ τεθνεὼς πολλὰ κατέλιπε χρήματα, ἠξιοῦμεν ἂν γένει ὄντες ἐγγυτάτω ἔχειν τὰς παῖδας. Τοιγάρτοι ἐκεῖνα μὲν δι' Ἐπίλυκον ἂν ἦν ἢ διὰ τὰ χρήματα· νῦν δὲ διὰ τὴν ἡμετέραν ἀρετὴν τάδε ἔσται. Τῆς μὲν οὖν σὺ ἐπιδικάζου, τῆς δὲ ἐγώ. » 120 Ὡμολόγησέ μοι, ὦ ἄνδρες. Ἐπεδικασάμεθα ἄμφω κατὰ τὴν πρὸς ἡμᾶς ὁμολογίαν. Καὶ ἧς μὲν ἐγὼ ἐπεδικασάμην, ἡ παῖς τύχῃ χρησαμένη καμοῦσα ἀπέθανεν· ἡ δ' ἑτέρα ἔστιν ἔτι. Ταύτην Καλλίας ἔπειθε Λέαγρον, χρήματα ὑπισχνούμενος, ἐᾶν αὐτὸν λαβεῖν· αἰσθόμενος δ' ἐγὼ εὐθὺς ἔθηκα παράστασιν, καὶ ἔλαχον προτέρῳ μὲν Λεάγρῳ, ὅτι « εἰ μὲν σὺ βούλῃ ἐπιδικάζεσθαι, ἔχε τύχῃ ἀγαθῇ, εἰ δὲ μή, ἐγὼ ἐπιδικάσομαι ». 121 Γνοὺς ταῦτα Καλλίας λαγχάνει τῷ υἱεῖ τῷ ἑαυτοῦ τῆς ἐπικλήρου, τῇ δεκάτῃ ἱσταμένου, ἵνα μὴ ἐπιδικάσωμαι ἐγώ. Ταῖς δ' εἰκάσι, μυστηρίοις τούτοις, δοὺς Κηφισίῳ χιλίας δραχμὰς ἐνδείκνυσί με καὶ εἰς τὸν ἀγῶνα τοῦτον καθίστησιν. Ἐπειδὴ δ' ἑώρα με ὑπομένοντα, τίθησι τὴν ἱκετηρίαν, ὡς ἐμὲ μὲν ἀποκτενῶν ἄκριτον ἢ ἐξελῶν, αὐτὸς δὲ πείσας Λέαγρον χρήμασι συνοικήσων τῇ Ἐπιλύκου θυγατρί.

117 4 Τεισάνδρου Blass : Τισ- || **119** 2 ἕτερα : fort. ἑτέρου Richards || 5 ἠξιοῦμεν : ἠ in rasura || **120** 7 βούλῃ Blass : -λει || **121** 7 πείσας Scaliger : πείσων.

s'assurer la possession de la fille d'Epilycos. **122** Mais voyant que cela même n'ira pas sans résistance, il va trouver Lysistratos, Hégémon, Epicharès, qu'il sait mes amis et mes familiers. Et voyez jusqu'à quel point il a poussé l'impudence et le mépris des lois : il leur déclare que si, maintenant encore, je veux renoncer à la fille d'Epilycos, il est prêt à cesser de me traiter en ennemi, à faire abandonner par Képhisios sa poursuite, à me dédommager en prenant mes amis pour arbitres. **123** Je lui dis qu'il lui était loisible de m'accuser et de suborner des gens contre moi ; mais que si j'étais absous, par un juste arrêt des Athéniens, il pourrait bien, selon moi, avoir, à son tour, sa tête à défendre. Que ma prédiction soit véridique, il vous appartient, Citoyens, de le montrer. Pour attester que je dis vrai appelle les témoins.

TÉMOINS

124 Quant à ce fils pour lequel il prétendit obtenir la fille d'Epilycos, voyez quelle est sa naissance et comment Callias le reconnut. Cela vaut vraiment la peine de l'apprendre, Citoyens. Il épousa la fille d'Ischomachos : après avoir vécu avec elle moins d'un an, il prit la mère de sa femme, et cet homme, le dernier des misérables, vécut avec la mère et la fille, lui, prêtre d'une Mère et d'une Fille divines : il les avait ensemble dans sa maison ! **125** S'il n'eut à l'égard des deux Déesses ni respect ni crainte, la fille d'Ischomachos jugea qu'il valait mieux mourir que de vivre pour voir pareille honte : elle essayait de se pendre quand on intervint ; rappelée à la vie elle s'enfuit de la maison : la mère avait chassé la fille. Quand il eut assez de celle-là aussi, Callias la renvoya. Elle se disait grosse de lui ; mais quand

nous voyons ici que Callias, ne pouvant revendiquer pour lui la fille d'Epilycos, dont il est le grand-père, la demandera pour son fils. Andocide, dès qu'il a su la collusion de Callias et de Léagros, a fait une sommation suivant laquelle si Léagros ne maintient pas sa demande il prétend user de son droit de proche parent. Τῷ προτέρῳ

122 Ἐπειδὴ δ' οὐδ' ὣς ἄνευ ἀγῶνος ἑώρα ἐσόμενα τὰ πράγματα, τότε δὴ προσιὼν Λυσίστρατον, Ἡγήμονα, Ἐπιχάρη, ὁρῶν φίλους ὄντας ἐμοὶ καὶ χρωμένους, εἰς τοῦτο βδελυρίας ἦλθε καὶ παρανομίας, ὥστ' ἔλεγε πρὸς τούτους ὡς εἰ ἔτι καὶ νῦν βουλοίμην ἀποστῆναι τῆς Ἐπιλύκου θυγατρός, ἕτοιμος εἴη παύσασθαί με κακῶς ποιῶν, ἀπαλλάξαι δὲ Κηφίσιον, δίκην δ' ἐν τοῖς φίλοις δοῦναί μοι τῶν πεποιημένων. **123** Εἶπον αὐτῷ καὶ κατηγορεῖν καὶ παρασκευάζειν ἄλλους· εἰ δ' ἐγὼ αὐτὸν ἀποφεύξομαι καὶ γνώσονται Ἀθηναῖοι περὶ ἐμοῦ τὰ δίκαια, ἐγὼ αὐτὸν οἶμαι περὶ τοῦ σώματος τοῦ ἑαυτοῦ ἐν τῷ μέρει κινδυνεύσειν. Ἅπερ αὐτὸν οὐ ψεύσομαι, ἐὰν ὑμῖν, ὦ ἄνδρες, δοκῇ. Ὡς δ' ἀληθῆ λέγω, κάλει μοι τοὺς μάρτυρας.

Μάρτυρες

124 Ἀλλὰ γὰρ τὸν υἱὸν αὐτοῦ τοῦτον, ᾧ λαχεῖν ἠξίωσε τῆς Ἐπιλύκου θυγατρός, σκέψασθε πῶς γέγονε, καὶ πῶς ἐποιήσατ' αὐτόν· ταῦτα γὰρ καὶ ἄξιον ἀκοῦσαι, ὦ ἄνδρες. Γαμεῖ μὲν Ἰσχομάχου θυγατέρα· ταύτῃ δὲ συνοικήσας οὐδ' ἐνιαυτὸν τὴν μητέρα αὐτῆς ἔλαβε, καὶ συνῴκει ὁ πάντων σχετλιώτατος ἀνθρώπων τῇ μητρὶ καὶ τῇ θυγατρί, ἱερεὺς ὢν τῆς μητρὸς καὶ τῆς θυγατρός, καὶ εἶχεν ἐν τῇ οἰκίᾳ ἀμφοτέρας. **125** Καὶ οὗτος μὲν οὐκ ᾐσχύνθη οὐδ' ἔδεισε τὼ θεώ· ἡ δὲ τοῦ Ἰσχομάχου θυγάτηρ τεθνάναι νομίσασα λυσιτελεῖν ἢ ζῆν ὁρῶσα τὰ γιγνόμενα, ἀπαγχομένη μεταξὺ κατεκωλύθη, καὶ ἐπειδὴ ἀνεβίω, ἀποδρᾶσα ἐκ τῆς οἰκίας ᾤχετο, καὶ ἐξήλασεν ἡ μήτηρ τὴν θυγατέρα. Ταύτης δ' αὖ διαπεπλησμένος ἐξέβαλε καὶ ταύτην. Ἡ

122 1 οὐδ' ὣς Bekker : οὕτως || 2 Ἡγήμονα Valckenaer : ἡγεμόνα || 3 Ἐπιχάρη Schiller : -χάρην || 8 μοι add. A[1] || **123** 1 δι' ὧν ante, uel οὖν post εἶπον Reiske || 3 ἀποφεύξομαι Valckenaer : -ξαιμι || 4 οἶμαι Marchant, coll. 19, 22, 39, 129, 139 : οἴομαι || **125** 4 κατεκωλύθη Sluiter (κατελύθη Baiter) : κατεκλίθη || ἀποδρᾶσα Bekker : -δράσασα.

elle eut accouché d'un fils, Callias nia que l'enfant fût de lui. **126** Les parents de la femme, ayant pris l'enfant, se présentèrent devant l'autel avec une victime à la fête des Apaturies [1] et invitèrent Callias à commencer le sacrifice. « De qui est l'enfant », demanda celui-ci. — « De Callias fils d'Hipponicos », lui fut-il répondu. — « Mais c'est moi-même ». — « Eh bien, c'est ton fils ». Alors, la main sur l'autel, il jure qu'il n'a et n'a jamais eu d'autre fils qu'Hipponicos, né de la fille de Glaucon, et que, s'il ment, il veut périr, lui et sa race — ce qui ne manquera pas. **127** Or, quelque temps après, Citoyens, il se reprend d'amour pour cette vieille, la plus impudente des femmes, il la ramène chez lui, et ce fils déjà grand [2] il le présente aux Kéryces en déclarant qu'il est de lui. Calliadès s'oppose à ce qu'on l'inscrive ; mais les Kéryces votent selon la loi de leur collège [3] qui autorise un père à leur présenter son fils, s'il jure que c'est bien son enfant. La main sur l'autel, Callias jure que c'est son fils légitime, né de Chrysilla [4]. C'était le même qu'il avait renié. — Appelle-moi les témoins qui vont attester tous ces faits.

Témoins

128 Eh bien, Citoyens, cherchez si jamais en Grèce on vit pareille turpitude : un homme épousant une femme, puis la mère, et les ayant toutes deux à la fois, et la fille

n'a pas, dans la phrase, de correspondance régulière ; mais εἰ μὲν σύ en reprend le sens, et εἰ δὲ μή s'oppose à l'un et à l'autre.

1. C'est le troisième et dernier jour (κουρεῶτις) de la fête qu'a lieu cette cérémonie d'inscription.

2. La quatrième année est, suivant l'usage, le délai maximum.

3. Voir à ce sujet, Foucart, *Les mystères d'Eleusis*, p. 158.

4. Ce nom a été très vraisemblablement restitué par Iernstedt (cf. IG., II, 758, col. II, l. 38). — Qu'y a-t-il de vrai dans cette histoire scandaleuse, il est difficile de le dire. Mais, comme l'observe justement Swoboda (Pauly-Wissowa, Lief. 146-7, col. 1622) tout n'est sans doute pas forgé de toutes pièces puisque Andocide fournit des témoins.

δ' ἔφη κυεῖν ἐξ αὐτοῦ· καὶ ἐπειδὴ ἔτεκεν υἱόν, ἔξαρνος ἦν μὴ εἶναι ἐξ αὐτοῦ τὸ παιδίον. **126** Λαβόντες δὲ οἱ προσήκοντες τῇ γυναικὶ τὸ παιδίον ἧκον ἐπὶ τὸν βωμὸν Ἀπατουρίοις, ἔχοντες ἱερεῖον, καὶ ἐκέλευον κατάρξασθαι τὸν Καλλίαν. Ὁ δ' ἠρώτα τίνος εἴη τὸ παιδίον· ἔλεγον « Καλλίου τοῦ Ἱππονίκου ». « Ἐγώ εἰμι οὗτος. » « Καὶ ἔστι γε σὸν τὸ παιδίον. » Λαβόμενος τοῦ βωμοῦ ὤμοσεν ἦ μὴν μὴ εἶναί ⟨οἱ⟩ υἱὸν ἄλλον μηδὲ γενέσθαι πώποτε, εἰ μὴ Ἱππόνικον ἐκ τῆς Γλαύκωνος θυγατρός· ἢ ἐξώλη εἶναι καὶ αὐτὸν καὶ τὴν οἰκίαν, ὥσπερ ἔσται. **127** Μετὰ ταῦτα τοίνυν, ὦ ἄνδρες, ὑστέρῳ πάλιν χρόνῳ τῆς γραὸς τολμηροτάτης γυναικὸς ἀνηράσθη, καὶ κομίζεται αὐτὴν εἰς τὴν οἰκίαν, καὶ τὸν παῖδα ἤδη μέγαν ὄντα εἰσάγει εἰς Κήρυκας, φάσκων εἶναι υἱὸν αὑτοῦ. Ἀντεῖπε μὲν Καλλιάδης μὴ εἰσδέξασθαι, ἐψηφίσαντο δὲ οἱ Κήρυκες κατὰ τὸν νόμον ὅς ἐστιν αὐτοῖς, τὸν πατέρα ὀμόσαντα εἰσάγειν ἦ μὴν υἱὸν ὄντα ἑαυτοῦ εἰσάγειν. Λαβόμενος τοῦ βωμοῦ ὤμοσεν ἦ μὴν τὸν παῖδα ἑαυτοῦ εἶναι γνήσιον, ἐκ Χρυσίλλης γεγονότα· ὃν ἀπώμοσε. Καί μοι τούτων ἁπάντων τοὺς μάρτυρας κάλει.

⟨Μάρτυρες⟩

128 Φέρε δὴ τοίνυν, ὦ ἄνδρες, σκεψώμεθα εἰ πώποτε ἐν τοῖς Ἕλλησι πρᾶγμα τοιοῦτον ἐγένετο, ὅπου γυναῖκά τις γήμας ἐπέγημε τῇ θυγατρὶ τὴν μητέρα καὶ ἐξήλασεν ἡ

126 2 ἧκον : ἦγον H. Estienne || 3 ἱερεῖον : εῖο, ut uidetur, a correctore || 7 οἱ add. Muret || **127** 5 μὲν add. A[1] || Καλλιάδης Valckenaer : καλλίδης A[1] : καλίδης || 7 ὅς ἐστιν uulg. : ὅ ἐστιν || αὐτοῖς Bekker : αὐτός || 8 ὄντα A : οὕτως cett. ; ὄντως Scaliger || εἰσάγειν (alterum) : εἰσ a correct. paululum infra lineam : quid prius fuerit incertum ; scribere malim ὀμόσαι pro ὀμόσαντα et prius εἰσάγειν expungere || βωμοῦ : βωμ a correct. (A[1]) || 9 Χρυσίλλης (ΑΔ pro ΛΛ) Iernstedt : χρυσιάδης (χρυσιάδος uulg.) || 12 ΜΑΡΤΥΡΕΣ add. Ald. || **128** 3 καὶ ἐξήλασεν ... θυγατέρα quae in margine add. A[1], e § 125 fluxisse uerisimiliter coni. Fuhr.

chassée par la mère. Et quand il vit avec celle-ci, il prétend épouser la fille d'Epilycos, afin que l'aïeule soit chassée par la petite-fille ! Et son fils, quel nom lui donner ? **129** Personne, je crois, n'a l'esprit assez subtil pour le trouver. Car voici trois femmes avec lesquelles aura vécu son père : il est fils de l'une, à ce qu'il dit, frère de l'autre, oncle de la troisième [1]. Que peut-il donc bien être ? Œdipe, ou Egisthe ? ou comment, enfin, le nommer ?

130 Mais je veux encore, Citoyens, vous remémorer brièvement un fait au sujet de Callias. Si vous vous rappelez le temps où Athènes, au comble de la prospérité, commandait à la Grèce, et où Hipponicos était le plus riche des Grecs, vous savez qu'alors un bruit courait par toute la ville, répété par les petits enfants et les bonnes femmes : « La maison d'Hipponicos est hantée [2] par un esprit malin qui met sa banque à l'envers ». **131** Cette rumeur qui courait alors, comment pensez-vous qu'elle se soit vérifiée ? L'esprit malin qu'à son insu nourrissait Hipponicos, c'était son propre fils, qui a ruiné sa fortune, sa santé morale, sa vie entière. Votre sentence doit frapper cet homme comme étant le mauvais génie d'Hipponicos.

132 Mais en vérité, Citoyens, pourquoi ces hommes qui s'unissent maintenant à Callias pour m'attaquer, qui ont avec lui machiné ce procès, qui ont fourni de l'argent pour me perdre, ne m'ont-ils jamais, durant les trois années que j'ai passées ici depuis mon retour de Chypre, tenu pour un impie, alors que je faisais initier ⟨*un tel*⟩ de Delphes et d'autres encore parmi mes hôtes, entrant dans l'Eleusinion et sacrifiant, comme je crois en avoir le droit ? Mais tout au

1. Pour éclaircir ces parentés Dobree, dans ses *Adversaria* en a dressé une généalogie dont le tableau est figuré éd. Marchant, p. 2.

2. Nous croyons rendre ainsi plus fidèlement le sens de la phrase que par une traduction littérale de τρέφει. Callias dilapidait follement une immense fortune : son grand-père, affirme Lysias (XIX, 47), possédait, suivant sa propre estimation, deux cents talents. Le peuple qui voit la ruine de cette fortune dit que la maison est « hantée ». Andocide montre que les enfants et les commères disent vrai : l'esprit malin n'est autre que Callias.

μήτηρ τὴν θυγατέρα· ταύτῃ δὲ συνοικῶν βούλεται τὴν Ἐπιλύκου θυγατέρα λαβεῖν, ἵν' ἐξελάσῃ τὴν τήθην ἡ θυγατριδῆ. Ἀλλὰ γὰρ τῷ παιδὶ αὐτοῦ τί χρὴ τοὔνομα θέσθαι; **129** οἶμαι γὰρ ἔγωγε οὐδένα οὕτως ἀγαθὸν εἶναι λογίζεσθαι, ὅστις ἐξευρήσει τοὔνομα αὐτοῦ. Τριῶν γὰρ οὐσῶν γυναικῶν αἷς συνῳκηκὼς ἔσται ὁ πατὴρ αὐτοῦ, τῆς μὲν υἱός ἐστιν, ὥς φησι, τῆς δὲ ἀδελφός, τῆς δὲ θεῖος. Τίς ἂν εἴη οὗτος; Οἰδίπους, ἢ Αἴγισθος; ἢ τί χρὴ αὐτὸν ὀνομάσαι;

130 Ἀλλὰ γάρ, ὦ ἄνδρες, βραχύ τι ὑμᾶς ἀναμνῆσαι περὶ Καλλίου βούλομαι. Εἰ γὰρ μέμνησθε, ὅτε ἡ πόλις ἦρχε τῶν Ἑλλήνων καὶ ηὐδαιμόνει μάλιστα, Ἱππόνικος δὲ ἦν πλουσιώτατος τῶν Ἑλλήνων, τότε μέντοι πάντες ἴστε ὅτι παρὰ τοῖς παιδαρίοις τοῖς μικροτάτοις καὶ τοῖς γυναίοις κληδὼν ἐν ἁπάσῃ τῇ πόλει κατεῖχεν, ὅτι Ἱππόνικος ἐν τῇ οἰκίᾳ ἀλιτήριον τρέφει, ὃς αὐτοῦ τὴν τράπεζαν ἀνατρέπει. Μέμνησθε ταῦτα, ὦ ἄνδρες. **131** Πῶς οὖν ἡ φήμη ἡ τότε οὖσα δοκεῖ ὑμῖν ἀποβῆναι; οἰόμενος γὰρ Ἱππόνικος υἱὸν τρέφειν ἀλιτήριον αὐτῷ ἔτρεφεν, ὃς ἀνατέτροφεν ἐκείνου τὸν πλοῦτον, τὴν σωφροσύνην, τὸν ἄλλον βίον ἅπαντα. Οὕτως οὖν χρὴ περὶ τούτου γιγνώσκειν, ὡς ὄντος Ἱππονίκου ἀλιτηρίου.

132 Ἀλλὰ γάρ, ὦ ἄνδρες, διὰ τί ποτε τοῖς ἐμοὶ νυνὶ ἐπιτιθεμένοις μετὰ Καλλίου καὶ συμπαρασκευάσασι τὸν ἀγῶνα καὶ χρήματα εἰσενεγκοῦσιν ἐπ' ἐμοὶ τρία μὲν ἔτη ἐπιδημῶν καὶ ἥκων ἐκ Κύπρου οὐκ ἀσεβεῖν ἐδόκουν αὐτοῖς, μυῶν μὲν Ἀ... ⟨τὸν⟩ Δελφόν, ἔτι δὲ ἄλλους ξένους ἐμαυτοῦ, καὶ εἰσιὼν εἰς τὸ Ἐλευσίνιον καὶ θύων, ὥσπερ ἐμαυτὸν ἄξιον νομίζω εἶναι· ἀλλὰ τοὐναντίον ληтουργεῖν

128 6 παιδὶ m. pr. (recte) : παιδίῳ A² || **129** 3 ἔσται : α in rasura
130 2 εἰ : εὖ Cobet || 3 ηὐδαιμόνει L. Dindorf : εὐδ- || 6 ἁπάσῃ apogr. (πάσῃ Z) : ἅπασι || κατεῖχεν Blass : -έσχεν || **132** 5 Ἀ... τὸν Δελφὸν Sluiter (Ἀ... Δελφὸν iam Bekker) : ἀδελφὸν || 7 ληтουργεῖν Blass : λειτ-.

contraire ils me proposaient pour exercer des liturgies, pour être gymnasiarque aux fêtes d'Héphaistos, puis chef des théores aux jeux de l'Isthme et d'Olympie, enfin, intendant du trésor sacré à l'Acropole. Aujourd'hui me voilà impie et criminel si j'entre dans les temples ! **133** Eh bien je vais vous dire ce qui les fait maintenant se déjuger ainsi. Voilà : cet Agyrrhios [1], l'honnête homme que vous savez, était cette année-ci depuis deux ans chef des fermiers de l'impôt du cinquantième * : il avait acheté sa ferme trente talents et pris pour associés tous ces hommes qui se réunissent près du peuplier blanc : vous savez ce qu'ils valent. Ils se réunissaient là, ce me semble, en vue d'un double profit ; se faire payer pour ne pas mettre de surenchère, et avoir un intérêt dans une ferme achetée à bas prix. **134** Ayant gagné six talents et voyant combien l'affaire était bonne, ils forment une association, écartent les concurrents en leur cédant une partie de leur gain, et, de nouveau, offrent trente talents pour la ferme. Personne n'opposant aucune offre, je m'avance devant le Conseil pour surenchérir, et la ferme m'est adjugée pour trente-six talents. Après avoir ainsi éliminé ces gens-là et constitué devant vous des cautions, je recueillis l'argent, je le versai à l'Etat et n'y perdis rien, car nous fîmes, mes associés et moi, un petit bénéfice. Mais ces gens-là, grâce à moi, furent empêchés de se partager six talents pris sur votre bien. **135** En voyant cela, ils se dirent : « Cet homme là ne prendra jamais rien des deniers publics et ne nous en laissera rien prendre : il montera la garde et empêchera qu'on se partage l'argent de l'Etat ; au surplus, s'il nous prend en

1. Ce personnage, connu pour être bon financier, est mentionné avec éloge chez Démosthène, *Contre Timocrate*, § 134 : il est donné pour honnête homme et bon républicain. Nous savons qu'il rétablit le fonds du théorique et augmenta le salaire de présence à l'Assemblée du peuple. A la mort de Thrasybule, il le remplaça comme stratège (Xénophon, *Hell.* IV, 8, 31). Les poètes comiques dont il avait rogné le salaire ne l'ont pas ménagé (cf. Aristophane, *Assemblée des femmes*, v. 102 et 184). Son neveu, l'orateur Callistratos d'Aphidna, est l'auteur du décret voté contre les négociateurs dont Andocide est

οὗτοι προὐβάλλοντο, πρῶτον μὲν γυμνασίαρχον Ἡφαιστίοις, ἔπειτα ἀρχεθέωρον εἰς Ἰσθμὸν καὶ Ὀλυμπίαζε, εἶτα δὲ ταμίαν ἐν πόλει τῶν ἱερῶν χρημάτων· νῦν δὲ ἀσεβῶ καὶ ἀδικῶ εἰσιὼν εἰς τὰ ἱερά ; **133** ἐγὼ ὑμῖν ἐρῶ, διότι οὗτοι ταῦτα νῦν γιγνώσκουσιν. Ἀγύρριος γὰρ οὑτοσί, ὁ καλὸς κἀγαθός, ἀρχώνης ἐγένετο τῆς πεντηκοστῆς τρίτον ἔτος, καὶ ἐπρίατο τριάκοντα ταλάντων, μετέσχον δ' αὐτῷ οὗτοι πάντες οἱ παρασυλλεγέντες ὑπὸ τὴν λεύκην [τὸ πόσ]ους ὑμεῖς ἴστε οἷοί εἰσιν· οἳ διὰ τοῦτο ἔμοιγε δοκοῦσι συλλεγῆναι ἐκεῖσε, ἵν' αὐτοῖς ἀμφότερα ᾖ, καὶ μὴ ὑπερβάλλουσι λαβεῖν ἀργύριον καὶ ὀλίγου πραθείσης μετασχεῖν. **134** Κερδήναντες δὲ ἓξ τάλαντα, γνόντες τὸ πρᾶγμα οἷον εἴη, [ὡς πολλοῦ ἄξιον], συνέστησαν πάντες, καὶ μεταδόντες τοῖς ἄλλοις ἐωνοῦντο πάλιν τριάκοντα ταλάντων. Ἐπεὶ δ' οὐκ ἀντεωνεῖτο οὐδείς, παρελθὼν ἐγὼ εἰς τὴν βουλὴν ὑπερέβαλλον, ἕως ἐπριάμην ἓξ καὶ τριάκοντα ταλάντων. Ἀπελάσας δὲ τούτους καὶ καταστήσας ὑμῖν ἐγγυητὰς ἐξέλεξα τὰ χρήματα καὶ κατέβαλον τῇ πόλει καὶ αὐτὸς οὐκ ἐζημιώθην, ἀλλὰ καὶ βραχέα ἀπεκερδαίνομεν οἱ μετασχόντες· τούτους δ' ἐποίησα τῶν ὑμετέρων μὴ διανείμασθαι ἓξ τάλαντα ἀργυρίου. **135** Ἃ οὗτοι γνόντες ἔδοσαν σφίσιν αὐτοῖς λόγον, ὅτι « ἅνθρωπος οὑτοσὶ οὔτε αὐτὸς λήψεται τῶν κοινῶν χρημάτων οὔθ' ἡμᾶς ἐάσει, φυλάξει δὲ καὶ ἐμποδὼν ἔσται διανείμασθαι τὰ κοινά· πρὸς δὲ τούτοις, ὃν ἂν ἡμῶν ἀδικοῦντα λάβῃ,

132 9 ἀρχεθέωρον Lipsius : ἀρχι- || **133** 2 Ἀγύρριος Reiske : ἀ. γύρριος erasa post ἀ una littera, uerisim. ρ || 3 ἀρχώνης Valckenaer : ἄρχων εἷς || 5 αὐτῷ Reiske : αὐτοὶ || 6 οὓς Muret : τὸ πόσους. Irrepsit haud dubie τοποσ e scholio supra λευκήν scripto || 8 ὑπερβάλλουσι H. Estienne : -βάλλωσι || πραθείσης : inter π et ρ una et altera litt. erasa || **134** 1 κερδήναντες Blass : κερδάν- || ἓξ Reiske : τρία || 2 ὡς πολλοῦ ἄξιον del. Sluiter || 4 ἐπεὶ ... ἕως : spatium fere totum erasum fuisse uidetur et correctum || ἀντεωνεῖτο Lipsius : ἀντωνεῖτο || 8 ἀλλὰ καὶ βραχέα A[2] : ἀλλὰ βραχεῖα || **135** 4 καὶ add. in margine A[2].

faute, il nous traduira devant le peuple et nous fera condamner. Il faut donc nous débarasser de lui par tous les moyens. » **136** C'était bien là ce qu'ils avaient à faire; mais vous, juges, vous devez faire tout l'opposé. Je souhaiterais, en effet, que vous eussiez le plus grand nombre possible de citoyens semblables à moi, et que ceux-ci périssent, ou du moins trouvent devant eux pour leur barrer la route des hommes à qui il appartient d'être des citoyens honnêtes, animés d'un esprit de justice envers votre démocratie, et pouvant vous servir s'ils le veulent. Quant à moi je vous promets ou de mettre fin à leurs manœuvres et de les amener à de meilleurs sentiments, ou de citer ici, pour que vous les punissiez, ceux d'entre eux qui auront fait le mal.

137 Ils m'ont aussi accusé au sujet des bâtiments que j'arme et de mon commerce, disant que si les dieux m'avaient sauvé des dangers c'était évidemment pour me faire venir ici succomber sous l'accusation de Képhisios. Pour moi, Athéniens, je ne crois pas que les dieux aient eu l'idée, s'ils se jugeaient offensés par moi, de ne pas me punir quand ils me tenaient à leur merci, au milieu des plus grands dangers. Car quel plus grand danger pour l'homme que d'être en mer dans la mauvaise saison ? Maîtres alors de ma personne, pouvant disposer de ma vie et de mon bien, ils aimaient mieux me sauver ? **138** Ne leur était-il pas possible de me priver même des honneurs de la sépulture ? Et en outre, alors que nous étions en guerre, que sur mer allaient et venaient constamment des trières et des pirates par lesquels nombre de citoyens furent pris, dépouillés de leurs biens et réduits à l'esclavage pour le reste de leur vie; alors qu'il y

le porte-parole dans son discours *Sur la Paix*. P. Foucart (*Etude sur Didymos*, p. 169, n. 3) s'est demandé s'il y eut, en raison de l'affaire dont il est ici question, une part de rancune personnelle dans la proposition de Callistratos. Cf. P. Cloché, dans l'étude citée précédemment, sur *Les conflits politiques et sociaux à Athènes pendant la guerre Corinthienne*, p. 161, et *La politique de l'Athénien Callistratos* (*Rev. Et. anc.* XXV, p. 8 et suiv.).

εἰσάξει εἰς τὸ πλῆθος τὸ Ἀθηναίων καὶ ἀπολεῖ. Δεῖ οὖν τοῦτον ἐκποδὼν ἡμῖν εἶναι καὶ δικαίως καὶ ἀδίκως ».
136 Ταῦτα μὲν οὖν, ὦ ἄνδρες δικασταί, τούτοις ποιητέα ἦν, ὑμῖν δέ γε ⟨τὸ⟩ ἐναντίον τούτων· ὡς γὰρ πλείστους εἶναι ὑμῖν ἤθελον ἂν τοιούσδε οἷόσπερ ἐγώ, τούτους δὲ μάλιστα ⟨μὲν⟩ ἀπολωλέναι, εἰ δὲ μή, εἶναι τοὺς μὴ ἐπιτρέψοντας αὐτοῖς, οἷς καὶ προσήκει ἀνδράσιν εἶναι καὶ ἀγαθοῖς καὶ δικαίοις περὶ τὸ πλῆθος τὸ ὑμέτερον, καὶ βουλόμενοι δυνήσονται εὖ ποιεῖν ὑμᾶς. Ἐγὼ οὖν ὑμῖν ὑπισχνοῦμαι ἢ παύσειν τούτους ταῦτα ποιοῦντας καὶ βελτίους παρέξειν, ἢ εἰς ὑμᾶς εἰσαγαγὼν κολάσειν τοὺς ἀδικοῦντας αὐτῶν.

137 Κατηγόρησαν δέ μου καὶ περὶ τῶν ναυκληριῶν καὶ περὶ τῆς ἐμπορίας, ὡς ἄρα οἱ θεοὶ διὰ τοῦτό με ἐκ τῶν κινδύνων σῴσειαν, ἵνα ἐλθὼν δεῦρο, ὡς ἔοικεν, ὑπὸ Κηφισίου ἀπολοίμην. Ἐγὼ δέ, ὦ Ἀθηναῖοι, οὐκ ἀξιῶ τοὺς θεοὺς τοιαύτην γνώμην ἔχειν, ὥστ᾽ εἰ ἐνόμιζον ὑπ᾽ ἐμοῦ ἀδικεῖσθαι, λαμβάνοντάς με ἐν τοῖς μεγίστοις κινδύνοις μὴ τιμωρεῖσθαι· τίς γὰρ κίνδυνος μείζων ἀνθρώποις ἢ χειμῶνος ὥρᾳ πλεῖν τὴν θάλατταν ; ἐν οἷς ἔχοντες μὲν τὸ σῶμα τοὐμόν, κρατοῦντες δὲ τοῦ βίου καὶ τῆς οὐσίας τῆς ἐμῆς, εἶτα ἔσῳζον ; 138 οὐκ ἐξῆν αὐτοῖς ποιῆσαι μηδὲ ταφῆς τὸ σῶμα ἀξιωθῆναι ; ἔτι δὲ πολέμου γενομένου καὶ τριήρων ἀεὶ κατὰ θάλατταν οὐσῶν καὶ λῃστῶν, ὑφ᾽ ὧν πολλοὶ ληφθέντες, ἀπολέσαντες τὰ ὄντα, δουλεύοντες τὸν βίον διετέλεσαν, οὔσης δὲ χώρας βαρβάρου, εἰς ἣν πολλοὶ ἤδη ἐκπεσόντες αἰκίαις ταῖς μεγίσταις περιέπεσον καὶ τὰ

135 6 τὸ Ἀθηναίων Fuhr : τῶν Ἀθ- || 7 ἡμῖν Bekker : ὑμῖν || **136** 2 τὸ add. Valckenaer || ὡς Blass : τοὺς || 3 ὑμῖν Reiske : ἡμῖν || ante et post ἂν distinctio erasa || τοιούσδε : υσ in rasura || 4 μὲν add. Reiske || 7 ποιεῖν : ποιεν̃ (sequitur rasurae uestigium) || **137** 3 σῴσειαν Lipsius : σώσαιεν || **138** 1 οὐκ ἐξῆν H. Estienne, οὔπερ ἦν Baiter-Sauppe : οὐ πεζῆν || 6 αἰκίαις : αἰκείαις Blass², ἀτυχίαις Sluiter.

avait là une côte barbare où beaucoup de gens furent jetés pour y subir les pires traitements, être suppliciés et mourir,
139 eh bien les dieux me faisaient sortir sain et sauf de si grands périls, et celui qu'ils se sont substitué comme leur vengeur c'est Képhisios, le plus misérable des Athéniens, qui se prétend citoyen d'Athènes et ne l'est pas[1], à qui personne de ceux qui siègent ici ne voudrait rien confier de ses biens, sachant ce qu'il vaut? Eh bien non, Citoyens, il faut, à mon avis, penser que les dangers que je cours ici viennent des hommes, et que ceux qu'on court sur mer viennent des dieux. Et si tant est qu'on doive pénétrer la pensée des dieux[2], je pense qu'ils s'irriteraient et s'indigneraient fort en voyant que des hommes cherchent à perdre ceux qu'ils ont sauvés.

140 Il vaut aussi la peine, Citoyens, de vous souvenir qu'aujourd'hui tous les Grecs estiment que vous vous êtes montrés les meilleurs et les plus avisés des hommes en songeant, non pas à la vengeance du passé mais à la sauvegarde de l'Etat et à la concorde des citoyens. Des malheurs, bien d'autres peuples en ont soufferts, et qui ne le cédaient pas aux nôtres ; mais réconcilier les citoyens voilà ce qu'on peut tenir à juste titre comme le fait de braves gens qui savent être maîtres d'eux-mêmes. Eh bien puisque tous, sans conteste, tant amis qu'ennemis vous accordent ce mérite, ne vous déjugez pas, n'allez pas dépouiller la Cité de cette gloire, ni faire croire que si vous avez voté de la sorte ce fut hasard plutôt que réflexion.

141 Je vous prie donc d'avoir pour moi les mêmes sentiments que pour mes ancêtres, afin qu'il me soit possible de les imiter : rappelez-vous qu'ils ont égalé ceux dont Athènes a reçu les plus nombreux et les plus grands services.

1. Képhisios, nous l'avons vu (§ 92) avait été fermier de l'État ; il avait touché 90 mines sans rien verser au Trésor public, et s'était soustrait par la fuite à l'emprisonnement. Andocide dit qu'il n'est pas citoyen : ce n'est vrai, si l'on peut dire, que virtuellement ; car si sa dette a fait de lui un ἄτιμος, l'amnistie de 403 le met, quand il exerce ses droits de citoyen, à l'abri d'une *endeixis*.

2. C'est la seconde fois que ses adversaires prétendent pénétrer

σφέτερα αὑτῶν σώματα αἰκισθέντες ἀπέθανον, — 139
εἶτα οἱ μὲν θεοὶ ἐκ τοσούτων κινδύνων ἔσῳζόν με, σφῶν δὲ αὐτῶν προὐστήσαντο τιμωρὸν γενέσθαι Κηφίσιον τὸν πονηρότατον Ἀθηναίων, ὧν οὗτός φησι πολίτης εἶναι οὐκ ὤν, ᾧ οὐδ' ὑμῶν τῶν καθημένων οὐδεὶς ἂν ἐπιτρέψειεν οὐδὲν τῶν ἰδίων, εἰδὼς τοῦτον οἷός ἐστιν; ἐγὼ μὲν οὖν, ὦ ἄνδρες, ἡγοῦμαι χρῆναι νομίζειν τοὺς τοιούτους κινδύνους ἀνθρωπίνους, τοὺς δὲ κατὰ θάλατταν θείους. Εἴπερ οὖν δεῖ τὰ τῶν θεῶν ὑπονοεῖν, πάνυ ἂν αὐτοὺς οἶμαι ἐγὼ ὀργίζεσθαι καὶ ἀγανακτεῖν, εἰ τοὺς ὑφ' ἑαυτῶν σῳζομένους ὑπ' ἀνθρώπων ἀπολλυμένους ὁρῷεν.

140 Καὶ μὲν δὴ καὶ τάδε ὑμῖν ἄξιον, ὦ ἄνδρες, ἐνθυμηθῆναι, ὅτι νυνὶ πᾶσι τοῖς Ἕλλησιν ἄνδρες ἄριστοι καὶ εὐβουλότατοι δοκεῖτε γεγενῆσθαι, οὐκ ἐπὶ τιμωρίαν τραπόμενοι τῶν γεγενημένων, ἀλλ' ἐπὶ σωτηρίαν τῆς πόλεως καὶ ὁμόνοιαν τῶν πολιτῶν. Συμφοραὶ μὲν γὰρ ἤδη καὶ ἄλλοις πολλοῖς ἐγένοντο οὐκ ἐλάττους ἢ καὶ ἡμῖν· τὸ δὲ τὰς γενομένας διαφορὰς πρὸς ἀλλήλους θέσθαι καλῶς, τοῦτ' εἰκότως δὴ δοκεῖ ἀνδρῶν ἀγαθῶν καὶ σωφρόνων ἔργον εἶναι. Ἐπειδὴ τοίνυν παρὰ πάντων ὁμολογουμένως ταῦθ' ὑμῖν ὑπάρχει, καὶ εἴ τις φίλος ὢν τυγχάνει καὶ εἴ τις ἐχθρός, μὴ μεταγνῶτε, μηδὲ βούλεσθε τὴν πόλιν ἀποστερῆσαι ταύτης τῆς δόξης, μηδὲ αὐτοὶ δοκεῖν τύχῃ ταῦτα μᾶλλον ἢ γνώμῃ ψηφίσασθαι.

141 Δέομαι οὖν ἁπάντων ⟨ὑμῶν⟩ περὶ ἐμοῦ τὴν αὐτὴν γνώμην ἔχειν, ἥνπερ καὶ περὶ τῶν ἐμῶν προγόνων, ἵνα κἀμοὶ ἐγγένηται ἐκείνους μιμήσασθαι, ἀναμνησθέντας αὐτῶν ὅτι ὅμοιοι τοῖς πλείστων καὶ μεγίστων ἀγαθῶν

138 7 αἰκισθέντες : post τ lineola est, non curua notula quae ες significat : unde αἰκισθέντα uulg. || **139** 9 πάνυ Reiske : πολὺ || 11 ἀνθρώπων Hertlein : ἄλλων (mendum uidelicet e nota ortum) || **140** 1 ὑμῖν : ὑ in rasura || 8 δὴ Sluiter : ἤδη || 9 ταῦθ' H. Estienne : τάθ' || 11 βούλεσθε Taylor : βουλεύεσθε || **141** 1 ὑμῶν add. Reiske.

Bien des motifs ont inspiré leur conduite, mais avant tout le patriotisme et aussi l'espoir que si quelque danger les menaçait un jour, eux ou un de leur descendants, votre indulgence les sauverait. **142** Et c'est avec justice que vous vous souviendrez d'eux. Car la Cité tout entière a éprouvé le bienfait des vertus de vos ancêtres : notre flotte était détruite, et beaucoup voulaient infliger à la Cité des maux irrémédiables : les Lacédémoniens, quoiqu'étant nos ennemis, décidèrent de l'épargner[1] en mémoire de ces vaillants hommes qui menèrent la Grèce à la liberté. **143** Eh bien, puisque Athènes a dû son salut aux vertus de vos ancêtres, je demande à être sauvé moi aussi par les mérites de mes aïeux. Car de ces exploits mêmes auxquels notre cité doit son salut, une part, et non la moindre, revient à mes aïeux. En reconnaissance de ces services vous devez, en toute équité, m'épargner comme les Grecs vous ont épargnés vous-mêmes.

144 Considérez encore, si je vous dois mon salut, quel citoyen vous aurez en moi. Très riche d'abord, vous le savez, j'ai été, non point par ma faute, mais par les malheurs de la Cité, réduit à une grande pauvreté, au dénuement. Je me suis alors procuré de quoi vivre par des moyens légitimes, par mon intelligence et mon travail[2]. Puis je sais ce que c'est d'être citoyen d'une telle ville, ce que c'est que d'être étranger ou métèque dans quelque pays voisin ; **145** je sais les avantages de la modération et d'une sage conduite

cette pensée : ils disaient, quand il s'agissait du rameau de suppliant déposé dans l'Éleusinion d'Athènes que les Déesses avaient égaré l'esprit d'Andocide pour le faire châtier par ses juges (§§ 113). Andocide, nous l'avons vu (*Introd.*, p. XXVIII, n. 4) leur avait fait une réponse fort avisée : il riposte encore avec assez d'à-propos à un argument de même sorte.

1. Andocide, dans le *Discours sur la Paix* (§ 21) rappellera, au profit de sa thèse, cet acte généreux des Lacédémoniens.

2. Le texte dit « par mes mains ». Il est bien douteux qu'il veuille parler de travail manuel. Aurait-il commencé par là ? τοῖν χεροῖν ne doit sans doute pas être pris à la lettre.

αἰτίοις τῇ πόλει γεγένηνται, πολλῶν ἕνεκα σφᾶς αὐτοὺς παρέχοντες τοιούτους, μάλιστα δὲ τῆς εἰς ὑμᾶς εὐνοίας, καὶ ὅπως, εἴ ποτέ τις αὐτοῖς ἢ τῶν ἐξ ἐκείνων τινὶ κίνδυνος γένοιτο ἢ συμφορά, σῴζοιντο συγγνώμης παρ' ὑμῶν τυγχάνοντες. **142** Εἰκότως δ' ἂν αὐτῶν μεμνῇσθε· καὶ γὰρ τῇ πόλει ἁπάσῃ αἱ τῶν ὑμετέρων προγόνων ἀρεταὶ πλείστου ἄξιαι ἐγένοντο. Ἐπειδὴ γάρ, ὦ ἄνδρες, αἱ νῆες διεφθάρησαν, πολλῶν βουλομένων τὴν πόλιν ἀνηκέστοις συμφοραῖς περιβαλεῖν, Λακεδαιμόνιοι ἔγνωσαν ὅμως τότε ἐχθροὶ ὄντες σῴζειν τὴν πόλιν διὰ τὰς ἐκείνων τῶν ἀνδρῶν ἀρετάς, οἳ ὑπῆρξαν τῆς ἐλευθερίας ἁπάσῃ τῇ Ἑλλάδι. **143** Ἐπειδὴ τοίνυν καὶ ἡ πόλις ἐσώθη δημοσίᾳ διὰ τὰς τῶν προγόνων τῶν ὑμετέρων ἀρετάς, ἀξιῶ κἀμοὶ διὰ τὰς τῶν προγόνων τῶν ἐμῶν ἀρετὰς σωτηρίαν γενέσθαι. Καὶ γὰρ αὐτῶν τῶν ἔργων, δι' ἅπερ ἡ πόλις ἐσώθη, οὐκ ἐλάχιστον μέρος οἱ ἐμοὶ πρόγονοι συνεβάλοντο· ὧν ἕνεκα καὶ ἐμοὶ δίκαιον ὑμᾶς μεταδοῦναι τῆς σωτηρίας, ἧσπερ καὶ αὐτοὶ παρὰ τῶν Ἑλλήνων ἐτύχετε.

144 Σκέψασθε τοίνυν καὶ τάδε, ἄν με σῴσητε, οἷον ἕξετε πολίτην· ὃς πρῶτον μὲν ἐκ πολλοῦ πλούτου, ὅσον ὑμεῖς ἴστε, οὐ δι' ἐμαυτὸν ἀλλὰ διὰ τὰς τῆς πόλεως συμφορὰς εἰς πενίαν πολλὴν καὶ ἀπορίαν κατέστην, ἔπειτα δὲ καὶ βίον ἠργασάμην ἐκ τοῦ δικαίου, τῇ γνώμῃ καὶ τοῖν χεροῖν τοῖν ἐμαυτοῦ· ἔτι δὲ εἰδότα μὲν οἷόν ἐστι πόλεως τοιαύτης πολίτην εἶναι, εἰδότα δὲ οἷόν ἐστι ξένον εἶναι καὶ μέτοικον ἐν τῇ τῶν πλησίον, **145** ἐπιστάμενον δὲ οἷον τὸ σωφρονεῖν καὶ ὀρθῶς βουλεύεσθαι,

141 5 ἕνεκα Blass : ἕνεκεν || 6 εἰς add. A[1] || ὑμᾶς (ὑ et ᾶ a correct.) : ἡμᾶς Reiske « erga nos qui posteri eorum sumus », sed tum καί, ante ὅπως deleri necesse esset || post εὐνοίας lacuna est ad quattuor litt. capax : εἶτα inseruit Blass[2] || 8 γένοιτο Dobree : γένηται || **142** 1 μεμνῇσθε I.-G. Schneider : μεμνῆσθαι || 2 ὑμετέρων Reiske (hic et 143, 2) : ἡμ- || 4 τὴν πόλιν A[2] : τῇ πόλει || **144** 2 μὲν add. A[1] || 5 καὶ : καινὸν Emperius || ἠργασάμην Blass : εἰργ- || 6 τοῖν (bis) Marchant : ταῖν (τοῖν ante ἐμαυτοῦ m. pr.) || 8 ἐν τῇ : ἕν τῳ Sluiter.

et ce que c'est que d'être malheureux par sa faute..... J'ai vécu avec beaucoup de gens : j'en ai pu bien connaître un grand nombre, et par là j'ai noué des liens d'hospitalité ou d'amitié avec des rois, des cités, des particuliers : à ces relations vous aurez part, si vous m'acquittez, et vous en pourrez user chaque fois que vous y trouverez avantage. **146** Et voyez encore, Citoyens, comment il en va pour vous dans cette affaire : si vous me faites périr aujourd'hui, il ne vous reste plus personne de notre famille, elle disparaît, vous la détruisez jusque dans sa racine. Et pourtant ce n'est pas une honte pour vous que l'existence de la maison d'Andocide et de Léogoras : la honte, c'était bien plutôt de la voir, pendant mon exil, habitée par Cléophon le luthier[1]. Car personne de vous, passant devant notre porte, n'a jamais éprouvé le ressentiment d'aucun dommage public ou privé imputable à ces hommes **147** qui, maintes fois chargés du commandement des armées, vous ont rapporté de nombreux trophées conquis sur terre et sur mer, qui, ayant souvent exercé beaucoup d'autres charges et manié les deniers de l'Etat, n'ont jamais été débiteurs du Trésor. Oui, nous avons toujours été sans reproche, nous envers vous, et vous envers nous ; notre maison est de toutes la plus ancienne, la plus ouverte au malheureux. Et jamais il n'est arrivé qu'un de ces hommes, attaqué en justice, ait réclamé de vous la reconnaissance de ces services. **148** Est-ce une raison, s'ils sont morts, pour oublier ce qu'ils ont fait ? Rappelez-vous bien plutôt leurs belles actions et figurez-vous les voir en personne me réclamer à vous et vous demander mon salut. Qui pourrais-je, en effet, faire monter ici pour vous prier en ma faveur ? Mon père ? Mais il est mort. Mes frères ? Je

1. Ce démagogue fit, en 410, rétablir les indemnités pour services publics, supprimées l'année précédente. Eschine (*Ambassade*, 76), qui le dit indûment inscrit sur les rôles des citoyens, l'accuse d'avoir corrompu le peuple et d'être assez violemment ennemi de la paix pour vouloir couper la gorge à quiconque en oserait parler (cf. Aristote, *Constitution d'Athènes*, 34, 1). Après les batailles de Cyzique et d'Aigos-Potamoi il engageait, en effet, le peuple à refuser les

ἐπιστάμενον δ' οἷον τὸ ἁμαρτόντα πρᾶξαι κακῶς, ... πολλοῖς συγγενόμενος καὶ πλείστων πειραθείς, ἀφ' ὧν ἐμοὶ ξενίαι καὶ φιλότητες πρὸς πολλοὺς καὶ βασιλέας καὶ πόλεις καὶ ἄλλους ἰδίᾳ ξένους γεγένηνται, ὧν ἐμὲ σῴσαντες μεθέξετε, καὶ ἔσται ὑμῖν χρῆσθαι τούτοις, ὅπου ἂν ἐν καιρῷ τι ὑμῖν γίγνηται. **146** Ἔχει δὲ καὶ ὑμῖν, ὦ ἄνδρες, οὕτως· ἐάν με νυνὶ διαφθείρητε, οὐκ ἔστιν ὑμῖν ἔτι λοιπὸς τοῦ γένους τοῦ ἡμετέρου οὐδείς, ἀλλ' οἴχεται πᾶν πρόρριζον. Καίτοι οὐκ ὄνειδος ὑμῖν ἐστιν ἡ Ἀνδοκίδου καὶ Λεωγόρου οἰκία οὖσα, ἀλλὰ πολὺ μᾶλλον τότ' ἦν ὄνειδος, ὅτ' ἐμοῦ φεύγοντος Κλεοφῶν αὐτὴν ὁ λυροποιὸς ᾤκει. Οὐ γὰρ ἔστιν ὅστις πώποτε ὑμῶν παριὼν τὴν οἰκίαν τὴν ἡμετέραν ἀνεμνήσθη ἢ ἰδίᾳ τι ἢ δημοσίᾳ κακὸν παθὼν ὑπ' ἐκείνων, **147** οἳ πλείστας μὲν στρατηγήσαντες στρατηγίας πολλὰ τρόπαια τῶν πολεμίων καὶ κατὰ γῆν καὶ κατὰ θάλατταν ὑμῖν ἀπέδειξαν, πλείστας δὲ ἄλλας ἀρχὰς ἄρξαντες καὶ χρήματα διαχειρίσαντες τὰ ὑμέτερα οὐδὲν [ἂν] πώποτε ὦφλον, οὐδ' ἡμάρτηται οὐδὲν οὔτε ἡμῖν εἰς ὑμᾶς οὔτε ὑμῖν εἰς ἡμᾶς, οἰκία δὲ πασῶν ἀρχαιοτάτη καὶ κοινοτάτη ἀεὶ τῷ δεομένῳ. Οὐδ' ἔστιν ὅπου ἐκείνων τις τῶν ἀνδρῶν καταστὰς εἰς ἀγῶνα ἀπῄτησεν ὑμᾶς χάριν τούτων τῶν ἔργων. **148** Μὴ τοίνυν, εἰ αὐτοὶ τεθνᾶσι, καὶ [περὶ] τῶν πεπραγμένων αὐτοῖς ἐπιλάθησθε, ἀλλ' ἀναμνησθέντες τῶν ἔργων νομίσατε τὰ σώματα αὐτῶν ὁρᾶν αἰτουμένων ἐμὲ παρ' ὑμῶν σῷσαι. Τίνα γὰρ καὶ ἀναβιβάσωμαι δεησόμενον ὑπὲρ ἐμαυτοῦ; τὸν πατέρα; ἀλλὰ τέθνηκεν. Ἀλλὰ τοὺς ἀδελφούς; ἀλλ' οὐκ εἰσί.

145 3 nonnulla post κακῶς excidisse uidit Reiske e. c. μετέσχον γὰρ ἀμφοτέρων || 7 ἔσται H. Estienne : ἔστιν || 8 τι del. Cobet, haud scio an recte || **146** 3 ἡμετέρου A[2] : ὑμ.. || 4 ὑμῖν edd. : ἡμῖν || **147** 5 ἂν del. Sluiter || ἡμάρτηται : ηται in rasura A[2] || **148** 2 περὶ del. Baiter-Sauppe || 4 σῷσαι del. Fuhr, coll. 149, 4, satis commode : utique non interpretandum αἰτ. π. ὑ. ἐμὲ σῷσαι || 5 ἀναβιβάσωμαι Blass : -σομαι σο fort. correctum (A[2] sec. Lips.), sed non a σω || δεησόμενον : δεησ, ut uidetur, in rasura.

n'en ai pas Mes enfants? Il ne m'en est pas encore né. **149** A vous donc de me tenir lieu de père, de frères et d'enfants. C'est auprès de vous que je cherche un refuge, c'est vous que j'implore et que je supplie : faites appel à votre propre conscience : réclamez-lui ma personne et assurez mon salut. Eh quoi ! par pénurie d'hommes vous conférez le droit de cité à des Thessaliens et à des Andriens, et quand vous avez des citoyens à qui nul ne conteste ce titre, à qui il appartient d'être de braves gens et qui le pourront parce qu'ils le veulent [1], vous les feriez périr? Vous n'en ferez rien. Et encore une prière : puisque je vous rends service, traitez-moi en conséquence. Car si vous m'écoutez vous ne vous priverez pas des services que je puis vous rendre; si ce sont mes ennemis qui vous persuadent vous aurez beau vous en repentir ensuite, vous n'en serez pas plus avancés. **150** Ne vous privez donc pas des espérances que vous pouvez fonder sur moi, ne me privez pas de celles que je peux mettre en vous. Pour moi, je demande à ceux que jusqu'à ce jour le peuple a reconnus à l'épreuve pour des hommes de haut mérite, de monter à cette tribune et de vous conseiller selon l'estime qu'ils font de moi. Venez, Anytos, Képhalos, et aussi ceux de ma tribu choisis pour me défendre, Thrasyllos et les autres.

conditions qu'apportaient les envoyés de Sparte (Lysias, XIII, 8). Aristophane (*Grenouilles*, 1533) souhaite que lui et ses pareils « aillent faire la guerre chez eux ». Il fut, peu de temps avant la chute d'Athènes, mis à mort par les oligarques, moins, dit Lysias (XXX, 12-13), pour ce qu'on pouvait lui reprocher que par haine de parti. On ne put, d'ailleurs, l'accuser de s'être enrichi au service de l'Etat, car « on ne trouva nulle part » la fortune qu'on lui supposait, et il laissa pauvres ses parents et alliés (Lysias, XIX, 48).

1. Les mots καὶ βουλόμενοι δυνήσονται se trouvent déjà au § 136, l. 6-7, où ils sont beaucoup mieux à leur place. Ils semblent signifier la première fois « s'ils le veulent », et ici « parce qu'ils le veulent », car il est surprenant de voir les services que promet Andocide subordonnés ici à son bon vouloir. Un copiste les a-t-il ajoutés pour reproduire exactement la phrase du § 136 ?

Ἀλλὰ τοὺς παῖδας ; ἀλλ' οὔπω γεγένηνται. **149** Ὑμεῖς τοίνυν καὶ ἀντὶ πατρὸς ἐμοὶ καὶ ἀντὶ ἀδελφῶν καὶ ἀντὶ παίδων γένεσθε· εἰς ὑμᾶς καταφεύγω καὶ ἀντιβολῶ καὶ ἱκετεύω· ὑμεῖς με παρ' ὑμῶν αὐτῶν αἰτησάμενοι σώσατε, καὶ μὴ βούλεσθε Θετταλοὺς ⟨μὲν⟩ καὶ Ἀνδρίους πολίτας ποιεῖσθαι δι' ἀπορίαν ἀνδρῶν, τοὺς δὲ ὄντας πολίτας ὁμολογουμένως, οἷς προσήκει ἀνδράσιν ἀγαθοῖς εἶναι καὶ βουλόμενοι δυνήσονται, τούτους δὲ ἀπόλλυτε. Μὴ δῆτα. Ἔπειτα καὶ ταῦθ' ὑμῶν δέομαι, εὖ ποιῶν ὑμᾶς ὑφ' ὑμῶν τιμᾶσθαι. Ὡς ἐμοὶ μὲν πειθόμενοι οὐκ ἀποστερεῖσθε εἴ τι ἐγὼ δυνήσομαι ὑμᾶς εὖ ποιεῖν· ἐὰν δὲ τοῖς ἐχθροῖς τοῖς ἐμοῖς πεισθῆτε, οὐδ' ἂν ὑστέρῳ χρόνῳ ὑμῖν μεταμελήσῃ, οὐδὲν ἔτι πλέον ποιήσετε. **150** Μὴ τοίνυν μήθ' ὑμᾶς αὐτοὺς τῶν ἀπ' ἐμοῦ ἐλπίδων ἀποστερήσητε μήτ' ἐμὲ τῶν εἰς ὑμᾶς. Ἀξιῶ δ' ἔγωγε τούτους οἵτινες ὑμῖν ἀρετῆς ἤδη τῆς μεγίστης εἰς τὸ πλῆθος τὸ ὑμέτερον ἔλεγχον ἔδοσαν, ἀναβάντας ἐνταυθοῖ συμβουλεύειν ὑμῖν ἃ γιγνώσκουσι περὶ ἐμοῦ. Δεῦρο Ἄνυτε, Κέφαλε, ἔτι δὲ καὶ οἱ φυλέται οἱ ᾑρημένοι μοι συνδικεῖν, Θράσυλλος καὶ οἱ ἄλλοι.

149 2 ἐμοὶ post uersus finem add. A[1] || 4 ὑμῶν apogr. : ὑμῖν || 5 μὲν add. Cobet || Ἀνδρίους : ἀνδρείους m. pr. || 7 καὶ βουλόμενοι δυνήσονται hic suspectum : uide adn. || 8 ἀπόλλυτε : ἀπολλύναι Reiske || 10 Ὡς Dobree : ὥστ' || ἀποστερεῖσθε : -ρεῖσθαι ABL || 12 χρόνῳ post uersum add. A[1] || **150** 7 ᾑρημένοι Valckenaer : εἰρημένοι.

II

SUR SON RETOUR

II

NOTICE ET ANALYSE

Dans cette *démégorie* Andocide demande au peuple de rétablir l'effet de l'amnistie personnelle qui lui avait été accordée après la mutilation des Hermès et dont un décret, voté à l'instigation des Oligarques, lui a retiré le bénéfice. Ayant pu, grâce à l'amitié d'Archélaos de Macédoine, fournir à la flotte athénienne de Samos du blé, des rames et du bronze, il juge le moment favorable pour rentrer dans sa patrie. Mais en 411 une révolution vient de porter les oligarques à la tête du gouvernement, et le service rendu aux marins démocrates n'est pas précisément un mérite aux yeux de Pisandre et de ses amis. Ceux-ci le jettent en prison. Remis en liberté, il revient à Athènes peu de temps après la chute des Quatre-Cents. C'est à ce moment qu'il prononce le discours Περὶ τῆς ἑαυτοῦ καθόδου. Il prend à témoin le peuple contre des adversaires assez malveillants ou mal avisés pour faire obstacle aux services qu'il veut rendre à la Cité (§§ 2-4); il demande qu'on juge avec indulgence un égarement de jeunesse moins digne de haine que de pitié (§ 6). Aussi bien son malheur personnel a-t-il fait le salut d'Athènes (§ 9). Il rappelle les services rendus à l'armée de Samos (§§ 11-12), son retour à Athènes, son emprisonnement, toutes les misères qui n'ont jamais découragé sa volonté de servir sa patrie (§§ 13-17). Après une allusion à des services qu'il compte rendre à la Cité et qu'il a fait connaître au Conseil en séance secrète (§ 19), il annonce aux Athéniens qu'il a su déjouer les manœuvres de ceux qui voulaient les priver du blé de Chypre (§ 20). En récompense, il demande le bénéfice de l'ἄδεια que lui conférait le décret voté sur la proposition de Ménippos, et sa réhabilitation civique et religieuse.

Andocide n'eut pas gain de cause. La date de ce discours ne peut être exactement fixée : 411 et 405 sont les jalons extrêmes. Philippi a fait justement observer que la façon dont il est parlé des victoires navales de 411 et de 410 (§ 12 τὴν πόλιν... ἔσωσαν ἐν τῷ τότε χρόνῳ) nous force d'admettre un intervalle d'une certaine étendue entre ces victoires et le discours d'Andocide. On a proposé tantôt 409, tantôt 407. Jebb admet la date de 410 en observant qu'en 411 et au commencement de 410 le manque de blé se faisait assez durement sentir à Athènes (voir le § 20), mais que la victoire de Cyzique écartait ce danger. Dans cette hypothèse ἐνίκησαν... ναυμαχοῦντες (§ 12) est rapporté à la première bataille de Kynosséma (411). L'objection de Philippi n'est pas tout à fait écartée par cette hypothèse.

II

SUR SON RETOUR

---

1 Citoyens, si dans une autre affaire tous les orateurs ne manifestaient pas la même opinion, je n'en serais aucunement étonné ; mais quand il s'agit d'un service que je dois rendre à l'État — et fût-ce même un plus humble que moi[1] qui le voulût faire — c'est à mes yeux la chose la plus étrange du monde que l'un approuve et l'autre non, et qu'il n'y ait pas accord unanime. Car si la Cité est commune à tous ceux qui y exercent leurs droits politiques, les biens qui lui arrivent sont, ce me semble, communs à tous. 2 Or cette faute grave et dangereuse vous pouvez voir que les uns la font dès maintenant et que les autres la vont bientôt commettre, et c'est avec un profond étonnement que je me demande pourquoi ces hommes s'enflamment ainsi de colère s'il faut qu'un bon service vous vienne de moi. Oui vraiment, ils doivent être ou les plus sots de tous les hommes ou fort malveillants pour notre Cité. S'ils pensent que la prospérité de l'Etat peut servir aussi leurs affaires particulières, ils sont bien sots d'aller avec tant d'ardeur contre leur

1. Les mots ἐμοῦ κακίων ont choqué plus d'un critique : ils ont un air de prétention, et comme il s'agit de gens prêts à rendre service à l'État, on s'est demandé l'intérêt que pouvait bien avoir ici la comparaison de leur moralité avec celle d'Andocide. Si le texte est sain — et il serait difficile de voir dans ἐμοῦ κακίων une addition de copiste — il faut penser que κακίων désigne un citoyen qui, par sa condition, est moins à même de servir Athènes.

II

ΠΕΡΙ ΤΗΣ ΕΑΥΤΟΥ ΚΑΘΟΔΟΥ

1 Εἰ μέν, ὦ ἄνδρες, ἐν ἑτέρῳ τῳ πράγματι οἱ παριόντες μὴ τὴν αὐτὴν γνώμην ἔχοντες πάντες ἐφαίνοντο, οὐδὲν ἂν θαυμαστὸν ἐνόμιζον· ὅπου μέντοι δεῖ τὴν πόλιν ἐμέ τι ποιῆσαι ἀγαθόν, ἢ εἴ τις ἕτερος βούλοιτο ἐμοῦ κακίων, δεινότατον ἁπάντων χρημάτων ἡγοῦμαι, εἰ τῷ μὲν δοκεῖ ταῦτα τῷ δὲ μή, ἀλλὰ μὴ πᾶσιν ὁμοίως. Εἴπερ γὰρ ἡ πόλις ἁπάντων τῶν πολιτευομένων κοινή ἐστι, καὶ τὰ γιγνόμενα δήπου ἀγαθὰ τῇ πόλει κοινά ἐστι. 2 Τουτὶ τοίνυν τὸ μέγα καὶ δεινὸν πάρεστιν ὑμῖν ὁρᾶν τοὺς μὲν ἤδη πράττοντας, τοὺς δὲ τάχα μέλλοντας· καί μοι μέγιστον θαῦμα παρέστηκε, τί ποτε οὗτοι οἱ ἄνδρες δεινῶς οὕτως περικάονται, εἴ τι ὑμᾶς χρὴ ἀγαθὸν ἐμοῦ ἐπαυρέσθαι. Δεῖ γὰρ αὐτοὺς ἤτοι ἀμαθεστάτους εἶναι πάντων ἀνθρώπων, ἢ τῇ πόλει ταύτῃ δυσμενεστάτους. Εἰ μέν γε νομίζουσι τῆς πόλεως εὖ πραττούσης καὶ τὰ ἴδια σφῶν αὐτῶν ἄμεινον ἂν φέρεσθαι, ἀμαθέστατοί εἰσι τὰ

Tit. Περὶ τ. ἑαυτοῦ καθόδου : Ἀνδοκίδου || Harpocration s. u. ὀρρωδεῖν ἀντὶ τοῦ φοβεῖσθαι Ἀνδοκίδης ἐν τῷ περὶ τῆς ἀδείας || **1** 4 ἕτερος Reiske : ἑτέρως || 7 πολιτευομένων : ευ erasum || κοινὴ delet Fuhr || **2** 4 παρέστηκε Reiske : περέστηκε || 5 περικάονται Lipsius : -καίονται || -κναίονται Emperius || 8 γε : γὰρ Valckenaer || τὰ ἴδια ⟨τὰ⟩ σφῶν αὐτῶν Blass, *coll.* III, **36** 4 || 9 ἀμαθέστατοι : ἀμεθ-.

utilité personnelle ; **3** et s'ils n'estiment pas que leur intérêt s'accorde avec le vôtre, avec l'intérêt public, c'est donc qu'ils seraient malveillants pour la Cité. Jugez plutôt : j'ai fait devant le Conseil une communication secrète sur des mesures dont l'exécution est, pour l'Etat, du plus haut intérêt[1] : eh bien, quand je donnai aux Conseillers des raisons claires et solides de ce que j'avançais, ceux de ces gens-là qui étaient présents à la séance ne furent, non plus que personne, capables de me convaincre d'erreur, et c'est ici maintenant qu'il s'efforcent de me calomnier. **4** C'est bien la preuve qu'ils ne le font pas d'eux-mêmes (car c'est sur l'heure qu'ils m'auraient combattu jadis) : ils sont poussés par d'autres hommes, comme il y en a dans cette ville, qui ne voudraient pas, pour tout l'or du monde, qu'aucun bien vous vînt de moi ; ceux-là n'ont pas le courage de se montrer au grand jour pour soutenir leur opinion : ils ont peur de laisser voir qu'ils ne vous veulent pas toujours du bien, et ils vous dépêchent des compères, de ces hommes qui ne savent plus rougir, et qui, comme chose indifférente, disent d'autrui pis que pendre ou l'entendent dire d'eux-mêmes. **5** La seule force de leurs discours consiste à me reprocher à tout propos mes infortunes, et cela devant vous qui les connaissez, je crois, mieux qu'eux, en sorte qu'il n'y a rien là dont on leur puisse faire un mérite. Ah, Citoyens, je trouve qu'il avait bien raison celui qui le premier a dit que tous les hommes naissent pour être heureux et malheureux, que c'est un grand malheur de s'égarer, **6** que les plus heureux sont ceux qui s'égarent le moins, et les mieux avisés ceux qui sont les plus prompts au repentir. Et ce n'est point là le lot des uns mais non des autres : le sort commun de

1. Andocide reviendra plus loin (§ 19) sur la communication qu'il a faite au Conseil en séance secrète : ne pouvant rien dire devant l'Ecclésia de ce qu'il a révélé aux Bouleutes, et voulant cependant que ses services soient pour ses auditeurs autre chose qu'un mystère, il annoncera que, grâce à lui, et malgré certaines manœuvres, les Athéniens recevront de Chypre le blé sur lequel ils ne comptaient déjà plus.

ἐναντία νῦν τῇ ἑαυτῶν ὠφελείᾳ σπεύδοντες· 3 εἰ δὲ μὴ ταῦτά ἡγοῦνται σφίσι τε αὐτοῖς συμφέρειν καὶ τῷ ὑμετέρῳ κοινῷ, δυσμενεῖς ἂν τῇ πόλει εἶεν· οἵτινες εἰσαγγείλαντός μου ἀπόρρητα εἰς τὴν βουλὴν περὶ [τῶν] πραγμάτων, ὧν ἀποτελεσθέντων οὐκ εἰσὶ τῇ πόλει ταύτῃ μείζονες ὠφέλειαι, καὶ τούτων ἀποδεικνύντος μου τοῖς βουλευταῖς σαφεῖς τε καὶ βεβαίους τὰς ἀποδείξεις, ἐκεῖ μὲν οὔτε τούτων τῶν ἀνδρῶν οἱ παραγενόμενοι ἐλέγχοντες οἷοί τ' ἦσαν ἀποδεῖξαι εἴ τι μὴ ὀρθῶς ἐλέγετο, οὔτ' ἄλλος οὐδείς, ἐνθάδε δὲ νῦν πειρῶνται διαβάλλειν. 4 Σημεῖον οὖν τοῦτο ὅτι οὗτοι οὐκ ἀφ' αὑτῶν ταῦτα πράττουσιν (εὐθὺς γὰρ ἂν τότε ἠναντιοῦντο) ἀλλ' ἀπὸ ἀνδρῶν ἑτέρων, οἷοί εἰσιν ἐν τῇ πόλει ταύτῃ, οὐδενὸς ἂν χρήματος δεξάμενοι ὑμᾶς τι ἀγαθὸν ἐξ ἐμοῦ πρᾶξαι. Καὶ αὐτοὶ μὲν οὗτοι οἱ ἄνδρες οὐ τολμῶσι σφᾶς αὐτοὺς εἰς τὸ μέσον καταστήσαντες διισχυρίζεσθαι περὶ τούτων, φοβούμενοι ἔλεγχον διδόναι εἴ τι εἰς ὑμᾶς τυγχάνουσι μὴ εὖ φρονοῦντες· ἑτέρους δὲ εἰσπέμπουσι, τοιούτους ἀνθρώπους οἷς εἰθισμένοις ἤδη ἀναισχυντεῖν οὐδὲν διαφέρει εἰπεῖν τε καὶ ἀκοῦσαι τὰ μέγιστα τῶν κακῶν. 5 Τὸ δ' ἰσχυρὸν τοῦτο μόνον εὕροι τις ἂν αὐτῶν ἐν τοῖς λόγοις, τὰς ἐμὰς συμφορὰς ἐπὶ παντὶ ὀνειδίζειν, καὶ ταῦτα ἐν εἰδόσι δήπου κάλλιον ὑμῖν, ὥστε μηδὲν ἂν τούτων δικαίως τιμὴν αὐτοῖς τινα φέρειν. Ἐμοὶ δέ, ὦ ἄνδρες, [καὶ] τῷ πρώτῳ τοῦτο εἰπόντι ὀρθῶς δοκεῖ εἰρῆσθαι, ὅτι πάντες ἄνθρωποι γίγνονται ἐπὶ τῷ εὖ καὶ κακῶς πράττειν, μεγάλη δὲ δήπου καὶ τὸ ἐξαμαρτεῖν δυσπραξία ἐστί, 6 καὶ εἰσιν εὐτυχέστατοι μὲν οἱ ἐλάχιστα ἐξαμαρτάνοντες, σωφρονέστατοι δὲ οἳ ἂν τάχιστα μεταγιγνώσκωσι. Καὶ ταῦτα οὐ διακέκριται τοῖς μὲν γίγνεσθαι τοῖς δὲ μή, ἀλλ' ἔστιν ἐν τῷ

3 4 τῶν delet Dobree || περὶ τοιούτων πραγμάτων Blass || 5 μείζους Lipsius || 8 ἐλέγχοντες Emperius : ἐλέγξοντες || **4** 9 εἰσπέμπουσι : ἐπιπέμπουσι Fuhr, coll. Lys. 7, 40 || 11 τῶν add. A² || **5** 5 καὶ delet Emperius || **6** 3 μεταγιγνώσκωσι Ald. : -γιγνώσκουσι.

tous les hommes, c'est l'égarement[1] et le malheur. Si donc, Citoyens, vous me jugez en ayant égard à la nature humaine vous montrerez plus d'esprit d'indulgence. Car ma vie me doit valoir moins de haine que de pitié. **7** J'en suis venu à ce point d'infortune, — dois-je dire par l'effet de ma jeunesse ou de ma folie, ou par l'influence de ceux qui m'ont fait ainsi perdre l'esprit — que j'ai dû choisir entre les deux plus grands malheurs : refuser de nommer les coupables ce n'était pas seulement trembler pour moi seul, mais tuer avec moi mon père innocent, car il était perdu si je ne parlais pas ; en révélant les faits j'étais absous, j'échappais à la mort, je n'étais plus le meurtrier de mon père[2]. A quoi ne se résoudrait-on pas pour s'épargner un tel crime ? **8** Des deux partis qui s'offraient je choisis celui qui devait nous apporter, à moi de si longues misères, à vous la plus prompte délivrance du mal qui pesait sur vous. Rappelez-vous dans quel péril, dans quel embarras mortel vous étiez, et comme on se défiait les uns des autres[3] : c'est au point que vous n'osiez plus vous risquer sur l'agora, chacun de vous craignant d'être arrêté. Si les choses en sont venues là, bien minime — on l'a reconnu — était ma part de responsabilité ; mais si l'angoisse a pris fin, c'est à moi seul qu'on l'a dû. **9** Et pourtant tout cela ne m'empêche pas d'être le plus malheureux de tous les hommes, car au moment où Athènes était entraînée dans ces calamités, les plus grandes infortunes commençaient pour moi, et quand elle retrouvait la sûreté j'étais, de tous, le plus misérable. Oui, tous ces

1. Remarquons ici et plus loin les mots ἐξαμαρτεῖν, ἀνοίᾳ, συμφορὰν τῶν φρενῶν : Andocide, dans ce discours, ne cherche pas à nier sa faute. On a vu qu'il n'en sera pas de même huit ans après dans le discours *Sur les Mystères* (cf. *Introduction*, p. xxii).

2. Le discours *Sur les Mystères* a mis sous nos yeux la nuit d'angoisse où, dans la prison pleine de cris et de plaintes, Andocide se laisse persuader par Charmidès de révéler la proposition d'Euphilétos (§ 48 et suiv.). Les lignes que nous lisons ici sont une sorte de raccourci de cette scène dramatique, et de la crise de conscience par laquelle Andocide justifie sa dénonciation.

3. Cf. Thuc., VI, 60, 3 : καὶ τὴν πόλιν τῆς παρούσης ὑποψίας παῦσαι.

κοινῷ πᾶσιν ἀνθρώποις καὶ ἐξαμαρτεῖν τι καὶ κακῶς
πρᾶξαι. Ὧν ἕνεκα, ὦ Ἀθηναῖοι, εἰ ἀνθρωπίνως περὶ
ἐμοῦ γιγνώσκοιτε, εἴητε ἂν ἄνδρες εὐγνωμονέστεροι. Οὐ
γὰρ φθόνου μᾶλλον ἢ οἴκτου ἄξιά μοί ἐστι τὰ γεγενημένα·
7 ὃς εἰς τοσοῦτον ἦλθον δυσδαιμονίας, εἴτε χρὴ εἰπεῖν
νεότητί τε καὶ ἀνοίᾳ ⟨τῇ ἐμαυτοῦ⟩, εἴτε καὶ δυνάμει τῶν
πεισάντων με ἐλθεῖν εἰς τοιαύτην συμφορὰν τῶν φρενῶν,
ὥστ' ἀνάγκην μοι γενέσθαι δυοῖν κακοῖν τοῖν μεγίστοιν
θάτερον ἑλέσθαι, ἢ μὴ βουληθέντι κατειπεῖν τοὺς ταῦτα
ποιήσαντας οὐ περὶ ἐμοῦ μόνου ὀρρωδεῖν, εἴ τι ἔδει παθεῖν,
ἀλλὰ καὶ τὸν πατέρα οὐδὲν ἀδικοῦντα σὺν ἐμαυτῷ ἀπο-
κτεῖναι (ὅπερ ἀνάγκη παθεῖν ἦν αὐτῷ, εἰ ἐγὼ μὴ ἐβου-
λόμην ταῦτα ποιῆσαι), ἢ κατειπόντι τὰ γεγενημένα αὐτὸν
μὲν ἀφεθέντα μὴ τεθνάναι, τοῦ δὲ ἐμαυτοῦ πατρὸς μὴ
φονέα γενέσθαι. Τί δ' ἂν οὐ πρό γε τούτου τολμήσειεν
ἄνθρωπος ποιῆσαι ; 8 ἐγὼ τοίνυν ἐκ τῶν παρόντων
εἱλόμην ταῦτα, ἃ ἐμοὶ μὲν λύπας ἐπὶ χρόνον πλεῖστον
οἴσειν ἔμελλεν, ὑμῖν δὲ ταχίστην τοῦ παρόντος τότε κακοῦ
μετάστασιν. Ἀναμνήσθητε δὲ ἐν οἵῳ κινδύνῳ τε καὶ
ἀμηχανίᾳ καθέστατε, καὶ ὅτι οὕτως σφόδρα σφᾶς αὐτοὺς
ἐπεφόβησθε, ὥστ' οὐδ' εἰς τὴν ἀγορὰν ἔτι ἐξῄτε, ἕκαστος
ὑμῶν οἰόμενος συλληφθήσεσθαι. Ταῦτα τοίνυν ὥστε μὲν
γενέσθαι τοιαῦτα, πολλοστὸν δή τι ἐγὼ μέρος τῆς αἰτίας
ηὑρέθην ἔχων, ὥστε μέντοι παυθῆναι, ἐγὼ εἷς ὢν μόνος
αἴτιος. 9 Καὶ ὅμως τό γε δυστυχέστατος εἶναι ἀνθρώ-
πων οὐδαμῇ ἐκφεύγω, ὅτε δὴ προαγομένης μὲν τῆς πόλεως
ἐπὶ ταύτας τὰς συμφορὰς οὐδεὶς ἐμοῦ ἤρχετο γίγνεσθαι
δυσδαιμονέστερος, μεθισταμένης δὲ πάλιν εἰς τὸ ἀσφαλὲς
ἁπάντων ἐγὼ ἀθλιώτατος. Ὄντων γὰρ κακῶν τοσούτων τῇ

6 5 καὶ ante κακῶς add. A[2] || 6 ὦ : ὦ ⟨ἄνδρες⟩ Blass, hic et infra 17, 22, 24 || 7 2 τῆς ἐμαυτοῦ post ἦλθον delet Frohberg et probabili translatione post ἀνοίᾳ scribit τῇ ἐμαυτοῦ. cf. 10, 3 || 5 βουληθέντι Ald. : βουληθέντα. Cf. infra κατειπόντι || 8 6 ἐξῄτε Lipsius : ἐξῄειτε || 9 ηὑρέθην Lipsius : εὑρέθην.

maux qui accablaient la Cité ne pouvaient être guéris que par mon déshonneur, et c'est de mon malheur que vous venait le salut. C'est donc votre reconnaissance et non votre haine que doit me valoir cette infortune.

10 J'eus bien alors le sentiment de mon malheur — car aucune disgrâce, aucune honte ne me fut, je crois, épargnée, tant par l'effet de ma folie que par la contrainte des événements — et je compris que vous me sauriez gré de me livrer à des occupations et de vivre en des lieux qui me tiendraient le plus hors de votre vue. Mais quand, avec les années, le regret me prit, comme il était naturel, de cette vie de citoyen que je menais parmi vous et que j'avais quittée pour l'exil[1], je reconnus que le meilleur parti était de me délivrer de la vie ou de rendre à cette cité un service assez signalé pour pouvoir, de votre plein gré, reprendre parmi vous ma vie et mes droits. **11** Dès lors, partout où il fallait courir quelque danger, je n'épargnai ni ma personne ni mes biens. Et pour commencer j'amenai à votre armée de Samos du bois de rames[2], alors que les Quatre-Cents s'étaient, ici, emparés du pouvoir : Archélaos, l'hôte de mon père et le mien, me permettait de couper et d'emporter autant de ces bois que je voulais. Je les amenai donc, et quand j'aurais pu les vendre à leur prix de cinq drachmes, je ne voulus les faire payer que ce qu'ils m'avaient coûté ; j'amenai aussi du blé et du bronze. **12** Et vos soldats ainsi équipés vainquirent ensuite sur mer les Péloponnésiens, et seuls au monde sauvèrent alors la Cité. Si donc les exploits de ces hommes vous ont valu de grands biens, une

1. On admet, en général, que πολιτείας ἐκείνης s'entend de la vie publique athénienne, et δευρί de l'île de Chypre : la phrase reproduirait les pensées d'Andocide exilé : « Ah si je pouvais reprendre à Athènes cette vie que j'ai quittée pour venir ici ! » Mais si l'interprétation est juste, cette songerie se présente avec un raccourci un peu gênant. Lipsius écrit καὶ τῆς ἐκεῖ διαίτης ⟨κόρος⟩ : δευρί signifie alors : à Athènes (sans rien changer ni suppléer, on pourrait, à la rigueur, rapporter ἐξ ἧς ἀ ἐπιθυμία) ; mais n'attendrait-on pas pour exprimer le retour à Athènes un autre mot que μετέστην ?

2. On tirait de Macédoine et de Chalcidique un excellent bois

πόλει ἀδύνατον ἦν ταῦτα ἰαθῆναι ἄλλως ἢ τῷ ἐμῷ αἰσχρῷ, ὥστ᾽ ἐν αὐτῷ ᾧ ἐγὼ κακῶς ἔπραττον, ἐν τούτῳ ὑμᾶς σῴζεσθαι. Χάριν οὖν εἰκός με, οὐ μῖσος, τῷ δυστυχήματι τούτῳ φέρεσθαι παρ᾽ ὑμῶν.

10 Καίτοι ἐγὼ τότ᾽ αὐτὸς γνοὺς τὰς ἐμαυτοῦ συμφοράς, ᾧ τινι κακῶν τε καὶ αἰσχρῶν οὐκ οἶδ᾽ εἴ τι ἀπεγένετο, τὰ μὲν παρανοίᾳ τῇ ἐμαυτοῦ, τὰ δ᾽ ἀνάγκῃ τῶν παρόντων πραγμάτων, ἔγνων ἥδιστον εἶναι πράττειν τε τοιαῦτα καὶ διαιτᾶσθαι ἐκεῖ, ὅπου ἥκιστα μέλλοιμι ὀφθήσεσθαι ὑφ᾽ ὑμῶν. Ἐπειδὴ δὲ χρόνῳ [ὕστερον] εἰσῆλθέ μοι, ὥσπερ εἰκός, ἐπιθυμία τῆς τε μεθ᾽ ὑμῶν πολιτείας ἐκείνης καὶ διαίτης, ἐξ ἧς δευρὶ μετέστην, ἔγνων λυσιτελεῖν μοι ἢ τοῦ βίου ἀπηλλάχθαι, ἢ τὴν πόλιν ταύτην ἀγαθόν τι τοσοῦτον ἐργάσασθαι, ὥστε ὑμῶν ἑκόντων εἶναί ποτέ μοι πολιτεύσασθαι μεθ᾽ ὑμῶν. **11** Ἐκ δὲ τούτου οὐ πώποτε οὔτε τοῦ σώματος οὔτε τῶν ὄντων ἐμοὶ ἐφεισάμην, ὅπου ἔδει παρακινδυνεύειν· ἀλλ᾽ αὐτίκα μὲν τότε εἰσήγαγον εἰς ⟨τὴν⟩ στρατιὰν ὑμῶν οὖσαν ἐν Σάμῳ κωπέας, τῶν τετρακοσίων ἤδη τὰ πράγματα ἐνθάδε κατειληφότων, ὄντος μοι Ἀρχελάου ξένου πατρικοῦ καὶ διδόντος τέμνεσθαί τε καὶ ἐξάγεσθαι ὁπόσους ἐβουλόμην. Τούτους τε εἰσήγαγον τοὺς κωπέας, καὶ παρόν μοι πέντε δραχμῶν τὴν τιμὴν αὐτῶν δέξασθαι οὐκ ἠθέλησα πράξασθαι πλέον ἢ ὅσου ἐμοὶ κατέστησαν, εἰσήγαγον δὲ σῖτόν τε καὶ χαλκόν· **12** καὶ οἱ ἄνδρες ἐκεῖνοι ἐκ τούτων παρεσκευασμένοι ἐνίκησαν μετὰ ταῦτα Πελοποννησίους ναυμαχοῦντες, καὶ τὴν πόλιν ταύτην μόνοι ἀνθρώπων ἔσωσαν ἐν τῷ τότε χρόνῳ. Εἰ τοίνυν μεγάλων ἀγαθῶν αἴτια ὑμᾶς ἠργάσαντο ἐκεῖνοι,

9 7 αὐτῷ ante τούτῳ ponit Sluiter || **10** 4 an reponendum ἂν post ἥδιστον? || 6 ὕστερον, in margine otiose additum, recte eicit Fuhr || 7 τῆς τε : τῆς τότε Reiske || ἐκείνης καὶ διαίτης : καὶ τῆς ἐκεῖ διαίτης ⟨χόρος⟩ Lipsius || 8 ἔγνων Ald. : ἔγνω || **11** 4 τὴν add. Lipsius || 6 τέμνεσθαι restituit Dobree : γενέσθαί (sic) || 9 ὅσου aperte ex correctione : ὅσον pr. || **12** 3 Πελοποννησίους edd. : -πονησίους || 5 αἴτια Blass : ἄξια || ἠργάσαντο Blass : εἰργ-.

part de ce succès[1], et non la moindre, doit m'être attribuée selon toute justice. Car si l'on n'avait pas alors amené le nécessaire à cette armée elle risquait moins de sauver Athènes que de ne pouvoir se sauver elle-même.

13 Ces services rendus, ce qui m'attendait ici[2] ne répondit guère à mon espérance. Je fis voile vers Athènes avec l'idée qu'on m'y féliciterait de mon dévouement et du soin que j'avais pris de vos intérêts ; mais dès qu'ils apprirent mon arrivée, quelques-uns des Quatre-Cents se mirent à ma recherche, se saisirent de moi et m'amenèrent devant le Conseil. **14** Aussitôt Pisandre se levant près de moi : « Conseillers, dit-il, je vous dénonce cet homme, coupable d'avoir amené à nos ennemis du blé et des bois de rames. » Puis, il fit en détail le récit de ce qui s'était passé. Or dès ce moment ceux qui étaient à l'armée étaient manifestement hostiles aux Quatre-Cents. **15** Et moi, voyant quelles rumeurs ces paroles soulevaient dans le Conseil et me sentant perdu, je m'élance aussitôt vers le foyer sacré et je saisis les objets du culte. Ce geste, plus que tout, me secourut dans ce danger. Car les dieux, malgré l'offense que je leur avais faite, se sont montrés envers moi plus pitoyables que les hommes. Ceux-ci voulaient me tuer : ce sont les dieux qui me sauvèrent. Comment je fus ensuite emprisonné et tous les mauvais traitements que je subis il serait trop long de vous en parler. **16** C'est là que j'ai le plus gémi sur moi-même. En effet quand le peuple semblait maltraité,

dont on faisait particulièrement usage pour la construction des vaisseaux. Cf. Xénophon, *Hel.* 6, 1, 11 ; Thuc. IV, 108, 1. — Une inscription du *Recueil* de Ch. Michel (1900, n° 80, A, l. 25 et suiv.) nous montre encore par la suite (un peu avant 405) les besoins de la flotte de Samos en σκεύη. Cf. Foucart, R. E. A, 1899, p. 181 et suiv.

1. La victoire navale qu'Andocide se flatte d'avoir facilitée en fournissant à l'armée de Samos le bois de rames qui lui manquait est celle d'Abydos (première bataille de Kynosséma en 411). Cf. Thuc. VIII, 104.

2. Il ne s'agit pas de l'établissement des Quatre-Cents : nous

μέρος ἐγὼ οὐκ ἂν ἐλάχιστον δικαίως ταύτης τῆς αἰτίας ἔχοιμι. Εἰ γὰρ τοῖς ἀνδράσιν ἐκείνοις τότε τὰ ἐπιτήδεια μὴ εἰσήχθη, οὐ περὶ τοῦ σῷσαι τὰς Ἀθήνας ὁ κίνδυνος ἦν αὐτοῖς μᾶλλον ἢ περὶ τοῦ μηδὲ αὐτοὺς σωθῆναι.

13 Τούτων τοίνυν οὕτως ἐχόντων οὐκ ὀλίγῳ μοι παρὰ γνώμην ηὑρέθη τὰ ἐνταῦθα πράγματα ἔχοντα. Κατέπλευσα μὲν γὰρ ὡς ἐπαινεθησόμενος ὑπὸ τῶν ἐνθάδε προθυμίας τε ἕνεκα καὶ ἐπιμελείας τῶν ὑμετέρων πραγμάτων· πυθόμενοι δέ τινές με ἥκοντα τῶν τετρακοσίων ἐζήτουν τε παραχρῆμα, καὶ λαβόντες ἤγαγον εἰς τὴν βουλήν. **14** Εὐθὺς δὲ παραστάς μοι Πείσανδρος « ἄνδρες » ἔφη « βουλευταί, ἐγὼ τὸν ἄνδρα τοῦτον ἐνδεικνύω ὑμῖν σῖτόν τε εἰς τοὺς πολεμίους εἰσαγαγόντα καὶ κωπέας ». Καὶ τὸ πρᾶγμα ἤδη πᾶν διηγεῖτο ὡς ἐπέπρακτο. Ἐν δὲ τῷ τότε τὰ ἐναντία φρονοῦντες δῆλοι ἦσαν ἤδη οἱ ἐπὶ στρατιᾶς ὄντες τοῖς τετρακοσίοις. **15** Κἀγὼ θόρυβος γὰρ δὴ τοιοῦτος ἐγίγνετο τῶν βουλευτῶν καὶ ἐπειδὴ ἐγίγνωσκον ἀπολούμενος, εὐθὺς προσπηδῶ πρὸς τὴν ἑστίαν καὶ λαμβάνομαι τῶν ἱερῶν. Ὅπερ μοι καὶ πλείστου ἄξιον ἐγένετο ἐν τῷ τότε· εἰς γὰρ τοὺς θεοὺς ἔχοντα ὀνείδη οὗτοί με μᾶλλον τῶν ἀνθρώπων ἐοίκασι κατελεῆσαι, βουληθέντων τε αὐτῶν ἀποκτεῖναί με οὗτοι ἦσαν οἱ διασῴσαντες. Δεσμά τε ὕστερον καὶ κακὰ ὅσα τε καὶ οἷα τῷ σώματι ἠνεσχόμην, μακρὸν ἂν εἴη μοι λέγειν. **16** Οὗ δὴ καὶ μάλιστ᾽ ἐμαυτὸν ἀπωλοφυράμην· ὅστις τοῦτο μὲν ἐν ᾧ ἐδόκει ὁ δῆμος κακοῦσθαι, ἐγὼ ἀντὶ

12 6 τῆς αἰτίας : τῆς ἀξίας uulg. quod correxit Bekker. || 8 ὁ κίνδυνος deleri malit Sauppe || **13** 2 ηὑρέθη Lipsius : εὑρέθη || 4 ἕνεκα Lipsius : εἵνεκα || **14** 3 ἐνδεικνύω ὑμῖν : ἐνδείκνυμι Dobree, coll. I, 33 2 || 4 ⟨καὶ χαλκὸν⟩ καὶ κωπέας Ed. Meier, coll. II, 10 || **15** 2 aut delendum καὶ (sic Reiske, Baiter, Sauppe), aut, ut satis commode coniecit Fuhr, post καὶ uocem intercidisse (e. c. κραυγή) putandum est. Ms. lectionem defendit Kalinka collato Thucyd. loco (I, 72, 1) qui non plane huc facit || 4 ἐγένετο Emperius : ἐγίνετο || ἐγίγνετο Jebb || 5 ἔχοντα ὀνείδη οὗτοί με Sauppe : εἶχον τὰ ὀνείδη οὗτοι οἵ με || || **16** 2 τοῦτο μὲν corr. apogr. : τούτῳ μέν.

c'est moi qui souffrais à sa place, et quand, manifestement, je lui avais rendu service, voilà que pour cela même j'étais, encore une fois, près de périr. C'est ainsi qu'il n'y avait pour moi ni voie ni moyen de reprendre courage : partout où je me tournais je ne voyais de tous côtés que du mal prêt à fondre sur moi. Et pourtant, aussitôt délivré de toutes ces misères, je n'avais autre chose à cœur que de rendre quelque bon office à notre Cité.

17 Il faut bien comprendre, Athéniens, combien des services de ce genre sont supérieurs aux autres[1]. Tous ceux des citoyens qui, dans le maniement de vos affaires, font entrer de l'argent au Trésor, que font-ils sinon vous donner ce qui est à vous ? Tous ceux qui, faits stratèges, honorent la Cité par quelque exploit, que font-ils en somme ? En vous exposant aux fatigues et aux dangers, en dépensant les fonds publics ils peuvent, à l'aventure, vous rendre service. Et s'ils butent, ce n'est pas eux qui portent la peine de leur faute personnelle : c'est vous qui payez pour eux. 18 Pourtant vous leur donnez des couronnes, et, par voix de héraut, ils sont proclamés vaillants hommes. Et je ne dirai point que ce ne soit justice, car c'est grand mérite que de savoir, de quelque façon que ce soit, servir son pays. Mais, il faut le reconnaître, l'homme de beaucoup le plus digne d'estime serait celui qui, risquant à la fois ses biens et sa personne, serait le bienfaiteur résolu de ses concitoyens.

avons vu plus haut qu'il le savait déjà (§ 11). On peut plutôt inférer de ce passage qu'Andocide débarque à Athènes au moment même où le mouvement oligarchique de Samos, qui devait favoriser le retour d'Alcibiade, vient d'échouer. Les Quatre-Cents tiennent naturellement pour des ennemis — Pisandre le dit ici expressément — ces équipages de Samos qui constituent une armée démocratique. Andocide trouve donc, en effet, à Athènes une situation et des sentiments tout autres que ceux qu'il attendait.

1. On a relevé dans ce passage — non sans quelque apparence, d'ailleurs — une certaine prétention. Il semble cependant qu'il y ait ici moins de véritable « arrogance » que de rhétorique. Andocide a risqué sa personne : le stratège risque celle des autres ; il a risqué ses biens : le politique qui enrichit le trésor ne donne, en somme, à

τούτου κακὰ εἶχον, τοῦτο δὲ ἐπειδὴ ἐφαίνετο ⟨εὖ⟩ ὑπ' ἐμοῦ πεπονθώς, πάλιν αὖ καὶ διὰ τοῦτ' ἐγὼ ἀπωλλύμην· ὥστε ὁδόν τε καὶ πόρον μηδαμῇ ἔτι εἶναί μοι εὐθαρσεῖν· ὅποι γὰρ τραποίμην, πάντοθεν κακόν τί μοι ἐφαίνετο ἑτοιμαζόμενον. Ἀλλ' ὅμως καὶ ἐκ τούτων τοιούτων ὄντων ἀπαλλαγεὶς οὐκ ἔστιν ὅ τι [ἕτερον ἔργον] περὶ πλείονος ἐποιούμην ἢ τὴν πόλιν ταύτην ἀγαθόν τι ἐργάσασθαι.

17 Ὁρᾶν δὲ χρή, ὦ Ἀθηναῖοι, ὅσῳ τὰ τοιαῦτα τῶν ὑπουργημάτων διαφέρει. Τοῦτο μὲν γὰρ ὅσοι τῶν πολιτῶν τὰ ὑμέτερα πράγματα διαχειρίζοντες ἀργύριον ὑμῖν ἐκπορίζουσιν, ἄλλο τι ἢ τὰ ὑμέτερα ὑμῖν διδόασι; τοῦτο δὲ ὅσοι στρατηγοὶ γενόμενοι καλόν τι τὴν πόλιν κατεργάζονται, τί ἄλλο ἢ μετὰ τῆς τῶν ὑμετέρων σωμάτων ταλαιπωρίας τε καὶ κινδύνων, καὶ ἔτι τῶν κοινῶν χρημάτων δαπάνης, ποιοῦσιν ὑμᾶς εἴ τι τυγχάνουσιν ἀγαθόν; ἐν ᾧ καὶ ἄν τι ἐξαμάρτωσιν, οὐκ αὐτοὶ τῆς σφετέρας αὐτῶν ἁμαρτίας δίκην διδόασιν, ἀλλ' ὑμεῖς ὑπὲρ τῶν ἐκείνοις ἡμαρτημένων. 18 Ἀλλ' ὅμως οὗτοι στεφανοῦνταί γε ὑφ' ὑμῶν καὶ ἀνακηρύττονται ὡς ὄντες ἄνδρες ἀγαθοί. Καὶ οὐκ ἐρῶ ὡς οὐ δικαίως· μεγάλη γάρ ἐστιν ἀρετή, ὅστις τὴν ἑαυτοῦ πόλιν ὁτῳοῦν δύναται τρόπῳ ἀγαθόν τι ἐργάζεσθαι. Ἀλλ' οὖν [τι] γιγνώσκειν γε χρή, ὅτι ἐκεῖνος ἂν εἴη πολὺ πλείστου ἄξιος ἀνήρ, ὅστις τοῖς ἑαυτοῦ παρακινδυνεύων χρήμασί τε καὶ σώματι τολμῴη ἀγαθόν τι ποιεῖν τοὺς ἑαυτοῦ πολίτας.

16 3 εὖ add. Ald. || 4 ἂν pro αὖ Fuhr, coll. Plat *Apol*, 32 A || ἀπωλλύμην Bekker : ἀπολοίμην || 6 ὅποι Reiske : ὅπου || 8 ἕτερον ἔργον deleuit Sauppe : ἔργον man. pr., ἕτερον addidit altera || non iure dixeris ἔργον sequente ἐργάσασθαι defendi cum illud non minus uerisimiliter ab hoc oriri potuerit || **18** 1 γε : τε Sluiter, coll. (minus probabiliter) 20, 2 ubi οἷόν γε pro οἷόν τε || 5 γιγνώσκειν Reiske : τι γινώσκειν (alterum ι corr. A²) || 6 πολὺ : πολλοῦ m. pr. (prius λ et alterum ο erasit A¹); πολλῷ E. Rosenberg || 8 τοὺς A² : τοῖς || πολίτας A² : -ταις.

19 Ce que j'ai fait pour vous jusqu'ici il n'est guère aucun de vous qui ne le sache ; mais ce que je compte faire et ce que je fais dès maintenant il y parmi vous cinq cents citoyens à qui je l'ai fait connaître en séance secrète. Ils risquent, je crois, beaucoup moins de se tromper que vous ne feriez s'il vous fallait m'entendre et délibérer sur le champ. Car c'est à loisir qu'ils examinent les déclarations qu'on leur apporte, et, s'ils se trompent, ils se voient accusés et déconsidérés ; mais vous, vous ne sauriez avoir d'accusateurs puisque vous avez le juste privilège de régler vos affaires bien ou mal, à votre gré. 20 Pourtant ceux de mes services que je puis vous faire connaître en dehors du secret, vous allez les apprendre. Vous savez, je pense, qu'on est venu annoncer ici que Chypre ne doit pas nous envoyer de blé : eh bien j'ai su manœuvrer avec assez de vigueur pour que ceux qui avaient médité cela [1] et mettaient leur plan à exécution fussent trompés dans leur dessein. 21 Comment y ai-je réussi, il ne vous est pas utile de le savoir ; mais, pour l'instant, voici ce que je veux vous apprendre : les navires qui, dès maintenant, doivent amener du blé au Pirée sont au nombre de quatorze ; le reste des bâtiments qui sont partis de Chypre viendront tous ensemble peu après. Plus que tout l'or du monde j'aurais aimé vous expliquer sans danger ce que j'ai révélé secrètement au Conseil : vous le sauriez dès maintenant. 22 Puisqu'il n'en peut être ainsi, une fois les choses accomplies vous les saurez et vous en profiterez tout d'un temps. Mais si dès à présent, Athéniens, vous voulez m'accorder une faveur qui n'est pas grande, mais qui sera

l'État que ce qui est à lui. Notre orateur peut donc prétendre que, plus que l'un et l'autre, il est le bienfaiteur de ses concitoyens. — Quand il parle des services que peuvent rendre les stratèges, peut-être pense-t-il à la victoire de Cyzique, mais il n'y saurait faire une allusion plus précise sans abaisser une victoire qui assurait aux Athéniens un salut provisoire.

1. L'allusion nous reste assez mystérieuse : il serait cependant intéressant d'avoir des précisions sur ces manœuvres qu'Andocide se flatte d'avoir déjouées.

19 Ἐμοὶ τοίνυν τὰ μὲν ἤδη εἰς ὑμᾶς πεπραγμένα σχεδόν τι ἅπαντες ἂν εἰδεῖτε, τὰ δὲ μέλλοντά τε καὶ ἤδη πραττόμενα ἄνδρες ὑμῶν πεντακόσιοι ἐν ἀπορρήτῳ ἴσασιν, [ἡ βουλή]· οὓς πολλῷ δήπου εἰκὸς ἧττον ἄν τι ἐξαμαρτεῖν, ἢ εἰ ὑμᾶς δέοι ἀκούσαντάς τι ἐν τῷ παραχρῆμα νῦν διαβουλεύσασθαι. Οἱ μέν γε σχολῇ περὶ τῶν εἰσαγγελλομένων σκοποῦνται, ὑπάρχει τε αὐτοῖς, ἐάν τι ἐξαμαρτάνωσιν, αἰτίαν ἔχειν καὶ λόγον αἰσχρὸν ἐκ τῶν ἄλλων πολιτῶν· ὑμῖν δὲ οὐκ εἰσὶν ἕτεροι ὑφ' ὧν αἰτίαν ⟨ἂν⟩ ἔχοιτε· τὰ γὰρ ὑμέτερα αὐτῶν ἐφ' ὑμῖν δικαίως ἐστὶ καὶ εὖ καὶ κακῶς, ἐὰν βούλησθε, διαθέσθαι. **20** Ἅ γε μέντοι ἔξω τῶν ἀπορρήτων οἷόν τέ μοί ἐστιν εἰπεῖν εἰς ὑμᾶς ἤδη πεπραγμένα, ἀκούσεσθε. Ἐπίστασθε γάρ που ὡς ἠγγέλθη ὑμῖν ὅτι οὐ μέλλει ἐκ Κύπρου σῖτος ἥξειν ἐνταῦθα· ἐγὼ τοίνυν τοιοῦτός τε καὶ τοσοῦτος ἐγενόμην, ὥστε τοὺς ἄνδρας τοὺς ταῦτα βουλεύσαντας ἐφ' ὑμῖν καὶ πράξαντας ψευσθῆναι τῆς αὐτῶν γνώμης. **21** Καὶ ὡς μὲν ταῦτα διεπράχθη, οὐδὲν προὔργου ἀκοῦσαι ὑμῖν· τάδε ⟨δὲ⟩ νυνὶ βούλομαι ὑμᾶς εἰδέναι, ὅτι αἱ μέλλουσαι νῆες ἤδη σιταγωγοὶ καταπλεῖν εἰς τὸν Πειραιᾶ εἰσιν ὑμῖν τέτταρες καὶ δέκα, αἱ δὲ λοιπαὶ τῶν ἐκ Κύπρου ἀναχθεισῶν ἥξουσιν ἀθρόαι οὐ πολὺ ὕστερον. Ἐδεξάμην δ' ⟨ἂν⟩ ἀντὶ πάντων χρημάτων εἶναι ἐν ἀσφαλεῖ φράσαι πρὸς ὑμᾶς ἃ καὶ τῇ βουλῇ ἐν ἀπορρήτῳ εἰσήγγειλα, ὅπως αὐτόθεν προῄδετε. **22** Νῦν δὲ ἐκεῖνα μὲν τότε ὅταν ἀποτελεσθῇ γνώσεσθε ἅμα καὶ ὠφελήσεσθε· νῦν δέ, ὦ Ἀθηναῖοι, εἴ μοι βουληθεῖτε δοῦναι χάριν μικράν τε καὶ ἄπονον ὑμῖν καὶ ἅμα δικαίαν, πάνυ ἄν μοι τοῦτο ἐν μεγάλῃ ἡδονῇ γένοιτο. Ὡς

19 2 εἰδεῖτε Lipsius : εἰδείητε || 4 ἡ βουλή del. Valckenaer || εἰκὸς Ald. : εἰς || 5 τι suspectum habet Reiske || 9 ἂν post αἰτίαν add. Dobree, ante αἰτίαν Lipsius || **20** 2 τε H. Estienne : γε || 4 ὑμῖν Valckenaer : ἡμῖν || ⟨ὁ⟩ ἐκ Κύπρου malit Lipsius || **21** 2 δὲ add. Gebauer. Cf. 26, 3 || 6 ἂν add. Dobree || ἂν pro ἀντὶ Reiske, Bekker || 7 πρὸς : ⟨καὶ⟩ πρὸς Fuhr || 8 προῄδετε Blass : προειδῆτε || **22** 2 ὠφελήσεσθε Fuhr : ὠφεληθήσεσθε || βουληθεῖτε Lipsius : -είητε.

juste et vous coûtera peu, j'en aurai la plus grande joie. Qu'elle soit juste, vous allez le comprendre. Ce que vous m'aviez, après réflexion, promis et donné, et ce que, persuadés par d'autres, vous m'avez ensuite retiré, voilà ce que je sollicite, si vous y consentez, et, si vous le refusez, ce que je demande comme dû [1]. **23** Je vous vois souvent accorder le droit de cité et d'importantes gratifications en espèces à des esclaves et à des gens de tous pays, s'il est avéré qu'ils vous ont rendu quelque service [2]. Et vous êtes, ce faisant, sagement inspirés. C'est en effet, le moyen d'avoir le plus de gens prêts à vous servir. Je ne vous demande donc rien de plus que ceci : vous aviez, sur la proposition de Ménippos, décrété pour moi l'impunité : rendez-moi le bénéfice de ce décret. Il va vous être lu, car il figure encore dans les actes du Conseil.

(Décret)

24 Ce décret que vous venez d'entendre, Athéniens, vous l'aviez voté en ma faveur et vous l'avez abrogé, au gré d'un autre. Croyez-moi donc, et désormais ne gardez envers moi aucun sentiment hostile. Dans les fautes que commet l'esprit de l'homme son corps n'est pour rien : eh bien ce corps est le même que jadis — et il est ici hors de cause —, mais mon esprit n'est plus celui d'autrefois. Il ne vous reste donc plus aucun juste motif de me garder du ressentiment. **25** Et si, pour la faute ancienne, vous déclariez qu'il fallait tenir pour irrécusables les preuves tirées des faits eux-mêmes, et me considérer comme un criminel, ne cherchez pas, pour éprouver les bons sentiments dont je suis maintenant animé, d'autres

1. On a cru devoir corriger ce passage : ce n'est aucunement nécessaire : ἀπαιτῶ a, ici, son sens très régulier de « demander comme dû ». L'expression n'a rien de brutal : si les Athéniens sont consentants c'est une simple demande ; s'ils refusaient, Andocide réclamerait comme dû ce qui lui avait été régulièrement accordé et ce que méritent ses services.

2. Passage important sur la collation du droit de cité pour services exceptionnels à la fin du ve siècle. Cf. Glotz. *o. l.*, p. 418.

δὲ καὶ δικαία ἐστίν, εἴσεσθε. Ἃ γάρ μοι αὐτοὶ γνόντες τε καὶ ὑποσχόμενοι ἔδοτε, ὕστερον δὲ ἑτέροις πειθόμενοι ἀφείλεσθε, ταῦθ' ὑμᾶς, εἰ μὲν βούλεσθε, αἰτῶ, εἰ δὲ μὴ βούλεσθε, ἀπαιτῶ. 23 Ὁρῶ δὲ ὑμᾶς πολλάκις καὶ δούλοις ἀνθρώποις καὶ ξένοις παντοδαποῖς πολιτείαν τε διδόντας καὶ εἰς χρήματα μεγάλας δωρειάς, οἳ ἂν ὑμᾶς φαίνωνται ποιοῦντές τι ἀγαθόν. Καὶ ταῦτα μέντοι ὀρθῶς ὑμεῖς φρονοῦντες δίδοτε· οὕτω γὰρ ἂν ὑπὸ πλείστων ἀνθρώπων εὖ πάσχοιτε. Ἐγὼ τοίνυν τοσοῦτον ὑμῶν μόνον δέομαι· τὸ ψήφισμα ὃ Μενίππου εἰπόντος ἐψηφίσασθε, εἶναί μοι ἄδειαν, πάλιν ἀπόδοτε. Ἀναγνώσεται δὲ ὑμῖν αὐτό· ἔτι γὰρ καὶ νῦν ἐγγέγραπται ἐν τῷ βουλευτηρίῳ.

Ψήφισμα

24 Τουτὶ τὸ ψήφισμα, ὃ ἠκούσατε ψηφισάμενοί μοι, ὦ Ἀθηναῖοι, ὕστερον ἀφείλεσθε χάριν ἑτέρῳ φέροντες. Πείθεσθε οὖν μοι, καὶ ἤδη παύσασθε εἴ τῳ ὑμῶν διάβολόν τι ἐν τῇ γνώμῃ περὶ ἐμοῦ παρέστηκεν. Εἰ γὰρ ὅσα οἱ ἄνθρωποι γνώμῃ ἁμαρτάνουσι, τὸ σῶμα αὐτῶν μὴ αἴτιόν ἐστιν, ἐμοῦ τὸ μὲν σῶμα τυγχάνει ταὐτὸν ἔτι ὄν, ὅπερ τῆς αἰτίας ἀπήλλακται, ἡ δὲ γνώμη ἀντὶ τῆς προτέρας ἑτέρα νυνὶ παρέστηκεν. Οὐδὲν οὖν ἔτι ὑπολείπεται ὅτῳ ἂν μοι δικαίως διαβεβλῇσθε. 25 Ὥσπερ δὲ τῆς τότε ἁμαρτίας τὰ ἀπὸ τῶν ἔργων σημεῖα ἔφατε χρῆναι πιστότατα ποιούμενοι κακόν με ἄνδρα ἡγεῖσθαι, οὕτω καὶ ἐπὶ τῇ νῦν εὐνοίᾳ μὴ ζητεῖτε ἑτέραν βάσανον ἢ τὰ ἀπὸ τῶν νυνὶ

22 7-8 μὴ del. Blass || αἰτῶ et ἀπαιτῶ inuertebat Dobree. Nil mutandum || **23** 2 παντοδαποῖς H. Estienne : -πῆς || πολιτείαν τε διδόντας Reiske : πολιτείας διδ. τε || 3 δωρειάς Lipsius : δωρεάς cum aliquo interuallo inter ε et α || 9 ἐγγέγραπται : ἀνα- Sluiter || **24** 6 ἐμοῦ Reiske : ὁμοῦ || ταὐτὸν ἔτι ὄν Bekker : τοῦτ' ἀναίτιον || 9 διαβεβλῇσθε Bekker : -βλῆσθαι || **25** 3 ἡγεῖσθαι Ald. : ἡγεῖσθε || 4 ζητεῖτε apogr. : ζητῆτε.

preuves que celles qui ressortent de mes actes d'aujourd'hui. 26 Aussi bien ma conduite présente est-elle, beaucoup plus que celle de jadis, conforme à ma nature et aux traditions de ma famille. En effet je ne saurais tromper les plus âgés d'entre vous si je mentais en disant que l'aïeul de mon père, Léogoras, ayant pris le parti de la démocratie contre les tyrans et pouvant ensuite se réconcilier avec eux, devenir leur parent par mariage et partager leur pouvoir, préféra se voir chasser avec les démocrates, et souffrir les maux de l'exil plutôt que de trahir le peuple. Ainsi les actes mêmes de mes ancêtres m'inspirent naturellement les sentiments d'un démocrate, s'il est vrai que, maintenant du moins, je sois dans mon bon sens. Et c'est aussi pourquoi, Citoyens, si je me montre dévoué à vos intérêts vous devez accepter plus volontiers mes services. 27 Qu'après m'avoir accordé l'amnistie personnelle vous me l'ayez ensuite retirée, sachez bien que je ne vous en ai jamais voulu. Car si ces hommes ont pu vous persuader de vous faire à vous-mêmes les pires des torts, d'échanger la souveraineté pour la servitude en substituant à la démocratie un pouvoir oligarchique, comment trouver étonnant que vous vous soyez laissé persuader de me faire tort à moi aussi ? 28 Je voudrais cependant que si, dans vos propres affaires, du moment où vous en avez eu les moyens, vous avez invalidé les décisions de ceux qui vous avaient trompés, de même aussi dans une circonstance où vous vous êtes laissé persuader de prendre contre moi une mesure malveillante, les motions de ces hommes fussent annulées et que, ni en cette circonstance ni en aucune autre, on ne vous vît jamais voter de concert avec vos pires ennemis.

ἔργων σημεῖα ὑμῖν γιγνόμενα. 26 Πολὺ δέ μοι προσήκει ταῦτα μᾶλλον ἐκείνων καὶ τῷ γένει συνηθέστερά ἐστι. Τάδε γὰρ οὐ ψευσαμένῳ μοι λαθεῖν οἷόν τ' ἐστι τούς γε πρεσβυτέρους ὑμῶν ὅτι ὁ τοῦ ἐμοῦ πατρὸς πάππος Λεωγόρας στασιάσας πρὸς τοὺς τυράννους ὑπὲρ τοῦ δήμου, ἐξὸν αὐτῷ διαλλαχθέντι τῆς ἔχθρας καὶ γενομένῳ κηδεστῇ ἄρξαι μετ' ἐκείνων τῶν ἀνδρῶν τῆς πόλεως, εἵλετο μᾶλλον ἐκπεσεῖν μετὰ τοῦ δήμου καὶ φεύγων κακοπαθεῖν μᾶλλον ἢ προδότης αὐτοῦ καταστῆναι. Ὥστ' ἔμοιγε καὶ διὰ τὰ τῶν προγόνων ἔργα εἰκότως ὑπάρχει δημοτικῷ εἶναι, εἴπερ τι ἀλλὰ νῦν γε φρονῶν τυγχάνω. Ὧν καὶ ἕνεκα εἰκὸς ὑμᾶς, ἐὰν χρηστὸς ὢν ἀνὴρ εἰς ὑμᾶς φαίνωμαι, προθυμότερόν μου ἀποδέχεσθαι τὰ πραττόμενα. 27 Τὸ δὲ δόντας ἐμοὶ τὴν ἄδειαν ἀφελέσθαι ὑμᾶς, εὖ ἴστε ὅτι οὐδεπώποτε ἠγανάκτησα· ὅπου γὰρ ὑπὸ τῶν ἀνδρῶν τούτων αὐτοὶ εἰς ὑμᾶς αὐτοὺς ἐπείσθητε τὰ μέγιστα ἐξαμαρτεῖν, ὥστε ἀντὶ τῆς ἀρχῆς δουλείαν ἀλλάξασθαι, ἐκ δημοκρατίας δυναστείαν καταστήσαντες, τί ἂν τις ὑμῶν θαυμάζοι καὶ εἰς ἐμὲ εἴ τι ἐπείσθητε ἐξαμαρτεῖν ; 28 βουλοίμην μέντ' ἄν, ὥσπερ ἐν τοῖς ὑμετέροις αὐτῶν πράγμασιν, ἐπειδὴ ἐξουσίαν ἐλάβετε, τὰς τῶν ἐξαπατησάντων ὑμᾶς ἀκύρους ἔθετε βουλάς, οὕτω καὶ ἐν ᾧ περὶ ἐμοῦ ἐπείσθητε γνῶναί τι ἀνεπιτήδειον, ἀτελῆ τὴν γνώμην αὐτῶν ποιῆσαι, καὶ μήτε ἐν τούτῳ μήτε ἐν ἑτέρῳ τῳ τοῖς ὑμῶν αὐτῶν ἐχθίστοις ὁμόψηφοί ποτε γένησθε.

26 4 πάππος Valckenaer coll. I, 106, 8 : πρόπαππος || 9 αὐτοῦ Rosenberg : αὐτῶν || 11 ἀλλὰ Reiske : ἄλλο || **27** 6 θαυμάζοι Ald. : -ζει || **28** 7 γένησθε : γενέσθαι Sluiter, haud scio an recte.

III

SUR LA PAIX AVEC LES LACÉDÉMONIENS

III

NOTICE

Ce discours fut prononcé devant le peuple dans l'été de 391 [1]. Sparte avait contre elle Athènes, Thèbes, Argos et Corinthe. La victoire d'Agésilas à Coronée (août 394) avait été sans lendemain ; les succès de Conon, qui, après avoir battu la flotte spartiate [2] près de Cnide, avait fait une descente sur les côtes de Laconie, et ceux d'Iphicrate, dont les troupes légères avaient poussé jusqu'en Arcadie, avaient fait sentir à Sparte le danger de sa situation. Le meilleur parti pour elle était de négocier avec le Roi dont l'or avait soutenu ses ennemis et relevé les Longs Murs [3]. Il importait de briser l'entente de Suse et d'Athènes. Antalkidas en fut chargé [4]. Envoyé auprès de Tiribaze, gouverneur de la satrapie de

1. Denys d'Halicarnasse le tient pour apocryphe, et des modernes l'ont condamné en raison des erreurs historiques qu'il contient. Ed. Meyer y voit un plaidoyer justifiant après coup la politique des négociateurs condamnés par le peuple. K. Fuhr (*Animaduersiones in orat. attic.*, Bonn, 1877), et d'autres après lui, ont admis l'authenticité, que les fragments sur papyrus de Didymos ont confirmée : « Les faits relatifs à l'ambassade et à la date étant solidement établis, dit P. Foucart (*Etude sur Didymos*, p. 171), il est certain qu'Andocide prit la parole pour défendre le projet de traité qu'il rapportait de Sparte, et l'étude attentive du discours ne laissera aucune hésitation sur son authenticité. »

2. Elle perdit 50 trières et son amiral, Pisandre.

3. Cf. A. Frickenhaus, *Athens Mauern im IVm Jahr. v. Chr.*, p. 43, et les inscriptions commentées pages 5 et suiv.

4. Voir, sur ces faits, *The Cambridge Ancient History*, vol. VI, p. 49 et suiv.

Sardes, il sut, à défaut d'autre succès, préparer la rupture qui restera quelque temps sourde pour éclater un jour ouvertement lorsque Chabrias avec ses troupes d'infanterie légère, ira soutenir Evagoras contre le satrape de Lydie. Les Athéniens et les alliés, instruits des efforts de Sparte auprès de Tiribaze, envoyèrent, eux aussi, des ambassadeurs à Sardes. Antalkidas proposait « la paix que désirait le Roi » : il lui offrait les villes grecques d'Asie ; les îles et les cités de la Grèce et d'Europe auraient l'autonomie. Les Alliés refusèrent ces conditions : les Athéniens voyaient dans l'autonomie des cités et des îles la perte de Lemnos, d'Imbros et de Skyros ; les Thébains ne voulaient pas renoncer à leur suprématie sur les cités béotiennes ; les Argiens voulaient garder leur mainmise sur Corinthe. Telles sont, dit Xénophon, les raisons pour lesquelles chacun rentra chez soi, la paix n'ayant pu se faire [1].

Mais les pourparlers ne furent pas abandonnés ; Athènes envoya des négociateurs à Sparte [2] : Andocide était du nombre. Les conditions qu'ils rapportèrent étaient, dans l'ensemble, celles que les Lacédémoniens proposaient dans les entretiens de Sardes. Andocide compte d'abord parmi les avantages que la paix donne aux Athéniens la liberté de se fortifier et celle d'augmenter leur flotte à leur gré [3] : ce ne sont là que des conditions implicites : aucune restriction n'étant formulée sur ces deux points l'orateur peut, à l'avantage de sa thèse, opposer la « paix » qu'il soutient au « traité » qu'Athènes se voyait imposer après son désastre. Il ne fait ici qu'un commentaire de l'autonomie des cités [4] : car c'est là — nous l'avons vu — une des principales clauses de cette paix, une de celles qui inspirent aux Athéniens le plus de répugnance. Ils gardent, cependant, la possession des clérouquies de Lemnos, d'Imbros et de Skyros.

Après avoir parlé du traité sans insister sur les points sensibles, sans même les signaler tous [5], Andocide, admettant

1. *Helléniques*, IV, 8, 12-15.

2. Sous l'archontat de Philoclès (392/1) : cf. K. Fuhr, *Animaduersiones in Orat. attic.* ; sur ses conclusions voir plus haut, p. 81, note 1.

3. § 12.

4. C'est ce que nous montre bien le § 14.

5. M. P. Cloché dans l'étude déjà signalée (*Les conflits politiques*

l'hypothèse de la guerre, se demande comment on la soutiendrait et quels en seraient les résultats. Les Béotiens sont décidés à faire la paix : or, l'aide des Corinthiens ne vaut rien sans la leur. Et que gagnerait-on à reprendre les hostilités ? Si l'on est vaincu, c'est l'amputation du territoire ; et tout ce que l'on gagne, si l'on est vainqueur, c'est d'assurer aux Argiens la possession de Corinthe. Pitoyable résultat, mais bien conforme à ce qu'on a vu dans le passé, car les conseils et l'alliance des Argiens n'ont jamais valu que des défaites. Athènes doit enfin renoncer à son étrange habitude d'abandonner ses amis les plus forts pour s'attacher aux plus faibles : il lui faut, une bonne fois, faire une politique réaliste. Andocide insiste sur la liberté, qu'Athènes ne se voit plus contester par Lacédémone, d'avoir des murs et des vaisseaux. Ce fut le point d'appui de la puissance des ancêtres : ce sera le moyen de la retrouver. Donc, il faut signer cette paix ; mais on doit le faire sans précipitation, et après avoir posément réfléchi : c'est avec sagesse que les ambassadeurs ont ménagé aux Athéniens un délai de quarante jours pour délibérer.

L'exposé d'Andocide passe, nous l'avons dit, sur un point sensible. Il reconnaît bien qu'il n'est pas question « de reprendre la Chersonèse ni les colonies » ; mais il omet de dire qu'on abandonne au Roi les cités d'Asie. Or, au témoignage de Philochoros, cité par Didymos [1], c'est justement cette clause qui décida les Athéniens à repousser le traité. Ils firent même sentir assez rudement leur mauvaise humeur à ceux qui avaient négocié cette paix [2] : sur la proposition de Callistratos [3] ils furent condamnés à l'exil pour avoir mené les négociations « contrairement aux instructions écrites [4] ».

et sociaux d'Athènes..., p. 177 et suiv.) fait une critique serrée et justement sévère des affirmations d'Andocide.

1. *Didymi de Demosth. commenta Phil.* X, col. 7, lignes 19 et suiv.

2. Philochoros (chez Didymos, *l. l.*) nous donne les noms de ces négociateurs : Epicratès de Képhisia, Andocide de Kydathénaeon, Cratinos de..., Euboulidès d'Eleusis. Sur Epicratès, voir l'article de K. Fuhr cité plus haut (p. XIV, n. 2), et Kirchner, *Prosop. Att.*, I, p. 321, et II, p. 457.

3. Voir P. Cloché, *La politique de l'Athénien Callistratos* (391-61) *Rev. des Et. anc.*, 25 ('23), p. 532.

4. Démosthène (XIX, 276) parle de ces ambassadeurs et fait lire

Sur ce grief Blass a cru — mais à tort, croyons-nous — trouver une sorte d'aveu dans ce passage de notre discours (§ 35) : « ce n'est pas seulement sur nos instructions écrites que nous devons, nous ambassadeurs, régler nos négociations, mais aussi sur votre caractère ». La vérité est qu'Andocide et ses collègues s'étaient assez mal réglés sur le caractère athénien. Athènes avait la ferme volonté de reconstituer son empire et de ne pas céder au Barbare. Il faudra l'affaire de Chypre, le secours apporté à Antalkidas par Tiribaze et par Syracuse, enfin les menaces de la flotte lacédémonienne, pour décider les Athéniens à accepter, quatre ans plus tard, les clauses qu'ils avaient repoussées avec tant d'énergie[1]. Andocide vante le désintéressement de Sparte et ses sacrifices à la liberté de la Grèce : aucune cité grecque, à vrai dire, ne fut alors désintéressée ; mais il est juste de reconnaître que c'est la politique d'Athènes, et non celle de Sparte, qui se trouvait d'accord avec la grande tradition et avec l'intérêt de l'hellénisme.

le décret par lequel ils furent condamnés : ἐπειδὴ παρὰ τὰ γράμματα ἐπρέσβευσαν ἐκεῖνοι.

1. Sur les raisons pour lesquelles Athènes et Sparte ont un égal désir de paix, voir Xénophon, *Hell.* V, 1, 29.

ANALYSE

Des orateurs se disent partisans de la paix mais expriment la crainte qu'elle n'entraîne le renversement du régime démocratique : le passé les réfute (1-2). Premier exemple : la paix négociée par Cimon ; ses avantages (3-5). Deuxième exemple : la paix de trente ans avec Lacédémone ; comment s'en accrurent les forces de la république (6-7). La paix de Nicias : prospérité d'Athènes (8-9). Objection : la dernière paix a eu pour résultat la tyrannie des Trente (10) ; mais il faut distinguer *paix* et *traité* (11-12). Athènes n'a aucune raison de faire la guerre : les avantages qu'elle y pourrait chercher lui sont dès maintenant accordés (13-16). Concessions de Sparte à la concorde et à la liberté des Grecs (17-20). Leur générosité après leur victoire d'Aigos-Potamoi n'a pas désarmé l'hostilité d'Athènes : ils oublient cependant le mal qu'on leur a fait (21-23). L'appel des Argiens. Est-il possible et avantageux d'entrer pour eux en guerre avec Sparte ? Dans cette guerre Athènes se battrait pour autrui sans pouvoir attendre aucun avantage (24-27). Politique singulière des Athéniens qui abandonnent leurs amis forts pour s'attacher aux plus faibles : ils ont préféré l'amitié d'Amorgès à celle du Grand Roi, l'alliance des Syracusains à celle d'Egeste et de Catane ; la rupture de la paix de Nicias et l'alliance avec Argos : pitoyables résultats de cette politique, que la raison conseille d'abandonner (28-32). Il faut, néanmoins, mûrement délibérer sur la paix et mettre à profit le délai de quarante jours ménagé par les plénipotentiaires (33-34). Mais les Athéniens s'attachent moins volontiers à ce qu'ils ont sous la main qu'à des avantages imaginaires : il faut leur bien montrer ce que leur apporte ce traité (35-36). La prospérité d'Athènes a commencé quand la ville a eu des murs et des vaisseaux. Par quels moyens fut édifiée sa puissance (37-38). Des gages essentiels de cette puissance l'ennemi vainqueur a voulu la dépouiller : la paix les lui rend (39). Aux citoyens donc d'examiner, de réviser, s'il le faut, les clauses de l'accord, et de choisir, pour le plus grand bien d'Athènes, entre la paix et la guerre (40-41).

III

SUR LA PAIX AVEC LES LACEDÉMONIENS

Argument du discours

La guerre entre cités grecques[1] se prolongeait : Athéniens et Lacédémoniens étaient durement éprouvés, ainsi que leurs alliés : les Athéniens envoyèrent à Sparte des ambassadeurs munis de pleins pouvoirs ; Andocide en était. Les Lacédémoniens ayant fait certaines propositions et ayant, eux aussi, envoyé des ambassadeurs, on décida que, dans les quarante jours, le peuple mettrait sur pied un projet de paix. C'est là-dessus qu'Andocide conseille aux Athéniens d'accepter la paix. Discours du genre délibératif ; thème principal : l'intérêt[2]. Philochoros[3] parle de la venue des ambassadeurs lacédémoniens et dit qu'ils s'en retournèrent sans avoir obtenu de résultat, le discours d'Andocide étant resté sans effet. Selon Denys, le discours est apocryphe.

1 Une juste paix vaut mieux que la guerre : je crois, Athéniens, que vous en êtes tous d'accord ; mais que les orateurs, tout en acceptant le mot de paix s'opposent aux

1. Sur les cités grecques qui sont alors aux prises, cf. *Notice*, p. 81.

2. Andocide va montrer, en effet, qu'il n'y aurait aucun intérêt à faire la guerre, alors même qu'on serait assuré de battre les Lacédémoniens et leurs alliés : le résultat des négociations sera pour tous les Grecs « paix et liberté » (§ 17).

3. Pour les témoignages de cet Atthidographe, voir p. 83, notes 1 et 2, et l'étude de Foucart citée p. 81, n. 1.

III

ΠΕΡΙ ΤΗΣ ΠΡΟΣ ΛΑΚΕΔΑΙΜΟΝΙΟΥΣ ΕΙΡΗΝΗΣ

Ὑπόθεσις

Τοῦ Ἑλληνικοῦ μηκυνομένου πολέμου, καὶ πολλὰ μὲν Ἀθηναίων κακὰ πολλὰ δὲ Λακεδαιμονίων ὑπομεινάντων καὶ τῶν ἑκατέρων συμμάχων, Ἀθηναῖοι πρέσβεις ἀπέστειλαν πρὸς Λακεδαιμονίους αὐτοκράτορας· ὧν ἐστι καὶ Ἀνδοκίδης. Τινῶν δὲ προταθέντων παρὰ Λακεδαιμονίων, καὶ ἀποστειλάντων κἀκείνων ἰδίους πρέσβεις, ἔδοξεν ὥστε εἴσω τεσσαράκοντα ἡμερῶν ἐπιβουλεύσασθαι τὸν δῆμον περὶ τῆς εἰρήνης. Καὶ ἐπὶ τούτοις Ἀνδοκίδης συμβουλεύει τοῖς Ἀθηναίοις καταδέξασθαι τὴν εἰρήνην. Ἔστι μὲν οὖν συμβουλῆς τὸ εἶδος· κεφάλαιον τὸ συμφέρον. Φιλόχορος μὲν οὖν λέγει καὶ ἐλθεῖν τοὺς πρέσβεις ἐκ Λακεδαιμονίας, καὶ ἀπράκτους ἀνελθεῖν μὴ πείσαντος τοῦ Ἀνδοκίδου· ὁ δὲ Διονύσιος νόθον εἶναι λέγει τὸν λόγον.

1 Ὅτι μὲν εἰρήνην ποιεῖσθαι δικαίαν ἄμεινόν ἐστιν ἢ πολεμεῖν, δοκεῖτέ μοι, ὦ Ἀθηναῖοι, πάντες γιγνώσκειν. ὅτι δὲ οἱ ῥήτορες τῷ μὲν ὀνόματι τῆς εἰρήνης συγχωροῦσι,

III. Περὶ τῆς πρὸς Λακεδαιμονίους εἰρήνης. Tit. habet rubro colore A post argumentum in fine lineae et absoluit in margine ; Q alia manu ; περὶ τῆς εἰρήνης Harpocr. s. u. Ἑλληνοταμίαι, νεώρια, Πηγαί || Ὑπόθεσις τοῦ ἑξῆς A rubro col. ; argum. om. Q || 12 ἀνελθεῖν : ἐπανελθεῖν Reiske || 13 Διονύσιος : Διόνυσος A (corr. apogr.).

actes d'où cette paix pourrait sortir, c'est ce que vous ne voyez pas tous. Ils disent, en effet, que notre cité court grand danger, cette paix conclue, de voir renverser son régime démocratique. **2** Mais si jamais, dans le passé, la république athénienne n'avait conclu de paix avec Lacédémone, cette crainte serait justifiée, l'expérience n'ayant pas été faite, et les Lacédémoniens nous étant suspects ; mais du moment que, plus d'une fois, vous avez fait la paix avec eux sous le régime démocratique, n'est-il pas naturel que vous considériez d'abord ce qui s'est passé dans ces circonstances-là ? car c'est d'après les événements passés qu'il faut, Athéniens, conjecturer l'avenir.

3[1] Eh bien, quand nous avions la guerre en Eubée et que nous tenions Mégare, Pégai[2] et Trézène, nous eûmes le vif désir de faire la paix. Miltiade, fils de Cimon *, banni par ostracisme, vivait en Chersonèse : comme il était proxène des Lacédémoniens nous le rappelâmes dans le dessein de l'envoyer à Lacédémone engager les négociations ; **4** nous fîmes alors avec les Lacédémoniens une paix de cinquante ans *, et les deux peuples l'observèrent pendant treize ans *. N'examinons d'abord, Athéniens, que ce seul point : durant cette paix notre régime démocratique a-t-il jamais été renversé ? Personne n'en saurait donner la preuve. Mais que d'avantages cette paix nous a valus ! Je les rappelle.

1. Les §§ 3-9 de ce discours se retrouvent tantôt imités, tantôt simplement copiés dans le discours d'Eschine *Sur l'ambassade infidèle* (§§ 172-176). On a remarqué qu'Eschine emprunte jusqu'à la mention d'Andocide, grand-père de l'orateur. Il est naturel que ce personnage, de peu de notoriété, soit nommé par son petit-fils, fier de rappeler que son aïeul prit part à la négociation d'un traité avec Lacédémone. Eschine avait beaucoup moins de raisons de le nommer, et surtout de lui donner sensiblement plus d'importance que n'avait fait son petit-fils : Andocide dit, en effet, § 6 : πρέσβεις ... ὧν ἦν καὶ Ἀνδοκίδης ὁ πάππος ὁ ἡμέτερος : Eschine dit Ἀνδοκίδην δ' ἐκπέμψαντες ... καὶ τοὺς συμπρέσβεις. Ces deux textes, on le voit, pouvaient être d'un intérêt tout particulier quand on mettait en doute l'authenticité du discours d'Andocide.

2. Port de Mégaride, sur la « mer Alcyonienne » (auj. baie d'Aigosthéna). Sur l'occupation de cette ville, cf. Thuc. I, 103, 4).

τοῖς δ' ἔργοις ἀφ' ὧν ἂν ἡ εἰρήνη γένοιτο ἐναντιοῦνται, τοῦτο δὲ οὐ πάντες αἰσθάνεσθε. Λέγουσι γὰρ ὡς ἔστι δεινότατον τῷ δήμῳ, γενομένης εἰρήνης, ἡ νῦν οὖσα πολιτεία μὴ καταλυθῇ. 2 Εἰ μὲν οὖν μηδεπώποτε πρότερον ὁ δῆμος ὁ [τῶν] Ἀθηναίων εἰρήνην ἐποιήσατο πρὸς Λακεδαιμονίους, εἰκότως ἂν ἐφοβούμεθα αὐτὸ διά τε τὴν ἀπειρίαν τοῦ ἔργου διά τε τὴν ἐκείνων ἀπιστίαν· ὅπου δὲ πολλάκις ἤδη πρότερον εἰρήνην ἐποιήσασθε δημοκρατούμενοι, πῶς οὐκ εἰκὸς ὑμᾶς πρῶτον ἐκεῖνα σκέψασθαι τὰ τότε γενόμενα ; χρὴ γάρ, ὦ Ἀθηναῖοι, τεκμηρίοις χρῆσθαι τοῖς πρότερον γενομένοις περὶ τῶν μελλόντων ἔσεσθαι.

3 Ἡνίκα τοίνυν ἦν μὲν ὁ πόλεμος ἡμῖν ἐν Εὐβοίᾳ, Μέγαρα δὲ εἴχομεν καὶ Πηγὰς καὶ Τροζῆνα, εἰρήνης ἐπεθυμήσαμεν, καὶ Μιλτιάδην τὸν Κίμωνος ὠστρακισμένον καὶ ὄντα ἐν Χερρονήσῳ κατεδεξάμεθα δι' αὐτὸ τοῦτο, πρόξενον ὄντα Λακεδαιμονίων, ὅπως πέμψαιμεν εἰς Λακεδαίμονα προκηρυκευσόμενον περὶ σπονδῶν. 4 Καὶ τότε ἡμῖν εἰρήνη ἐγένετο πρὸς Λακεδαιμονίους ἔτη πεντήκοντα, καὶ ἐνεμείναμεν ἀμφότεροι ταύταις ταῖς σπονδαῖς ἔτη τριακαίδεκα. Ἓν δὴ τοῦτο, ὦ Ἀθηναῖοι, πρῶτον σκεψώμεθα. Ἐν ταύτῃ τῇ εἰρήνῃ ὁ δῆμος ὁ [τῶν] Ἀθηναίων ἔσθ' ὅπου κατελύθη ; οὐδεὶς ἀποδείξει. Ἀγαθὰ δὲ ὅσα ἐγένετο διὰ ταύτην τὴν εἰρήνην, ἐγὼ ὑμῖν φράσω.

1 4 ἂν ἡ εἰρήνη Lipsius : ἂν εἰρ. Q, ἡ εἰρ. A || ἐναντιοοῦνται A || **2** 2 τῶν del. Spengel (item 4, 5 et 10, 4) || 3 ἐφοβούμεθα : ἐφοβοῦ- Q || 5 ἤδη om. Q || ἐποιήσασθε Reiske : ἐποιήσατε || 7 uerba χρὴ γὰρ ... ἔσεσθαι (om. ὦ 'Αθ.) laudat Clem. Alex. *Str.* VI, p. 747, et inde Theodoretus *Serm.* VI, p. 581 A ; γεγενημένοις pro γενομένοις Fuhr (cf. Lysias 25, 23) || **3** 1 De hoc loco (§§ 3-9) quem mutuatus est Aeschines vide adn. || 2 Πηγάς : παγασὰς Q || Τροζῆνα Lipsius : τροιζῆνα || 3 Μιλτιάδην τ. Κ. uide adn. || 5 πέμψαιμεν : πέμψαιεν A, πέμψωμεν Q || εἰς : ἐς A || 6 περί : τῶν Q || **4** 2 πεντήκοντα : πέντε Dobree || 3 καὶ ἐνεμείναμεν ... τριακαίδεκα post ἔτη τριάκοντα (6, 7), traicit Dobree || 4 πρῶτον ante ὦ Q || 5 alterum ὁ om. Q || 7 ἐγένετο post εἰρήνην Q || ὑμῖν uulg. : ἡμῖν A, ἡμῖν ἐγὼ Q.

5 D'abord, pendant cette période, nous avons fortifié le Pirée et construit la partie Nord des Longs-Murs[1] ; à la place de ces vieilles trières incapables de tenir la mer, qui nous avaient servi à remporter sur le Grand Roi et les Barbares les batailles navales qui délivrèrent la Grèce, à leur place, dis-je, nous avons construit cent trières, pour la première fois nous avons institué un corps de trois cents cavaliers et acquis trois cents archers scythes[2]. Tels sont les avantages que nous valut la paix avec les Lacédémoniens, l'accroissement de forces qu'en retira la république athénienne. **6** Par la suite, nous entrâmes en guerre à cause des Eginètes[3] ; après avoir tour à tour souffert et infligé bien des maux, nous eûmes, de nouveau, un ardent désir de paix : dix citoyens, choisis entre tous les Athéniens, furent députés à Lacédémone avec pleins pouvoirs pour traiter de la paix : parmi eux était Andocide, mon grand-père. Ces envoyés nous négocièrent une paix de trente ans avec Lacédémone. Or, Athéniens, dans cette longue période, notre régime démocratique a-t-il jamais été renversé ? Je vous le demande : a-t-on surpris des gens qui travaillaient au renversement du régime ? Personne ne saurait le prouver. **7** Tout au contraire cette paix éleva si haut le peuple athénien, elle le rendit si fort que, d'abord, dans ces années de tranquillité, mille talents furent portés à l'Acropole et une loi les déclara propriété réservée du peuple ; en outre nous construisîmes cent autres trières qui furent, elles aussi, spécialement réservées par décret au service du peuple, nous bâtîmes des cales

1. Inexact. Le Pirée est fortifié en 477, et le Long-Mur nord (τὸ ἐς Πειραιᾶ, Thuc. I, 107, 1) est commencé vers 458. Sur les inexactitudes historiques dont Andocide émaille le commencement de son discours, voir Ed. Meyer, *Forschungen zur alten Geschichte*, II, p. 132 et suiv., et P. Cloché, article cité plus haut.

2. Sur la date de l'organisation des cavaliers et des archers, voir l'étude très exacte et serrée de A. Plassart, *Les Archers d'Athènes* [R. E. G., t. XXVI, n° 117 (avril-juin 1913), p. 152 et suiv.].

3. Andocide paraît confondre ici deux guerres menées à dix ans d'intervalle.

5 Πρῶτον μὲν τὸν Πειραιᾶ ἐτειχίσαμεν ἐν τούτῳ τῷ χρόνῳ, εἶτα τὸ μακρὸν τεῖχος τὸ βόρειον· ἀντὶ δὲ τῶν τριήρων αἳ τότε ἡμῖν ἦσαν παλαιαὶ καὶ ἄπλοι, αἷς βασιλέα καὶ τοὺς βαρβάρους καταναυμαχήσαντες ἠλευθερώσαμεν τοὺς Ἕλληνας, ἀντὶ τούτων τῶν νεῶν ἑκατὸν τριήρεις ἐναυπηγησάμεθα, καὶ πρῶτον τότε τριακοσίους ἱππέας κατεστησάμεθα, καὶ τοξότας τριακοσίους Σκύθας ἐπριάμεθα. [Καὶ] Ταῦτα ἐκ τῆς εἰρήνης τῆς πρὸς Λακεδαιμονίους ἀγαθὰ τῇ πόλει καὶ δύναμις τῷ δήμῳ τῷ Ἀθηναίων ἐγένετο. 6 Μετὰ δὲ ταῦτα δι' Αἰγινήτας εἰς πόλεμον κατέστημεν, καὶ πολλὰ κακὰ παθόντες πολλὰ δὲ ποιήσαντες ἐπεθυμήσαμεν πάλιν τῆς εἰρήνης, καὶ ᾑρέθησαν δέκα ἄνδρες ἐξ Ἀθηναίων ἁπάντων πρέσβεις εἰς Λακεδαίμονα περὶ εἰρήνης αὐτοκράτορες, ὧν ἦν καὶ Ἀνδοκίδης ὁ πάππος ὁ ἡμέτερος. Οὗτοι ἡμῖν εἰρήνην ἐποίησαν πρὸς Λακεδαιμονίους ἔτη τριάκοντα. Καὶ ἐν τοσούτῳ χρόνῳ ἔστιν ὅπου, ὦ Ἀθηναῖοι, ὁ δῆμος κατελύθη ; τί δέ ; πράττοντές τινες δήμου κατάλυσιν ἐλήφθησαν ; οὐκ ἔστιν ὅστις ἀποδείξει. 7 Ἀλλ' αὐτὸ τὸ ἐναντιώτατον· αὕτη γὰρ ἡ εἰρήνη τὸν δῆμον τὸν Ἀθηναίων ὑψηλὸν ἦρε καὶ κατέστησεν ἰσχυρὸν οὕτως, ὥστε πρῶτον μὲν ἐν τούτοις τοῖς ἔτεσιν εἰρήνην λαβόντες ἀνηνέγκαμεν χίλια τάλαντα εἰς τὴν ἀκρόπολιν, καὶ νόμῳ κατεκλῄσαμεν ἐξαίρετα εἶναι τῷ δήμῳ, τοῦτο δὲ τριήρεις ἄλλας ἑκατὸν ἐναυπηγησάμεθα, καὶ ταύτας ἐξαιρέτους ἐψηφισάμεθα εἶναι, νεωσοίκους τε ᾠκοδομησάμεθα,

5 1 τότε post Πειραιᾶ add. A. || 4 τοὺς βαρβάρους Q : βαρβ. A || ἠλευθερώσαμεν : ἐλ- A || 6 ἱππέας Lipsius : ἱππεῖς || 7 κατεστησάμεθα : -σαμεν Fuhr, coll. 7, 9 ; Aesch. 2, 174 || τοξότας, coll. Aesch., del. Sauppe || 8 καὶ coll. 7, 10 del. Blass || 9 τῷ Spengel : τῶν in rasura Q[1] ; omiserat, ut uid., A pr. || 6 1 αἰγηνίτας A || 2 κατέστημεν A[1] : -εστήσαμεν pr. || 3 ᾑρέθησαν Q : εὑρέθησαν A || 6 ἡμῖν : ὑμῖν A || ἐποίησαν Bekker : -σαντο || 7 1 ἡ om. Q || 2 τὸν Bekker : τῶν || ἦρεν Q || 4 λαβόντες : ἄγοντες Reiske || ἐν τούτοις ... λαβόντες del. Dobree ; εἰρ. λαβ. del. Kayser || χίλια τάλ. ἀνηνέγκαμεν Q || 5 κατεκλῄσαμεν Blass : κατακλείσαμεν.

sèches, nous équipâmes douze cents cavaliers et autant d'archers, et le Long-Mur du Sud fut édifié. Tels sont les avantages que nous valut la paix avec les Lacédémoniens, l'accroissement de forces qu'en retira la république athénienne.

8 Par la suite encore, reprenant les armes à cause des Mégariens[1], nous laissâmes ravager notre territoire et de sensibles dommages nous amenèrent à conclure la paix que nous ménagea Nicias[2] fils de Nikératos. Vous savez tous, je pense, que, grâce à cette paix, sept mille talents d'argent monnayé furent portés à l'Acropole, 9 nous acquîmes plus de quatre cents navires ; le tribut, chaque année, nous rapportait plus de douze cents talents*, nous avions la Chersonèse, Naxos et plus des deux tiers de l'Eubée ; quant aux autres colonies, il serait trop long de les énumérer. C'est dans cette excellente situation que, de nouveau, nous entrâmes en guerre avec les Lacédémoniens, entraînés cette fois encore par les Argiens*.

10 Rappelez-vous donc d'abord, Athéniens, ce qui a été, dès le commencement, l'objet de mon discours. N'était-ce pas de vous montrer que la paix n'a jamais eu pour effet le renversement de notre régime démocratique ? Eh bien la preuve est faite, et nul ne saurait prouver que je n'ai pas dit vrai. J'ai pourtant entendu des gens dire que la dernière paix avec Lacédémone a eu pour résultat l'établissement des Trente, la mort de nombreux Athéniens qui durent boire la ciguë, l'exil de beaucoup d'autres. 11 Tous ceux qui tiennent ce langage ne jugent pas droit. Car paix et traité sont deux choses fort différentes. On fait la paix sur pied

1. Il s'agit du décret interdisant aux Mégariens « les ports de domination athénienne et le marché de l'Attique » (Thucydide I, 139, 1). Les Lacédémoniens demandaient formellement que ce décret fût rapporté : les Athéniens s'y refusèrent. Ce décret fut un des motifs de cette guerre dont la cause profonde était, dit Thucydide, la crainte qu'inspirait aux Lacédémoniens l'extension de l'empire athénien. Car Andocide se trompe ici sur des détails historiques, mais non dans ce qu'il dit de l'accroissement des forces d'Athènes.

2. C'est la paix blanche du printemps de 421. Elle était conclue

χιλίους τε καὶ διακοσίους ἱππέας καὶ τοξότας τοσούτους ἑτέρους κατεστήσαμεν, καὶ τὸ τεῖχος τὸ μακρὸν τὸ νότιον ἐτειχίσθη. Ταῦτα ἐκ τῆς εἰρήνης τῆς πρὸς Λακεδαιμονίους ἀγαθὰ τῇ πόλει καὶ δύναμις τῷ δήμῳ τῷ Ἀθηναίων ἐγένετο.

8 Πάλιν δὲ διὰ Μεγαρέας πολεμήσαντες καὶ τὴν χώραν τμηθῆναι προέμενοι, πολλῶν ἀγαθῶν στερηθέντες αὖθις τὴν εἰρήνην ἐποιησάμεθα, ἣν ἡμῖν Νικίας ὁ Νικηράτου κατηργάσατο. Οἶμαι δ᾽ ὑμᾶς ἅπαντας εἰδέναι τοῦτο, ὅτι διὰ ταύτην τὴν εἰρήνην ἑπτακισχίλια μὲν τάλαντα νομίσματος εἰς τὴν ἀκρόπολιν ἀνηνέγκαμεν, 9 ναῦς δὲ πλείους ἢ τετρακοσίας ἐκτησάμεθα, καὶ φόρος προσῄει κατ᾽ ἐνιαυτὸν πλέον ἢ διακόσια καὶ χίλια τάλαντα, καὶ Χερρόνησόν τε εἴχομεν καὶ Νάξον καὶ Εὐβοίας πλέον ἢ τὰ δύο μέρη· τάς τε ἄλλας ἀποικίας καθ᾽ ἕκαστον διηγεῖσθαι μακρὸς ἂν εἴη λόγος. Ταῦτα δ᾽ ἔχοντες τὰ ἀγαθὰ πάλιν κατέστημεν εἰς πόλεμον πρὸς Λακεδαιμονίους, πεισθέντες καὶ τότε ὑπ᾽ Ἀργείων.

10 Πρῶτον μὲν οὖν, ὦ Ἀθηναῖοι, τούτου ἀναμνήσθητε, τί ὑμῖν ἐξ ἀρχῆς ὑπεθέμην τῷ λόγῳ. Ἄλλο τι ἢ τοῦτο, ὅτι διὰ τὴν εἰρήνην οὐδεπώποτε ὁ δῆμος ὁ [τῶν] Ἀθηναίων κατελύθη ; οὐκοῦν ἀποδέδεικται. Καὶ οὐδεὶς ἐξελέγξει με ὡς οὐκ ἔστι ταῦτ᾽ ἀληθῆ. Ἤδη δέ τινων ἤκουσα λεγόντων, ὡς ἐκ τῆς τελευταίας εἰρήνης τῆς πρὸς Λακεδαιμονίους οἵ τε τριάκοντα κατέστησαν, πολλοί τε Ἀθηναίων κώνειον πιόντες ἀπέθανον, οἱ δὲ φεύγοντες ᾤχοντο. 11 Ὁπόσοι οὖν ταῦτα λέγουσιν, οὐκ ὀρθῶς γιγνώσκουσιν· εἰρήνη γὰρ καὶ σπονδαὶ πολὺ διαφέρουσι σφῶν αὐτῶν· εἰρήνην μὲν γὰρ ἐξ ἴσου ποιοῦνται πρὸς

7 8 ἑτέρους τοσούτους Q || 10 τῆς : ταύτης τῆς Q || 11 τῷ Ἀθ. Spengel : τῶν Ἀθ. || **8** 2 uel αὖθις uel τὴν del. Ydén || 3 ἐστερησάμεθα pro ἐποιησάμεθα Q || 4 κατηργάσατο Blass. : κατειρ- || 5 νομίσματος post ἀκρόπολιν Q || **9** 2 τετρακοσίας : τριακοσίας Markland (cf. Aesch. *o. l.*, Thuc. II, 13, 8 || **10** 4 ἐξελέγξει Taylor : -λέγχει || 5 ταῦτα A.

d'égalité après s'être accordé sur ce qui causait le différend ; le traité, c'est ce qu'après sa victoire le vainqueur impose au vaincu : c'est ainsi que les Lacédémoniens vainqueurs nous enjoignirent d'abattre nos murailles, de livrer nos vaisseaux et de laisser rentrer les bannis. **12** Ce fut alors un traité, où des conditions nous étaient imposées par l'ennemi ; mais aujourd'hui c'est d'une paix [1] qu'il est question. Voyez plutôt : les écrits sont là. Lisez les conditions inscrites sur la stèle et celles de la paix qu'il vous est loisible de conclure : là il nous est enjoint d'abattre nos murailles : le projet de paix nous permet d'en construire ; là nous ne pouvons avoir que douze vaisseaux : aujourd'hui, autant qu'il nous plaira ; là, Lemnos, Imbros et Skyros doivent rester à ceux qui les tiennent : aujourd'hui elles sont à nous ; aujourd'hui point d'obligation de recevoir aucun banni, tandis qu'alors le retour des bannis nous fut imposé, et le résultat fut le renversement de la démocratie. Quel rapport entre ceci et cela ? J'estime donc pouvoir ainsi conclure sur ce point : la paix est pour la démocratie la sauvegarde et la force : la guerre est sa ruine. Voilà ce que je dis sur ce sujet.

13 Certains prétendent que nous sommes aujourd'hui tenus de faire la guerre. Examinons donc d'abord, Athéniens, quelle raison nous pouvons bien avoir de la faire. Tout le monde reconnaît, je pense, que la guerre s'impose soit quand on subit l'injustice soit quand on porte secours à qui la subit. Or nous étions nous-mêmes lésés et nous secourions les Béotiens qui l'étaient aussi. Si donc nous obtenons des Lacédémoniens qu'ils ne nous fassent plus aucun tort, et si les Béotiens ont décidé de faire la paix en laissant l'au-

pour cinquante ans, et déjà deux ans après les hostilités recommençaient avec Sparte lorsque Argos envahit le territoire d'Epidaure. Andocide rapporte à l'époque qui suivit cette paix la prospérité dont jouissait Athènes avant le début de la guerre du Péloponnèse. Cf. Eschine, *Sur l'ambassade infidèle*, éd. V. Martin et Guy de Budé, Collection des Universités de France, tome I, p. 165, n. 1 ; Ed. Meyer, *o. l.*, p. 134.

1. Des distinctions analogues se retrouvent dans Isocrate, IV, 176, et VI, 51. Dans le premier de ces textes Isocrate fait entre συνθῆκαι

ἀλλήλους ὁμολογήσαντες περὶ ὧν ἂν διαφέρωνται· σπονδὰς δέ, ὅταν κρατήσωσιν κατὰ τὸν πόλεμον, οἱ κρείττους τοῖς ἥττοσιν ἐξ ἐπιταγμάτων ποιοῦνται, ὥσπερ ἡμῶν κρατήσαντες Λακεδαιμόνιοι τῷ πολέμῳ ἐπέταξαν ἡμῖν καὶ ⟨τὰ⟩ τείχη καθαιρεῖν καὶ τὰς ναῦς παραδιδόναι καὶ τοὺς φεύγοντας καταδέχεσθαι. 12 Τότε μὲν οὖν σπονδαὶ κατ' ἀνάγκην ἐξ ἐπιταγμάτων ἐγένοντο, νῦν δὲ περὶ εἰρήνης βουλεύεσθε. Σκέψασθε δὲ ἐξ αὐτῶν τῶν γραμμάτων, ἅ τε ἡμῖν ἐν τῇ στήλῃ γέγραπται, ἐφ' οἷς τε νῦν ἔξεστι τὴν εἰρήνην ποιεῖσθαι. Ἐκεῖ μὲν γὰρ γέγραπται τὰ τείχη καθαιρεῖν, ἐν δὲ τοῖσδε ἔξεστιν οἰκοδομεῖν· ναῦς ἐκεῖ μὲν δώδεκα κεκτῆσθαι, νῦν δ' ὁπόσας ἂν βουλώμεθα· Λῆμνον δὲ καὶ Ἴμβρον καὶ Σκῦρον τότε μὲν ἔχειν τοὺς ἔχοντας, νῦν δὲ ἡμετέρας εἶναι· καὶ φεύγοντας νῦν μὲν οὐκ ἐπάναγκες οὐδένα καταδέχεσθαι, τότε δ' ἐπάναγκες, ἐξ ὧν ὁ δῆμος κατελύθη. Τί ταῦτα ἐκείνοις ὁμολογεῖ; τοσοῦτον οὖν ἔγωγε, ὦ Ἀθηναῖοι, διορίζομαι περὶ τούτων, τὴν μὲν εἰρήνην σωτηρίαν εἶναι τῷ δήμῳ καὶ δύναμιν, τὸν δὲ πόλεμον δήμου κατάλυσιν γίγνεσθαι. Περὶ μὲν οὖν τούτων ταῦτα λέγω.

13 Φασὶ δέ τινες ἀναγκαίως νῦν ἡμῖν ἔχειν πολεμεῖν· σκεψώμεθα οὖν πρῶτον, ὦ ἄνδρες Ἀθηναῖοι, διὰ τί καὶ πολεμήσωμεν. Οἶμαι γὰρ ἂν πάντας ἀνθρώπους ὁμολογῆσαι διὰ τάδε δεῖν πολεμεῖν, ἢ ἀδικουμένους ἢ βοηθοῦντας ἠδικημένοις. Ἡμεῖς τοίνυν αὐτοί τε ἠδικούμεθα, Βοιωτοῖς τε ἀδικουμένοις ἐβοηθοῦμεν. Εἰ τοίνυν ἡμῖν τέ ἐστι τοῦτο παρὰ Λακεδαιμονίων, τὸ μηκέτι ἀδικεῖσθαι, Βοιωτοῖς τε δέδοκται ποιεῖσθαι τὴν εἰρήνην ἀφεῖσιν Ὀρχομενὸν αὐτό-

11 5 κρατήσωσι Q || 7 τὰ add. Reiske || **12** 4 uu. ἐφ' οἷς ... γέγραπται in margine add. A || 5 γὰρ om. Q || τὰ τείχη A : τείχη || 8 Σκῦρον : σκίρρον A pr., σκίρον corr. ; item 14, 7 || 11 ἐκείνοις Ald. : ἐκεῖνος || 13 δὲ om. Q || 14 δήμου Canter : δήπου || **13** 2 ὦ om. A || 3 γὰρ et πάντας αν̄ a corr. A (quid prius fuerit non liquet) || 4 ἀδικουμένους A², ut uid. : ἠδικημένους fort. pr., ἀδικοῦντας Q || 5 ἠδικημένοις A : ἀδικουμένοις Q || 8 ἀφεῖσιν Reiske, ἀφιεῖσιν Blass : ἀφήσειν.

tonomie à Orchomène, pour quelles raisons faut-il faire la guerre ? 14 Pour que notre cité soit libre ? Mais elle l'est. Pour avoir des murailles ? La paix nous le permet. Pour avoir toute licence de construire des trières, de réparer celles que nous avons et de les garder ? Ce droit nous l'avons aussi, car l'autonomie des cités leur est garantie par les accords. Est-ce pour obtenir les îles, Lemnos, Imbros et Skyros ? Mais il est dit expressément qu'elles appartiendront aux Athéniens. 15 Dira-t-on que c'est pour recouvrer la Chersonèse[1], les colonies, nos possessions à l'étranger, nos créances ? Mais le Grand Roi n'y consent pas, non plus que nos alliés dont il nous faudrait l'aide pour reprendre tout cela par les armes. Serait-ce donc, par Zeus, qu'il ne faut pas déposer les armes avant d'avoir battu les Lacédémoniens et leurs alliés ? Mais nous ne sommes pas, je crois, équipés pour cela. Et si même nous y parvenions, comment pourrions-nous bien, à notre tour, être traités par les Barbares après notre victoire ? 16 Non vraiment, en admettant même que cette victoire dût être l'enjeu de la guerre et que nous eussions assez d'argent et assez d'hommes, même en pareil cas il ne faudrait pas combattre. Mais si nous n'avons ni de raison de faire la guerre, ni d'ennemis à qui la faire, ni de quoi la soutenir, ne devons-nous pas nécessairement faire la paix ?

17 Considérez encore ceci, Athéniens : aujourd'hui c'est à tous les Grecs que vous préparez paix et liberté : vous leur donnez part à tous de tous les avantages. Eh bien, voyez comment les plus grandes cités mettent fin à la guerre. D'abord Lacédémone : au début de la lutte qu'elle soutenait contre nous et nos alliés, elle avait la double maîtrise de la mer et de la terre : aujourd'hui, la paix ne lui laisse ni l'une ni l'autre. 18 Et ce n'est pas sous notre contrainte qu'elle

et προστάγματα la différence qui est faite ici entre paix et traité (...συνθῆκαι μέν εἰσιν αἵτινες ἂν ἴσως καὶ κοινῶς ἀμφοτέροις ἔχωσι, προστάγματα δὲ τὰ τοὺς ἑτέρους ἐλαττοῦντα παρὰ τὸ δίκαιον).

1. Sur ce point, voir *Notice*, p. 83, et *Introd.*, p. XVIII.

νομον, τίνος ἕνεκα πολεμήσωμεν ; 14 ἵνα ἡ πόλις ἡμῶν ἐλευθέρα ᾖ ; ἀλλὰ τοῦτό γε αὐτῇ ὑπάρχει. Ἀλλ' ὅπως ἡμῖν τείχη γένηται ; ἔστι καὶ ταῦτα ἐκ τῆς εἰρήνης. Ἀλλ' ἵνα τριήρεις ἐξῇ ναυπηγεῖσθαι καὶ τὰς οὔσας ἐπισκευάζειν καὶ κεκτῆσθαι ; καὶ τοῦτο ὑπάρχει· τὰς γὰρ πόλεις αὐτονόμους αἱ συνθῆκαι ποιοῦσιν. Ἀλλ' ὅπως τὰς νήσους κομισώμεθα, Λῆμνον καὶ Σκῦρον καὶ Ἴμβρον ; οὐκοῦν διαρρήδην γέγραπται ταύτας Ἀθηναίων εἶναι. 15 Φέρε, ἀλλὰ Χερρόνησον καὶ τὰς ἀποικίας καὶ τὰ ἐγκτήματα καὶ τὰ χρέα ἵνα ἀπολάβωμεν ; ἀλλ' οὔτε βασιλεὺς οὔτε οἱ σύμμαχοι συγχωροῦσιν ἡμῖν, μεθ' ὧν αὐτὰ δεῖ πολεμοῦντας κτήσασθαι. Ἀλλὰ νὴ Δία ἕως ἂν Λακεδαιμονίους καταπολεμήσωμεν καὶ τοὺς συμμάχους αὐτῶν, μέχρι τούτου δεῖ πολεμεῖν ; ἀλλ' οὔ μοι δοκοῦμεν οὕτω παρεσκευάσθαι. Ἐὰν δ' ἄρα κατεργασώμεθα, τί ποτε αὐτοὶ πείσεσθαι δοκοῦμεν ὑπὸ τῶν βαρβάρων, ὅταν ταῦτα πράξωμεν ; 16 εἰ τοίνυν περὶ τούτου μὲν ἔδει πολεμεῖν, χρήματα δὲ ὑπῆρχεν ἡμῖν ἱκανά, τοῖς δὲ σώμασιν ἦμεν δυνατοί, οὐδὲ οὕτως ἔδει πολεμεῖν. Εἰ δὲ μήτε δι' ὅ τι μήτε ὅτοισι μήτε ἀφ' ὅτου πολεμήσωμεν ἔστι, πῶς οὐκ ἐκ παντὸς τρόπου τὴν εἰρήνην ποιητέον ἡμῖν ;

17 Σκέψασθε δ', ὦ Ἀθηναῖοι, καὶ τόδε, ὅτι νυνὶ πᾶσι τοῖς Ἕλλησι κοινὴν εἰρήνην καὶ ἐλευθερίαν πράττετε, καὶ μετέχειν ἅπασι πάντων ἐξουσίαν ποιεῖτε. Ἐνθυμήθητε οὖν τῶν πόλεων τὰς μεγίστας, τίνι τρόπῳ τὸν πόλεμον καταλύονται. Πρῶτον μὲν Λακεδαιμονίους, οἵτινες ἀρχόμενοι μὲν ἡμῖν καὶ τοῖς συμμάχοις πολεμεῖν ἦρχον καὶ κατὰ γῆν καὶ κατὰ θάλατταν, νῦν δ' αὐτοῖς ἐκ τῆς εἰρήνης οὐδέτερον τούτων ὑπάρχει. 18 Καὶ οὐχ ὑφ' ἡμῶν ἀναγκαζόμενοι

14 2 ἡμῖν om. Q || **15** 2 ἐγκτήματα Valckenaer : ἐγκλήματα || 3 ἀπολάβωμεν : ἀπολαύωμεν A || 4 δεῖ : δὶς Q, corr. in margine || 6 δεῖ : δὲ Q, corr. in margine || 7 δοκοῦμεν Q (coniecerat Reiske) : δοκεῖ || παρασκευάσθαι A pr. || 8 δὲ ἄρα A || **16** 2 ὑπῆρχε μὲν ἱκανά Q || 4 ὅτοις Q || 5 πολεμήσωμεν : -σομεν H. Estienne || **17** 1 δὲ ὦ A || 4 τῶν om. Q || **18** 1 ἡμῶν : ὑμῶν A.

abandonne ces avantages : c'est pour la liberté de toute la Grèce. Car les Lacédémoniens ont été jusqu'ici victorieux dans trois combats : une première fois, à Corinthe[1], ils ont battu tous les alliés réunis, ne leur laissant d'autre excuse à alléguer sinon que les Lacédémoniens, à eux seuls, étaient plus forts qu'eux tous ; une deuxième fois, en Béotie, sous le commandement d'Agésilas, ils remportèrent pareille victoire ; une troisième fois enfin, lorsqu'ils prirent Léchaion *, ils battirent tous les Argiens et les Corinthiens, ainsi que ceux des Béotiens et des nôtres qui se trouvaient là. **19** Après des succès aussi éclatants ils sont prêts à faire la paix en ne gardant que leur territoire, eux les vainqueurs, en laissant aux cités l'autonomie, et la liberté des mers aux vaincus. Et pourtant, je vous le demande, quelles conditions de paix leur aurions-nous faites s'ils avaient perdu seulement une bataille ? **20** Et les Béotiens, de leur côté, quelle paix font-ils ? Voilà des gens qui avaient fait la guerre à cause d'Orchomène, prétendant ne pas la laisser autonome : aujourd'hui que tant des leurs ont péri, qu'une bonne partie de leur territoire a été ravagée, que l'Etat et les particuliers ont versé tant d'argent, dont la perte leur est sensible, après s'être battus quatre ans, les voici pourtant qui, pour faire la paix, laissent l'autonomie à Orchomène et acceptent d'avoir inutilement souffert tous ces maux : car ils pouvaient, dès le début, laisser l'autonomie à Orchomène et vivre en paix. Voilà donc leur façon de mettre fin à la guerre. **21** Et nous, Athéniens, à quelles conditions nous est-il permis de faire la paix ? Dans quels sentiments trouvons-nous les Lacédémoniens ? Si l'un de vous s'en doit sentir blessé, je demande excuse : je ne dirai que ce qui est. Et d'abord quand nous eûmes perdu nos vaisseaux dans l'Hellespont et

1. En 395. Les Lacédémoniens avaient devant eux : des Athéniens, des Argiens, des Béotiens, des Corinthiens, des Eubéens (24 000 hoplites et plus de 1 500 cavaliers. Cf. Xénophon, *Hell.* IV, 2). Les confédérés, malgré leur supériorité numérique furent battus entre Corinthe et Sicyone, avant le retour d'Agésilas. La deuxième victoire dont parle Andocide est celle qu'Agésilas,

ταῦτ' ἀφιᾶσιν, ἀλλ' ἐπ' ἐλευθερίᾳ πάσης τῆς Ἑλλάδος. Νενικήκασι γὰρ τρὶς ἤδη μαχόμενοι, τοτὲ μὲν ἐν Κορίνθῳ πάντας πανδημεὶ τοὺς συμμάχους παρόντας, οὐχ ὑπολιπόντες πρόφασιν οὐδεμίαν, ἀλλ' ἐν τῷ κρατιστεύειν μόνοι πάντων, αὖθις δ' ἐν Βοιωτοῖς, ὅτ' αὐτῶν Ἀγησίλαος ἡγεῖτο, τὸν αὐτὸν τρόπον καὶ τότε τὴν νίκην ἐποιήσαντο, τρίτον δ' ἡνίκα Λέχαιον ἔλαβον, Ἀργείους μὲν ἅπαντας καὶ Κορινθίους, ἡμῶν δὲ καὶ Βοιωτῶν τοὺς παρόντας.

19 Τοιαῦτα δ' ἔργα ἐπιδειξάμενοι [τοῖς Ἕλλησι], τὴν εἰρήνην εἰσὶν ἕτοιμοι ποιεῖσθαι τὴν ἑαυτῶν ἔχοντες, οἳ ἐνίκων μαχόμενοι, καὶ τὰς πόλεις αὐτονόμους εἶναι καὶ τὴν θάλατταν κοινὴν ἐῶντες τοῖς ἡττημένοις. Καίτοι ποίας τινὸς ἂν ἐκεῖνοι παρ' ἡμῶν εἰρήνης ἔτυχον, εἰ μίαν μόνον μάχην ἡττήθησαν; 20 Βοιωτοὶ δ' αὖ πῶς τὴν εἰρήνην ποιοῦνται; οἵτινες τὸν μὲν πόλεμον ἐποιήσαντο ἕνεκα Ὀρχομενοῦ, ὡς οὐκ ἐπιτρέψοντες αὐτόνομον εἶναι, νῦν δὲ τεθνεώτων μὲν αὐτοῖς ἀνδρῶν τοσούτων τὸ πλῆθος, τῆς δὲ γῆς ἐκ μέρους τινὸς τετμημένης, χρήματα δ' εἰσενηνοχότες πολλὰ καὶ ἰδίᾳ καὶ δημοσίᾳ, ὧν στέρονται, πολεμήσαντες δ' ἔτη τέτταρα, ὅμως Ὀρχομενὸν ἀφιέντες αὐτόνομον τὴν εἰρήνην ποιοῦνται καὶ ταῦτα μάτην πεπόνθασιν· ἐξῆν γὰρ αὐτοῖς καὶ τὴν ἀρχὴν ἐῶσιν Ὀρχομενίους αὐτονόμους εἰρήνην ἄγειν. Οὗτοι δ' αὖ τούτῳ ⟨τῷ⟩ τρόπῳ τὸν πόλεμον καταλύονται. 21 Ἡμῖν δέ, ὦ Ἀθηναῖοι, πῶς ἔξεστι τὴν εἰρήνην ποιήσασθαι; ποίων τινῶν Λακεδαιμονίων τυγχάνοντας; καὶ γὰρ εἴ τις ὑμῶν ἀχθεσθήσεται παραιτοῦμαι· ⟨τὰ⟩ γὰρ ὄντα λέξω. Πρῶτον μὲν γὰρ ἡνίκα ἀπωλέσαμεν τὰς ναῦς ἐν Ἑλλησπόντῳ καὶ τειχήρεις

18 2 ἀφίασι Q in text. ἀφίασιν in marg. || τῆς om. Q || 5 ἀλλ' ἐν τῷ : ἀλλ' ἢ τὸ Luzac, ἀλλ' ἢ τῷ Linder || 6 δ' ἐν Sauppe : δὲ || 7 τότε Sluiter : ὅτε || καὶ ὅτε ... ἐποιήσαντο del. Dobree, haud scio an rectius || **19** 1 τοῖς Ἕλλησι add. Q || 2 εἰσὶν om. Q || 5 μίαν μόνον : fort. μὴ μίαν A pr. || **20** 2 μὲν om. Q || 5 τετμημένης alterum η maius ni rasura A² || 7 ἀφιέντες Blass (cf. 23, 9) : ἀφέντες || 8 ταῦτα om. Q || 10 τῷ om. AQ add. apogr. || **21** 4 τὰ add. Ald.

que nous fûmes assiégés dans nos murs, que voulaient faire de nous ceux qui sont aujourd'hui nos alliés et qui étaient alors ceux des Lacédémoniens [1] ? Ne voulaient-ils pas réduire notre ville en esclavage et faire de notre pays un désert ? Et ceux qui s'y opposèrent, qui sont-ils, sinon les Lacédémoniens qui, détournant leurs alliés d'une telle résolution, ne voulurent même pas, eux, discuter de semblables mesures ?
22 Donc, après leur avoir fait des serments et obtenu d'eux de dresser la stèle du traité — triste parti, mais dont il fallait se tenir alors pour satisfaits — nous signâmes la paix aux conditions dites. Et voici qu'après cela nous faisons alliance avec les Béotiens et les Corinthiens que nous détachons d'eux, nous renouons avec les Argiens l'amitié d'autrefois, et nous mettons les Lacédémoniens dans la nécessité de livrer la bataille de Corinthe. Et qui leur suscita l'inimitié du Grand Roi, qui mit Conon en état de livrer la bataille navale qui leur fit perdre l'empire de la mer * ? 23
Et pourtant, quand nous leur avons fait tout ce mal, ils nous font les mêmes concessions que nos alliés, ils nous laissent conserver nos murs, nos vaisseaux et les îles. Quelles clauses de paix faut-il donc que des ambassadeurs vous rapportent ? Pouvaient-ils mieux faire que d'obtenir des ennemis ce que nous accordent nos amis, et les avantages que nous voulions, en entrant en guerre, assurer à notre cité, oui, ceux-là même ? Ainsi, les autres font la paix en abandonnant une partie de ce qu'ils avaient, nous en ajoutant à notre actif ce dont nous avons le plus besoin.

24 Sur quoi donc reste-t-il encore à délibérer ? Sur Corinthe et sur l'appel que nous adressent les Argiens. Commençons par Corinthe. Si les Béotiens ne combattent

quelques semaines plus tard, remporta sur les alliés à Coronée (394).

1. Il s'agit de la bataille d'Aigos-Potamoi et de la délibération qui nous est rapportée dans les *Helléniques* (II, 2, 19-20) : « Les Corinthiens, les Thébains surtout, et avec eux beaucoup d'autres Grecs disaient qu'il ne fallait pas traiter avec Athènes, mais la raser. Les Lacédémoniens répondirent qu'ils ne voulaient pas réduire en esclavage une ville grecque qui avait rendu de si grands services dans les pires dangers que la Grèce eût jamais courus. ».

ἐγενόμεθα, τίνα γνώμην ἔθεντο περὶ ἡμῶν οἱ νῦν μὲν ἡμέτεροι τότε δὲ Λακεδαιμονίων ὄντες σύμμαχοι; οὐ τὴν πόλιν ἡμῶν ἀνδραποδίζεσθαι καὶ τὴν χώραν ἐρημοῦν; οἱ δὲ διακωλύσαντες ταῦτα μὴ γενέσθαι τίνες ἦσαν; οὐ Λακεδαιμόνιοι, τοὺς μὲν συμμάχους ἀποτρέψαντες τῆς γνώμης, αὐτοὶ δ' οὐδ' ἐπιχειρήσαντες διαβουλεύσασθαι περὶ τοιούτων ἔργων; **22** μετὰ δὲ τοῦτο ὅρκους ὀμόσαντες αὐτοῖς καὶ τὴν στήλην εὑρόμενοι ⟨παρ'⟩ αὐτῶν στῆσαι, κακὸν ἀγαπητὸν ἐν ἐκείνῳ τῷ χρόνῳ, σπονδὰς ἤγομεν ἐπὶ ῥητοῖς. Εἶτα δὲ συμμαχίαν ποιησάμενοι Βοιωτοῖς καὶ Κορινθίους ἀποστήσαντες αὐτῶν, Ἀργείους δὲ ἀγαγόντες εἰς τὴν ποτὲ φιλίαν, αἴτιοι τῆς ἐν Κορίνθῳ μάχης ἐγενόμεθα αὐτοῖς. Τίνες δὲ βασιλέα πολέμιον αὐτοῖς ἐποίησαν, καὶ Κόνωνι τὴν ναυμαχίαν παρεσκεύασαν, δι' ἣν ἀπώλεσαν τὴν ἀρχὴν τῆς θαλάττης; **23** ὅμως τοίνυν ταῦτα πεπονθότες ὑφ' ἡμῶν συγχωροῦσι ταὐτὰ ἅπερ οἱ σύμμαχοι, καὶ διδόασιν ἡμῖν τὰ τείχη καὶ τὰς ναῦς καὶ τὰς νήσους ἡμῶν εἶναι. Ποίαν τιν' οὖν χρὴ εἰρήνην πρεσβεύοντας ἥκειν; οὐ ταὐτὰ παρὰ τῶν πολεμίων εὑρομένους, ἅπερ οἱ φίλοι διδόασι, καὶ δι' ἅπερ ἠρξάμεθα πολεμεῖν, ἵνα ἡμῶν γένηται τῇ πόλει, ταῦτα; οἱ μὲν τοίνυν ἄλλοι τὴν εἰρήνην ποιοῦνται τῶν ὑπαρχόντων ἀφιέντες, ἡμεῖς δὲ προσλαμβάνοντες αὐτὰ ὧν μάλιστα δεόμεθα.

24 Τί οὖν ἐστιν ὑπόλοιπον περὶ ὅτου δεῖ βουλεύεσθαι; περὶ Κορίνθου καὶ περὶ ὧν [ἂν] ἡμᾶς Ἀργεῖοι προκαλοῦνται. Πρῶτον μὲν περὶ Κορίνθου διδαξάτω μέ τις,

21 9 γενέσθαι : γεγ- A || **22** 2 εὑρόμενοι uitiosum habent Luzac, Walckenaer, alii : αἱρούμενοι Sluiter, sed uide infra 23, 6 || παρ' add. Ald. || 4 Βοιωτοῖς Blass, coll. 25, 2 : -τούς || 6 ποτὲ : τότε Luzac || 8 ἑαυτοῖς πολέμιον Q pr. || **23** 5 πρεσβεύοντας : -τες Q pr. || 7 πόλει, ταῦτα : sic interpungit Sauppe; ταῦτα fort. delendum || 8 ὑπαρχότων A || 9 αὐτὰ A^2Q^1 in margine : αὐτῶν A pr., αὐτόν (in textu) Q || **24** 2 περὶ Κορίνθου add. Q || ἂν del. Dobree; αὖ ιτο ἄν G. Hermann || προκαλοῦνται apogr. : προσκαλ- AQ.

plus à nos côtés et font la paix avec les Lacédémoniens, que vaut pour nous Corinthe? 25 Rappelez-vous, Athéniens, le jour où nous conclûmes l'alliance avec les Béotiens : dans quel dessein le faisions-nous? N'avions-nous pas l'idée que les forces béotiennes unies aux nôtres pouvaient tenir tête à tout un monde d'ennemis? Et maintenant nous délibérons pour savoir comment, les Béotiens signant la paix, nous pouvons soutenir la guerre contre Lacédémone sans les Béotiens. 26 Oui nous le pouvons, disent quelques-uns, si nous gardons Corinthe et si les Argiens sont avec nous. Mais si les Lacédémoniens marchent sur Argos, lui porterons-nous secours, ou non? Car il faut, de toute nécessité, faire l'un ou l'autre. Si nous ne leur portons pas secours nous sommes, à n'en pas douter, dans notre tort, et les Argiens sont en droit d'agir avec nous à leur guise. Mais si nous secourons Argos, n'est-ce pas, nécessairement, la guerre avec Lacédémone? Et pour quel résultat? Vaincus, nous perdons notre propre territoire, avec celui de Corinthe ; vainqueurs, nous assurons la possession de Corinthe aux Argiens [1]. Ne sera-ce pas là le résultat de la guerre? 27 Voyons maintenant ce que disent les Argiens. Ils nous invitent à combattre de concert avec eux et avec les Corinthiens ; mais ils ont fait, quant à eux, une paix particulière qui écarte les hostilités de leur territoire [2]. Et si nous faisons la paix d'accord avec les alliés ils ne veulent pas que nous ayons la moindre confiance en les Lacédémoniens ; et, par contre, les traités qu'ils ont conclus avec eux à deux parties n'ont, disent-ils, jamais été violés *. La paix héréditaire c'est le nom qu'ils donnent à celle dont ils jouissent ; mais ils ne veulent

1. Xénophon (*Hell.* V, 1, 36), parlant des résultats de la paix d'Antalkidas dit que Sparte mit fin à la mainmise des Argiens sur Corinthe, et la leur fit évacuer de force.

2. Ceci paraît faire allusion à la manière dont les Argiens savaient prévenir les invasions des Spartiates en célébrant, lorsqu'ils en étaient menacés, la fête des *Karneia* et en invoquant les σπονδαί. Xénophon (*Hell.* IV, 7, 2) fait allusion à cette tactique. Andocide n'a garde de faire la distinction, qui serait nécessaire, et qu'il faisait soigneusement au § 11, entre σπονδαί et εἰρήνη. Ce dernier mot ne

Βοιωτῶν μὴ συμπολεμούντων, εἰρήνην δὲ ποιουμένων πρὸς Λακεδαιμονίους, τίνος ἐστὶν ἡμῖν ἀξία Κόρινθος. **25** Ἀναμνήσθητε, γάρ, ὦ Ἀθηναῖοι, τῆς ἡμέρας ἐκείνης, ὅτε Βοιωτοῖς τὴν συμμαχίαν ἐποιούμεθα, τίνα γνώμην ἔχοντες ταῦτα ἐπράττομεν. Οὐχ ὡς ἱκανὴν οὖσαν τὴν Βοιωτῶν δύναμιν μεθ' ἡμῶν γενομένην κοινῇ πάντας ἀνθρώπους ἀμύνασθαι; νῦν δὲ βουλευόμεθα, Βοιωτῶν εἰρήνην ποιουμένων πῶς δυνατοὶ Λακεδαιμονίοις πολεμεῖν ἐσμεν ἄνευ Βοιωτῶν. **26** Ναί, φασί τινες, ἂν Κόρινθόν τε φυλάττωμεν καὶ συμμάχους ἔχωμεν Ἀργείους. Ἰόντων δὲ Λακεδαιμονίων εἰς Ἄργος πότερον βοηθήσομεν αὐτοῖς ἢ οὔ; πολλὴ γὰρ ἀνάγκη ὁπότερον τούτων ἑλέσθαι. Μὴ βοηθούντων μὲν οὖν ἡμῶν οὐδὲ λόγος ὑπολείπεται μὴ οὐκ ἀδικεῖν καὶ ποιεῖν Ἀργείους ὁποῖον ἄν τι βούλωνται δικαίως· βοηθούντων δὲ ἡμῶν εἰς Ἄργος οὐχ ἕτοιμον μάχεσθαι Λακεδαιμονίοις; ἵνα ἡμῖν τί γένηται; ἵνα ἡττώμενοι μὲν καὶ τὴν οἰκείαν χώραν ἀπολέσωμεν πρὸς τῇ Κορινθίων, νικήσαντες δὲ τὴν Κορινθίων Ἀργείων ποιήσωμεν. Οὐχ ἕνεκα τούτων πολεμήσομεν; **27** Σκεψώμεθα δὴ καὶ τοὺς Ἀργείων λόγους. Κελεύουσι γὰρ ἡμᾶς κοινῇ μετὰ σφῶν καὶ μετὰ Κορινθίων πολεμεῖν, αὐτοὶ δ' ἰδίᾳ εἰρήνην ποιησάμενοι τὴν χώραν οὐ παρέχουσιν ἐμπολεμεῖν. Καὶ μετὰ μὲν πάντων τῶν συμμάχων τὴν εἰρήνην ποιουμένους οὐκ ἐῶσιν ἡμᾶς οὐδὲν πιστεύειν Λακεδαιμονίοις· ἃ δὲ πρὸς τούτους μόνους ἐκεῖνοι συνέθεντο, ταῦτα δ' οὐδεπώποτ' αὐτούς φασι παραβῆναι. Πατρίαν τε εἰρήνην ὀνομάζοντες ᾗ

24 5 Κόρινθος : ἡ κόρ. Q || **25** 6 βουλευόμεθα : -ώμεθα A || 7 πολεμεῖν ἐσμὲν λακ. Q || **26** 2 ἰόντων Ald. : ὄντων || 3 βοηθήσομεν : -σωμεν Q || 4 τούτων : τοῦτον Q || 6 καὶ ποιεῖν Ἀργείους Sluiter : ἀργείους καὶ ποιεῖν AQ (καὶ ποιεῖν ὁποῖα ἂν οὗτοι β. δ. Q^2 in margine); ἂν post ποιεῖν add. Blass. || 9 ἀπωλέσομεν A || 10 ποιήσωμεν apogr. : -ήσομεν || **27** 2 πολεμήσομεν Ald. : -σωμεν || 5 ἐμπολεμεῖν : prius μ a corr. A, ἐνπολεμεῖν Q || 6 ποιουμένους Reiske : -νοις || 7 λακεδαιμονίους Q pr. || aut ⟨μόνοι⟩ πρὸς τ. μ., aut., l. 8, μόνοι pro μόνους scripserim : uid. adn. || 8 ταῦτα δ' Q : ταῦτ' A || 9 φασι : φησὶ A || τε Q : δὲ.

pas que les autres Grecs s'assurent, eux aussi, une paix héréditaire ; car si la guerre se prolonge, ils comptent s'emparer de Corinthe, et, après avoir pris l'avantage sur ceux qui les ont toujours vaincus, ils espèrent soumettre aussi ceux qui les auront aidés à vaincre.

28 Associés à de telles espérances, nous devons choisir de deux partis l'un : ou combattre aux côtés d'Argos contre Lacédémone, ou nous unir aux Béotiens pour faire la paix. Eh bien ce que je crains le plus, Athéniens, c'est ce travers coutumier qui nous fait abandonner nos amis les plus forts pour nous attacher aux plus faibles* et mener la guerre pour autrui quand nous pouvons vivre en paix pour notre propre bien. **29** Et d'abord nous avions signé une trêve avec le Grand Roi — il faut se rappeler le passé pour prendre le bon parti, — et nous avions avec lui fait amitié pour toujours : l'accord fut négocié par Epilycos fils de Tisandros, frère de ma mère ; et voilà qu'après cela nous écoutons Amorgès, esclave du Roi et banni, et rejetant le puissant appui du Grand Roi, comme chose sans valeur, c'est l'amitié d'Amorgès que nous lui préférons [1], l'estimant plus précieuse. Résultat : le Roi irrité contre nous devint l'allié des Lacédémoniens et leur fournit 5000 talents pour soutenir la guerre jusqu'à ce qu'ils eussent ruiné notre puissance. C'est un premier exemple de nos résolutions de ce genre. **30** Et quand les Syracusains vinrent nous présenter leur requête, demandant que le désaccord fît place à l'amitié et la paix à la guerre, démontrant combien leur alliance valait mieux

peut désigner ici qu'un *état de paix,* d'ailleurs provisoire. Aussi bien, les Argiens n'en eurent-ils pas longtemps le privilège : Agésilas, en 391, et Agésipolis en 387 ne tinrent plus compte de la ἱερομηνία (cf. Xén., *Hell.,* IV, 4, 1 ; IV, 7, 5).

1. Cf. Thuc., VIII, 5, 5 et 28. Sparte a fait alliance avec Tissaphernès (412). Celui-ci rejoint à Teichioussa les Péloponnésiens, qui cinglent vers Iasos où se trouve Amorgès. La ville est prise et pillée, et Amorgès est remis aux mains du satrape. Thucydide ne dit pas expressément que les Athéniens fussent les alliés d'Amorgès : on peut le conclure de ce fait qu'Iasos fut enlevée par surprise, « croyant voir arriver une flotte athénienne ».

χρῶνται, τοῖς [δὲ] ἄλλοις Ἕλλησιν οὐκ ἐῶσι πατρίαν γενέσθαι τὴν εἰρήνην· ἐκ γὰρ τοῦ πολέμου χρονισθέντος Κόρινθον ἑλεῖν προσδοκῶσι, κρατήσαντες δὲ τούτων ὑφ' ὧν ἀεὶ κρατοῦνται, καὶ τοὺς συννικῶντας ἐλπίζουσι παραστήσεσθαι.

28 Τοιούτων δ' ἐλπίδων μετασχόντας ἡμᾶς δεῖ δυοῖν θάτερον ἑλέσθαι, ἢ πολεμεῖν μετὰ Ἀργείων Λακεδαιμονίοις, ἢ μετὰ Βοιωτῶν κοινῇ τὴν εἰρήνην ποιεῖσθαι. Ἐγὼ μὲν οὖν ἐκεῖνο δέδοικα μάλιστα, ὦ Ἀθηναῖοι, τὸ εἰθισμένον κακόν, ὅτι τοὺς κρείττους φίλους ἀφιέντες ἀεὶ τοὺς ἥττους αἱρούμεθα, καὶ πόλεμον ποιούμεθα δι' ἑτέρους, ἐξὸν δι' ἡμᾶς αὐτοὺς εἰρήνην ἄγειν· 29 οἵτινες πρῶτον μὲν βασιλεῖ τῷ μεγάλῳ (χρὴ γὰρ ἀναμνησθέντας τὰ γεγενημένα καλῶς βουλεύσασθαι) σπονδὰς ποιησάμενοι καὶ συνθέμενοι φιλίαν εἰς τὸν ἅπαντα χρόνον, ἃ ἡμῖν ἐπρέσβευσεν Ἐπίλυκος ⟨ὁ⟩ Τεισάνδρου, τῆς μητρὸς τῆς ἡμετέρας ἀδελφός, ⟨μετὰ⟩ ταῦτα Ἀμόργῃ πειθόμενοι τῷ δούλῳ τῷ βασιλέως καὶ φυγάδι τὴν μὲν βασιλέως δύναμιν ἀπεβαλόμεθα ὡς οὐδενὸς οὖσαν ἀξίαν, τὴν δὲ Ἀμόργου φιλίαν εἱλόμεθα, κρείττω νομίσαντες εἶναι· ἀνθ' ὧν βασιλεὺς ὀργισθεὶς ἡμῖν, σύμμαχος γενόμενος Λακεδαιμονίοις, παρέσχεν αὐτοῖς εἰς τὸν πόλεμον πεντακισχίλια τάλαντα, ἕως κατέλυσαν ἡμῶν τὴν δύναμιν. Ἓν μὲν βούλευμα τοιοῦτον ἐβουλευσάμεθα· 30 Συρακόσιοι δ' ὅτε ἦλθον ἡμῶν δεόμενοι, φιλότητα μὲν ἀντὶ διαφορᾶς ἐθέλοντες εἰρήνην δ' ἀντὶ πολέμου ποιεῖσθαι, τήν τε συμμαχίαν ἀποδεικνύντες ὅσῳ κρείττων ἡ σφετέρα εἴη τῆς Ἐγεσταίων

27 10 δὲ del. Reiske || 13 συνικῶντας Q || ἐλπίζουσι παραστήσεσθαι Reiske : ἐλπίζουσιν (-σι A) ἀποστήσεσθαι || **28** 4 μάλιστα om. Q || 6 ἡρούμεθα Q² || **29** 2 γὰρ bis Q || 5 ὁ add. Baiter || Τεισάνδρου Blass : τισ- || 6 μετὰ add. Reiske || 7 τῷ βασ. Q : τοῦ βασ. A || ἀπεβαλλόμεθα Q || 8 οὐδενὸς Reiske : οὐδὲν || 12 κατέλυσαν Reiske : -σεν || **30** 1 συρρακούσιοι (hic et infra) A pr. : συρακ. corr. et Q || 4 τῆς Ἐγ. καὶ Κατ. Francke : τῶν Ἐγ. καὶ τῶν Κ. (τῆς τῶν Ἐγ. Reiske) || ἐγεστέων A pr.

que celle d'Egeste et de Catane, si nous voulions nous entendre avec eux, nous préférâmes, une fois encore, la guerre à la paix, Egeste à Syracuse, l'expédition de Sicile à l'avantage de rester chez nous en ayant les Syracusains pour alliés. C'est ainsi que périrent tant d'Athéniens et d'alliés, les meilleurs avant les autres; voilà comment nous perdîmes tant de vaisseaux, d'argent et de puissance, comment on dut honteusement rapatrier les survivants de l'aventure. **31** Par la suite, ces mêmes Argiens, qui sont venus aujourd'hui nous persuader d'entrer en guerre, surent nous entraîner à faire voile vers la Laconie, quand nous étions en paix avec les Lacédémoniens[1], ce qui déchaîna leur colère et fut le principe de bien des malheurs. De là vint cette guerre qui nous réduisit à abattre nos murailles, à livrer notre flotte, à recevoir les exilés. Et tandis que nous souffrions ces maux, ceux qui nous avaient persuadés d'entrer en guerre, ces Argiens, de quel secours nous étaient-ils? Quel danger bravèrent-ils pour Athènes? **32** Maintenant donc il nous reste à préférer encore une fois la guerre à la paix, l'alliance des Argiens à celle des Béotiens, ceux qui sont aujourd'hui maîtres de Corinthe* aux Lacédémoniens. Non, Athéniens, que personne ne vous fasse prendre ce parti : l'exemple des fautes passées suffit aux hommes sains d'esprit pour les détourner d'en plus commettre.

33 Mais certains d'entre vous ont une étrange impatience de voir la paix faite au plus tôt. Ils disent que les quarante jours que nous vous laissons pour délibérer sont un délai superflu, et qu'en vous le donnant, nous avons tort. Car si vous nous avez envoyé à Lacédémone avec pleins pou-

1. Sur les ruses d'Alcibiade préparant la rupture de la paix de Nicias et l'alliance avec Argos, voir Thucydide V, 43 et suiv. Nicias tenta de s'opposer à cette alliance et obtint qu'une députation fût envoyée à Sparte; mais Sparte ne voulut pas, comme on le lui demandait, renoncer à l'alliance béotienne. Nicias étant rentré sans avoir rien obtenu, un traité de paix et d'alliance fut conclu pour cent ans entre les Athéniens, les Argiens, les Mantinéens et les Eléens (419). Ce traité n'annulait pas, cependant, celui qui liait

καὶ Καταναίων, εἰ βουλοίμεθα πρὸς αὐτοὺς ποιεῖσθαι, ἡμεῖς τοίνυν εἱλόμεθα καὶ τότε πόλεμον μὲν ἀντὶ εἰρήνης, Ἐγεσταίους δὲ ἀντὶ Συρακοσίων, στρατεύεσθαι δ᾽ εἰς Σικελίαν ἀντὶ τοῦ μένοντες οἴκοι συμμάχους ἔχειν Συρακοσίους· ἐξ ὧν πολλοὺς μὲν Ἀθηναίων ἀπολέσαντες ἀριστίνδην καὶ τῶν συμμάχων, πολλὰς δὲ ναῦς καὶ χρήματα καὶ δύναμιν ἀποβαλόντες, αἰσχρῶς διεκομίσθησαν οἱ σωθέντες αὐτῶν. 31 Ὕστερον δὲ ὑπ᾽ Ἀργείων ἐπείσθημεν, οἵπερ νῦν ἥκουσι πείθοντες πολεμεῖν, πλεύσαντες ἐπὶ τὴν Λακωνικὴν εἰρήνης ἡμῖν οὔσης πρὸς Λακεδαιμονίους ἐντεῖναι ⟨αὐτῶν⟩ τὸν θυμόν, ἀρχὴν πολλῶν κακῶν· ἐξ οὗ πολεμήσαντες ἠναγκάσθημεν τὰ τείχη κατασκάπτειν καὶ τὰς ναῦς παραδιδόναι καὶ τοὺς φεύγοντας καταδέχεσθαι. Ταῦτα δὲ πασχόντων ἡμῶν οἱ πείσαντες ἡμᾶς πολεμεῖν Ἀργεῖοι τίνα ὠφέλειαν παρέσχον ἡμῖν; τίνα δὲ κίνδυνον ὑπὲρ [τῶν] Ἀθηναίων ἐποιήσαντο; 32 νῦν οὖν τοῦτο ὑπόλοιπόν ἐστιν ἡμῖν, πόλεμον μὲν ἑλέσθαι καὶ νῦν ἀντ᾽ εἰρήνης, τὴν δὲ συμμαχίαν τὴν Ἀργείων ἀντὶ τῆς Βοιωτῶν, Κορινθίων δὲ τοὺς νῦν ἔχοντας τὴν πόλιν ἀντὶ Λακεδαιμονίων. Μὴ δῆτα, ὦ Ἀθηναῖοι, μηδεὶς ἡμᾶς ταῦτα πείσῃ· τὰ γὰρ παραδείγματα τὰ γεγενημένα τῶν ἁμαρτημάτων ἱκανὰ τοῖς σώφροσι τῶν ἀνθρώπων ὥστε μηκέτι ἁμαρτάνειν.

33 Εἰσὶ δέ τινες ὑμῶν οἳ τοσαύτην ὑπερβολὴν τῆς ἐπιθυμίας ἔχουσιν εἰρήνην ὡς τάχιστα γενέσθαι· φασὶ γὰρ καὶ τὰς τετταράκονθ᾽ ἡμέρας ἐν αἷς ὑμῖν ἔξεστι βου-

30 5 βουλοίμεθα Reiske : βουλόμεθα (ἢν βουλώμεθα uulg.) || 6 μὲν om. Q || 7 εἱλόμεθα supra ἐγεσταίους et post στρα | in margine iterauit Q² || 8 μένοντες Blass : -τας || **31** 2 νῦν : καὶ νῦν Emperius || ἥκουσι πείθοντες : ἥκοντες πείθουσι Q || 3 οὔσης ἡμῖν Q || 4 ἐντεῖναι Lipsius (coll. Plut. *Moral.* 61 E) : ἐκτεῖναι || αὐτῶν add. Lipsius || 7 πείσαντες A² : πει... A pr. || 9 τῶν del. Pertz || **32** 2 ἡμῖν om. Q || μὲν om. Q || 3 τὴν ante Ἀργ. add. Q || 6 πείσῃ : πείσει A || **33** 1 ὑμῶν : ἡμῶν Q || 3 τετταράκονθ᾽ : τεσσα- A || ὑμῖν Bekker : ἡμῖν || βουλεύεσθαι : -εύσασθαι Q.

voirs pour ce traité c'était pour nous dispenser d'en référer encore à l'assemblée[1]. Ce qui est, à nos yeux, prudence est pour eux pusillanimité. Ils assurent que jamais personne n'a sauvé le peuple athénien en le persuadant au grand jour, et que c'est à son insu ou en le trompant qu'on lui rend service. **34** Je n'approuve point ce langage. Je reconnais, Athéniens, qu'en guerre un général dévoué à la cité et sachant ce qu'il faut faire doit cacher ses desseins à la foule des combattants et les tromper pour les mener au danger; mais quand on va négocier une paix commune à tous les Grecs, au sujet de laquelle on prêtera des serments et l'on dressera des stèles gravées, ceci n'admet ni déguisement ni tromperie, et nous méritons bien plutôt l'éloge que le blâme si, malgré les pleins pouvoirs qu'on nous avait donnés pour aller négocier, nous proposons encore l'affaire à votre examen. Donc, il nous faut prendre un parti aussi prudent qu'il se peut, mais une fois les serments échangés et les conventions acceptées nous devons nous y tenir. **35** Car, Athéniens, ce n'est pas seulement sur nos instructions écrites que nous devons, nous ambassadeurs, régler nos négociations, mais aussi sur votre caractère. Ce que vous avez sous la main est pour vous sujet de défiance et de mécontentement: ce que vous n'avez pas, vous imaginez volontiers le tenir à votre disposition. Faut-il faire la guerre, vous avez un ardent désir de paix; vous ménage-t-on la paix, vous calculez tous les avantages que vous a procurés la guerre. **36** C'est ainsi qu'aujourd'hui certains déclarent ne pas bien voir la

Sparte et Athènes; mais l'affaire d'Epidaure amena le conflit.

1. On peut se demander si cette impatience de certains partisans d'une paix immédiate, qui, si l'on en croit Andocide, vont disant qu'on ne peut rendre service aux Athéniens qu'en les trompant, n'est pas imaginée pour les besoins de la cause. Les négociateurs sentent peut-être que l'opinion n'est pas prête, et c'est pour eux une attitude avantageuse que de faire la leçon à des gens trop pressés de conclure la paix. La suite des idées peut paraître un peu troublée par la fin du § 34 : οἷς δ' ἂν.....ἐμμένειν : elle se rétablit assez aisément si l'on en fait abstraction comme d'une simple addition antithétique.

λεύεσθαι περίεργον εἶναι, καὶ τοῦτο ἀδικεῖν ἡμᾶς· αὐτοκράτορας γὰρ πεμφθῆναι εἰς Λακεδαίμονα διὰ ταῦθ', ἵνα μὴ πάλιν ἐπαναφέρωμεν. Τήν τε ἀσφάλειαν ἡμῶν τῆς ἐπαναφορᾶς δέος ὀνομάζουσι, λέγοντες ὡς οὐδεὶς πώποτε τὸν δῆμον τὸν Ἀθηναίων ἐκ τοῦ φανεροῦ πείσας ἔσωσεν, ἀλλὰ δεῖ λαθόντας ἢ ἐξαπατήσαντας αὐτὸν εὖ ποιῆσαι. **34** Τὸν λόγον οὖν τοῦτον οὐκ ἐπαινῶ. Φημὶ γάρ, ὦ Ἀθηναῖοι, πολέμου μὲν ὄντος ἄνδρα στρατηγὸν τῇ πόλει τε εὔνουν εἰδότα τε ὅ τι πράττῃ, λανθάνοντα δεῖν τοὺς πολλοὺς τῶν ἀνθρώπων καὶ ἐξαπατῶντα ἄγειν ἐπὶ τοὺς κινδύνους, εἰρήνης δὲ πέρι πρεσβεύοντας κοινῆς τοῖς Ἕλλησιν, ἐφ' οἷς ὅρκοι τε ὀμοσθήσονται στῆλαί τε σταθήσονται γεγραμμέναι, ταῦτα δὲ οὔτε λαθεῖν οὔτε ἐξαπατῆσαι δεῖν, ἀλλὰ πολὺ μᾶλλον ἐπαινεῖν ἢ ψέγειν, εἰ πεμφθέντες αὐτοκράτορες ἔτι ἀποδώσομεν ὑμῖν περὶ αὐτῶν σκέψασθαι. Βουλεύσασθαι μὲν οὖν ἀσφαλῶς χρὴ κατὰ δύναμιν, οἷς δ' ἂν ὀμόσωμεν καὶ συνθώμεθα, τούτοις ἐμμένειν. **35** Οὐ γὰρ μόνον, ὦ Ἀθηναῖοι, πρὸς γράμματα τὰ γεγραμμένα δεῖ βλέποντας πρεσβεύειν ἡμᾶς, ἀλλὰ καὶ πρὸς τοὺς τρόπους τοὺς ὑμετέρους. Ὑμεῖς γὰρ περὶ μὲν τῶν ἑτοίμων ὑμῖν ὑπονοεῖν εἰώθατε καὶ δυσχεραίνειν, τὰ δ' οὐκ ὄντα λογοποιεῖν ὡς ἔστιν ὑμῖν ἕτοιμα· κἂν μὲν πολεμεῖν δέῃ, τῆς εἰρήνης ἐπιθυμεῖτε, ἐὰν δέ τις ὑμῖν τὴν εἰρήνην πράττῃ, λογίζεσθε τὸν πόλεμον ὅσα ἀγαθὰ ὑμῖν κατηργάσατο. **36** Ὅπου καὶ νῦν ἤδη τινὲς λέγουσιν οὐ

33 4 αὐτοκράτορας : tertium α a corr. A || 5 ταῦθ' Reiske (τοῦθ' Lipsius) : ταύτην || 8 τὸν δῆμον : τοῦ δήμου Q || τὸν Spengel : τῶν || 9 δεῖ : δεῖν Valckenaer || **34** 3 ὅ τι : ὅ, ττι Q || πράττῃ Ydén : πράττοι || 4 ἐπὶ : παρὰ Q || τοὺς add. A² || 5 πρεσβεύοντας : -οντα Q || 7 δὲ add. A² || 8 δεῖν : δεῖ A pr. || 9 ἔτι Reiske (qui sic scribendum aut τι delendum censet) : τι (quod om. Q) || ἀποδώσομεν : -δίδομεν Lipsius || ὑμῖν : ἡμῖν AQ || αὐτῶν : τῶν αὐτῶν Q || 10 ἀσφαλῶς om. Q || **35** 3 ὑμετέρους : ἡμ- Q || ὑμεῖς : ἡμ. Q || μὲν om. Q || 5 ὑμῖν : ἡμῖν Q || 6 ὑμῖν : ἡμῖν A || 7 λογίζεσθε : -θαι AQ pr. || ὑμῖν : ἡμῖν A || κατηργάσατο Blass (hic et infra) : κατειργ-.

valeur de ce traité ni des murs et des vaisseaux qu'il nous donne : car, disent-ils, leurs ressources privées ne leur viennent pas des recouvrements faits à l'étranger, et ce ne sont pas les murs qui leur donnent de quoi manger. Il faut aussi répondre à cela.

37 Il fut un temps, Athéniens, où nous ne possédions ni murs ni vaisseaux : quand nous en eûmes, notre prospérité commença. Cette prospérité, la souhaitez-vous encore? assurez-vous ce qui vous l'a donnée. Sur ce fondement nos pères ont édifié une telle puissance que jamais autre cité n'en eut jusqu'ici de pareille : ils agirent pour cela vis-à-vis des Grecs, ici par la persuasion, là par la ruse, là par l'argent, là par la contrainte. **38** Par la persuasion, quand nous obtînmes que les Hellénotames préposés au Trésor commun fussent des Athéniens, que le rassemblement des vaisseaux se fît dans notre port, que les cités qui ne posséderaient pas de trières se les fissent fournir par nous ; par la ruse, quand nous bâtîmes nos murs à l'insu des Péloponnésiens [1] ; par l'argent, pour n'avoir pas à donner satisfaction de cette ruse ; par la contrainte, lorsque, réduisant ceux qui nous faisaient obstacle, nous établîmes notre hégémonie. Tous ces résultats furent obtenus en quatre-vingt-cinq ans*. **39** Mais quand la guerre nous apporta la défaite, nous dûmes, sans parler d'autres pertes, voir les Lacédémoniens prendre pour gages nos murs et nos vaisseaux, s'emparant des uns et jetant bas les autres pour empêcher qu'avec ce double point d'appui notre cité pût jamais rétablir sa puissance. Or voici qu'aujourd'hui, persuadés par nous, des ambassadeurs lacédémoniens sont ici avec pleins pouvoirs : ils nous rendent les gages qu'ils avaient saisis, permettent

1. Cette allusion est assez vague. S'agit-il de l'enceinte relevée par Thémistocle (hiver 479-8) ou des Longs-Murs ? Λαθόντες paraît, au premier abord, faire allusion à la célèbre ruse de Thémistocle (Thuc. I, 90 et suiv. ; Démosth. XX, 73). Mais on est étonné d'entendre parler d'une « punition » qui menacerait Athènes. En conseillant aux Athéniens de ne pas se fortifier, les Lacédémoniens, comme leurs alliés, ont sans doute des arrière-pensées ; mais ils n'intiment pas une défense (Thuc. I, 92 : οὐδὲ γὰρ ἐπὶ κωλύμῃ...), et

γιγνώσκειν τὰς διαλλαγὰς αἵτινές εἰσι, τείχη καὶ νῆες εἰ γενήσονται τῇ πόλει· τὰ γὰρ ἴδια τὰ σφέτερ' αὐτῶν ἐκ τῆς ὑπερορίας οὐκ ἀπολαμβάνειν, ἀπὸ δὲ τῶν τειχῶν οὐκ εἶναι σφίσι τροφήν. Ἀναγκαίως οὖν ἔχει καὶ πρὸς ταῦτ' ἀντειπεῖν.

37 Ἦν γάρ ποτε χρόνος, ὦ Ἀθηναῖοι, ὅτε τείχη καὶ ναῦς οὐκ ἐκεκτήμεθα· γενομένων δὲ τούτων τὴν ἀρχὴν ἐποιησάμεθα τῶν ἀγαθῶν. Ὧν εἰ καὶ νῦν ἐπιθυμεῖτε, ταῦτα κατεργάσασθε. Ταύτην δὲ λαβόντες ἀφορμὴν οἱ πατέρες ἡμῶν κατηργάσαντο τῇ πόλει δύναμιν τοσαύτην ὅσην οὔπω τις ἄλλη πόλις ἐκτήσατο, τὰ μὲν πείσαντες τοὺς Ἕλληνας, τὰ δὲ λαθόντες, τὰ δὲ πριάμενοι, τὰ δὲ βιασάμενοι· 38 πείσαντες μὲν οὖν Ἀθήνησι ποιήσασθαι τῶν κοινῶν χρημάτων Ἑλληνοταμίας, καὶ τὸν σύλλογον τῶν νεῶν παρ' ἡμῖν γενέσθαι, ὅσαι δὲ τῶν πόλεων τριήρεις μὴ κέκτηνται, ταύταις ἡμᾶς παρέχειν· λαθόντες δὲ Πελοποννησίους τειχισάμενοι τὰ τείχη· πριάμενοι δὲ παρὰ Λακεδαιμονίων μὴ δοῦναι τούτων δίκην· βιασάμενοι δὲ τοὺς ἐναντίους τὴν ἀρχὴν τῶν Ἑλλήνων κατηργασάμεθα. Καὶ ταῦτα τὰ ἀγαθὰ ἐν ὀγδοήκοντα καὶ πέντε ἡμῖν ἔτεσιν ἐγένετο. 39 Κρατηθέντες δὲ τῷ πολέμῳ τά τε ἄλλα ἀπωλέσαμεν καὶ τὰ τείχη καὶ τὰς ναῦς ἔλαβον ἡμῶν ἐνέχυρα Λακεδαιμόνιοι, τὰς μὲν παραλαβόντες, τὰ δὲ καθελόντες, ὅπως μὴ πάλιν ταύτην ἔχοντες ἀφορμὴν ⟨τὴν⟩ δύναμιν τῇ πόλει κατασκευάσαιμεν. Πεισθέντες τοίνυν ὑφ' ἡμῶν Λακεδαιμόνιοι πάρεισι νυνὶ πρέσβεις αὐτοκράτορες, τά τε ἐνέχυρα ἡμῖν ἀποδιδόντες, καὶ τὰ

36 2 εἰσι, τείχη : εἰστείχη Q || 3 ἴδια : χρέα uel δάνεια malit Valckenaer || **37** 2 οὐκ ἐκεκτήμεθα Hirschig, οὐκ ἐκτήμεθα Bekker : οὐ κεκτ- || δὲ τούτων τὴν : δέ, ταύτην Hirschig || 4 κατεργάσασθε : -σασθαι Q pr. || **38** 4 μὴ : μὲν Q || λαθόντες : -τας A pr. || Πελοπονησίους A pr. || 5 τειχισάμενοι Emperius : ἐτειχίσαμεν || 9 ἐγένετο : -νοντο Q || **39** 1 πάντα post ἄλλα add. Q || 3 τὰς Reiske : τὰ || 4 καθελόντες ... παραλαβόντες, inuerso ordine, Q || ταύτην Hirschig : ταῦτ' (cf. 37, 2) || 5 τὴν suppleui || 6 νυνὶ : νῦν Q.

que nous ayons des murs et des vaisseaux, et que les îles soient à nous. **40** Eh bien, quand nous retrouvons pour notre prospérité ce qui permit à nos pères de fonder la leur, il est des gens pour dire qu'il ne faut pas faire cette paix. Qu'ils montent donc à la tribune, et qu'ils nous disent — nous leur en avons donné le moyen, en stipulant le délai de quarante jours pour délibérer — qu'ils nous disent si, parmi les articles, il s'en trouve un qui soit mauvais : car on peut le supprimer ; ou si quelqu'un en veut faire ajouter un autre, qu'il le fasse approuver et l'inscrive. En appliquant toutes les clauses du traité, vous pouvez vivre en paix ; **41** si vous n'en approuvez aucune, la guerre est là, sous votre main. Et tout cela dépend de vous, Athéniens : choisissez ce qui vous plaira. Vous avez ici les Argiens et les Corinthiens prêts à vous montrer que la guerre est préférable, et les Lacédémoniens sont venus pour vous persuader de signer la paix. La décision vous appartient, et non aux Lacédémoniens, grâce à nous. Ainsi donc, à vous tous, nous ambassadeurs, nous déléguons nos pouvoirs. Tout citoyen qui lèvera la main pour voter est un ambassadeur qui va, quoi qu'il choisisse, négocier sur la paix et la guerre. Rappelez-vous donc, Athéniens, ce que je vous ai dit, et votez de telle sorte que vous puissiez ne vous en jamais repentir.

s'ils éprouvent du dépit d'avoir été trompés les députés se retirent sans récriminer (ἀνεπικλήτως). Les rapports d'Athènes et de Sparte à ce moment précis laissent difficilement admettre cette menace de punition. Une des deux versions de Théopompe (Plutarque, *Thémist.* 19 : χρήμασι πείσας μὴ ἐναντιωθῆναι τοὺς ἐφόρους) pourrait, à la rigueur, s'accorder avec ce que dit Andocide ; mais il faut toujours admettre qu'il force singulièrement les choses en écrivant μὴ δοῦναι τούτων δίκην. Nous avons, il est vrai, plus d'une fois constaté l'à peu près de ses allusions historiques. — Sur une autre hypothèse, voir *Notes complémentaires*.

τείχη καὶ ⟨τὰς⟩ ναῦς ἐῶντες κεκτῆσθαι, τάς τε νήσους ἡμετέρας εἶναι. **40** Τὴν αὐτὴν τοίνυν ἀρχὴν ἀγαθῶν λαμβάνοντας, ἥνπερ ἡμῶν ἐλάμβανον οἱ πρόγονοι, ταύτην οὐκ ἀκτέον φασὶ τὴν εἰρήνην τινὲς εἶναι. Παριόντες οὖν αὐτοὶ διδασκόντων ὑμᾶς (ἐξουσίαν δ' αὐτοῖς ἡμεῖς ἐποιήσαμεν, προσθέντες τετταράκοντα ἡμέρας βουλεύσασθαι) τοῦτο μὲν τῶν γεγραμμένων εἴ τι τυγχάνει μὴ καλῶς ἔχον (ἔξεστι γὰρ ἀφελεῖν) τοῦτο δ' εἴ ⟨τί⟩ τις προσθεῖναι βούλεται, πείσας ὑμᾶς προσγραψάτω. Πᾶσί τε τοῖς γεγραμμένοις χρωμένοις ἔστιν εἰρήνην ἄγειν. **41** Εἰ δὲ μηδὲν ἀρέσκει τούτων, πολεμεῖν ἕτοιμον. Καὶ ταῦτ' ἐφ' ὑμῖν πάντ' ἐστίν, ὦ Ἀθηναῖοι· τούτων ὅ τι ἂν βούλησθε ἕλεσθε. Πάρεισι μὲν γὰρ Ἀργεῖοι καὶ Κορίνθιοι διδάξοντες ὡς ἄμεινόν ἐστι πολεμεῖν, ἥκουσι δὲ Λακεδαιμόνιοι πείσοντες ὑμᾶς εἰρήνην ποιήσασθαι. Τούτων δ' ἐστὶ τὸ τέλος παρ' ὑμῖν, ἀλλ' οὐκ ἐν Λακεδαιμονίοις, δι' ἡμᾶς. Πρεσβευτὰς οὖν πάντας ὑμᾶς ἡμεῖς οἱ πρέσβεις ποιοῦμεν· ὁ γὰρ τὴν χεῖρα μέλλων ὑμῶν αἴρειν, οὗτος ὁ πρεσβεύων ἐστίν, ὁπότερ' ἂν αὐτῷ δοκῇ, καὶ τὴν εἰρήνην καὶ τὸν πόλεμον [ποιεῖν]. Μέμνησθε μὲν οὖν, ὦ Ἀθηναῖοι, τοὺς ἡμετέρους λόγους, ψηφίσασθε δὲ τοιαῦτα, ἐξ ὧν ὑμῖν μηδέποτε μεταμελήσει.

39 8 τὰς add. Fuhr, coll. 23, 3 || **40** 3 οὐκ ἀκτέον (κ et α, ut uidetur, in rasura) : οὐ δεκτέον Naber || 4 ὑμᾶς : ἡμᾶς A || 5 προσθέντες : προθ- Reiske || 6 γεγραμένων A || εἴ τι Ald. : ἔτι || 7 distingui malit Reiske : (ἔξεστι γὰρ) ἀφελεῖν, ita ut infinitiuus ex ἐξουσίαν ἐποιήσαμεν aptus sit || τί add. Baiter-Sauppe (ante βούλεται Sluiter) || 8 πᾶσι μὲν γὰρ pro πᾶσί τε sententiam postulare censet Reiske || **41** 2 ὑμῖν : ἡμῖν A || 3 βούλησθε : -λοισθε Q || ἕλεσθε uulg. : ἑλέσθαι || 6 ποιήσασθαι Q : -σεσθαι A || 7 ἡμᾶς Q : ὑμᾶς A || 8 ὑμᾶς ἡμεῖς : ἡμᾶς οἱ μεῖς Q || 9 ὑμῶν : ἡμῶν Q || οὗτος : οὕτως Q || ἐστὶν : ἔσται Dobree || 10 δοκῇ : δοκεῖ A || 11 ποιεῖν recte malit abesse Reiske || 12 ὑμῖν : ἡμῖν Q.

IV

CONTRE ALCIBIADE

IV

NOTICE

L'orateur du *Contre Alcibiade* se dit engagé dans une lutte à trois personnages dont le vaincu doit être frappé d'ostracisme. Ses adversaires sont Alcibiade et Nicias : il va montrer qu'en bonne justice c'est Alcibiade qu'on doit bannir. Pour mainte raison, ce discours — on le verra — ne saurait être d'Andocide. Avant de se demander quel en est l'auteur une première question doit être posée : où et quand ce discours est-il prononcé ? Il est censé l'être dans un débat qui précède le vote : or, « il n'y avait pas de débats dans l'ostracisme [1] » : une fois par an, à la sixième prytanie, on pose la question : « doit-on, cette année, recourir à l'ostracisme ? » C'est l'ἐπιχειροτονία τοῦ ὀστρακισμοῦ, mais aucun débat ne précède ce vote, et le vote définitif, l'ostracophorie, a lieu, de même, dans le silence. C'est ce que nous dit aussi l'auteur du *Contre Alcibiade*. L'ostracisme, d'après lui, est contraire au serment que prêtent le peuple et le Conseil : « Par ce serment, dit il, vous jurez de n'exiler, de n'emprisonner, de ne faire mourir personne sans jugement, et, dans le cas présent, sans accusation préalable, sans qu'il ait été permis de se défendre, un vote secret condamne le citoyen frappé d'ostracisme à être, pour longtemps, privé de sa patrie [2]. » L'auteur ne pouvait plus ingénument se contredire, ni mieux laisser voir que son discours n'est que fiction pure. Car ce discours est-il autre chose qu'un morceau de ce

1. J. Carcopino, *Histoire de l'ostracisme athénien*. Bibliothèque de la Faculté des Lettres de l'Université de Paris, 1909, t. XXV, p. 245.
2. § 3.

débat dont il déplore l'absence ? Assurément il rend hommage à la vérité en constatant que l'ostracisme ne comporte pas de discussion préalable ; mais il le fait à ses dépens : dès la première page nous ne pouvons avoir aucune illusion sur la réalité de son discours [1].

Ed. Meier, dans sa troisième dissertation sur le *Contre Alcibiade* [2], fait observer qu'avant l'affaire des Hermès Andocide n'a rien fait « qui le fasse connaître ni craindre », et qu'il est impossible d'imaginer à quel moment il aurait pu soutenir contre Nicias et Alcibiade la lutte dont parle le discours. Ce ne pouvait être, en effet, ni avant ni après le moment où Nicias, Alcibiade et Phaeax se trouvèrent engagés dans une lutte semblable dont la victime fut, en fin de compte, Hyperbolos (417). L'affaire dont parle le *Contre Alcibiade* ne peut être antérieure à cette date, car le discours parle de la prise de Mélos qui est de Posidéon 416, et la naissance de l'enfant dont il est question au § 23 nous fait même descendre au moins jusqu'à Métagitnion 415. Or, on ne voit plus ensuite comment pareille lutte pourrait s'engager, car en Skirophorion 415, au plus tard, Nicias et Alcibiade sont partis pour la Sicile. Nicias y doit périr, et Alcibiade ne doit rentrer à Athènes qu'en 407.

Cette difficulté n'est pas la seule. L'orateur dit qu'il a été accusé quatre fois (§ 8) et que les juges ont épargné sa vie (§ 36) ; il parle de ses ambassades en Thessalie, en Macédoine, en Molossie, en Thesprotie, en Italie, en Sicile, et des services éminents qu'il a rendus dans ces missions (§ 41) ; il rappelle ses liturgies, et les victoires qu'il a remportées comme chorège. S'il s'agissait d'Andocide on pourrait se demander à quel âge il aurait bien pu remplir toutes ces charges, car le fait que Nicias est partie dans cette lutte nous fixe une date extrême, celle de sa mort : Andocide n'a donc guère plus de vingt-cinq ans ! Et comment n'est-il soufflé mot de ces prouesses ni dans Photius. ni dans le pseudo-

1. La contradiction pourrait s'expliquer si, comme nous le verrons plus loin (page 107), les deux parties du discours se rapportaient à deux temps différents de l'action (avant et après l'épicheirotonie).

2. *Opuscula Academica* I, p. 104 et suiv. Les dates qui suivent sont précisées avec rigueur par Carcopino, *o. l.*, p. 239.

Plutarque, ni dans le discours *Sur son retour*, ni dans celui des *Mystères ?* Andocide, dans l'un et l'autre de ces discours, rappelle tout ce que la cité doit à ses ancêtres et à lui-même : dans le premier, il prétend s'être donné pour tâche de ne pas laisser toucher aux deniers publics ; il parle avec orgueil de « la maison d'Andocide et de Léogoras », il rappelle à ses juges que ses ancêtres ont été les plus grands bienfaiteurs de l'État ; dans le discours *Sur son retour* il se vante d'avoir amené du bois de rames à la flotte de Samos et de n'avoir ménagé, pour le service d'Athènes, ni sa personne ni ses biens. Quelle apparence qu'en pareil danger il eût passé sous silence tant de charges et de victoires ? Ces raisons peuvent dispenser d'en alléguer d'autres, notamment celles que pourrait donner l'examen du style du *Contre Alcibiade* [1].

Andocide n'a donc rien à faire dans cette lutte où sont engagés Nicias et Alcibiade, et la fausse attribution de notre discours lui fait prendre la place d'un autre : celle de Phaeax. Plusieurs textes mènent à cette conclusion, et particulièrement le chapitre XIII de la *Vie d'Alcibiade* de Plutarque. Il s'agit de l'ostracisme d'Hyperbolos : la *Vie d'Aristide* et la *Vie de Nicias* nous montraient Nicias et Alcibiade qui d'abord en lutte, parvenaient, en se concertant, à détourner sur Hyperbolos l'ostracisme qui les menaçait. Dans la *Vie d'Alcibiade*, qui, postérieure aux autres, représente l'opinion dernière de l'historien [2], il s'agit d'une lutte à *trois* personnages : Nicias, Alcibiade et Phaeax. Le texte de Plutarque n'est pas d'une interprétation facile : « Alcibiade », y est-il dit, « fit l'union des partis, et, par une entente avec Nicias, tourna contre Hyperbolos la sentence d'ostracisme [3] ». Quels sont ces partis en présence ? Dans la *Vie d'Aristide*, il n'y en a que deux [4] : celui d'Alcibiade et celui de Nicias. Les idées conservatrices de Nicias et son attachement à la paix nous sont connus : Alcibiade, de son côté, poursuit sa politique

1. Voir, à ce sujet, Blass, *Attische Beredsamkeit*, I, p. 338.

2. Cf. C. Th. Michaelis *De ordine Vitarum Plutarchi*, Berlin, 1875, p. 50-3, et Carcopino, *o. l.*, p. 233.

3. ...ἀγῶνα δ' εἶχε πρός τε Φαίακα τὸν Ἐρασιστράτου καὶ Νικίαν τὸν Νικηράτου... Ἐπεὶ δὲ δῆλον ἦν ὅτι ἑνὶ τῶν τριῶν τὸ ὄστρακον ἐποίσουσι, συνήγαγε τὰς στάσεις εἰς ταὐτὸν ὁ Ἀλκιβιάδης καὶ διαλεχθεὶς πρὸς τὸν Νικίαν κατὰ τοῦ Ὑπερβόλου τὴν ὀστρακοφορίαν ἔτρεψεν.

4. Chap. VII : ...τὰς στάσεις ἑκατέρας.

de guerre, et nous savons par Thucydide qu'une trêve venant d'être conclue entre Sparte et Argos, il la fait rompre pour engager la lutte qui aboutit au désastre de Mantinée [1] (août 418). Mais quelle est, au juste, la politique de Phaeax ? Nous sommes, ici, réduits aux conjectures. Plutarque, sans nommer Théophraste, rapporte l'opinion de celui-ci, suivant laquelle Alcibiade a devant lui, non pas Nicias, mais Phaeax [2]. C'est de Phaeax qu'il sera successivement l'adversaire et l'allié. Quelle est donc l' « hétairie » dont Phaeax lui apporte l'appoint ? D'après Volquardsen [3] c'est la coterie modérée des aristocrates. C'est, en effet, dans ce parti que la place de Phaeax paraît marquée : il est riche et noble [4], et s'il est question de lui dans les *Cavaliers* (v. 1375 et suiv.), Aristophane parle de lui sans âpreté : il ne le raille qu'indirectement, pour l'admiration que lui témoignent les freluquets du marché aux parfums ; c'est d'un autre ton qu'il parlerait d'un adversaire politique. Phaeax ne saurait être, d'ailleurs, un personnage redoutable. Sa parole n'est pas assez vigoureuse et incisive pour agir sur le peuple : ses arguments peuvent s'enchaîner avec aisance, il peut avoir l'art de conclure, de forger des sentences, de chatouiller l'auditeur ; mais les épithètes mêmes que lui appliquent ces freluquets nous donnent la mesure de son talent, et leurs éloges ne sont nullement en contradiction avec le vers d'Eupolis [5]

λαλεῖν ἄριστος, ἀδυνατώτατος λέγειν.

C'est un parleur qui n'est pas sans habileté ni charme : ce n'est pas un véritable orateur. D'aucune manière il n'est un personnage de premier plan.

Comment pouvait-il donc être menacé d'ostracisme et se trouver en lutte avec Alcibiade et Nicias ? Il n'y avait pas en

1. Thucydide V, 61-73.

2. *Alcibiade* 13 : Ὡς δ' ἔνιοί φασιν, οὐ πρὸς Νικίαν ἀλλὰ πρὸς Φαίακα διαλεχθεὶς καὶ τὴν ἐκείνου προσλαβὼν ἑταιρίαν ἐξήλασε τὸν Ὑπέρβολον.

3. Bursian XII (1879), p. 65-7. Cf. Carcopino, *o. l.*, p. 227 et suiv.

4. Cf. Eupolis (Kock, I, p. 259, fr. 7), et Plutarque, *Alcibiade*, *l. l.* : γνωρίμων ὄντα πατέρων.

5. Cité par Plutarque, *ibid.*

lui l'étoffe d'un protagoniste, tout au plus celle d'un « second », et l'on peut voir en lui avec assez de vraisemblance « l'homme de paille de l'éternel trembleur que fut Nicias[1] ». Mais comment reconstituer cette lutte dont le vaincu fut Hyperbolos ? Volquardsen et Zurborg[2] ont proposé deux solutions que M. Carcopino a très ingénieusement combinées, limitant l'une et modifiant l'autre ; sa thèse est la suivante : la défaite de Mantinée a montré le danger mortel que fait courir à la cité la rivalité de Nicias et d'Alcibiade ; Hyperbolos voit dans le bannissement d'un des deux rivaux la seule chance de salut et aussi le moyen de se pousser lui-même au premier rang. Il se met donc « à exciter le peuple contre Alcibiade et Nicias tout à la fois[3] ». Nicias, d'abord, s'efface et laisse Phaeax agir pour lui : le début du *Contre Alcibiade* peut nous faire supposer que Phaeax, avant l'épicheirotonie, s'attaque à l'ostracisme, institution inique, dont personne ne veut hors d'Athènes, et qui est contraire au serment du peuple et du Conseil. Quand le peuple a décidé d'appliquer l'ostracisme, Phaeax s'emploie de tous ses moyens pour qu'Alcibiade en soit la victime : il l'attaque dans sa vie publique et privée. Alcibiade sent le danger : il y pare en se rapprochant de Nicias : Hyperbolos est la victime de leur alliance.

Le personnage que le *Contre Alcibiade* fait parler est donc bien Phaeax et non pas Andocide. Phaeax se reconnaît clairement à certains détails : notre discours fait allusion à un acquittement dans un procès capital : le fait est mentionné dans le passage des *Cavaliers* cité plus haut[4] ; sur ces ambassades que l'orateur dit avoir conduites en Italie et en Sicile[5], nous avons le témoignage de Thucydide[6]. Il n'est donc pas surprenant que Phaeax ait passé, dès l'antiquité, pour l'auteur du discours qui nous est parvenu sous le nom d'Andocide. Lorsque Plutarque parle « d'un discours *Contre Alci-*

1. Carcopino, *o. l.*, p. 248.
2. *Hermes*, t. XII (1877), p. 198-206 ; *Neue Jahrbücher*, t. CXV (1877), p. 834-838 ; *Hermes*, t. XIII (1878), p. 141-144.
3. Παροξύνων τὸν δῆμον ἐπ' ἀμφοτέρους, dit Plutarque, *Nicias*, 11.
4. V. 1377 : δεξιῶς τ' οὐκ ἀπέθανεν.
5. § 41.
6. V, 4, 1.

biade attribué à Phaeax[1] », c'est, sans aucun doute, de ce même discours qu'il s'agit[2].

Phaeax en est-il l'auteur ? Plutarque ne semble pas l'admettre[3], et il ne saurait le faire, car deux des motifs exposés plus haut valent également contre l'attribution à Phaeax : le débat où ce discours aurait pu être prononcé n'existe pas, de l'aveu même de l'auteur — et ceci pourrait dispenser d'autre argument ; d'autre part l'anecdote de la femme mélienne, dont Alcibiade aurait eu un fils, donne une impossible chronologie.

S'il ne faut pas songer à désigner par son nom l'auteur du *Contre Alcibiade*, on peut déterminer approximativement l'époque où le discours a été composé. Blass a reconnu dans la structure de la période l'influence d'Isocrate[4]. A vrai dire, l'exemple du maître est assez imparfaitement suivi : l'hiatus n'est pas toujours évité[5], et nous sommes bien loin de cette cohérence parfaite, de cette liaison intime de tous les élé-

1. Le texte porte : κατ' Ἀλκιβιάδου καὶ Φαίακος γεγραμμένος, ce qui est absurde ; on corrige généralement, avec Xylander, καὶ en ὑπό : la correction de Meier (*o. l.* I, p. 148) ὡς Φαίακος est de beaucoup préférable.

2. La démonstration qu'en a faite M. Carcopino (*o. l.*, p. 235 et suiv.) nous paraît décisive. L'anecdote des vases sacrés qui se lit au chap. XIII de la *Vie d'Alcibiade* est bien empruntée au § 29 de notre discours. Sans doute nous lisons dans Athénée (IX, 408 D) : ὡς Λυσίας ἐν τῷ κατὰ Ἀλκιβιάδου λέγων οὕτως τοῖς χρυσοῖς χερνιβίοις καὶ θυμιατηρίοις, mais dans aucun des deux discours contre Alcibiade que nous avons sous le nom de Lysias il n'est question de ces vases sacrés. Faut-il en supposer un troisième que nous n'aurions pas ? Il est plus simple d'admettre que le *Contre Alcibiade* dont parle Athénée est celui que nous lisons sous le nom d'Andocide. M. Carcopino rappelle justement que l'antiquité attribuait à Lysias un grand nombre de discours dont il n'était pas l'auteur. Le pseudo-Plutarque dit que, sur 425 discours qui restaient sous son nom, Denys et Caecilius en reconnaissaient 230 pour authentiques (voir l'édition de L. Gernet et M. Bizos, t. I, p. 7).

3. Remarquer l'expression dont il se sert : λόγος τις *orationem admodum obscuram et ignobilem* dit Meier, *o. l.*, p. 148, en appuyant, d'ailleurs, un peu trop.

4. *O. l.*, I, p. 338.

5. Aussi ne faut-il pas en supprimer obligeamment : K. Fuhr s'y refuse avec raison § 13, l. 9 : αὐτῷ ἐκ.

ments du discours qui, pour Isocrate, était la fin dernière de l'art oratoire. La pensée, par moments, flotte, et les idées se suivent sans rigueur [1] ; l'agencement de la phrase est gauche, et son articulation défectueuse [2]. L'expression est ce qu'elle peut être sans le soutien de la conviction ou du vrai talent. L'auteur s'est donné pour thèmes un certain nombre de développements antithétiques : l'attachement aux intérêts privés et le dévouement au bien public ; l'esprit d'égalité de la Constitution athénienne et l'ambition orgueilleuse d'Alcibiade ; le contraste de sa vie et de ses discours ; les citoyens âgés en campagne et les jeunes à la tribune ; la façon d'agir des ancêtres et celle des Athéniens d'aujourd'hui, etc... Et si ces antithèses, par moments, ne sont pas maladroitement balancées [3], si l'auteur peut, d'aventure, s'essayer à l'humour [4], ces efforts ou ces réussites ne compensent pas les défaillances que nous venons de signaler. L'antithèse peut même, à la rencontre, n'être que le vêtement d'un sophisme [5]. Nous sommes loin du style d'Andocide auquel on n'a jamais reproché l'affectation.

Il semble bien, en effet, que le *Contre Alcibiade* ait été composé par un élève des sophistes. Blass rappelle avec à-propos le passage du *Panégyrique* (§ 188) où Isocrate demande « que ceux qui prétendent à la gloire de l'éloquence cessent d'écrire sur le Dépôt et autres futilités dont ils font aujourd'hui leurs thèmes ». C'est justement une époque où l'on s'exerce sur des sujets imaginaires ayant trait notamment à des personnages illustres. A l'attaque de Polycratès contre Socrate, Lysias répond par une Défense [6]. La vie d'Alcibiade fournissait à ces joutes oratoires une matière qu'on dut exploiter d'autant plus volontiers que la mémoire du personnage occupait singulièrement l'opinion publique pendant les dix premières années du IVe siècle : dans les procès intentés à son fils c'est encore et surtout de lui qu'il est

1. Voir, p. ex., §§ 35-36.
2. Par exemple § 13.
3. §§ 1-2.
4. § 39 : αὐτὸν δὲ ἱκετεύειν καὶ δακρύειν οἰκτρῶς. Καὶ ταῦτα μὲν οὐ θαυμάζω· πολλῶν γὰρ αὐτῷ κλαυμάτων ἄξια εἴργασται.
5. § 36 : Καίτοι οὐ δήπου ... ὀστρακισθῆναι μὲν ἐπιτήδειός εἰμι, τεθνάναι δὲ οὐκ ἄξιος Voir la note sur ce passage.
6. Cf. *Lysiae orationes* ed². Thalheim, p. 358, fragm. CXIII.

question. Les deux discours *Contre Alcibiade* que nous avons sous le nom de Lysias [1] (XIV et XV) sont de 395 ou de 394 ; le discours *Sur l'attelage* est de 396/5, et Isocrate semble avoir voulu, par la publication d'une partie de ce plaidoyer, intervenir dans la polémique que soulevait le nom d'Alcibiade [2]. Le *Contre Alcibiade* du pseudo-Andocide paraît issu de cette polémique, et l'on peut admettre avec assez de vraisemblance qu'il a été composé entre 396 et la publication du *Panégyrique* (380).

1. Κατὰ 'Αλκ. λιποταξίου et K. A. ἀστρατείας. Ces deux discours ont été rejetés, et le second plus nettement et plus généralement que le premier. M. Marcel Bizos, *Lysias* (édition Budé), I, p. 223, les tient tous deux pour authentiques.

2. Vers 396 tout un parti qui songeait à la reconstitution de l'empire athénien se réclamait du nom d'Alcibiade. Cf. G. Mathieu, *Isocrate* (éd. Budé), I, p. 49.

ANALYSE

L'orateur, pour avoir voulu servir Athènes, s'est fait des ennemis redoutables : il est en lutte, aujourd'hui, avec Alcibiade et Nicias : l'ostracisme doit frapper l'un des trois (1-2). Injustice de cette institution, dont usent les seuls Athéniens (3-6). Appel à l'équité. Accusé quatre fois l'orateur a été quatre fois acquitté. La loi défend de le mettre deux fois en cause sur la même inculpation (7-9). La vie publique et privée d'Alcibiade ; il double le tribut des alliés ; sa cupidité, son dévergondage, son mépris des lois : sa conduite à l'égard de sa femme et de son beau frère (10-15). C'est un faux démocrate : comment il a séquestré le peintre Agatharchos (16-19) ; comment il a chassé et frappé le chorège Tauréas (20-21). Après la prise de Mélos il achète une captive dont il a un fils. Ce qu'on peut attendre d'un tel homme (22-24). A Olympie, il s'empare, pour concourir, de l'attelage de Diomédès (25-28) ; il se sert des vases sacrés d'Athènes avant qu'ils figurent dans la procession officielle (29). Les présents qu'il reçoit ou exige des gens de Chio, d'Ephèse et de Lesbos ; malgré ses folles dépenses il a doublé sa fortune. Il a pourtant la faveur d'Athènes : Cimon fut autrement traité malgré ses victoires olympiques (30-33). Alcibiade doit être ostracisé comme ses ancêtres (34). L'orateur a eu le courage d'affronter des juges : ceux-ci l'ont absous. Alcibiade ne consentirait pas à rendre compte de sa vie ; ses prières ne doivent pas toucher le peuple : la morale publique exige sa condamnation (35-40). L'orateur rappelle ses missions officielles, ses services, ses victoires dans les concours. Les Athéniens doivent garder auprès d'eux de bons citoyens comme lui (41-42).

IV

CONTRE ALCIBIADE

Argument

Andocide accuse Alcibiade, fils de Clinias, dénonçant le mal qu'il a fait à Athènes et à ses alliés et la corruption de sa vie privée. L'orateur, comme le peuple agite la question de le bannir lui-même par ostracisme, oppose d'abord une exception [1], déclarant qu'il s'est déjà justifié et n'a plus de comptes à rendre. Nous avons souvent dit, en effet, qu'un accusé qui se voit imputer les mêmes griefs une seconde fois doit s'en libérer d'abord, avant d'attaquer. Le débat, selon les uns, est tout de procédure, et, selon les autres, de fond. Au vrai, dans le commencement, il roule sur une contestation de droit [2] (Andocide, en effet, oppose une exception) ; dans le reste c'est bien sur des faits qu'il porte, car l'orateur dit que la justice et l'intérêt demandent qu'Alcibiade soit banni par ostracisme.

1 Ce n'est pas seulement aujourd'hui que je vois combien il est dangereux de toucher à la politique : déjà auparavant j'estimais peu sûr de s'y hasarder, avant même de m'être aucunement occupé des intérêts publics. Mais un

1. Ce terme de droit attique nous est défini par Pollux (8, 57) : « il y a παραγραφή lorsque le défendeur déclare la cause irrecevable, alléguant qu'il y a déjà jugement, acquittement, prescription, ou élevant un déclinatoire d'incompétence. » Cf. Démosthène, XXXII (Contre Zénothémis), argument.

2. Sur la question de savoir si la cause est recevable ou non (*litis contestatio*). Sur la *Paragraphé*, voir Glotz, *Dar.-Saglio*, p. 323-5.

IV

[ΑΝΔΟΚΙΔΟΥ] ΚΑΤΑ ΑΛΚΙΒΙΑΔΟΥ

Ὑπόθεσις

Ἀνδοκίδης Ἀλκιβιάδου κατηγορεῖ τοῦ Κλεινίου ὡς καὶ τὰ τῆς πόλεως καὶ τὰ τῶν συμμάχων διαφθείραντος καὶ κατὰ τὸν ἴδιον βίον πλεῖστα ἡμαρτηκότος· τοῦ δὲ δήμου βουλευομένου καὶ αὐτὸν ἐξοστρακίσαι τὸν Ἀνδοκίδην πρῶτον παραγράφεται, λέγων ἤδη ἀπολελογῆσθαι καὶ ἀνεύθυνος εἶναι. Εἰρήκαμεν γὰρ πολλάκις, ὅτι δεῖ τὸν τοῖς αὐτοῖς ἐγκλήμασι δοκοῦντα ἐνέχεσθαι πρῶτον ἑαυτὸν ἐλευθεροῦν, εἶτα διαβάλλειν. Τὴν δὲ στάσιν οἱ μέν φασιν ὁρικὴν εἶναι, οἱ δὲ πραγματικήν. Ἠκριβωμένως δὲ ἡ στάσις κατὰ μὲν τὴν ἀρχὴν μετάληψίς ἐστι (παραγράφεται γάρ), ἐν δὲ τοῖς ὑστέροις πραγματική· δίκαιον γάρ φησι καὶ συμφέρον ἐξοστρακισθῆναι Ἀλκιβιάδην.

1 Οὐκ ἐν τῷ παρόντι μόνον γιγνώσκω τῶν πολιτικῶν πραγμάτων ὡς σφαλερόν ἐστιν ἅπτεσθαι, ἀλλὰ καὶ πρότερον χαλεπὸν ἡγούμην, πρὶν τῶν κοινῶν ἐπιμελεῖσθαί τινος. Πολίτου δὲ ἀγαθοῦ νομίζω προκινδυνεύειν ἐθέλειν

IV. Tit. habet rubro colore post argumentum A, om. Q || ΥΠΟΘΕΣΙΣ : ὑπόθεσις τοῦ ἑξῆς A, om. Q || 3 Ἀλκιβιάδου : -δην Q || 6 βουλευομένου : βουλομένου Q || 8 εἰρήκαμεν Reiske : εἴρηκε μὲν || 9 ἐνέχεσθαι : ἀν- Q || 12 ἠκριβωμένως : sic et A (non -μένη).

1 4 νομίζω om. Q.

bon citoyen doit, à mon sens, avoir le courage de s'exposer au danger pour le plus grand nombre, et la crainte des inimitiés personnelles ne doit pas le rendre indifférent aux intérêts de l'Etat. Car ceux qui sont occupés de leurs affaires privées ne contribuent en rien à la grandeur des cités : ceux qui songent à l'intérêt commun font les cités grandes et libres. **2** Pour avoir voulu montrer que j'étais de ce nombre, me voici exposé aux pires dangers, car si je trouve en vous des hommes de bonne volonté, des gens de cœur (et c'est ce qui fait mon salut), j'ai des ennemis très nombreux et très redoutables qui me calomnient. Dans la joute présente il ne s'agit pas de gagner une couronne, mais de savoir s'il faut, sans être en rien coupable envers la cité, se voir exilé pour dix ans. Et ceux qui se disputent ce prix sont, avec moi, Alcibiade et Nicias : un de nous, nécessairement, doit être frappé de ce malheur.

3 Il est juste de blâmer l'auteur de cette loi [1] : elle est contraire au serment du Peuple et du Conseil. Par ce serment vous jurez de n'exiler, de n'emprisonner, de ne faire mourir personne sans jugement ; et, dans le cas présent, sans accusation préalable, sans qu'il ait été permis de se défendre, un vote secret condamne le citoyen frappé d'ostracisme à être, pour longtemps, privé de sa patrie. **4** Ensuite, en pareille circonstance, ceux qui ont pour eux l'appoint de leurs hétairies et leurs affidés politiques ont l'avantage sur les autres, car il n'en va pas comme dans les tribunaux, où les juges sont désignés par le sort : ici, tous les Athéniens ont part à la décision. Au surplus, la loi, ce me semble, d'un côté reste en deçà de la mesure, et, de l'autre, va bien au delà [2]. S'il s'agit de torts faits aux particuliers, je trouve le châtiment bien rigoureux ; s'il est question de délits envers l'Etat la peine me semble légère et

1. Clisthènes, au témoignage de tous les historiens de l'antiquité.

2. En fait, à cette époque de l'histoire athénienne, elle sert aux factions « à se décapiter réciproquement ». Voir un raccourci frappant de l'évolution de l'ostracisme dans Glotz, *o. l.*, p. 199-201.

τοῦ πλήθους, καὶ μὴ καταδείσαντα τὰς ἔχθρας τὰς ἰδίας ὑπὲρ τῶν δημοσίων ἔχειν ἡσυχίαν· διὰ μὲν γὰρ τοὺς τῶν ἰδίων ἐπιμελουμένους οὐδὲν αἱ πόλεις μείζους καθίστανται, διὰ δὲ τοὺς τῶν κοινῶν μεγάλαι καὶ ἐλεύθεραι γίγνονται.
2 Ὧν [τῶν ἀγαθῶν] εἷς ἐγὼ βουληθεὶς ἐξετάζεσθαι μεγίστοις περιπέπτωκα κινδύνοις, προθύμων μὲν καὶ ἀγαθῶν ἀνδρῶν ὑμῶν τυγχάνων, δι' ὅπερ σῴζομαι, πλείστοις δὲ καὶ δεινοτάτοις ἐχθροῖς χρώμενος, ὑφ' ὧν διαβάλλομαι. Ὁ μὲν οὖν ἀγὼν ὁ παρὼν οὐ στεφανηφόρος, ἀλλ' εἰ χρὴ μηδὲν ἀδικήσαντα τὴν πόλιν δέκα ἔτη φεύγειν· οἱ δ' ἀνταγωνιζόμενοι περὶ τῶν ἄθλων τούτων ἐσμὲν ἐγὼ καὶ Ἀλκιβιάδης καὶ Νικίας, ὧν ἀναγκαῖον ἕνα τῇ συμφορᾷ περιπεσεῖν.

3 Ἄξιον δὲ μέμψασθαι τὸν θέντα τὸν νόμον, ὃς ἐναντία τῷ ὅρκῳ τοῦ δήμου καὶ τῆς βουλῆς ἐνομοθέτησεν· ἐκεῖ μὲν γὰρ ὄμνυτε μηδένα μήτ' ἐξελᾶν μήτε δήσειν μήτε ἀποκτενεῖν ἄκριτον, ἐν δὲ τῷδε τῷ καιρῷ οὔτε κατηγορίας γενομένης οὔτε ἀπολογίας ἀποδοθείσης [οὔτε] διαψηφισαμένων κρύβδην τὸν ὀστρακισθέντα τοσοῦτον χρόνον δεῖ στερηθῆναι τῆς πόλεως. 4 Εἶτα ἐν τοῖς τοιούτοις οἱ ⟨πολλοὺς⟩ τοὺς ἑταίρους καὶ συνωμότας κεκτημένοι πλέον φέρονται τῶν ἄλλων· οὐ γὰρ ὥσπερ ἐν τοῖς δικαστηρίοις οἱ λαχόντες κρίνουσιν, ἀλλὰ τούτου τοῦ πράγματος ἅπασιν Ἀθηναίοις μέτεστι. Πρὸς δὲ τούτοις τῷ μὲν ἐλλείπειν τῷ δ' ὑπερβάλλειν ὁ νόμος μοι δοκεῖ· τῶν μὲν γὰρ ἰδίων ἀδικημάτων μεγάλην τιμωρίαν ταύτην νομίζω, τῶν δὲ δημοσίων μικρὰν καὶ οὐδενὸς ἀξίαν ἡγοῦμαι ζημίαν, ἐξὸν κολάζειν χρήμασι καὶ δεσμῷ καὶ θανάτῳ.

2 1 τῶν ἀγαθῶν del. Valckenaer || 2 περιπέπτωκα : -πίπτω Q || 3 ὅπερ : ὧνπερ malit Markland || 4 καὶ om. A pr., add. A² in margine || 7 ἐσμὲν in rasura || **3** 1 ὅς : ὡς Dobree || 4 ἀποκτενεῖν H. Estienne : -κτείνειν || 5 ἀποδοθείσης : ἀπο add. ut uid. A² || οὔτε del. Schleiermacher || **4** 2 πολλοὺς add. Roehl; πολλοὺς pro τοὺς iam Meier || 6 μοι om. Q || 8-9 ζημίαν ἡγοῦμαι Q; ζημίαν fort. delendum.

insignifiante, quand on peut punir d'amende, de prison ou de mort. 5 Et celui qu'on expulse comme étant un mauvais citoyen ne cessera pas de l'être pour avoir été banni : quelque cité qu'il habite, il lui causera du mal, et, contre la nôtre, il ne tramera pas moins d'intrigues, mais plutôt davantage, et plus justement qu'avant d'en avoir été chassé. Je crois qu'en ce jour, plus que jamais, vos amis s'affligent et vos ennemis se réjouissent, sachant bien que si, par méprise, vous chassez le meilleur, dix ans* se passeront sans que la Cité reçoive de cet homme aucun service. 6 Et voici qui nous prouve encore que cette loi est mauvaise : nous sommes les seuls des Grecs à en user [1], et aucune des autres cités ne songe à nous l'emprunter : or, les institutions reconnues les meilleures sont celles qui se trouvent aussi bien ajustées au peuple qu'à l'aristocratie et qui sont les plus recherchées.

7 Aussi bien je ne vois aucune nécessité d'en dire davantage : le débat présent n'y gagnerait absolument rien. Mais je vous prie d'être pour nos discours des épistates impartiaux et équitables*, de prendre tous ici la charge d'archontes*, de ne souffrir ni qu'on injurie ni qu'on flatte à l'excès, mais d'être bienveillants à qui veut parler et écouter, sévères pour les insolents et les perturbateurs. Car si vous écoutez chacun de ceux qui sont ici prêts à vous instruire, vous déciderez mieux de notre sort.

8 Sur ma haine de la démocratie et mes menées de factieux il ne me reste que quelques mots à dire : car si je n'avais point été jugé vous auriez raison d'écouter mes accu-

1. Meier relève cette affirmation comme une erreur, l'ostracisme ayant, dit-il, existé à Argos, à Mégare et à Milet. Aristote, à la vérité, mentionne l'ostracisme d'Argos (*Politique* VIII, 3, 1302 b, 18), mais non celui de Mégare ni celui de Milet dont parle le seul scholiaste d'Aristophane (*Cavaliers* 855). Quand l'ostracisme a-t-il commencé et fini dans ces trois villes ? Nous n'en savons rien. M. Carcopino (*o. l.*, p. 244) fait justement observer que le pétalisme de Syracuse, créé à l'imitation de l'ostracisme d'Athènes en 454/3, dura peu de temps, au témoignage de Diodore (XI, 87, 6). Il était depuis longtemps aboli quand Hyperbolos fut exilé (417) :

5 Ἔτι δ' εἴ τις διὰ τοῦτο μεθίσταται ὅτι ⟨πονηρὸς⟩ πολίτης ἐστίν, οὗτος οὐδ' ἀπελθὼν ἐνθένδε παύσεται, ἀλλὰ ὅπου ἂν οἰκῇ, ταύτην τὴν πόλιν διαφθερεῖ, καὶ τῇδε οὐδὲν ἧττον ἐπιβουλεύσει, ἀλλὰ καὶ μᾶλλον ⟨καὶ⟩ δικαιότερον ἢ πρὶν ἐκβληθῆναι. Οἶμαι δὲ καὶ τοὺς φίλους ὑμῶν ἐν ταύτῃ μάλιστα τῇ ἡμέρᾳ λυπεῖσθαι καὶ τοὺς ἐχθροὺς ἥδεσθαι, συνειδότας ὡς ἂν ἀγνοήσαντες ἐξελάσητε τὸν βέλτιστον, δέκα ἐτῶν ἡ πόλις οὐδὲν ἀγαθὸν ὑπὸ τούτου τοῦ ἀνδρὸς πείσεται. 6 Ῥᾴδιον δὲ καὶ ἐντεῦθεν γνῶναι τὸν νόμον πονηρὸν ὄντα· μόνοι γὰρ αὐτῷ τῶν Ἑλλήνων χρώμεθα, καὶ οὐδεμία τῶν ἄλλων πόλεων ἐθέλει μιμήσασθαι. Καίτοι ταῦτα διέγνωσται ἄριστα τῶν δογμάτων, ἃ καὶ τοῖς πολλοῖς καὶ τοῖς ὀλίγοις ἁρμόττοντα μάλιστα τυγχάνει καὶ πλείστους ἐπιθυμητὰς ἔχει.

7 Περὶ μὲν οὖν τούτων οὐκ οἶδ' ὅ τι δεῖ μακρότερα λέγειν· πάντως γὰρ οὐδὲν ἂν πλεῖον εἰς τὸ παρὸν ποιήσαιμεν· δέομαι δ' ὑμῶν τῶν λόγων ἴσους καὶ κοινοὺς ἡμῖν ἐπιστάτας γενέσθαι, καὶ πάντας ἄρχοντας περὶ τούτων καταστῆναι, καὶ μήτε τοῖς λοιδορουμένοις μήτε τοῖς ὑπὲρ καιρὸν χαριζομένοις ἐπιτρέπειν, ἀλλὰ τῷ μὲν ἐθέλοντι λέγειν καὶ ἀκούειν εὐμενεῖς εἶναι, τῷ δ' ἀσελγαίνοντι καὶ θορυβοῦντι χαλεπούς. Ἀκούσαντες γὰρ ⟨περὶ⟩ ἑκάστου τῶν ὑπαρχόντων ἄμεινον βουλεύσεσθε περὶ ἡμῶν.

8 Ἔστι δὲ περὶ τῆς μισοδημίας καὶ τῆς στασιωτείας βραχύς μοι λόγος καταλελειμμένος. Εἰ μὲν γὰρ ἄκριτος ἦν, εἰκότως ἂν τῶν κατηγορούντων ἠκροᾶσθε καὶ ἐμοὶ

5 1 πονηρὸς add. Emperius, aut πονηρὸς pro πολίτης censet reponendum || 2 ἐνθένδε : ἐνθάδε A pr. et Q || 3 διαφθερεῖ Ald. : -φθείρῃ A, -φθείρει Q || 4 καὶ add. Reiske; Isocr. 15, 35 confert Fuhr : μᾶλλον hic ut illic fort. eiciendum || 5 ὑμῶν H. Estienne : ἡμῶν || 7 συνειδότας : -τα A² || 8 ὑπὸ Bekker : ἀπὸ || 7 2 γὰρ οὐδὲν Reiske : οὐδὲν γὰρ || πλεῖον : πλέον Lipsius || 5 μήτε : μήτι Q || 6 ἐθέλοντι Q : θέλ- A || 8 περὶ add. Reiske || 9 βουλεύσεσθε : -σασθαι Q || 8 1 στασιωτείας Ald. : στασιωτίας A, ἀσωτίας Q || 2 post λόγος lacunam ad quinque litterarum habet A || 3 ἂν om. Q.

sateurs et je devrais me disculper là-dessus. Mais accusé quatre fois j'ai été mis hors de cause : il n'est donc plus juste, je crois, de reparler de ces griefs. Avant qu'il y ait eu jugement, il n'est point aisé de savoir si des imputations sont justes ou fausses : quand il y a eu acquittement ou condamnation, c'est fini, la question est résolue. **9** Or voici ce que je trouve étrange : il suffit qu'on vote une seule fois pour qu'un accusé soit mis à mort, pour que ses biens soient confisqués : et ceux qui ont été acquittés peuvent se voir imputer de nouveau les mêmes accusations ; les juges sont maîtres de faire périr, mais pour sauver ils n'ont ni autorité ni pouvoir ; et pourtant les lois défendent de mettre deux fois en jugement le même homme sur le même chef d'accusation [1], et vous avez juré d'appliquer les lois.

10 Pour ces raisons je ne parlerai plus de moi, et c'est la vie d'Alcibiade que je veux vous remettre en mémoire. A la vérité, je ne sais par où commencer, tant les faits sont nombreux : ils se pressent en foule [2] devant moi. De ses adultères, des rapts exercés sur les femmes d'autrui, de toutes les formes de sa violence et de son illégalité s'il fallait parler en détail le temps qui m'est départi ne suffirait pas, et je m'attirerais l'inimitié de nombreux citoyens dont je mettrais au grand jour les infortunes. Mais ce qu'il a commis contre la Cité, contre ses parents, contre ceux des citoyens et des étrangers qui se sont trouvés sur son chemin, voilà ce que je vais exposer. **11** D'abord il vous persuada de fixer de nouveau le tribut des alliés qu'Aristide avait établi le plus justement du monde. Chargé de ce règlement avec neuf autres citoyens il porta le tribut à peu près au

aucun fait ne vient donc, à notre connaissance, convaincre ici d'erreur le pseudo-Andocide.

1. Le raisonnement n'a qu'une apparence de solidité : il se peut que le personnage mis en cause ait été quatre fois traduit devant ses juges et quatre fois acquitté : la loi qu'il invoque n'est pas ici violée, car l'ostracisme n'est pas une mise en jugement sur des griefs précis : c'est — au moins en théorie — une précaution contre un citoyen qu'on tient pour un danger public.

2. Harpocration fait certainement allusion à ce passage quand il

ἀναγκαῖον ἦν ἀπολογεῖσθαι περὶ τούτων· ἐπειδὴ δὲ τετράκις ἀγωνιζόμενος ἀπέφυγον, οὐκέτι δίκαιον ἡγοῦμαι λόγον οὐδένα περὶ τούτου γίγνεσθαι. Πρὶν μὲν γὰρ κριθῆναι οὐ ῥᾴδιον [ἦν] εἰδέναι τὰς αἰτίας, οὔτ' εἰ ψευδεῖς εἰσιν οὔτ' εἰ ἀληθεῖς· ἀποφυγόντος δὲ ἢ καταγνωσθέντος τέλος ἔχει καὶ διώρισται τούτων ὁπότερόν ἐστιν. 9 Ὥστε δεινὸν νομίζω τοὺς μὲν ἁλόντας μιᾷ ψήφῳ μόνον ἀποθνῄσκειν, καὶ τὰ χρήματα δημεύεσθαι αὐτῶν, τοὺς δὲ νικήσαντας πάλιν τὰς αὐτὰς κατηγορίας ὑπομένειν, καὶ τοὺς δικαστὰς ἀπολέσαι μὲν κυρίους εἶναι, σῶσαι δ' ἀκύρους καὶ ἀτελεῖς φαίνεσθαι, ἄλλως τε καὶ τῶν νόμων ἀπαγορευόντων δὶς περὶ τῶν αὐτῶν πρὸς τὸν αὐτὸν μὴ ἐξεῖναι δικάζεσθαι, καὶ ὑμῶν ὀμωμοκότων χρήσεσθαι τοῖς νόμοις.

10 Ὧν ἕνεκα περὶ ἐμαυτοῦ παραλιπὼν Ἀλκιβιάδου τὸν βίον ἀναμνῆσαι βούλομαι. Καίτοι ἀπορῶ γε διὰ τὸ πλῆθος τῶν ἁμαρτημάτων πόθεν ἄρξωμαι, ἐμποδὼν ἁπάντων ὄντων. Περὶ μὲν οὖν μοιχείας καὶ γυναικῶν ἀλλοτρίων ἁρπαγῆς καὶ τῆς ἄλλης βιαιότητος καὶ παρανομίας καθ' ἕκαστον εἰ δεήσειε λέγειν, οὐκ ἂν ἐξαρκέσειεν ὁ παρὼν χρόνος, ἅμα δὲ καὶ πολλοῖς ἀπεχθοίμην τῶν πολιτῶν, φανερὰς τὰς συμφορὰς ποιῶν αὐτῶν. Ἃ δὲ περὶ τὴν πόλιν εἴργασται καὶ τοὺς προσήκοντας καὶ τῶν ἄλλων ἀστῶν καὶ ξένων τοὺς ἐντυγχάνοντας, ἀποδείξω. 11 Πρῶτον μὲν οὖν πείσας ὑμᾶς τὸν φόρον ταῖς πόλεσιν ἐξ ἀρχῆς τάξαι τὸν ὑπ' Ἀριστείδου πάντων δικαιότατα τεταγμένον, αἱρεθεὶς ἐπὶ τούτῳ δέκατος αὐτὸς μάλιστα διπλάσιον

8 4 τούτων : αὐτῶν Q || 6 τούτου : τούτων Q² (ων supra ου) || γίγνεσθαι : γενέσθαι Q || 7 ἦν del. Blass || ψευδὴς οὔτ' εἰ ἀληθής εἰσιν Q || 8 ἀποφυγόντος Ald. : -φεύγοντος || **9** 1 ὥστε H. Estienne : ὡς || 3 δημεύεσθαι Muret, δημεύειν ὑμᾶς Reiske : δημεύειν || τοὺς δὲ νικήσαντας Muret : τῶν δὲ νικησάντων || 7 τῶν αὐτῶν Q (sic Demosth. XX, 147, XXXVIII, 16) : τοῦ αὐτοῦ A || 8 χρήσεσθαι Hirschig : χρῆσθαι || **10** 3 ἄρξωμαι Blass : ἄρξομαι || 6 δεήσειε Baiter : δεήσει || 7 πολλοῖς : πολλῆς Q || **11** 2 ὑμᾶς : ἡμᾶς Q || 3 τὸν : τῶν A || 4 τούτῳ : τούτων ut uidetur A pr.

double pour chacune des cités alliées, et ayant ainsi montré quel homme redoutable et puissant il était, il sut des deniers publics se ménager des revenus personnels. Voyez si personne pourrait faire un mal plus grand que celui-là : alors que notre sauvegarde nous venait entièrement des alliés qui, sans conteste, étaient alors en moins bonne situation qu'auparavant, il doublait le tribut pour chacun d'eux ! **12** Si donc vous estimez qu'Aristide fut un citoyen bon et juste[1], il ne doit y avoir, à vos yeux, pire citoyen que cet homme qui a pris au sujet des alliés des décisions contraires à celles d'Aristide. Et voilà comment nous voyons, grâce à cette mesure, beaucoup de nos alliés quitter leur patrie pour l'exil et aller s'établir à Thurium. Il éclatera, le ressentiment des alliés, dès que nous aurons avec Lacédémone une guerre maritime. Pour moi, je tiens pour un mauvais chef celui qui n'a cure que du temps présent et ne pourvoit pas également à l'avenir, celui qui conseille les mesures les plus agréables à la foule, sans souci des plus utiles. **13** Je m'étonne de voir des gens persuadés qu'Alcibiade aime la démocratie[2], c'est-à-dire le régime qui s'attache le plus à l'égalité : ils ne le jugent donc pas d'après sa vie privée, et ne voient pas sa cupidité et son orgueil. Il avait épousé la sœur de Callias avec une dot de dix talents : il en exigea dix autres à la mort d'Hipponicos, stratège à Délion, prétendant que celui-ci avait promis d'ajouter encore cette somme quand

rapproche l'emploi qu'Antiphon (*Sur la révolution*) et Andocide (*Contre Alcibiade*) font du mot ἐμποδών.

1. Il est véritable qu'Aristide fixa le φόρος de la façon la plus équitable, et l'on admire qu'il ait su le répartir de façon assez juste pour ne pas faire de mécontents. Le total était de 460 talents ; on ne s'expliquait pas très bien ce chiffre : Glotz (*o. l.*, p. 324, n. 1) a pu l'obtenir avec une exactitude absolue en calculant la solde des équipages (200 hommes sur chacune des 200 trières) à raison de 2 oboles par jour pendant 207 jours.

2. Sur ce point, notre auteur peut, assez légitimement, exprimer quelque scepticisme, et ce qu'il dit ici trouverait son commentaire dans le discours que Thucydide (VI, 89) met dans la bouche d'Alcibiade : celui-ci rassure les Lacédémoniens sur l'attachement qu'ils

αὐτὸν ἑκάστοις τῶν συμμάχων ἐποίησεν, ἐπιδείξας δ' αὐτὸν φοβερὸν καὶ μέγα δυνάμενον ἰδίας ἀπὸ τῶν κοινῶν προσόδους κατεσκευάσατο. Σκέψασθε δὲ πῶς ἂν τις κακὰ μείζω τούτων κατασκευάσειεν, εἰ τῆς σωτηρίας ἡμῖν πάσης διὰ τῶν συμμάχων οὔσης, ὁμολογουμένως νῦν κάκιον ἢ πρότερον πραττόντων, τὸν φόρον ἑκάστοις διπλασιάσειεν. **12** Ὥστ' εἴπερ ἡγεῖσθε πολίτην ἀγαθὸν Ἀριστείδην καὶ δίκαιον γεγονέναι, τοῦτον προσήκει κάκιστον νομίζειν, ὡς τἀναντία περὶ τῶν πόλεων ἐκείνῳ γιγνώσκοντα. Τοιγάρτοι διὰ ταῦτα πολλοὶ τὴν πατρίδα τὴν αὑτῶν ἀπολιπόντες φυγάδες γίγνονται καὶ εἰς Θουρίους οἰκήσοντες ἀπέρχονται. Δηλώσει δὲ ἡ τῶν συμμάχων ἔχθρα, ὅταν πρῶτον ἡμῖν καὶ Λακεδαιμονίοις γένηται ναυτικὸς πόλεμος. Ἐγὼ δὲ νομίζω τὸν τοιοῦτον πονηρὸν εἶναι προστάτην, ὅστις τοῦ παρόντος χρόνου ἐπιμελεῖται, ἀλλὰ μὴ καὶ τοῦ μέλλοντος προνοεῖται, καὶ τὰ ἥδιστα τῷ πλήθει, παραλιπὼν τὰ βέλτιστα, συμβουλεύει. **13** Θαυμάζω δὲ τῶν πεπεισμένων Ἀλκιβιάδην δημοκρατίας ἐπιθυμεῖν, τοιαύτης πολιτείας ἣ μάλιστα κοινότητα δοκεῖ ᾑρῆσθαι, οἳ οὐδ' ἀπὸ τῶν ἰδίων αὐτὸν θεῶνται, ὁρῶντες τὴν πλεονεξίαν καὶ τὴν ὑπερηφανίαν, ὃς τὴν Καλλίου γήμας ἀδελφὴν ἐπὶ δέκα ταλάντοις, τελευτήσαντος Ἱππονίκου στρατηγοῦντος ἐπὶ Δηλίῳ ἕτερα τοσαῦτα προσεπράξατο, λέγων ὡς ὡμολόγησεν ἐκεῖνος, ὁπότε παῖς αὐτῷ ἐκ τῆς

11 5 αὐτόν suprascr. ῶν Q || ἑκάστοις Blass : ἑκάστῳ || 7 προσόδους : -ους A², προδοὺς Q || 8 τούτων om. Q || κατασκευάσειεν : κατα in rasura A ; quid prius fuerit incertum : παρα censet Fuhr, quod praefert || ἢ ante εἰ add. Meier || 10 ἑκάστοις Baiter-Sauppe : ἑκάστης || 11 διπλασιάσειεν Q : διπλάσειεν A, ἐδίπλασεν Blass² || **12** 2 ἀριστείδην πολ. ἀγ. Q || 3 περὶ τῶν πόλεων om. Q || 4 πολλοὶ διὰ ταῦτα Q ; διὰ ταῦτα suspectum || 5 ἑαυτῶν καταλιπόντες Q || 6 ἀπέρχονται οἰκήσοντες Q || 7 ὅταν πρῶτον Reiske : πρῶτον ὅταν || 9 μόνον post χρόνου add. Blass || **13** 2 ἀλκιβιάδη Q || ἐπιθυ]μ̃ τοιαύτης πολιτείας A¹ (τοιαύτας Q) || 3 ἣ μάλλιστα Q Ante κοινότητα addendum διὰ censebat Reiske || 4 ᾑρῆσθαι Valckenaer, προῃρῆσθαι Blass : εὑρῆσθαι. || 8 αὐτῷ del. Blass.

sa fille donnerait un fils à Alcibiade. **14** Après avoir reçu cette dot, telle que jamais Grec n'en reçut jamais, il se livra à un tel dévergondage, amenant sous le toit conjugal des courtisanes, esclaves ou femmes libres, qu'il mit sa femme, qui était fort honnête, dans la nécessité de le quitter et d'aller devant l'archonte, conformément à la loi. Et c'est bien là qu'il fit montre de son pouvoir : il convoqua ses amis, se saisit de sa femme sur l'agora, et l'enleva de force, montrant à tous le mépris qu'il avait pour les archontes, les lois et tous les citoyens. **15** Mais il ne s'en tint pas là : il médita de faire périr traîtreusement Callias, pour se rendre maître de la fortune d'Hipponicos : devant vous tous Callias l'en accusa dans l'assemblée, et il institua le peuple son héritier, au cas où il viendrait à mourir sans enfants, car il craignait que sa richesse ne causât sa mort. Pourtant ce n'est pas un homme sans appuis ni qu'il soit aisé d'attaquer sans risques, car il a, grâce à sa richesse, bien des gens pour lui prêter main-forte[1]. Eh bien de celui qui outrage sa femme et qui trame l'assassinat de son beau-frère quels procédés faut-il attendre à l'égard des citoyens qui se trouvent sur sa route? Car tout homme fait plus de cas de ses proches que des étrangers. **16** Et ce qu'il y a de plus fort c'est qu'avec de tels sentiments il se donne, dans ses discours, comme un ami de la démocratie et traite les autres d'aristocrates et d'ennemis du peuple, et cet homme dont la conduite mériterait la mort est chargé par vous d'accuser les citoyens suspects ; il se donne pour le gardien de la constitution alors qu'il ne consent à être l'égal d'aucun Athénien et qu'une supériorité médiocre n'est pas de son goût. Il vous tient en

lui prêtent pour le régime populaire : « nous savons, nous, gens clairvoyants, ce que vaut la démocratie : sur une extravagance reconnue on ne saurait rien dire de nouveau. »

1. La phrase 'Ἀλλὰ μὴν ... βοηθήσοντας, qui se lit dans le manuscrit à la fin du § 15 a été manifestement transposée par un copiste. L'addition proposée par Blass (ἔρημος ⟨ἐκεῖνος⟩) laisse subsister l'incohérence des idées, et la suggestion de Reiske, qui veut rapporter la phrase à Alcibiade, entraîne une interprétation inadmissible de εὐαδίκητος d'où l'on élimine arbitrairement l'idée d'injustice.

θυγατρὸς γένοιτο, προσθήσειν ταῦτα. **14** Λαβὼν δὲ τοσαύτην προῖκα, ὅσην οὐδεὶς τῶν Ἑλλήνων, οὕτως ὑβριστὴς ἦν, ἐπεισάγων εἰς τὴν αὐτὴν οἰκίαν ἑταίρας, καὶ δούλας καὶ ἐλευθέρας, ὥστ᾽ ἠνάγκασε τὴν γυναῖκα σωφρονεστάτην οὖσαν ἀπολιπεῖν, ἐλθοῦσαν πρὸς τὸν ἄρχοντα κατὰ τὸν νόμον. Οὗ δὴ μάλιστα τὴν αὑτοῦ δύναμιν ἐπεδείξατο· παρακαλέσας γὰρ τοὺς ἑταίρους, ἁρπάσας ἐκ τῆς ἀγορᾶς τὴν γυναῖκα ᾤχετο βίᾳ, καὶ πᾶσιν ἐδήλωσε καὶ τῶν ἀρχόντων καὶ τῶν νόμων καὶ τῶν ἄλλων πολιτῶν καταφρονῶν. **15** Οὐ τοίνυν ταῦτα μόνον ἐξήρκεσεν, ἀλλὰ καὶ λαθραῖον θάνατον ἐπεβούλευσε Καλλίᾳ, ἵνα τὸν οἶκον τὸν Ἱππονίκου κατάσχοι, ὡς ἐναντίον πάντων ὑμῶν ἐν τῇ ἐκκλησίᾳ κατηγόρει· καὶ τὰ χρήματα τῷ δήμῳ ἔδωκεν, εἴ πως τελευτήσειεν ἄπαις, φοβούμενος μὴ διὰ τὴν οὐσίαν ἀπόλοιτο. Ἀλλὰ μὴν οὐδ᾽ ἔρημος οὐδ᾽ εὐαδίκητός ἐστιν, ἐπεὶ διὰ τὸν πλοῦτον ἔχει πολλοὺς τοὺς βοηθήσοντας. Καίτοι ὅστις ὑβρίζει γυναῖκα τὴν ἑαυτοῦ καὶ τῷ κηδεστῇ θάνατον ἐπιβουλεύει, τί χρὴ προσδοκᾶν τοῦτον περὶ τοὺς ἐντυχόντας τῶν πολιτῶν διαπράττεσθαι ; πάντες γὰρ ἄνθρωποι τοὺς οἰκείους τῶν ἀλλοτρίων ποιοῦνται περὶ πλείονος. **16** Ὃ δὲ πάντων δεινότατόν ἐστι, τοιοῦτος ὢν ὡς εὔνους τῷ δήμῳ τοὺς λόγους ποιεῖται, καὶ τοὺς ἄλλους ὀλιγαρχικοὺς καὶ μισοδήμους ἀποκαλεῖ. Καὶ ὃν ἔδει τεθνάναι διὰ τὰ ἐπιτηδεύματα, κατήγορος τῶν διαβεβλημένων ὑφ᾽ ὑμῶν αἱρεῖται, καί φησι φύλαξ εἶναι τῆς πολιτείας, οὐδενὶ τῶν ἄλλων Ἀθηναίων οὔτ᾽ ἴσον οὔτ᾽ ὀλίγῳ πλέον ἀξιῶν ἔχειν· ἀλλ᾽ οὕτω σφόδρα καταπεφρό-

13 9 αὐτοῦ post θυγατρός add. Q || ταῦτα : τοσαῦτα Reiske || **14** 1 λαβών : παραλαβών Q || 7 παρακαλέσας : παρεκ- Q || 8 ᤤχετο τὴν γυν. Q || **15** 2 καλλία ἐπεβ. Q || τὸν Ἱππονίκου : τοῦ ἱππ. Q || 3 ἐναντίον : -τίων A || 5 οὐσίαν : ἀπουσίαν Q || 6 ἀλλὰ μὴν ... βοηθήσοντας quae in mss infra post περὶ πλείονος leguntur melius hic stare uidit Fuhr ; uide adnot. || 9 προδοκᾶν Q || **16** 2 καὶ τοὺς Dobree : αὐτός || 3 ἔδει Dobree : δεῖ (post punctum et lacunam unius litterae, ut uidetur, erasae) A || 5 ὑμῶν Emperius : ἡμῶν || 7 ἔχειν : ἔχει. Q.

tel mépris qu'il passe sa vie à vous flatter en masse, tandis qu'individuellement il vous outrage. **17** Voyez jusqu'à quel point il a poussé l'audace : ayant décidé le peintre Agatharchos à l'accompagner chez lui, il le contraignit à décorer sa maison de peintures, et, malgré ses prières, malgré les très sérieuses raisons qu'il lui donnait, disant qu'il ne pouvait commencer ce travail parce qu'il avait d'autres commandes, Alcibiade menaça de l'emprisonner s'il ne se mettait aussitôt à peindre. Ainsi fut fait, d'ailleurs. Agatharchos ne recouvra sa liberté qu'au bout de quatre mois, lorsqu'il s'enfuit, en trompant ses gardiens, comme il eût fait chez le Grand Roi [1]. Et telle est l'impudence du personnage qu'il eut le front d'aborder le peintre en lui reprochant de lui avoir fait tort; loin de se repentir de ses violences il le menaçait, pour avoir laissé là son ouvrage. Démocratie, liberté, que servait tout cela ? Agatharchos avait été bel et bien mis aux fers, comme un esclave avéré. **18** Je suis indigné quand je pense que pour vous il n'est pas sans risque de mener en prison même des malfaiteurs, car la loi inflige une amende de mille drachmes à qui n'obtient pas le cinquième des suffrages, et lui, qui a séquestré si longtemps un homme, en l'obligeant à peindre, n'a, de ce chef, éprouvé aucune peine : et même il n'en inspire que plus de respect et plus de crainte. Dans nos conventions avec les autres cités nous stipulons qu'il sera défendu de séquestrer ou d'emprisonner un homme libre, et quiconque enfreint ces défenses est passible d'une forte amende; mais lui, qui s'est conduit de la sorte, ne trouve devant lui personne pour le châtier soit en son nom soit au nom de la Cité. **19** J'estime cependant que le salut de l'Etat c'est l'obéissance aux magistrats et aux lois : celui qui n'en fait nul cas détruit la meil-

1. Plutarque (*Alc.* 16) présente tout ceci de façon moins grave : Alcibiade use du même procédé, un peu vif, mais c'est lui qui renvoie le peintre avec des présents. Dans la *Midienne* (§ 147 et schol.) il est question d'un soi-disant tort d'Agatharchos : il aurait été surpris dans les bras d'une maîtresse d'Alcibiade.

νηκεν, ὥστε διατετέλεκεν ἀθρόους μὲν ὑμᾶς κολακεύων, ἕνα δ' ἕκαστον προπηλακίζων. 17 Ὃς εἰς τοσοῦτον ἐλήλυθε τόλμης, ὥστε πείσας Ἀγάθαρχον τὸν γραφέα συνεισελθεῖν οἴκαδε τὴν οἰκίαν ἐπηνάγκασε γράφειν, δεομένου δὲ καὶ προφάσεις ἀληθεῖς λέγοντος, ὡς οὐκ ἂν δύναιτο ταῦτα πράττειν ἤδη διὰ τὸ συγγραφὰς ἔχειν παρ' ἑτέρων, προεῖπεν αὐτῷ δήσειν, εἰ μὴ πάνυ ταχέως γράφοι. Ὅπερ ἐποίησε· καὶ οὐ πρότερον ἀπηλλάγη, πρὶν ἀποδρὰς ᾤχετο τετάρτῳ μηνί, τοὺς φύλακας λαθών, ὥσπερ παρὰ βασιλέως. Οὕτω δ' ἀναίσχυντός ἐστιν, ὥστε προσελθὼν ἐνεκάλει αὐτῷ ὡς ἀδικούμενος, καὶ οὐχ ὧν ἐβιάσατο μετέμελεν αὐτῷ, ἀλλ' ὅτι κατέλιπε τὸ ἔργον ἠπείλει, καὶ οὔτε τῆς δημοκρατίας οὔτε τῆς ἐλευθερίας οὐδὲν ἦν ὄφελος· οὐδὲν γὰρ ἧττον ἐδεδέκει τῶν ὁμολογουμένων δούλων. 18 Ἀγανακτῶ δ' ἐνθυμούμενος ὑμῖν μὲν οὐδὲ τοὺς κακούργους ἀσφαλὲς εἰς τὸ δεσμωτήριον ὂν ἀπάγειν, διὰ τὸ χιλίας δραχμὰς τετάχθαι ἀποτεῖσαι ὃς ἂν τὸ πέμπτον μέρος μὴ μεταλάβῃ τῶν ψήφων· ὁ δὲ τοσοῦτον χρόνον εἵρξας καὶ ἐπαναγκάζων γράφειν οὐδὲν κακὸν πέπονθεν, ἀλλὰ διὰ ταῦτα σεμνότερος δοκεῖ καὶ φοβερώτερος εἶναι. Καὶ πρὸς μὲν τὰς ἄλλας πόλεις ἐν τοῖς συμβόλοις συντιθέμεθα μὴ ἐξεῖναι μήθ' εἷρξαι μήτε δῆσαι τὸν ἐλεύθερον· ἐὰν δέ τις παραβῇ, μεγάλην ζημίαν ἐπὶ τούτοις ἔθεμεν· τούτου δὲ τοιαῦτα πράξαντος οὐδεμίαν οὐδεὶς οὔτ' ἰδίαν οὔτε δημοσίαν τιμωρίαν ποιεῖται. 19 Νομίζω δὲ ταύτην εἶναι σωτηρίαν ἅπασι, πείθεσθαι τοῖς ἄρχουσι καὶ τοῖς νόμοις· ὅστις δὲ ὑπερορᾷ ταῦτα, τὴν μεγίστην φυλακὴν ἀνῄρηκε

16 8 ὥστε δια- A[1] || **17** 2 τὸν γραφέα om. Q || 3 οἴκαδε del. Hirschig, τὴν οἰκίαν del. H. Estienne || 5 ἑτέρων : ἑτέροις Dobree : παρ' ἑτέρων ἔχειν Q || 6 γράφοι A[2] : γράφει, ut uidetur, m. pr. || 9 προσελθὼν : προελθὼν Q || 12 οὐδὲν ante ἦν om. Q || 13 ἐδεδέκει Emperius : ἐδεδοίκει || ὁμολογουμένων : -μένως Reiske || **18** 2 μὲν om. Q, post lineam add. A[2] || 3 ὂν post ἀσφαλὲς habet Q || χιλλίας Q || 4 ἀποτεῖσαι Blass : -τίσαι || 8 συμβόλοις : -βούλοις Q || **19** 1 εἶ]ναι σωτηρίαν ἅπασι πείθεσθαι pressis litteris suppleuit A[1].

leure sauvegarde de la Cité. Et s'il est dur d'être maltraité par des gens qui ne connaissent pas la justice, il est bien plus pénible encore de voir quelqu'un qui, sachant bien ce qu'il fait, attente délibérément à nos intérêts. Car celui-là montre clairement, comme Alcibiade, qu'il prétend non pas obéir aux lois de la cité, mais vous faire obéir à ses propres caprices. **20** Rappelez-vous Tauréas, chorège dont le chœur d'enfants[1] rivalisait au concours avec celui d'Alcibiade. La loi permet à qui le veut d'expulser un choreute étranger[2] qui va prendre part au concours; mais elle interdit de l'arrêter quand il a commencé : eh bien devant vous, devant tous les Grecs qui assistaient au spectacle, sous les yeux de tous les magistrats de la Cité, Alcibiade chassa Tauréas en le frappant. Les spectateurs, qui manifestaient à celui-ci leur sympathie, à l'autre leur hostilité, applaudissaient le chœur de Tauréas et refusaient d'écouter l'autre; mais Tauréas n'y gagna rien. **21** Parmi les juges, les uns par crainte, les autres par complaisance, donnèrent la victoire à Alcibiade, plus préoccupés de lui que de leur serment. Je trouve, d'ailleurs, fort naturel que les juges voulussent gagner les bonnes grâces d'Alcibiade, en voyant Tauréas, qui avait fait tant de dépenses, outragé de la sorte, et celui qui violait ainsi les lois tout puissant. Mais les responsables c'est vous, qui ne châtiez pas les auteurs de violences, vous qui êtes sévères à ceux qui font le mal secrètement et pleins d'admiration pour ceux qui se livrent au grand jour à leurs écarts impudents. **22** Voilà pourquoi l'occupation des jeunes gens est non pas dans les gymnases, mais dans les tribunaux ; ce sont les vieux qui font campagne et les jeunes qui haranguent le peuple; ils prennent pour exemple Alcibiade dont les déportements vont à cet

1. Ces chœurs d'enfants (les choreutes avaient moins de 18 ans) chantaient et dansaient aux représentations dithyrambiques des *Dionysies de la Ville*. C'étaient des concours entre tribus et chacune d'elles élisait un chorège (voir Navarre, *Le Théâtre grec*, p. 104). Pour l'histoire de Tauréas cf. Dém. XXI, 147 et Plutarque, *Alc.* 16.

2. Démosthène (*Contre Midias*) donne des exemples du respect

τῆς πόλεως. Δεινὸν μὲν οὖν ἐστι καὶ ὑπὸ τῶν ἀγνοούντων τὰ δίκαια πάσχειν κακῶς, πολὺ δὲ χαλεπώτερον, ὅταν τις ἐπιστάμενος τὰ διαφέροντα παραβαίνειν τολμᾷ· φανερῶς γὰρ ἐνδείκνυται, ὥσπερ οὗτος, οὐκ αὐτὸς τοῖς νόμοις τοῖς τῆς πόλεως, ἀλλ' ὑμᾶς τοῖς αὑτοῦ τρόποις ἀκολουθεῖν ἀξιῶν. 20 Ἐνθυμήθητε δὲ Ταυρέαν, ὃς ἀντιχορηγὸς ἦν Ἀλκιβιάδῃ παισί. Κελεύοντος γὰρ τοῦ νόμου τῶν χορευτῶν ἐξάγειν ὃν ἂν τις βούληται ξένον ἀγωνιζόμενον, οὐκ ἐξὸν ἐπιχειρήσαντα κωλύειν, ἐναντίον ὑμῶν καὶ τῶν ἄλλων Ἑλλήνων τῶν θεωρούντων καὶ τῶν ἀρχόντων ἁπάντων [παρόντων] ⟨τῶν⟩ ἐν τῇ πόλει τύπτων ἐξήλασεν αὐτόν, καὶ τῶν θεατῶν συμφιλονικούντων ἐκείνῳ καὶ μισούντων τοῦτον, ὥστε τῶν χορῶν τὸν μὲν ἐπαινούντων, τοῦ δ' ἀκροάσασθαι οὐκ ἐθελόντων, οὐδὲν πλέον ἔπραξεν· 21 ἀλλὰ τῶν κριτῶν οἱ μὲν φοβούμενοι οἱ δὲ χαριζόμενοι νικᾶν ἔκριναν αὐτόν, περὶ ἐλάττονος ποιούμενοι τὸν ὅρκον ἢ τοῦτον. Εἰκότως δέ μοι δοκοῦσιν οἱ κριταὶ ὑπέρχεσθαι Ἀλκιβιάδην, ὁρῶντες Ταυρέαν μὲν τοσαῦτα χρήματα ἀναλώσαντα προπηλακιζόμενον, τὸν δὲ τοιαῦτα παρανομοῦντα μέγιστον δυνάμενον. Αἴτιοι δ' ὑμεῖς, οὐ τιμωρούμενοι τοὺς ὑβρίζοντας, καὶ τοὺς μὲν λάθρᾳ ἀδικοῦντας κολάζοντες, τοὺς δὲ φανερῶς ἀσελγαίνοντας θαυμάζοντες. 22 Τοιγάρτοι τῶν νέων αἱ διατριβαὶ οὐκ ἐν τοῖς γυμνασίοις, ἀλλ' ἐν τοῖς δικαστηρίοις εἰσί, καὶ στρατεύονται μὲν οἱ πρεσβύτεροι, δημηγοροῦσι δὲ οἱ νεώτεροι, παραδείγματι τούτῳ χρώμενοι, ὃς τηλικαύτας ποιεῖται τῶν ἁμαρτημάτων ὑπερβολάς, ὥστε περὶ τῶν Μηλίων γνώμην

19 4 τῆς πόλεως ἀνῄρηκεν Q || 6 φανερῶς : -ρὸς A || 7 τοῖς τῆς Q : τοῖς A || **20** 2 Ἀλκιβιάδῃ : -δου Q || γὰρ Richards : δὲ || 3 Sic distinguunt Ald. et H. Estienne ; post οὐκ ἐξὸν distinguit Reiske, qui ἐπιχειρήσαντα non « inter agendum », sed « id agentem ut certamen ineat » intellegit, quod mire sententiam contorquet || 6 παρόντων del. et τῶν add. Blass || ἐν τῇ πόλει παρόντων Q || 7 συμφιλονικούντων B : -νεικούντων || 8 τῶν χορῶν : τοῖν χοροῖν Bekker || **21** 5 μὲν τοσαῦτα Q : τοσ. μὲν A || 7 ὑμεῖς : ἡμεῖς Q || **22** 5 περὶ : περί τε Q.

excès qu'après avoir proposé de réduire en esclavage la population de Mélos il acheta une des captives et en eut un fils dont la naissance est bien plus monstrueuse que celle d'Egisthe, car il est né d'un père et d'une mère que séparait une implacable inimitié, et de ceux qui lui sont le plus proches l'un a fait subir à l'autre les plus cruels traitements.
23 Mais il est bon de faire mieux encore éclater son audace. Il a donc un enfant de cette femme qu'il a faite esclave de libre qu'elle était, dont il a tué le père et les proches, dont il a détruit la cité, en sorte qu'il a tout fait pour que ce fils soit son ennemi juré et celui de sa patrie, car tout le condamne fatalement à haïr. Et vous, à qui ces situations semblent affreuses quand vous les voyez représenter dans les tragédies, vous les avez sous les yeux dans la cité, sans vous en émouvoir. Et pourtant ces situations que vous voyez au théâtre, vous ne savez si elles sont réelles ou imaginées par les poètes ; mais les actions dont je parle vous savez bien qu'elles ont été accomplies contre toutes les lois, et elles vous laissent indifférents. **24** Avec cela, certains osent dire que jamais on n'a vu son pareil. Pour moi je pense que, du fait de cet homme, la Cité souffrira les plus grands maux et qu'il apparaîtra, par la suite, comme l'ayant mise en telles difficultés que personne ne se souviendra plus de ses premiers méfaits. Car, il faut s'y attendre, l'homme qui a ménagé de la sorte les débuts de sa vie ne manquera pas de lui donner une fin qui dépassera tout. Or la prudence veut qu'on se garde des citoyens qui s'élèvent trop haut : il faut songer que ce sont ceux-là qui établissent les tyrannies.

25 Je crois qu'Alcibiade ne répondra rien à tout cela, mais qu'il parlera de sa victoire olympique, et que sa défense

qu'avaient les Athéniens pour le bon ordre et la dignité des cérémonies : aucun étranger ne doit prendre part aux jeux publics, mais un chorège n'a pas le droit absolu d'appeler les choreutes en justice pour y discuter leur qualité de citoyen : « on n'a pas voulu qu'un homme ayant la couronne au front et s'acquittant d'un service religieux fût en ce même jour, par malveillauce, appelé en justice, tracassé, outragé » (§ 56). L'affaire de Tauréas n'est pas très nette : Alcibiade prétendait, sans doute, expulser un choreute étranger

ἀποφηνάμενος ἐξανδραποδίζεσθαι, πριάμενος γυναῖκα τῶν αἰχμαλώτων υἱὸν ἐξ αὐτῆς πεποίηται, ὃς τοσούτῳ παρανομωτέρως Αἰγίσθου γέγονεν, ὥστ᾽ ἐκ τῶν ἐχθίστων ἀλλήλοις πέφυκε, καὶ τῶν οἰκειοτάτων ὑπάρχει αὐτῷ τὰ ἔσχατα τοὺς μὲν πεποιηκέναι τοὺς δὲ πεπονθέναι. 23 Ἄξιον δὲ τὴν τόλμαν αὐτοῦ σαφέστερον ἔτι διελθεῖν. Ἐκ ταύτης γὰρ παιδοποιεῖται τῆς γυναικός, ἣν ἀντ᾽ ἐλευθέρας δούλην κατέστησε, καὶ ἧς τὸν πατέρα καὶ τοὺς προσήκοντας ἀπέκτεινε, καὶ [ἧς] τὴν πόλιν ἀνάστατον πεποίηκεν, ὡς ἂν μάλιστα τὸν υἱὸν ἐχθρὸν ἑαυτῷ καὶ τῇ πόλει ποιήσειε· τοσαύταις ἀνάγκαις κατείληπται μισεῖν. Ἀλλ᾽ ὑμεῖς ἐν μὲν ταῖς τραγῳδίαις τοιαῦτα θεωροῦντες δεινὰ νομίζετε, γιγνόμενα δ᾽ ἐν τῇ πόλει ὁρῶντες οὐδὲν φροντίζετε. Καίτοι ἐκεῖνα μὲν οὐκ ἐπίστασθε πότερον οὕτω γεγένηται ἢ πέπλασται ὑπὸ τῶν ποιητῶν· ταῦτα δὲ σαφῶς εἰδότες οὕτω παρανόμως πεπραγμένα, ῥᾳθύμως φέρετε. 24 Πρὸς δὲ τούτοις τολμῶσί τινες περὶ αὐτοῦ λέγειν, ὡς οὐδὲ γεγένηται οὐδεὶς πώποτε τοιοῦτος. Ἐγὼ δὲ νομίζω μέγιστα κακὰ τὴν πόλιν ὑπὸ τούτου πείσεσθαι, καὶ τηλικούτων πραγμάτων εἰς τὸν λοιπὸν χρόνον αἴτιον δόξειν, ὥστε μηδένα τῶν προτέρων ἀδικημάτων μεμνῆσθαι· ἀνέλπιστον γὰρ οὐδέν, τὸν τὴν ἀρχὴν τοῦ βίου τοιαύτην κατασκευασάμενον καὶ τὴν τελευτὴν ὑπερβάλλουσαν ποιήσασθαι. Ἔστι δὲ σωφρόνων ἀνδρῶν φυλάττεσθαι τῶν πολιτῶν τοὺς ὑπεραυξανομένους, ἐνθυμουμένους ὑπὸ τῶν τοιούτων τὰς τυραννίδας καθισταμένας.

25 Ἡγοῦμαι δ᾽ αὐτὸν πρὸς ταῦτα μὲν οὐδὲν ἀντερεῖν, λέξειν δὲ περὶ τῆς νίκης τῆς Ὀλυμπίασι, καὶ περὶ πάντων

22 6 ἐξανδραποδίζεσθαι : -δίσασθαι Q || 7 παρανομωτέρως Reiske : -νομώτατος A, -νομώτερος Q || **23** 3 γὰρ : δὲ Q || 4 ἧς : αὐτῆς, ut fert linguae notus usus expectaueris || 5 ἧς quod omissum restituit A[1] suspectumque Blass iure habet, deleui || 8 μὲν supra lineam add. A[2] || 9 οὐδὲν A[1] : οὐδὲ || 12 παρανόμως πεπραγμένα Q : πεπρ. παρ. || **24** 7 ποιήσασθαι : -σεσθαι Baiter || **25** 1 ταῦτα Meier : τοῦτο || 2 τῆς Ὀλ. : τοῖς ὀλ. Q.

portera sur tout, sauf sur les accusations dont il est l'objet. Mais avec les actes mêmes dont il se targue je prétends démontrer qu'il mérite plutôt de périr que d'être absous. Ecoutez plutôt. **26** Diomédès vint à Olympie, amenant un attelage de chevaux : ses ressources étaient modestes, mais il voulait, avec ce qu'il possédait, obtenir pour sa cité et pour sa famille l'honneur de la couronne, se disant que dans les luttes hippiques la décision, le plus souvent, est aux mains de la Fortune [1]. A cet homme, qui était un citoyen et non le premier venu, Alcibiade, tout puissant auprès des agonothètes éléens enlève son attelage et concourt lui-même. Qu'aurait-il donc fait si un de vos alliés était venu avec un attelage de chevaux ? **27** Pensez-vous que sans difficulté il l'aurait laissé lui disputer le prix, lui qui a fait cette violence à un Athénien, et a eu le front de prendre, pour concourir, les chevaux d'autrui *, apprenant aux Hellènes à ne pas s'étonner si l'un d'eux était victime de ses violences, puisque ses concitoyens ne sont pas traités par lui comme ses égaux ; voyez plutôt : il dépouille les uns, il frappe, il séquestre, il rançonne les autres ; il montre que la démocratie n'est rien, car il parle comme un conseiller du peuple et agit comme un tyran, sachant bien que vous avez souci du mot et non de la chose. **28** Quelle différence entre lui et les Lacédémoniens ! ceux-ci acceptent d'être vaincus, même quand ils ont des alliés pour concurrents : Alcibiade ne consent pas à l'être, même par des concitoyens, et il a déclaré ouvertement qu'il ne permettrait à personne d'élever aucune prétention contre la sienne. La conséquence nécessaire d'une telle conduite c'est que les cités confédérées songent à se tourner vers nos ennemis et nous haïssent. **29** Mais Alcibiade a

figurant dans le chœur de son rival : de là conflit avec Tauréas qu'il aurait expulsé lui-même en le frappant.

1. Ce passage a été très discuté et corrigé. On a trouvé surprenant qu'un Grec pût attribuer au hasard une victoire olympique à laquelle s'attachait tant d'honneur. Sluiter voulant précisément que le texte fît allusion au grand honneur de cette victoire, changeait τύχῃ en τιμῇ et donnait à τοὺς πλείστους le sens de τοὺς μεγίστους :

μᾶλλον ἢ τῶν κατηγορηθέντων ἀπολογήσεσθαι. Ἐξ αὐτῶν δὲ τούτων ἐπιδείξω αὐτὸν ἐπιτηδειότερον τεθνάναι μᾶλλον ἢ σῴζεσθαι. Διηγήσομαι δ' ὑμῖν. 26 Διομήδης ἦλθε ζεῦγος ἵππων ἄγων Ὀλυμπίαζε, κεκτημένος μὲν οὐσίαν μετρίαν, στεφανῶσαι δὲ ἀπὸ τῶν ὑπαρχόντων τὴν πόλιν καὶ τὴν οἰκίαν βουλόμενος, λογιζόμενος τοὺς ἀγῶνας τοὺς ἱππικοὺς τύχῃ τοὺς πλείστους κρινομένους. Τοῦτον Ἀλκιβιάδης πολίτην ὄντα καὶ ⟨οὐ⟩ τὸν ἐπιτυχόντα, δυνάμενος παρὰ τοῖς ἀγωνοθέταις τῶν Ἠλείων, ⟨τὸ ζεῦγος⟩ ἀφελόμενος αὐτὸς ἠγωνίζετο. Καίτοι τί ἂν ἐποίησεν, εἴ τις τῶν συμμάχων τῶν ὑμετέρων ἀφίκετο ζεῦγος ἵππων ἔχων ; 27 ἦ που ταχέως ἂν ἐπέτρεψεν ἀνταγωνίζεσθαι ἑαυτῷ, ὃς Ἀθηναῖον ἄνδρα βιασάμενος τοῖς ἀλλοτρίοις ἐτόλμησεν ἵπποις ἁμιλλᾶσθαι, δηλώσας τοῖς Ἕλλησι μηδὲν θαυμάζειν ἄν τινα αὐτῶν βιάσηται, ἐπεὶ καὶ τοῖς πολίταις οὐκ ἐξ ἴσου χρῆται, ἀλλὰ τοὺς μὲν ἀφαιρούμενος, τοὺς δὲ τύπτων, τοὺς δὲ εἱργνύων, τοὺς δὲ χρήματα πραττόμενος, οὐδενὸς ἀξίαν τὴν δημοκρατίαν ἀποφαίνει, τοὺς μὲν λόγους δημαγωγοῦ τὰ δ' ἔργα τυράννου παρέχων, καταμαθὼν ὑμᾶς τοῦ μὲν ὀνόματος φροντίζοντας, τοῦ δὲ πράγματος ἀμελοῦντας. 28 Τοσοῦτον δὲ διαφέρει Λακεδαιμονίων, ὥστ' ἐκεῖνοι μὲν καὶ ὑπὸ τῶν συμμάχων ἀνταγωνιζομένων ἀνέχονται ἡττώμενοι, οὗτος δὲ οὐδ' ὑπὸ τῶν πολιτῶν, ἀλλὰ φανερῶς εἴρηκεν οὐκ ἐπιτρέψειν τοῖς ἀντεπιθυμοῦσί τινος. Εἶτ' ἐκ τῶν τοιούτων ἀναγκαῖον τὰς πόλεις τῶν ἡμετέρων πολεμίων ἐπιθυμεῖν, ἡμᾶς δὲ μισεῖν. 29 Ἵνα

25 3 ἀπολογήσεσθαι Ald. : -σασθαι || 4 ἐπιτηδειότερον om. Q || **26** 5 τύχῃ : τέχνῃ Schiller, τιμῇ Sluiter ; uide adnot. || 6 οὐ add. H. Estienne || 7 τὸ ζεῦγος add. Reiske, τοὺς ἵππους post ἀφ. Hirschig || 9 ὑμετέρων : ἡμ- Q || **27** 1 ἂν ἐπέστρεψεν (sic) Q : ἐπέτρεψεν ἂν A || ἑαυτῷ : αὐτόν, ut uidetur, A[1] || 2 Ἀθηναῖον : -ναίων A || ἐτόλμησεν ἵπποις : ἵππ. ἐτ. Q || 4 ἐπεὶ : ἐπειδὴ uerisimiliter A pr. (lacuna duarum litt. post ἐπεὶ) || 7 ἀποφαίνει Reiske : -φαίνων || 8-9 τοῦ μὲν ... τοῦ δὲ : τοὺς μὲν ... τοὺς δὲ Q || **28** 1 τοσοῦτον : τοσούτω Q || 2 ἀνταγωνιζομένων : ἀγων- Q || 4 οὐκ ἐπιτρέψειν om. Q.

voulu montrer qu'il n'outrageait pas Diomédès seulement, mais la Cité tout entière. Il demanda aux archithéores de lui prêter les vases sacrés pour s'en servir, disait-il, dans la fête qu'il allait donner en l'honneur de sa victoire, la veille du sacrifice ; mais c'était duperie, car il refusa de les rendre, voulant se servir le lendemain, avant l'Etat, de ces aiguières et de ces cassolettes d'or *. Ceux des étrangers qui ne savaient pas que tout cela était à nous, voyant la cérémonie publique qui suivait la fête donnée par Alcibiade, croyaient que ces vases dont nous nous servions étaient à lui ; mais ceux que les Athéniens avaient renseignés ou qui reconnaissaient là les façons d'agir du personnage, se riaient de nous en voyant qu'un homme, à lui tout seul, était plus puissant que la Cité tout entière.

30 Voyez encore comment il organisa la suite de ce voyage à Olympie. Les Ephésiens[1] lui dressèrent une tente persique double de celle de nos envoyés officiels ; les gens de Chio le fournirent de victimes ainsi que de provisions pour ses chevaux ; il exigea des Lesbiens le vin et les autres dépenses. Et telle est sa chance qu'ayant les Grecs pour témoins de son mépris des lois et de sa vénalité, il reste parfaitement impuni : tous ceux qui ont exercé une magistrature dans une seule cité doivent des comptes ; **31** mais lui qui commande à tous nos alliés et reçoit d'eux de l'argent, n'est soumis, de ce chef, à aucune poursuite. Au contraire, après tous ces manèges, il a été nourri au Prytanée, et il se targue sans cesse de sa victoire comme s'il

Sans nier la difficulté du passage, le texte peut être admis sans correction si l'on entend par « Fortune », non le hasard, mais le sort qui peut, par faveur, faire éviter au concurrent les fautes ou les dangers possibles, et donner la victoire à celui qui n'était équipé que selon ses ressources (ἐκ τῶν ὑπαρχόντων), beaucoup moins richement que d'autres.

1. Ce passage est à rapprocher d'une page d'Athénée (XII, p. 534 D) qui contient une assez longue citation de Satyros : celui-ci dit qu'Alcibiade « usait de *quatre* cités alliées comme de servantes » : il énumère les présents qu'il recevait d'Éphèse, de Chio, de Cyzique et de Lesbos.

δὲ μὴ μόνον Διομήδην, ἀλλὰ καὶ τὴν πόλιν ὅλην ὑβρίζων ἐπιδείξειε, τὰ πομπεῖα παρὰ τῶν ἀρχιθεώρων αἰτησάμενος, ὡς εἰς τἀπινίκια τῇ προτεραίᾳ τῆς θυσίας χρησόμενος, ἐξηπάτησε καὶ ἀποδοῦναι οὐκ ἤθελε, βουλόμενος τῇ ὑστεραίᾳ πρότερος τῆς πόλεως χρήσασθαι τοῖς χρυσοῖς χερνιβίοις καὶ θυμιατηρίοις. Ὅσοι μὲν οὖν τῶν ξένων μὴ ἐγίγνωσκον ἡμέτερα ὄντα, τὴν πομπὴν τὴν κοινὴν δρῶντες ὑστέραν οὖσαν τῆς Ἀλκιβιάδου τοῖς τούτου πομπείοις χρῆσθαι ἐνόμιζον ἡμᾶς· ὅσοι δὲ ἢ παρὰ τῶν πολιτῶν ἤκουον ἢ καὶ ἐπεγίγνωσκον τὰ τούτου, κατεγέλων ἡμῶν, δρῶντες ἕνα ἄνδρα μεῖζον ἁπάσης τῆς πόλεως δυνάμενον.

30 Σκέψασθε δὲ καὶ τὴν ἄλλην ἀποδημίαν τὴν εἰς Ὀλυμπίαν ὡς διέθετο. Τούτῳ σκηνὴν μὲν Περσικὴν Ἐφέσιοι διπλασίαν τῆς δημοσίας ἔπηξαν, ἱερεῖα δὲ καὶ τοῖς ἵπποις ἐφόδια Χῖοι παρεσκεύασαν, οἶνον δὲ καὶ τὰ ἄλλα ἀναλώματα Λεσβίοις προσέταξε. Καὶ οὕτως εὐτυχής ἐστιν, ὥστε τοὺς Ἕλληνας τῆς παρανομίας καὶ τῆς δωροδοκίας μάρτυρας κεκτημένος οὐδεμίαν δέδωκε δίκην, ἀλλὰ ὁπόσοι μὲν ἄρχοντες ἐν μιᾷ πόλει γεγένηνται, ὑπεύθυνοί εἰσιν, 31 ὁ δὲ πάντων τῶν συμμάχων ⟨ἄρχων⟩ καὶ χρήματα λαμβάνων οὐδενὸς τούτων ὑπόδικός ἐστιν, ἀλλὰ τοιαῦτα διαπεπραγμένος σίτησιν ἐν Πρυτανείῳ ἔλαβε, καὶ προσέτι πολλῇ τῇ νίκῃ χρῆται, ὥσπερ οὐ πολὺ μᾶλλον ἠτιμακὼς ἢ ἐστεφανωκὼς τὴν πόλιν. Εἰ δὲ βούλεσθε

29 2 ὑβρίζων : -ίζειν Q || 3 ἐπιδείξειε Emperius, -δείξαιτο Reiske : -δόξειε || 4 τἀπινίκια Meursius : τὰ πινάκια || προτεραίᾳ Valckenaer : προτέρα || θυσίας Scaliger : οὐσίας || 5 ἐξηπάτησε om. Q || 7 χερνιβίοις Taylor (coll. Ath. 9, p. 408 c), χερνιβείοις Blass : χερνίβοις (χερν.ί.βοις A) || 9 τῆς : τοῖς A || πομπείοις : πομπίοις A || 10 ἡμᾶς : ἡ suprascripto υ Q || 11 τὰ : οὐκ ὄντα malit Blass || 12 μεῖζον ἁπάσης Sluiter : μείζονα πάσης || **30** 1 εἰς : εἰς τὴν Q || 2 διέθετο : διετίθετο Q || διέθετο. Τούτῳ Reiske (διέθετο τούτῳ. H. Estienne) : διέθετο τοῦτο || 3 an Κυζικηνοὶ post ἱερεῖα δὲ supplendum ? uide adnot. || **31** 1 ἄρχων add. Meier (ἐπάρχων iam Sluiter) ; ἀστῶν post καὶ (quod om. Q) supplebat Reiske.

n'avait pas bien plutôt déshonoré que couronné notre Cité. Si vous voulez réfléchir vous verrez que des gens, pour s'être peu de temps livrés à un seul des excès dont Alcibiade est coutumier, ont ruiné leur maison ; mais lui qui, pour toute sorte de fantaisies, fait les plus folles dépenses, a doublé sa fortune. **32** Et vous vous imaginez que ce sont les gens épargnants, strictement économes, qui aiment l'argent : c'est une erreur. Ce sont les prodigues qui, ayant de grands besoins, sont, de tous, les plus honteusement cupides. Manifestement votre conduite sera tout à fait blâmable si vous donnez votre faveur à celui qui n'a pu accomplir toutes ces prouesses qu'avec votre argent, tandis qu'on a vu Callias, le fils de Didymios, qui avait été vainqueur en payant de sa personne dans les concours où le prix est une couronne, banni d'ici par ostracisme : car vous n'avez eu nul égard pour ses victoires, et pourtant c'est au prix de ses peines qu'il avait honoré la Cité.

33 Rappelez-vous aussi l'honnêteté, la moralité de vos ancêtres qui frappèrent Cimon d'ostracisme pour avoir, au mépris de la loi, cohabité avec sa sœur [1]. Et cependant il avait été vainqueur à Olympie, et non pas seul de sa famille, mais son père Miltiade aussi. Ils ne tinrent néanmoins aucun compte de ses victoires, et ce n'est pas sur ses luttes olympiques, c'est sur ses mœurs qu'ils le jugèrent.

34 Aussi bien, s'il faut mettre en question nos familles, je ne me vois d'aucun côté rien de commun avec l'ostracisme, et personne ne saurait citer un des miens que cette peine ait frappé : elle revient à Alcibiade plus qu'à tout autre Athénien. En effet, le père de sa mère, Mégaclès, et son grand-père Alcibiade ont été, l'un et l'autre, deux fois bannis par ostracisme, en sorte qu'il n'y aura rien d'éton-

1. C'est motiver étrangement l'ostracisme de Cimon : on sait dans quelles circonstances le parti d'Éphialte fit prendre contre lui cette mesure : l'inutile participation athénienne à la répression des Messéniens n'avait fait qu'aigrir les rapports d'Athènes et de Sparte : Cimon porta la peine d'avoir « laconisé ». Plutarque (*Cimon*, 15)

σκοπεῖν, εὑρήσετε τῶν πολλάκις τούτῳ πεπραγμένων ἕκαστον ὀλίγον χρόνον πράξαντάς τινας ἀναστάτους τοὺς οἴκους ποιήσαντας· οὗτος δ' ἐπιτηδεύων ἅπαντα πολυτελέστατα διπλασίαν οὐσίαν κέκτηται. 32 Καίτοι ὑμεῖς γε νομίζετε τοὺς φειδομένους καὶ τοὺς ἀκριβῶς διαιτωμένους φιλοχρημάτους εἶναι, οὐκ ὀρθῶς γιγνώσκοντες· οἱ γὰρ μεγάλα δαπανώμενοι πολλῶν δεόμενοι αἰσχροκερδέστατοί εἰσιν. Αἴσχιστον δὲ φανήσεσθε ποιοῦντες, εἰ τοῦτον μὲν ἀγαπᾶτε τὸν ἀπὸ τῶν ὑμετέρων χρημάτων ταῦτα κατεργασάμενον, Καλλίαν δὲ τὸν Διδυμίου, τῷ σώματι νικήσαντα πάντας τοὺς στεφανηφόρους ἀγῶνας, ἐξωστρακίσατε πρὸς τοῦτο οὐδὲν ἀποβλέψαντες, ὃς ἀπὸ τῶν ἑαυτοῦ πόνων ἐτίμησε τὴν πόλιν. 33 Ἀναμνήσθητε δὲ καὶ τοὺς προγόνους, ὡς ἀγαθοὶ καὶ σώφρονες ἦσαν, οἵτινες ἐξωστράκισαν Κίμωνα διὰ παρανομίαν, ὅτι τῇ ἀδελφῇ τῇ ἑαυτοῦ συνῴκησε. Καίτοι οὐ μόνον αὐτὸς ὀλυμπιονίκης ἦν, ἀλλὰ καὶ ὁ πατὴρ αὐτοῦ Μιλτιάδης. Ἀλλ' ὅμως οὐδὲν ὑπελογίζοντο τὰς νίκας· οὐ γὰρ ἐκ τῶν ἀγώνων, ἀλλ' ἐκ τῶν ἐπιτηδευμάτων ἔκρινον αὐτόν.

34 Ἀλλὰ μὴν εἰ δεῖ κατὰ γένος σκοπεῖν, ἐμοὶ μὲν οὐδαμόθεν προσήκει τούτου τοῦ πράγματος οὐδὲ ἔστιν οὐδεὶς ὅστις ἂν ἀποδείξειε τῶν ἡμετέρων οὐδένα τῇ συμφορᾷ ταύτῃ χρησάμενον, Ἀλκιβιάδῃ δὲ μάλιστα πάντων Ἀθηναίων. Καὶ γὰρ ὁ τῆς μητρὸς πατὴρ Μεγακλῆς καὶ ὁ πάππος Ἀλκιβιάδης ⟨δὶς⟩ ἐξωστρακίσθησαν ἀμφότεροι, ὥστ' οὐδὲν θαυμαστὸν οὐδ' ἄτοπον πείσεται τῶν αὐτῶν

31 6 τῶν πολλάκις τούτῳ Lipsius (τ. τ. πολλάκις iam Blass) : πολλὰ τῶν τούτω. Sed πολλάκις et ἕκαστον non apte ut contraria opponuntur || 8 πολυτελέστατα : πολιτ- A || **32** 1 ὑμεῖς : ἡμεῖς Q || 6 ὑμετέρων : ἡμ- Q || 7 ταῦτα : an τοιαῦτα? cf. 35, 7 || κατεργασάμενον : κατεργασμένον Q || 8 σώματι : α om. A || τοὺς στεφ. ἀγῶνας Q : ἀγ. στεφ. A pr., τοὺς post ἀγῶνας supra lineam A² || 9 τοῦτο H. Estienne, τούτων Reiske : τοῦτον || ὃς : ὡς uulg. || **33** 4 οὐ : μὴ Q || 6 ὑπελογίζοντο : ὑπολογ- Q || 7 ἔκρινον : ἔκριναν Q || **34** 4 Ἀλκιβιάδῃ Valckenaer : ἀλκιβιάδης A, -δην Q || 6 δὶς add. Markland, coll. Lys. XIV, 39.

nant ni d'anormal à ce qu'il soit traité comme ses ancêtres. Au surplus, il n'essaierait même pas de nier que ces hommes, tout en étant, plus que tous les autres, des contempteurs des lois, n'aient eu cependant plus de moralité et de justice que lui, attendu que personne au monde ne saurait dresser un acte d'accusation qui fût à la hauteur de ses forfaits.

35 Voici, selon moi, quelle a été l'intention du législateur : considérant que certains citoyens se mettent au-dessus des magistrats et des lois, et qu'un particulier ne peut avoir raison d'eux en justice, il a ménagé à l'État un moyen de punir leurs méfaits. Pour moi j'ai été jugé quatre fois devant le peuple et je n'ai empêché personne de m'intenter une action privée : Alcibiade, lui, qui a fait tout le mal que vous savez, n'a jamais eu jusqu'à ce jour le courage d'affronter un procès. **36** Car il est si dangereux qu'au lieu de le punir de ses méfaits passés on a peur de ses méfaits à venir ; ses victimes trouvent plus sûr de se résigner, tandis que lui ne se tient pas pour satisfait s'il n'est assuré de faire désormais tout ce qui lui plaira. Mais en vérité, Athéniens, je ne puis mériter d'être frappé d'ostracisme quand des juges ont épargné ma vie [1] ; je ne puis être acquitté quand on me juge, et banni sans jugement ; quand j'ai tant de fois triomphé dans des procès on ne peut, en toute justice, me voir exiler sur les vieux griefs écartés par les juges. **37** Mais, dira-t-on, j'étais alors mis en cause sur des imputations sans gravité, accusé par des gens de peu, et mes enne-

dit que ses ennemis rappelaient son inceste ; mais il a soin d'ajouter qu'on lui reprochait son « laconisme ». Notre auteur omet d'en parler, et, pour la seconde fois, fait de l'ostracisme une sorte de peine correctionnelle.

1. Le texte dit, assez étrangement : je ne puis mériter l'ostracisme quand on ne m'a pas jugé digne de la mort. L'auteur prétend faire un raisonnement *a fortiori* : si les juges m'ont épargné la peine la plus forte, comment ne m'en épargnerait-on pas une moindre ! Argument de sophiste. Et, dans la suite, l'auteur ne se borne pas à l'antithèse de κρινόμενος et de ἄκριτος, il joue encore sur ἀποφυγεῖν et φεύγειν.

τοῖς προγόνοις ἀξιούμενος. Καὶ μὴν οὐδ' ἂν αὐτὸς ἐπιχειρήσειεν ἀντειπεῖν, ὡς οὐ τῶν ἄλλων ἐκεῖνοι παρανομώτατοι ὄντες τούτου σωφρονέστεροι καὶ δικαιότεροι ἦσαν, ἐπεὶ τῶν γε τούτῳ πεπραγμένων οὐδ' ἂν εἷς ἀξίως κατηγορῆσαι δύναιτο.

35 Νομίζω δὲ καὶ τὸν θέντα τὸν νόμον ταύτην τὴν διάνοιαν ἔχειν· ἀποβλέψαντα τῶν πολιτῶν πρὸς τοὺς κρείττους τῶν ἀρχόντων καὶ τῶν νόμων, ἐπειδὴ παρὰ τῶν τοιούτων οὐκ ἔστιν ἰδίᾳ δίκην λαβεῖν, δημοσίαν τιμωρίαν ὑπὲρ τῶν ἀδικουμένων κατασκευάσαι. Ἐγὼ ⟨μὲν⟩ τοίνυν ἔν τε τῷ κοινῷ κέκριμαι τετράκις, ἰδίᾳ τε οὐδένα διεκώλυσα δικάζεσθαι βουλόμενον· Ἀλκιβιάδης δὲ τοιαῦτα ἐργασάμενος οὐδεμίαν πώποτε δίκην ὑποσχεῖν ἐτόλμησεν. 36 Οὕτω γὰρ χαλεπός ἐστιν, ὥστε οὐ περὶ τῶν παρεληλυθότων ἀδικημάτων αὐτὸν τιμωροῦνται, ἀλλ' ὑπὲρ τῶν μελλόντων φοβοῦνται, καὶ τοῖς μὲν πεπονθόσι κακῶς ἀνέχεσθαι λυσιτελεῖ, τούτῳ δὲ οὐκ ἐξαρκεῖ, εἰ μὴ καὶ τὸ λοιπὸν ὅ τι ἂν βούληται διαπράξεται. Καίτοι οὐ δήπου, ὦ Ἀθηναῖοι, ὀστρακισθῆναι μὲν ἐπιτήδειός εἰμι, τεθνάναι δὲ οὐκ ἄξιος, οὐδὲ κρινόμενος μὲν ἀποφυγεῖν, ἄκριτος δὲ φεύγειν, οὐδὲ τοσαυτάκις ἀγωνιζόμενος [καὶ] νικήσας δικαίως ⟨ἂν⟩ πάλιν δόξαιμι δι' ἐκεῖνα ἐκπεσεῖν. 37 Ἀλλὰ γὰρ ἴσως μετὰ μικρᾶς διαβολῆς ἢ φαύλων κατηγόρων ἢ διὰ τῶν ἐπιτυχόντων ἐχθρῶν ἐκινδύνευον, ἀλλ' οὐ διὰ

34 8 μὴν : μηδὲν Q || 9 παρανομώτατοι : -μώτεροι H. Estienne, quod nil opus esse recte censet Reiske || 10 καὶ δικαιότεροι om. Q || **35** 3 κρείττους : κρείττονας Q || 5 κατασκευάσαι : κατ A[1] || μὲν add. Bekker || 7 ἐργασάμενος : εἰργασμένος Q || 8 ἐτόλμησεν : -σε Q || **36** 2 αὐτὸν litteris multo maioribus exaratum (ν a corr.) A || 5 διαπράξεται Bekker : -ξηται || 8 οὐδὲ : ὁ δὲ A, quod seruantes interrogationis signum post ἐκπεσεῖν ponunt G. Hermann, C. Schiller || τοσαυτάκις : κις, ut uid., A[1] || καὶ νικ., δικαίως Reiske (cui et uulgata : δικ. καὶ νικ. defendi posse uidebatur) ; καὶ del. Blass ; ἂν add. Baiter-Sauppe ; δίκαιός εἰμι pro δόξαιμι Sluiter ; ἀγ. νικ. δίκαιός εἰμι πάλιν Cobet || **37** 2 ἢ φαύλων : ὑπὸ aut διὰ interponi malit Reiske.

mis étaient les premiers venus, et non les hommes puissants par l'action et par la parole qui ont déjà fait mettre à mort deux de ceux qui étaient accusés comme moi. Eh bien il n'est pas juste de bannir des hommes dont, après mainte épreuve, vous reconnaissez l'innocence, mais bien plutôt ceux qui ne veulent pas consentir à vous rendre compte de leur vie. **38** Et voici qui me paraît étrange : si quelqu'un prétendait prendre la défense de gens mis à mort et prouver que cette mort fut injuste, vous ne supporteriez pas cette tentative[1] ; et si des citoyens acquittés sont accusés de nouveau sur mêmes griefs vous ne trouverez pas juste d'appliquer même règle aux vivants et aux morts[2] ? **39** Alcibiade se plaît à faire fi des lois et des serments, à essayer de vous apprendre à les violer, à faire exiler ou périr impitoyablement les autres, tandis que lui-même supplie et pleure pour vous apitoyer. Ce n'est pas cela qui m'étonne, car ses actions sont bien dignes qu'on en pleure. Mais je me demande quelle catégorie de citoyens ses prières pourront bien persuader. Les jeunes ? mais il les a compromis auprès des démocrates en se livrant à ses déportements, en faisant déserter les gymnases, en menant une vie qui ne convenait pas à son âge. Les gens plus âgés ? mais il a vécu de tout autre façon qu'eux et n'a montré que mépris pour les règles qui les dirigent. **40** Or ce n'est pas seulement de châtier ceux qui violent les lois qu'il convient de se préoccuper : il faut aussi penser aux autres, que la vue du châtiment doit rendre plus justes et réglés. Eh bien, en me chassant d'ici vous épouvanterez les meilleurs : en frappant Alcibiade vous apprendrez le respect des lois aux insolents sans vergogne.

1. La loi prévoit, pour les vivants, la rescission des jugements criminels et la réhabilitation (cf. Glotz, *Dar.-Saglio,* art. *Poena,* p. 536-7) ; l'affaire des Arginuses nous donne un exemple d'une sorte de réhabilitation posthume (Xén., *Hell.,* I, 7, 35 ; Diod., XIII, 103) ; mais ce n'est pas, à proprement parler, une procédure de réhabilitation : ce sont des *probolai* contre ceux qui, dans cette affaire, « avaient trompé le peuple ».

2. Entendons : le principe de la chose jugée.

τῶν ἐρρωμενεστάτων καὶ λέγειν καὶ πράττειν, οἵ τινες δύο τῶν τὴν αὐτὴν αἰτίαν ἐχόντων ἐμοὶ ἀπέκτειναν. Οὔκουν τοὺς τοιούτους δίκαιον ἐκβάλλειν, οὓς πολλάκις ἐλέγχοντες εὑρίσκετε μηδὲν ἀδικοῦντας, ἀλλὰ τοὺς μὴ θέλοντας ὑποσχεῖν τῇ πόλει περὶ τοῦ βίου λόγον. **38** Δεινὸν δέ μοι δοκεῖ εἶναι, εἰ μέν τις ἀπολογεῖσθαι ἀξιώσειεν ὑπὲρ τῶν ἀποθανόντων ὡς ἀδίκως ἀπολώλασιν, οὐκ ⟨ἂν⟩ ἀνασχέσθαι τῶν ἐπιχειρούντων· εἰ δέ τις τῶν ἀποφυγόντων πάλιν περὶ τῆς αὐτῆς αἰτίας κατηγορεῖ, πῶς οὐ δίκαιον περὶ τοὺς ζῶντας καὶ τοὺς τεθνηκότας τὴν αὐτὴν γνώμην ἔχειν ; **39** ἔστι μὲν οὖν Ἀλκιβιάδου μήτε αὐτὸν τῶν νόμων καὶ τῶν ὅρκων φροντίζειν, ὑμᾶς τε παραβαίνειν ἐπιχειρεῖν διδάσκειν, καὶ τοὺς μὲν ἄλλους ἐκβάλλειν καὶ ἀποκτείνειν ἀνηλεῶς, αὐτὸν δὲ ἱκετεύειν καὶ δακρύειν οἰκτρῶς. Καὶ ταῦτα μὲν οὐ θαυμάζω· πολλῶν γὰρ αὐτῷ κλαυμάτων ἄξια εἴργασται· ἐνθυμοῦμαι δὲ τίνας ποτὲ καὶ πείσει δεόμενος, πότερα τοὺς νεωτέρους, οὓς πρὸς τὸ πλῆθος διαβέβληκεν ἀσελγαίνων καὶ τὰ γυμνάσια καταλύων καὶ παρὰ τὴν ἡλικίαν πράττων, ἢ τοὺς πρεσβυτέρους, οἷς οὐδὲν ὁμοίως βεβίωκεν, ἀλλὰ τῶν ἐπιτηδευμάτων αὐτῶν καταπεφρόνηκεν ; **40** Οὐ μόνον δὲ αὐτῶν ἕνεκα τῶν παρανομούντων, ἵνα δίκην διδῶσιν, ἐπιμελεῖσθαι ἄξιον, ἀλλὰ καὶ τῶν ἄλλων, ὅπως τούτους ὁρῶντες δικαιότεροι καὶ σωφρονέστεροι γίγνωνται. Ἐμὲ μὲν τοίνυν ἐξελάσαντες τοὺς βελτίστους περιδεεῖς καταστήσετε, τοῦτον δὲ κολάσαντες τοὺς ἀσελγεστάτους νομιμωτέρους ποιήσετε.

38 3 ἂν add. Reiske || 4 an prius τῶν delendum? || ἐπιχειρούντων A[2] : ἐπιχειρ ... των A pr. ; ἐπιχειρησάντων prius fuisse uerisimiliter conicit C. Fuhr || 5 τὴν αὐτὴν γνώμην post δίκαιον habet Q || **39** 1 οὖν om. Q || αὐτὸν : αὐτῶν Q || 2 φροντίζειν : φορτίζειν Q || 4 περὶ ἑαυτοῦ post αὐτὸν δὲ suppleri posse censet Reiske || 5 αὐτῷ : αὐτῶν Q || 7 post πότερα lacunam habet ad quatuor litterarum A || **40** 3 Possis post τούτους addere κολαζομένους (Reiske), uel τοῦτο pro τούτους reponere (Dobree) || 5 καταστήσετε : -σητε Q || 6 ἀσελγεστάτους Emperius : -τέρους || νομιμωτέρους : νομιωτέρους Q.

41 Mais je veux vous rappeler ce que j'ai fait. Ambassadeur en Thessalie, en Macédoine, en Molossie, en Thesprotie, en Italie et en Sicile, je vous ai réconciliés avec les uns, je vous ai gagné l'amitié de ceux-ci, j'ai détaché ceux-là de vos ennemis. Et, en vérité, si chacun de vos ambassadeurs en eût fait autant, vous n'auriez guère d'ennemis et vous auriez acquis beaucoup d'alliés. **42** De mes liturgies je ne juge pas à propos de vous parler : je vous dirai seulement que les dépenses réglementaires je les fais non pas avec l'argent de l'État, mais avec mes propres deniers. Et pourtant j'ai remporté la victoire dans les concours de beauté virile [1], aux lampadéphories, aux concours de tragédie, et cela sans frapper les chorèges, mes rivaux, sans rougir d'être moins puissant que les lois. Des citoyens tels que moi me semblent donc bien plutôt mériter de demeurer ici que d'être envoyés en exil.

1. Harpocration, s. u. dit que ce concours avait lieu aux Panathénées ; cf. Athénée XIII, 565 F. : Ἐπαινῶ δὲ καὶ αὐτὸ τὸ κάλλος· καὶ γὰρ ἐν ταῖς εὐανδρίαις τοὺς καλλίστους ἐγκρίνουσι καὶ τούτοις πρωτοφορεῖν ἐπιτρέπουσιν. Πρωτοφορεῖν n'est pas ici, très clair : certains entendent par là que les vainqueurs portaient des insignes guerriers ; mais le commentaire est aventureux ; de Valois proposait ingénieusement πτορθοφορεῖν.

41 Βούλομαι δ' ὑμᾶς ἀναμνῆσαι τῶν ἐμοὶ πεπραγμένων. Ἐγὼ γὰρ πρεσβεύσας εἰς Θετταλίαν καὶ εἰς Μακεδονίαν καὶ εἰς Μολοσσίαν καὶ εἰς Θεσπρωτίαν καὶ εἰς Ἰταλίαν καὶ εἰς Σικελίαν τοὺς μὲν διαφόρους ὄντας διήλλαξα, τοὺς δ' ἐπιτηδείους ἐποίησα, τοὺς δὲ ἀπὸ τῶν ἐχθρῶν ἀπέστησα. Καίτοι εἰ τῶν πρεσβευόντων ἕκαστος τὰ αὐτὰ ἐποίησεν, ὀλίγους ἂν πολεμίους εἴχετε καὶ πολλοὺς συμμάχους ἐκέκτησθε. **42** Περὶ δὲ τῶν λητουργιῶν οὐκ ἀξιῶ μεμνῆσθαι, πλὴν κατὰ τοσοῦτον, ὅτι τὰ προσταττόμενα δαπανῶ οὐκ ἀπὸ τῶν κοινῶν ἀλλ' ἀπὸ τῶν ἰδίων. Καίτοι τυγχάνω νενικηκὼς εὐανδρίᾳ καὶ λαμπάδι καὶ τραγῳδοῖς, οὐ τύπτων τοὺς ἀντιχορηγοῦντας, οὐδ' αἰσχυνόμενος εἰ τῶν νόμων ἔλαττον δύναμαι. Τοὺς οὖν τοιούτους τῶν πολιτῶν πολὺ μᾶλλον ἐπιτηδείους ἡγοῦμαι μένειν ἢ φεύγειν.

41 2 εἰς ante Μακ. om. A || 3 Μολοσσίαν : -ττίαν Blass || 4 ὑμῖν post διαφόρους addi malit Blass || 5 βεβαίους uel μονίμους post ἐπιτηδείους deesse putat Reiske || 6 εἰ : οἱ Q || πρεσβευόντων Luzac : πρωτευόντων || 7 τὰ om. Q || **42** 1 λητουργιῶν Blass : λειτ- || 3 alterum τῶν om. Q || 4 εὐανδρίᾳ : εὐανδρεία (εὐ a corr.) Q ; uide adnot.

FRAGMENTS

FRAGMENTS

I. — DISCOURS DÉLIBÉRATIF

1 *Régaler* pour *se régaler* : Andocide dans son *Discours délibératif.*

2 *naucratie* (= domination sur mer) : composé employé par Andocide dans son *Discours délibératif.*

II. — A SES ASSOCIÉS POLITIQUES[1]

3 Et les Magnètes sur leur place publique ont un magnifique tombeau de Thémistocle. Pour ce qui est de ses restes, Andocide ne mérite pas créance quand, dans son discours *A ses associés politiques*, il prétend que les Athéniens les ayant découverts les jetèrent au vent. Il dit cela faussement pour exciter les oligarques contre le peuple.

III. — CITATIONS SANS TITRE

4 Le nom de *scandix* s'applique donc non pas aux plantes qu'on cultive dans les potagers, mais à celles qui poussent sans culture. Exemple ce passage d'Andocide : « Puissions-

1. On manque de données précises pour fixer la date de ce fragment. Selon les uns il serait extrait d'une lettre écrite à Pisandre et à ses amis à l'époque des Quatre-Cents ; selon Kirchhoff (*Hermes* I, 6) ces lignes auraient été écrites entre 420 et 418.

ΑΠΟΣΠΑΣΜΑΤΑ

I. ΣΥΜΒΟΥΛΕΥΤΙΚΟΣ[1].

1 εὐωχεῖν ἀντὶ τοῦ εὐωχεῖσθαι Ἀνδοκίδης Συμβουλευτικῷ. Bekk. *An.*, p. 94, 21.

2 Ναυκρατίαν Ἀνδοκίδης Συμβουλευτικῷ. Phot. s. u

II. ΠΡΟΣ ΤΟΥΣ ΕΤΑΙΡΟΥΣ

3 Καὶ τάφον μὲν αὐτοῦ (Themistoclis) λαμπρὸν ἐν τῇ ἀγορᾷ Μάγνητες ἔχουσι· περὶ δὲ τῶν λειψάνων οὔτ' Ἀνδοκίδῃ προσέχειν ἄξιον ἐν τῷ πρὸς τοὺς ἑταίρους λέγοντι φωράσαντας τὰ λείψανα διαρρῖψαι τοὺς Ἀθηναίους· ψεύδεται γὰρ ἐπὶ τὸν δῆμον παροξύνων τοὺς ὀλιγαρχικούς (Plut. *Themist.* 32).

III. ΑΠΑΡΑΣΗΜΑ

4 σκάνδικα οὖν λάχανα οὐ τὰ ἐκ τῶν κηπίων, ἀλλὰ τὰ αὐτομάτως φυόμενα, ὥς φησιν Ἀνδοκίδης· μὴ γὰρ ἴδοιμέν ποτε πάλιν ἐκ τῶν ὀρῶν τοὺς ἀνθρακευτάς

4 3 ὀρῶν Blass : ὀρέων.

1. D'après Kirchhoff (*Hermes,* I, 6) ce discours ne serait pas distinct du suivant.

nous ne jamais plus revoir les charbonniers descendre de leurs montagnes à la ville [1] avec leurs moutons, leurs bœufs, leurs charrettes et leurs femmes ; des hommes âgés et des artisans mis sous les armes ; puissions-nous ne jamais plus manger des légumes sauvages et du cerfeuil.

5 Andocide dit donc : « Parler d'Hyperbolos [2], la honte m'en retient : un homme dont le père, marqué au fer, est maintenant encore esclave public à l'atelier de la monnaie, et qui, étranger lui-même et barbare, est fabricant de lampes ! »

6 *noblesse* [3], pour *renom de noblesse* chez Andocide et Thucydide.

7 [Extrait d'un passage de Pollux (II, 58) où, à la suite de ὄψις, sont mentionnés des dérivés et composés formés avec la racine οπ.]

1. Les misères dont parle ici l'auteur sont celles qui suivent l'occupation de Décélie.

2. Hyperbolos (voir la notice du IVe discours) est banni en 417/6 : ce passage est donc antérieur à cette date.

3. Ce passage de Suidas est d'autant plus difficile à traduire que l'équivalence qu'il donne est un à peu près. Dans le passage de Thucydide auquel il est fait allusion (I, 33, 2) ἀρετή (qui, effectivement, équivaut à δόξα ἀρετῆς) n'a pas le sens général de « valeur », ou d' « excellence », mais celui de « générosité », « humanité ». De toute façon δόξα ἀρετῆς est mal rendu par εὐδοξία. — Lipsius ne fait pas figurer ce passage de Suidas parmi les fragments : il pense que le texte visé se trouve dans les *Mystères*, I, 109, l. 4 : ἀπέδοτε τὴν ὑπάρχουσαν ἀρετήν. Son interprétation est douteuse.

ἥκοντας εἰς τὸ ἄστυ, καὶ γύναια καὶ πρόβατα καὶ βοῦς καὶ τὰς ἁμάξας καὶ πρεσβυτέρους ἄνδρας καὶ ἐργάτας ἐξοπλιζομένους· μηδὲ ἄγρια λάχανα καὶ σκάνδικας ἔτι φάγοιμεν (Suid. s. u. σκάνδιξ, ex scholio ad. Ar. *Ach.* 478).

5 Ἀνδοκίδης φησὶ τοίνυν· περὶ Ὑπερβόλου λέγειν αἰσχύνομαι, οὗ ὁ μὲν πατὴρ ἐστιγμένος ἔτι καὶ νῦν ἐν τῷ ἀργυροκοπείῳ δουλεύει τῷ δημοσίῳ, αὐτὸς δὲ ξένος ὢν καὶ βάρβαρος λυχνοποιεῖ (Schol. Ar. *Vesp.* 1007. Cf. Schol. Lucian. p. 114, 24 sqq. ed. Rabe).

6 ἀρετὴ Ἀνδοκίδης καὶ Θουκυδίδης ἀντὶ τοῦ εὐδοξία. Suid. s. u.

7 Αὐτόπτης ὡς Ἀνδοκίδης καὶ σύνοπτον καὶ σύνοπτα. Poll. (II, 58).

4 4 εἰς τὸ ἄστυ καὶ γύναια quae post ἁμάξας legebantur transposuit Sauppe : idem post γύναια addit καὶ παῖδας || 5 συγκομιζομένους post ἁμάξας add. Bernhardy (ἄγοντας iam Sauppe).

5 4 αὐτὸς Sluiter : ὡς.

7 1 καὶ post αὐτόπτης transponit Bethe.

NOTES COMPLÉMENTAIRES

Page 3, ligne 5.

* Ce dème était, disait-on, celui de Képhalos, ancêtre mythique de sa race. Cf. Phérécyde, schol. ad τ 432 : Κέφαλος ... ἐν τῇ Θοριέων κατῴκει. Wilamowitz (*Hermes* XVIII, p. 425) fait l'évidente rectification : ἐν τῇ Θοραιέων. Voir l'article de Max Niedermann, *Revue de Philol.*, 1897, p. 167 et suiv.

Ligne 7.

* Cf. Plutarque, *Alcibiade* 21 : 'Α. ὁ ῥήτωρ ὃν Ἑλλάνικος ὁ συγγραφεὺς εἰς τοὺς Ὀδυσσέως ἀπογόνους ἀνήγαγεν. Et Suidas, *s. u.* : 'Α. ἀπόγονος Τηλεμάχου τοῦ Ὀδυσσέως καὶ Ναυσικάας, ὥς φησιν Ἑλλάνικος. Le pseudo-Plutarque se fourvoie : si Hellanicos dit qu'Andocide descend d'Hermès, ce n'est pas comme étant de la race des Kéryces, mais comme descendant de Télémaque et de Nausicaa, car, suivant la légende, l'aïeul d'Ulysse, Autolycos, père d'Anticléia, était fils d'Hermès. Cf. Phérécyde, *l. l.*, Apollodore I, 9, 16, 8.

Ligne 8.

* Thucydide (I, 51, 4) parle de cette expédition de secours. Il ne pourrait s'agir ici que du grand-père d'Andocide ; mais on a supposé, d'après une inscription (IG, I², 63 l. 18 et suiv.) où il est question des dépenses relatives à la double expédition de Corcyre, que le nom de Dracontidès devait être, dans le texte de Thucydide, substitué à celui d'Andocide.

Ligne 23.

* Plutarque, dans la *Vie d'Alcibiade* (c. 18) fait allusion à ce bruit : ἐλέχθη μὲν οὖν ὅτι Κορίνθιοι διὰ τοὺς Συρακοσίους ἀποίκους ὄντας, ὡς ἐπισχέσεως ἐσομένης πρὸς τῶν οἰωνῶν, ἢ μεταγνώσεως τοῦ πολέμου, ταῦτα δράσειαν. Voir aussi Photius, *s. u.* Ἑρμοκοπίδαι : φασὶ δὲ Ἀλκιβιάδην συμπράττοντα Κορινθίοις τοῦτο πρᾶξαι, et le scholiaste d'Aristophane, *Lysistraté* 1094 : τὴν δὲ αἰτίαν ταύτην οἱ μὲν τοῖς περὶ Ἀλκιβιάδην προσέγραφον, ὡς Θουκυδίδης, οἱ δὲ Κορινθίοις, ὡς Φιλόχορος.

Page 4, ligne 18.

* Cf. [Lys.] VI, 27.

Ligne 21.

* Ce détail ne se trouve nulle part et ne s'accorde guère avec ce que dit Andocide, I, 4. Pourquoi l'orateur ne parle-t-il là que de Chypre ? pourquoi ne dit-il pas qu'il lui eût été loisible de retrouver un refuge dans cette Élide où il avait passé son temps d'exil ?

Ligne 23.

* Voir *Introduction*, p. XIV, n. 2.

Ligne 27.

* Andocide I, 1, dit que les machinations de ses ennemis n'ont pas cessé depuis son retour à Athènes ; d'autre part, le pseudo-Lysias dit (§ 30) que « revenu dans la ville il (Andocide) a été deux fois dénoncé au même lieu ». Aussi plusieurs critiques (notamment Sauppe, *Or. att.* II, p. 165) ont-ils contesté l'identification du *Discours sur l'endeixis* avec celui des *Mystères*. On a fait observer qu'Andocide ne peut avoir été condamné à la suite d'un premier procès, et que s'il avait été acquitté il en aurait certainement fait état. Harpocration cite le mot Ζητητής d'après le *Discours sur l'endeixis* ; mais ce mot, dit justement Lipsius, se trouve plusieurs fois dans le discours des *Mystères*.

Ligne 28.

* C'est un autre titre du discours IV ; voir notre notice de ce discours et Blass *Att. Bereds.* I², p. 297, 336 et suiv.

Ligne 31.

* Cette date (468/7) peut avoir été calculée d'après un témoignage d'Androtion (chez le schol. d'Aristide, III, 485 Dd.) suivant lequel Andocide aurait été stratège dans la guerre de Samos (440/39) ; selon d'autres, le pseudo-Plutarque fait son calcul d'après Thucydide I, 51, 4, en confondant avec notre orateur l'Andocide nommé dans ce passage. Sur ce texte de Thucydide voir plus haut la note sur le § 2.

Page 26, ligne 17.

* Pythonicos (voir § 11) a dénoncé Alcibiade devant l'ecclésia et a produit le témoignage d'Andromachos. Comme il est en concurrence avec Androclès pour la récompense promise, il est possible que la dénonciation de Teucros devant le Conseil ait été provoquée par Androclès. Celui-ci a-t-il personnellement introduit une *eisangélie* contre Alcibiade ? Droysen (*Rhein. Mus.* 3, 203) l'a induit de

Plutarque *Alc.* 19 et d'Isocrate (XVI, 6) : ἀμφοτέρας ταύτας συνθέντες τὰς αἰτίας εἰσήγγειλαν εἰς τὴν βουλὴν λέγοντες κτέ. ; il a, d'après ce texte, restitué l'attendu de l'*eisangélie* qu'Androclès aurait introduite devant le Conseil. Comme la suite du passage d'Isocrate est sujette à caution et contient une chronologie volontairement faussée, l'hypothèse de Droysen n'a qu'une base assez fragile ; Schœmann, Vischer et Gœtz l'ont pourtant admise. Gustav Gilbert (*Beiträge zur innern Gesch. Athens im Zeitalter des peloponn. Krieges*, 1877, p. 268), et Th. Fellner (*Zur Chronologie und Pragmatik des Hermokopidenprocesses, Wiener-Studien*, 1879, p. 179 et suiv.) la contestent. Le principe qui va guider les juges dans leur *diadicasia* est que le salaire de la dénonciation, le μήνυτρον, doit revenir non pas à l'auteur de l'*eisangélie*, mais aux dénonciateurs eux-mêmes. Et c'est justice.

Page 29, ligne 25.

* L'Odéon de Périclès, comme le théâtre, fait partie du sanctuaire de Dionysos Eleuthéreus. Brûlé en 86 av. J.-C. et reconstruit vingt ou trente ans après par le roi de Cappadoce Ariobarzane II, l'Odéon de Périclès était un édifice rectangulaire dont l'angle occidental coïncidait avec le rentrant S. E. de l'analemma du Théâtre de Dionysos. Voir *Revue des Etudes grecques*, XXXVI, 1923, p. 409, la notice de R. Vallois et la figure 2. Le trajet suivi par les conjurés se trouve éclairé par les fouilles récentes : ils ont passé par la porte ouest de l'Odéon (Propylaion ?).

Ligne 27.

* Comme le texte parle d'une *stèle*, et non d'une base, il s'agit vraisemblablement non d'une statue, ni même d'un buste, mais d'un médaillon encastré.

Page 36, ligne 28.

* Tout le club d'Euphilétos étant ici donné comme ayant pris part au sacrilège, il comprenait, dit G.-M. Calhoun (*o. l.*, p. 30) vingt-trois membres (dix-huit dénoncés par Teucros, Andocide, et les quatre personnes dénoncées par celui-ci).

Page 37, ligne 8.

* Comme c'est une demeure ancestrale elle est située *vraisemblablement* dans le dème de Κυδαθήναιον, qui est celui d'Andocide. La limite de l'Agora était donc formée par la ligne qui séparait ce dème de celui du Céramique. Voir à ce sujet l'étude très précise d'Alfred von Domaszewski, *Die Hermen der Agora zu Athen. Sitzungsb. der Heidelberger Akad. d. Wiss.*, 1914, 10e Abhandlung, page 10, et le plan de la page 21.

Ligne 9.

* Cet Hermès ayant été seul épargné sur l'Agora fut communément appelé ὁ 'Ανδοκίδου Ἑρμῆς. Andocide n'avait cependant rien de commun avec la tribu Egéide, car étant Κυδαθηνεύς il appartenait à la tribu Pandionide (cf. von Domaszewski, *ibid.*).

Page 38, ligne 2.

* Harpocration fait de ce personnage un hôte d'Alcibiade fils de Clinias : c'est, en réalité, son cousin. Cf. Xénophon, *Hell.* I, 2, 13. Il se trouvait sur un des vaisseaux syracusains qui, à Méthymne (409), furent capturés par le général athénien Thrasyllos : on le relâcha, sans doute pour complaire à Alcibiade. Gœtz (*o. l.*, p. 571) admet même que le Phégontin et Amiantos d'Egine, qui avaient acheté Dioclidès, appartenaient à l'hétairie d'Alcibiade. Deux amis de celui-ci, Mantithéos (Xénophon, *Hell.* I, 1, 10 et 3, 13) et Critias, figuraient cependant parmi les citoyens dénoncés par Dioclidès. Gœtz écarte l'objection en admettant que le Phégontin exerçait sur eux une vengeance personnelle et qu'ils pouvaient, en 415, n'être pas encore des amis d'Alcibiade.

Ligne 8.

* De l'Agora, v. p. h.

Ligne 22.

* Voir p. 33, note 2.

Page 40, ligne 30.

* Ἄδεια a été, dans ce décret, très inexactement traduit par « amnistie ». Un passage de Démosthène (*Contre Timocrate*, 45-6) en est un excellent commentaire. Il s'agit d'une loi qui défend de parler des citoyens frappés d'atimie et des débiteurs publics avant d'en avoir obtenu licence, par six mille votants au moins.

Page 41, ligne 7.

* Il ne s'agit plus de comptabilité, mais d'une reddition de comptes au sens plus large par devant les *euthynes*, ou « redresseurs ». Tout citoyen pouvait venir à eux « pour introduire contre le magistrat déjà jugé sur sa comptabilité une action privée ou publique en raison de ses autres actes » (Glotz, *o. l.*, p. 266-7). On voit, par ce passage, que l'euthyne s'il jugeait la plainte recevable en saisissait les autorités compétentes. On serait tenté d'écrire : ἐν τοῖς λογιστηρίοις ⟨ἢ⟩ ὑπὸ τῶν εὐθύνων, en admettant que εὔθυναί τινες s'applique à la fois — dans une acception large, et d'ailleurs fréquente — aux λόγοι jugés par les logistes, et aux autres « comptes » qui sont du ressort des euthynes. La correction sem-

blerait même nécessaire s'il était impossible de concilier ce texte avec Aristote 'Αθ. πολ. 48, 4 ; mais, à la vérité, Aristote ne dit pas que les euthynes jugeaient devant les statues des éponymes, mais qu'ils siégeaient là pour recevoir les plaintes.

Ligne 20.

* Σφαγή est employé par Solon pour exprimer des massacres dans des guerres civiles.

Page 42, ligne 4.

* Voir dans Xénophon, *Hell.* II, 2, 20 les conditions de cette paix : « Les Athéniens abattront les Longs-Murs et les fortifications du Pirée, livreront tous leurs vaisseaux sauf douze, rappelleront les exilés, auront mêmes ennemis et mêmes amis que les Lacédémoniens et suivront ceux-ci sur terre et sur mer. »

Ligne 14.

* Sur ces *Vingt*, voir P. Cloché, *La restauration démocratique à Athènes en 403 av. J.-C.* p. 409.

Ligne 27.

* Ce Tisaménos, fils de Méchanion, est nommé avec mépris par Lysias (XXX, 28), avec d'autres « sous-greffiers » que le peuple choisit comme nomothètes.

Page 43, ligne 5.

* Pas d'autre exemple, observe E.-C. Marchant (p. 151 de son édition) de nomothètes nommés par le Conseil, « mais les circonstances étaient exceptionnelles ».

Ligne 21.

* Πάντως s'explique par les derniers mots du texte de la loi : μηδὲ περὶ ἑνός.

Page 44, ligne 12.

* Cf. Démosthène, *Contre Aristocrate*, 87 ; *Contre Timocrate*, 30. C'est un principe proclamé par le droit public d'Athènes ; mais, d'autre part, Aristote, *Pol.*, VI (IV), 11, 8 ; 'Αθ. πολ., 26, 2, déclare que « la souveraineté du peuple s'étend même aux lois ». Sur cette contradiction, voir Glotz, *o. l.*, p. 193-4.

Ligne 15.

* Sur l'assemblée plénière (le δῆμος πληθύων) du ve siècle, et ce « minimum d'unanimité », voir Glotz, *o. l.* p. 198.

Ligne 21.

* Cf. Démosthène, *Contre Timocrate*, 56.

Page 53, ligne 3.

1. L'ignorance, en pareil cas, n'est pas une excuse. Voir le cas, rapporté par Tite-Live (XXXI, 14) et cité par Foucart (*o. l.*, p. 347, n. 4) de ces deux jeunes Acarnaniens qui avaient pénétré par ignorance dans le sanctuaire de Déméter : les prêtres les firent mettre à mort (*cum palam esset per errorem ingressos*). Le cas était d'ailleurs différent et singulièrement plus grave.

Ligne 10.

* Le texte dit simplement τύχῃ, où nous attendrions « par inspiration du ciel » ; mais τύχῃ rapproché de ce qui suit (διὰ τὼ θεώ) rappelle les expressions τύχᾳ δαίμονος ou σὺν θεοῦ τύχᾳ qu'on trouve chez Pindare (*Olymp.* VIII, 66 ; *Ném.* VI, 24).

Ligne 24.

* Le droit d'exégèse n'appartenait qu'aux Eumolpides. Voir page 13, note 3.

Ligne 27.

* Foucart explique ainsi cette contradiction : la peine de mort pour ce délit n'était pas, sans doute, prononcée expressément dans les lois non écrites des Eumolpides : elle avait été tirée par voie d'exégèse d'une prescription plus générale : dans le cours du temps cette condamnation dut paraître trop sévère et, comme il n'était pas possible d'abroger une loi qui n'appartenait pas à l'Etat, un décret condamnait le coupable à une simple amende de mille drachmes. La loi des Eumolpides existait toujours, mais c'est le décret qu'on appliquait (*Mémoires de l'Institut de France*, tome XXXVII, 1re partie, page 11 : ce passage ne figure pas dans l'édition de 1914).

Page 54, ligne 28.

* Le 19-20 du mois Boédromion est la journée dite de Iacchos, dans laquelle les objets sacrés sont reconduits d'Athènes à Eleusis (la ciste mystique avait été, le 14, transportée du sanctuaire d'Eleusis à Athènes. Cf. A. Körte, *Der Inhalt der eleusinischen Mysterien, Internationale Monatschrift* XV, 327 et suiv.) ; il semble que le 23 soit la dernière journée des Mystères, celle des Πλημοχόαι (cf. Foucart, *o. l.*, p. 142-143). Le 24 Boédromion (cf. IG., II, 372) le Conseil des Cinq-Cents, ainsi qu'on l'a vu plus haut (§ 111) se réunit, conformément à la loi de Solon, dans l'Éleusinion d'Athènes.

Page 58, ligne 9.

* Impôt de 2 pour 100 sur l'importation et l'exportation. Cf. Bekker, *Anecdota graeca*, 297 (τῶν εἰσαγομένων εἰς τὸν Πειραιᾶ

φορτίων καὶ ἀνδραπόδων ἐκ τῆς ἀλλοδαπῆς πεντηκοστὴν ἐτέλουν οἱ ἔμποροι) et Boeckh, *Staatshaush. der Ath.* I, p. 337.

Page 88, ligne 15.

* L'artisan de cette paix fut, non pas Miltiade fils de Cimon, mais Cimon fils de Miltiade. La même confusion se trouve dans le discours d'Eschine, et Mitford a proposé de restituer dans l'un et dans l'autre texte Κίμωνα τὸν Μιλτιάδου..

Ligne 20.

* Ici encore, nous constatons qu'Andocide n'est pas un historien très sûr : nous pouvons rectifier ce qu'il nous dit de ces trêves par Thucydide, I, 112 et suiv. Athènes, pour reconstituer sa flotte, conclut au printemps de 449 une trêve de *cinq* ans avec les Lacédémoniens ; puis vient la Guerre Sacrée, l'expédition des Athéniens en Béotie, leur défaite à Coronée, la défection de l'Eubée (Ol. 83, 3 = 446, d'après Diodore XII, 7) et sa soumission : les Athéniens, à leur retour, font avec les Lacédémoniens et leurs alliés une trêve de *trente* ans : « ils rendent Nisaia, Pégaï, Trézène et l'Achaïe : c'était là ce qu'ils avaient conquis sur les Péloponnésiens » (Thuc. I, 115, 1).

Ibid.

* En réalité, pas tout à fait cinq ans.

Page 90, ligne 13.

* B. D. Merritt et A. B. West ont fait sur les listes des tributs payés par les membres de la Ligue attico-délienne des études remarquablement précises qui vont de 454/3 (transfert du Trésor fédéral à Athènes) jusqu'à la taxation de 421 qui remet pour ainsi dire en vigueur le tarif d'Aristide. Voir notamment l'étude sur IG., I², 191-205 : *American Journal of Philology*, 1926, 171-6 ; *Transactions a. Proceedings of the americ. philol. Assoc.*, 1925, 252-267 ; *Harvard Studies in class. Philol.*, XXXVII, 1926, 55-98 ; et, sur les listes fragmentaires qui nous restent pour les années 420 et suiv., West, *Americ. Journal of Archaeology*, 1925, 135-151. On trouvera une liste complète et un bref résumé de ces études dans le *Bulletin épigraphique* de P. Roussel, R. E. G., XXXIX, avril-juin 1926, p. 262-4.

Ligne 18.

* Les Athéniens après avoir, sans succès, prêté leur aide à la répression des Messéniens, s'étaient, en 462, tournés vers l'alliance avec Argos ; quarante-deux ans plus tard Athènes, à l'instigation d'Alcibiade, signait avec Argos une alliance qui devait l'entraîner dans un nouveau conflit, et causer tout d'abord la défaite de Mantinée (août 418).

Page 93, ligne 8.

* Xénophon (*Hell.* IV, 4) fait, non sans partialité, le récit d'une terreur organisée à Corinthe par les partisans de la guerre et par les alliés. Le parti aristocratique de la ville facilita au polémarque lacédémonien Praxitas l'attaque du port de Léchaion.

Page 94, ligne 17.

* La bataille de Cnide (394) où Conon, à la tête des escadres chypriote et phénicienne battit la flotte de Pisandre.

Page 95, ligne 28.

* Ce texte d'Andocide, qui gagne a être légèrement corrigé, (voir les notes critiques), est, en général, entendu de façon assez peu logique : on ne tient compte ni d'une opposition très nette (ἃ δὲ πρὸς τούτους) ni du contexte. L'auteur oppose ici une paix signée *de concert avec tous les alliés* à une paix conclue *entre deux parties* seulement. Les Argiens, de l'avis d'Andocide, donnent d'étranges arguments : ils mettent les Athéniens en défiance contre la fidélité des Lacédémoniens à une paix faite avec plusieurs contractants ; et, d'autre part, ils disent que Sparte n'a jamais violé les traités conclus avec eux de peuple à peuple. Ce paragraphe 27 expose trois exemples d'illogisme.

Page 96, ligne 11.

* Ce développement rappelle un passage du *Panégyrique* (§ 53) où Isocrate, à l'inverse d'Andocide, fait honneur aux Athéniens de cette conduite : « Certains blâment comme une politique peu sage notre sollicitude à l'égard des faibles... ; tout en sachant beaucoup mieux que d'autres les conséquences d'une telle conduite, nous avons préféré cependant secourir les faibles, même contre notre intérêt, plutôt que de nous associer pour notre avantage aux injustices des forts. »

Page 97, ligne 21.

* Reiske voulait, à tort, corriger ce passage (en écrivant, par exemple, οὐδ' ἔχοντας au lieu de ἔχοντας). Deux factions se partageaient Corinthe : les amis d'Athènes étaient, à ce moment, au pouvoir : Andocide laisse entendre que les laconisants pourraient bien reprendre l'avantage. On a vu que la trahison de ce parti, dans l'affaire de Léchaion, avait mis la ville en danger.

Page 99, ligne 22.

* De Marathon à Aigos-Potamoi.

Page 100, ligne 32.

Andocide écrit non pas, comme Thucydide, ἀνοικοδομεῖν, mais τειχισάμενοι, et son texte ne fait pas allusion à des murs détruits. S'agirait-il alors du διὰ μέσου τεῖχος construit de 445 à 443 (Judeich, *Topogr.*, p. 146)? Périclès savait manier les fonds secrets : l'argent qu'il dit avoir employé εἰς τὸ δέον (Plut. *Per.* 23) se rapporte bien à l'évacuation de l'Attique achetée par lui à la fin de l'été 446, et il ne peut s'agir de l'achat de consciences lacédémoniennes pour la construction du διὰ μέσου τεῖχος ; mais on voit par ce chapitre 23 de Plutarque qu'au dire de Théophraste dix talents prenaient chaque année le chemin de Sparte pour acheter (le texte dit plus discrètement θεραπεύων) des gens en charge. Faut-il supposer qu'une de ces annuités ait servi à conjurer des suites fâcheuses de la construction du διὰ μέσου τεῖχος? La trêve de 30 ans est justement de 445. Risquait-elle d'être dénoncée, et l'argent de Périclès devait-il y parer?

Page 115, ligne 9.

* Cette durée de dix ans est attestée par Platon (*Gorgias* 516 D), Plutarque (*Nicias* 11), Philochoros (fr. 79[b]) et le scholiaste d'Aristophane (*Guêpes* 947). M. Carcopino (*o. l.*, p. 117 et suiv.) a démontré que les deux assertions divergentes de Diodore et de Philochoros (celui-ci dit que la peine fut abaissée de dix ans à cinq ans) sont erronées.

Ligne 20.

* Ces deux termes (κοινοὺς et ἴσους) seront opposés l'un à l'autre par Prodicos dans le *Protagoras* (337 a) : le premier exprimera l'impartialité, le second la neutralité.

Ibid.

* Ce passage est moins obscur que ne trouvaient Sluiter et Reiske. L'ostracisme était prononcé par le peuple dans une assemblée que dirigeaient les Archontes et le Conseil, présidé par son épistate. L'accusé demande ici que chacun des citoyens se regarde comme personnellement investi de cette charge des archontes et de l'épistate (voir la scholie des *Cavaliers* d'Aristophane, v. 855 ...ἐπεστάτουν δὲ οἵ τε θ' ἄρχοντες καὶ ἡ βουλή).

Page 122, ligne 16.

* Cette victoire olympique obtenue par fraude faisait le sujet d'un tableau commémoratif commandé par Alcibiade lui-même à Aglaophon le jeune : on y voyait la Fête olympique et la Fête pythique couronnant Alcibiade. Un autre tableau d'Aglaophon

consacrait une victoire néméenne du même personnage : le peintre l'avait représenté « sur les genoux de Némée, et plus joli qu'une femme » (Athénée, XII, p. 534 D). Ce tableau, dit Plutarque *Alc.* 16) faisait grogner les hommes d'âge comme chose « digne d'un tyran et contraire aux lois ».

Page 123, ligne 7.

* Plutarque rapporte le fait de façon un peu différente (*Alcibiade* 13). Alcibiade, d'après lui, use des vases sacrés pour son usage quotidien (ἐχρῆτο αὐτοῖς ὥσπερ ἰδίοις πρὸς τὴν καθ' ἡμέραν δίαιταν). Mais M. Carcopino (*o. l.*, p. 237) pense avec raison que ce passage fait allusion au récit contenu dans notre Discours. Les faits doivent s'interpréter ici de la façon suivante : Alcibiade donne une fête d'ἐπινίκια et emprunte les vases pour cette fête : le sacrifice public a lieu le lendemain ; mais dans une πομπή qu'il organise en son nom personnel et qui précède la cérémonie officielle il fait figurer les vases d'or qu'il ne rendra qu'après en avoir usé lui-même. Il ne semble pas — bien que le texte pût être plus net à cet égard — qu'Alcibiade se serve déjà des vases sacrés dans ses ἐπινίκια : il donne ce prétexte, mais il a en tête une autre idée : s'il se servait déjà des vases dans ses épinicies il eût suffi d'écrire ἀποδοῦναι οὐκ ἤθελε : l'addition de ἐξηπάτησε serait superflue. Ce verbe exprime donc autre chose qu'un manquement à la parole donnée. Si, d'ailleurs, un passage d'Athénée (I, 3 D-E) doit être rapporté — comme le veut Sluiter — au festin des épinicies, Alcibiade aurait, dès le premier jour, obtenu ce qu'il cherchait et n'aurait point eu besoin de garder les πομπεῖα par devers lui, car il nous est dit qu' « *il festoya toute la panégyrie* » (Ἀλκιβιάδης δὲ Ὀλύμπια νικήσας ἅρματι πρῶτος και δεύτερος καὶ τέταρτος... θύσας Ὀλυμπίῳ Διὶ τὴν πανήγυριν πᾶσαν εἱστίασε) ; mais le mot θύσας, rapproché de notre texte, semble bien se rapporter à la πομπή du second jour.

INDEX

ps. = pséphisma.

TABLE DES MATIÈRES

Ce volume,
le cinquante-troisième
de la série grecque
de la Collection des Universités de France,
publié aux Éditions Les Belles Lettres,
a été achevé d'imprimer
en octobre 2024
sur les presses
de La Manufacture Imprimeur
52205 Langres Cedex, France

N° d'édition : 11050
N° d'impression : 240773
Dépôt légal : novembre 2024